全民阅读工程系列丛书

国家社会科学基金一般项目"图书馆的阅读推广活动调查研究"
(批准号：10BTQ011) 研究成果

中外图书馆阅读推广活动研究

王 波 等著

海洋出版社

2017 年 · 北京

图书在版编目（CIP）数据

中外图书馆阅读推广活动研究/王波等著．—北京：海洋出版社，2017.11
（全民阅读工程系列丛书）

ISBN 978-7-5027-9732-4

Ⅰ.①中… Ⅱ.①王… Ⅲ.①图书馆-读书活动-研究 Ⅳ.①G252.17

中国版本图书馆 CIP 数据核字（2017）第 037726 号

责任编辑：杨海萍 张 欣

责任印制：赵麟苏

海洋出版社 出版发行

http://www.oceanpress.com.cn

北京市海淀区大慧寺路 8 号 邮编：100081
北京朝阳印刷厂有限责任公司印刷 新华书店发行所经销
2017 年 11 月第 1 版 2017 年 11 月北京第 1 次印刷
开本：787mm×1092mm 1/16 印张：30.5
字数：392 千字 定价：68.00 元
发行部：62132549 邮购部：68038093 总编室：62114335
海洋版图书印、装错误可随时退换

《中外图书馆阅读推广活动研究》
项目组

项目负责人： 王　波

项目组成员： 吴蜀红　秦　鸿　裴永刚　郎杰斌

　　　　　　　张　彬　王素芳　谢　蓉　刘　亮

　　　　　　　岳修志　吴汉华　黄　健

前　言

　　进入21世纪，阅读推广逐渐成为我国图书馆界的新兴业务、创新型业务，继而成为主流业务。这是由多种因素引发的：

　　一是社会发展的要求。在和平与发展的时代主题下，各国的发展速度和全球竞争力很大程度上取决于国民素质，而国民素质从哪里来？有史以来，阅读都是提高国民素质最重要的途径。世界上发达的国家、先进的民族，无一不热爱阅读。不论是出于经验还是出于教训，各国都把促进阅读作为提高民族素质、提升国家竞争力的法宝，图书馆的基本职能就是通过储存和传播文献促进阅读，故而在阅读推广方面责无旁贷。

　　二是国际社会的倡导。尤其是1995年联合国教科文组织确定每年的4月23日为"世界图书与版权日"，1997年联合国教科文组织发出"全民阅读"的号召。这两项国际性计划成为掀起世界性阅读推广潮流的直接杠杆，各国纷纷响应，本身就有阅读推广职能的图书馆首当其冲，成为阅读推广的先锋阵地。

　　三是行业发展的需要。在世界经济发展速度放缓甚至经济危及间歇性局部发生的形势下，不少国家的图书馆行业面临财政危机，为提高图书馆的社会效益，彰显自身价值，增强图书馆的显示度和存在感，图书馆纷纷提高"活动型服务"的频次和广度，重视举办活动方面的能力建设，图书馆逐步进入"活动时代"，阅读推广则成为图书馆活动的一个重要抓手。受此国际行业趋势的影响，加上我国的经济发展亦放慢速度，加快结构调整，步入"新常态"，我国图书馆以阅读推广为核心的"活动型服务"也迅速升温。

四是行业组织的推动。中国图书馆学会于2009年成立阅读推广委员会，下设15个分委员会，其分支之多、成员之众，使其成为中国图书馆学会下的规模最大的专业委员会，也是离实践最近的专业委员会。在阅读推广委员会的带领下，阅读推广工作在各类型图书馆普遍开展起来，很快形成如火如荼的局面。

在阅读推广由于各种因素而蔚然成为图书馆服务的主攻方向的形势下，我国图书馆迫切需要加强图书馆阅读推广的理论研究，为阅读推广实践提供参考、借鉴和指导。基于此，我们在2010年向全国哲学社会科学规划办公室申报了一个项目——"图书馆的阅读推广活动调查研究"，因为此项目及时地面向现实迫切问题，所以很快获准立项（批准号：10BTQ011）。立项后，课题组迅速从全国范围召集精兵强将开展研究，课题组成员大多是从北京大学毕业的博士，具有副教授及以上职称，对阅读推广的理论和实践探索充满热情。课题组原计划于2013年底结题，但是后来因为种种原因不得不一再推迟，经历将近6年的曲折，终于在2016年9月以"优秀"结项，证书号为：20161472，画上了完美的句号。更为荣幸的是，承蒙海洋出版社垂青，将项目成果更名为《中外图书馆阅读推广活动研究》，完整地呈现给关心这个项目的社会各界，发挥其应有的社会效益。

本课题的分工如下：

第一章 导论。由课题负责人、北京大学图书馆研究馆员王波博士撰写。

第二章 全球性阅读推广活动及图书馆的作用。第一节 联合国教科文组织的阅读推广活动。由北京工商大学图书馆副研究馆员、北京大学信息管理系在读博士生刘亮撰写。第二节 风行世界的"大阅读"活动。由五邑大学图书馆研究馆员吴蜀红撰写。第三节 欧美读书会的经验与启示。由电子科技大学图书馆副研究馆员秦鸿撰写。

第三章 美国的阅读推广活动及图书馆的作用。第一节 美国的"国家图书节"。由五邑大学图书馆研究馆员吴蜀红撰写。第二节 美国国会图书馆的阅读推广活动。由中国计量大学图书馆副研究馆员郎杰斌和五邑大学图书馆研究馆员吴蜀红合写。第三节 美国的"大阅读"活动。由西南政法大学全球新闻与传播学院副教授裴永刚博士撰写。第四节 美国的"一书,一城"活动。由五邑大学图书馆研究馆员吴蜀红撰写。

第四章 英国、印度的阅读推广活动及图书馆的作用。第一节 英国的阅读推广活动。由电子科技大学图书馆副研究馆员秦鸿撰写。第二节 印度的阅读推广活动。由西南政法大学全球新闻与传播学院副教授裴永刚博士撰写。

第五章 中国内地和台湾的阅读推广活动及图书馆的作用。第一节 中国大陆的阅读推广活动。由华侨大学图书馆馆员张彬撰写。第二节 台湾地区的阅读推广。由中国计量大学图书馆副研究馆员郎杰斌撰写。

第六章 图书馆阅读推广的基础:读者需求调查。第一节 公共图书馆读者需求调查。由山西财经大学信息管理学院副教授吴汉华博士撰写。第二节 高校图书馆读者需求调查。由中原工学院图书馆研究馆员岳修志博士撰写。

第七章 图书馆阅读推广活动的评估及其指标体系。第一节 图书馆阅读推广活动评价——以高校图书馆为例。由中原工学院图书馆副研究馆员黄健撰写。第二节 图书馆阅读推广活动评估指标体系的构建——以儿童阅读推广活动为例。由浙江大学公共管理学院信息资源管理系副教授王素芳博士撰写。

第八章 图书馆阅读推广活动的理论探讨。第一节 阅读推广中的"教育论"和"中立论"所对应的教育观念。由华侨大学图书馆馆员张彬撰写。第

二节 数字时代的图书馆阅读推广。由上海对外经贸大学图书馆副研究馆员谢蓉撰写。第三节 读图时代的图书馆阅读推广。由华侨大学图书馆馆员张彬撰写。

第九章 对改进图书馆阅读推广活动的建议。由课题负责人、北京大学图书馆研究馆员王波博士撰写。

本课题是国家社科基金资助的第一个关于"图书馆阅读推广"的项目，在选题上就体现了敏锐性和创新性，在研究内容上的突出特色和主要建树体现在以下几个方面：

首先，在研究方法上，按照项目标题，我们本来只需要对国内的图书馆阅读推广进行实地考察和问卷调查，拿出一些可资采信的数据即完成项目，因为项目标题并没有要求我们调研国外的阅读推广活动。但是我们认为中国的阅读推广起步晚，全面了解国外的情况，向发达国家学习更为重要，所以在实际研究中，我们主动采用广义的"调查"概念，将"调查"分成了两类，一类是文献调查，通过大量收集和阅读相关文献，全面掌握欧美发达国家，尤其是英国和美国的阅读推广经验，尽可能系统、详细地将它们好的做法引进到国内。另外一类是实地调查，包括亲眼观察、问卷调查、现象分类等，而且兼顾高校图书馆、公共图书馆，借助了中国图书馆阅读推广委员会中大学生阅读推广专业委员会、阅读与心理健康专业委员会的力量，也通过课题组成员所在的山西财经大学信息管理学院的学生，请他们在暑假期间调研了家乡公共图书馆的阅读推广。在对图书馆阅读推广评估指标的研究中，采用了德尔菲法和层次分析法，既拿出了对活动形式的单项排序评价，也推出了一套综合的评估指标体系。

其次，基于现有研究成果和对阅读推广现象的把握，对阅读推广、图书馆阅读推广这两个最基本的概念进行了探析，为其下了定义。并通过对2010年图书馆阅读推广各种现象的观察，提炼了亟待研究的若干问题。而这些问题的公开提出，对后续的图书馆推广研究具有很大的指导作用。

其三，首次系统地调研了联合国关于阅读推广的整体规划。此前，曾有文章点到联合国关于阅读推广的某项或某几项计划，但是对于联合国关于阅读推广究竟有几项计划，这些计划的先后次序、发展脉络、体系层次，联合国发起这些的计划的动机和目的等问题，则没有人全面、系统地探究和介绍。本课题追溯、理清了联合国关于阅读推广的政策的构成及政策之间的延续和更替关系，综述了制定这些政策的动机、目标和推行情况，加深了人们从最宏观的国际层面了解阅读推广的重要性、必要性，从落实"球策"（全球政策）的高度来开展阅读推广。

其四，首次系统地综述、剖析了英国、美国、印度、中国台湾的阅读推广活动，对中国大陆的阅读推广活动也从分类的角度进行了扫描。尤其是对风行欧美的"大阅读"活动、美国的"国家图书节"、美国国会图书馆的阅读推广活动、英国的"开枝"活动等进行了重点调研，这些活动都是国际范围内阅读推广活动的典范，弄清其活动内容、活动机制对我国的阅读推广活动具有极大的参考、借鉴作用。以往关于这些方面的调研多是零碎的，多基于二手资料。本课题直接从相关机构网站发布的公告、报告及国外相关论文中汲取资料，全面透彻地综述了相关情况，并且通过分析和建议，便于读者更好地领悟其中精髓，更好地吸收、仿效、改良、创新。对中国台湾、印度的阅读推广活动的调研也有一定的首创性，揭示了海峡对岸和与我们在人口规模方面最为接近的亚洲邻邦在阅读推广方面的进展，富有启发性。对中国大陆的阅读推广的调研选取了分类总结的视角，也有一定新意。

其五，分别对公共图书馆、高校图书馆的读者对阅读推广的需求进行了调研，基本摸清了读者需要什么形式的阅读推广，喜欢由哪些类型的图书馆员开展阅读推广等问题。通过问卷调查方法，获得高校图书馆阅读推广活动的评估指标，对17种常见的阅读推广方式的分项优势、综合优势进行排序。

通过德尔菲法，得出公共图书馆儿童阅读推广活动的评估指标，可作为各类型图书馆制定阅读推广活动评估指标的参照。

其六，针对阅读推广活动中常见的思想分歧，从教育哲学的角度，探讨了经典文献阅读推广、实用文献阅读推广、休闲文献阅读推广这三种阅读推广主张之间的理念交锋的哲学根源，对理解不同的阅读推广理念以及如何凝聚这些理念具有启发作用，也揭示了以相关学科理论指导阅读推广的重要性。面向网络化环境，探讨了数字时代图书馆的阅读推广模式，将其总结为三种模式：社会化媒体推广模式、电子阅读器借阅模式、移动图书馆推广模式。面向全媒体环境，探讨了在读图时代图书馆重视视觉经典的必要性，建议图书馆和博物馆、美术馆联合开展图片读物的阅读推广。

其七，站在全部调研成果的高度，对图书馆阅读推广事业提出了十大建议。以往的研究成果的建议都是眼睛向下看，局限于图书馆如何具体地开展阅读推广活动。本课题结论部分的建议，则是采取跳出图书馆之外，从一定高度俯视的角度，把图书馆阅读推广作为一项事业，放在促进全民阅读的国际大背景下，探讨其在全球、全国阅读推广事业的网状格局中的位置，就如何争取阅读推广的更大主导权、如何推动构建均衡的阅读推广体系、如何改革阅读推广的投资模式与合作模式、如何选择阅读推广大使、如何动员杰出女性支持阅读推广等宏观重大问题献计献策。

其八，为充分吸收美国图书馆界阅读推广活动的先进经验，提升我国图书馆界阅读推广活动的整体化、品牌化、国际化水平，课题组联合中国图书馆学会阅读推广委员会的阅读与心理健康专业委员会，全文翻译了美国图书馆界最主要、最经典的阅读推广活动的指南性文件——由美国图书馆协会公共项目办公室编写的《一书，一社区》，以及最新版的《美国国家艺术基金会（NEA）"大阅读"项目预算指南》，作为项目的附录，希望对我国图书馆界阅读推广活动的顶层设计能够起到一些启发和参考作用。

因为实现了以上八个方面的目标，所以课题的阶段性成果发表后，引起了广泛关注，尤其是有力地引导了图书馆界关于阅读推广的研究。截止 2015 年 11 月 13 日，课题负责人王波的《图书馆阅读推广亟待研究的若干问题》一文，在中国知网以"阅读推广"为关键词的全库论文中，被引用次数排名第一。在该文发表之后，很多论文实际都是对作者提出的"阅读推广亟待研究的若干问题"中的某个问题的展开。王波因为这个项目的成果，以及其在阅读疗法研究和阅读与心理健康专业委员会的推动工作，已成为图书馆界在阅读推广方面有一定代表性的学者之一，不仅活跃于图书馆界，而且受邀参加新闻出版广播电视总署关于《全民阅读促进条例》的征求意见会议和文化部关于推进全民阅读的征求意见会议。

课题组成员在期刊上发表的 19 篇论文，共被引 381 次，篇均被引 20 次，共被下载 16 366 次，篇均被下载 861 次。其中有两篇被人大复印报刊资料"图书馆学情报学"卷全文转载。因为本课题对国外图书馆阅读推广案例的介绍，在全面、具体、深刻等方面均已超过同类著作，所以已成为国内图书馆界研究国外阅读推广案例的主要参考源，当 2015 年中国图书馆学会阅读推广委员会编纂阅读推广人培训系列教程的时候，这些阶段性成果大部分被作为延伸阅读材料收录在各册教程中。王波亦受邀主编了首批六种教程之一——《图书馆时尚阅读推广》（2015 年朝华出版社出版）。

当然我们的研究也有不足，主要是：（1）概念、体例、风格有时不够统一。由于出于众人之手，课题组各个成员的领会能力、研究视角不一样，导致偶尔会出现对焦偏差，有的研究游移到宏观的阅读推广，有的严格聚焦于图书馆阅读推广。面向公共图书馆和高校图书馆的调查内容不够一致和均衡，不利于两者之间进行比较。语言风格也有差别。不过这样也便于发挥每个成员的个性，提高研究内容的丰富性。（2）数据新旧不一。由于课题持续时间长，导致同一个课题中的数据，有的来自于 4 年前，有的则得之于结项前。

（3）与计划略有出入。例如在撰写任务书时，打算将日本、新加坡等国的图书馆阅读推广也进行调查，但在实际调研中，课题组成员发现这两个国家的阅读推广情况都已经被相当完备地介绍到国内，没有能力写得更好，很难体现出科研成果的创新性，于是果断舍弃，集中精力于比较重要的国家或介绍较少的国家的案例。

在课题的结论部分，很多建议只是根据调查指出的发展方向阐发的，如有足够的时间，课题组能沿着这些方向进一步研究，提出一些具体方案，课题将会产生更好的学术价值和社会效益。

课题中的疏漏有的可以自我发现，有的则不一定能够自我意识到，敬请专家和读者批评指正。阅读推广对图书馆界而言是一个方兴未艾的大课题，我们的研究只是一个先遣性的探索，希望在我们的启发下，更加完善的成果会不断问世，指引这项事业取得更大进步。

目 录

第一章　导论 …………………………………………………………（1）
　第一节　阅读推广、图书馆阅读推广的定义 ………………………（1）
　　1　何为"阅读推广" ………………………………………………（3）
　　2　何为"图书馆阅读推广" ………………………………………（5）
　第二节　开展图书馆阅读推广活动调查的意义 ……………………（11）
　　1　国内图书馆阅读推广研究的不足 ……………………………（11）
　　2　开展图书馆阅读推广调查研究的必要性和意义 ……………（13）
　　3　图书馆阅读推广研究任重道远 ………………………………（17）

第二章　跨国阅读推广活动及图书馆的作用 ………………………（19）
　第一节　联合国教科文组织的阅读推广活动 ………………………（19）
　　1　联合国教科文组织的阅读推广活动 …………………………（20）
　　2　图书馆在联合国教科文组织的阅读推广活动中的作用 ……（25）
　第二节　风行世界的"大阅读"活动 ………………………………（28）
　　1　"大阅读"活动的起源及在英国的推广 ………………………（29）

1

  2 "大阅读"活动的兴盛及影响 …………………………………… (32)
  3 其他国家和地区"大阅读"活动的开展状况 …………………… (40)
  4 "大阅读"活动分析 ……………………………………………… (41)
 第三节 欧美读书会的经验与启示 …………………………………… (45)
  1 什么是读书会 …………………………………………………… (45)
  2 欧美读书会的发展概况 ………………………………………… (47)
  3 读书会之战略规划 ……………………………………………… (49)
  4 读书会之组织运作 ……………………………………………… (54)

第三章 美国的阅读推广活动及图书馆的作用 …………………… (57)
 第一节 美国的"国家图书节" ………………………………………… (57)
  1 美国"国家图书节"的开展状况 ………………………………… (58)
  2 美国"国家图书节"的理念与运作方式 ………………………… (60)
  3 对美国"国家图书节"的评价 …………………………………… (64)
  4 美国"国家图书节"的启示 ……………………………………… (65)
 第二节 美国国会图书馆的阅读推广活动 …………………………… (73)
  1 美国国会图书馆阅读推广活动的概况 ………………………… (73)
  2 美国国会图书馆图书中心开展的重要的阅读推广活动 ……… (75)
  3 美国国会图书馆阅读推广活动的基本经验 …………………… (79)
 第三节 美国的"大阅读"活动 ………………………………………… (86)
  1 美国"大阅读"活动的组织机构及其理念 ……………………… (86)
  2 美国"大阅读"活动的组织模式 ………………………………… (87)
  3 美国"大阅读"活动的评析 ……………………………………… (91)
 第四节 美国的"一书,一城"活动 …………………………………… (94)
  1 美国"一书,一城"活动的起源和理念 ………………………… (94)

  2　美国"一书，一城"活动的概况 …………………………………（96）
  3　美国"一书，一城"活动的评析 ………………………………（103）
  4　美国"一书，一城"活动的启示 ………………………………（107）

第四章　英国、印度的图书馆阅读推广活动 …………………………（109）
 第一节　英国图书馆的阅读推广活动 ……………………………（109）
  1　英国图书馆阅读推广活动的发展历程 ………………………（110）
  2　英国图书馆阅读推广活动的纲领性文件 ……………………（112）
  3　英国阅读推广活动的两个重要机构 …………………………（113）
  4　英国主要的读者发展项目与阅读推广活动 …………………（115）
  5　英国阅读推广活动的成果、影响及意义 ……………………（118）
 第二节　印度图书馆的阅读推广活动 ……………………………（122）
  1　印度图书馆阅读推广活动的现状 ……………………………（123）
  2　印度图书馆阅读推广活动的基本经验 ………………………（128）
  3　印度图书馆阅读推广活动对我国的启示 ……………………（129）

第五章　中国的阅读推广活动及图书馆的作用 ………………………（133）
 第一节　中国大陆的阅读推广活动及图书馆的作用 ……………（133）
  1　仪式型和日常型 ………………………………………………（134）
  2　理念型和实施型 ………………………………………………（136）
  3　政策型和法规型 ………………………………………………（140）
  4　政府财政拨款型、企业赞助型、社会捐助型和混合型 ……（141）
  5　有纸型和无纸型 ………………………………………………（143）
  6　低碳型和共享型 ………………………………………………（146）
  7　线上型和线下型 ………………………………………………（149）

8　展示型和推荐型 ………………………………………… (151)
   9　快速阅读型和深度阅读型 ……………………………… (154)
  10　儿童阅读型和成人阅读型 ……………………………… (155)
  11　亲子阅读型和故事会型 ………………………………… (156)
  12　班级读书会型和图书馆读书会型 ……………………… (158)
  13　分级阅读指导型和生日书包型 ………………………… (160)
  14　文本阅读型和绘本阅读型 ……………………………… (162)
  15　科普型和人文型 ………………………………………… (163)
  16　互动型和反馈型 ………………………………………… (165)
  17　有奖竞赛型和趣味型 …………………………………… (167)
  18　主角型和主题型 ………………………………………… (168)
  19　一托多型和多托一型 …………………………………… (170)
  20　汉民族语言型和少数民族语言型 ……………………… (172)
  21　讲坛型、论坛型和沙龙型 ……………………………… (173)
  22　阅读关怀型和阅读疗法型 ……………………………… (174)
  23　阅读推广人型和阅读大使型 …………………………… (180)
  24　图书馆借阅型和非图书馆借阅型 ……………………… (185)
  25　社会化媒体推广型 ……………………………………… (189)
  26　电子阅读器借阅型 ……………………………………… (190)
  27　移动图书馆推广型 ……………………………………… (192)
第二节　台湾的阅读推广及图书馆的作用 ……………………… (194)
   1　台湾阅读推广活动的基础平台建设 …………………… (194)
   2　台湾地区行政主导开展的阅读推广活动 ……………… (197)
   3　台湾地区行政主导下阅读推广活动的特点 …………… (203)

第六章 图书馆阅读推广的基础:读者需求调查 (210)

第一节 公共图书馆读者的需求调查 (210)
1 读者群体的基本信息 (211)
2 读者阅读状况分析 (215)
3 读者对图书馆阅读推广的需求分析 (221)

第二节 高校图书馆读者需求调查 (225)
1 问卷调查设计 (225)
2 问卷调查过程 (226)
3 问卷调查结果及分析 (227)

第七章 图书馆阅读推广活动的评估及其指标体系 (235)

第一节 图书馆阅读推广活动评价——以高校图书馆为例 (236)
1 高校图书馆阅读推广活动评价的目的 (236)
2 高校图书馆阅读推广活动评价指标 (237)
3 调查问卷的内容设计 (238)
4 基于读者问卷调查的高校图书馆阅读推广活动的评价 (240)
5 基于图书馆问卷调查的高校图书馆阅读推广活动的评价 (243)
6 对两种问卷调查的比较分析 (245)

第二节 图书馆阅读推广活动评估指标体系的构建——以儿童阅读推广活动为例 (248)
1 引言 (248)
2 研究方法和过程 (254)
3 调查结果分析 (255)
4 讨论 (261)

第八章　图书馆阅读推广活动的理论探讨 (268)
第一节　阅读推广中的"教育论"和"中立论"所对应的教育观念 (268)
1　永恒主义教育观与经典文献阅读推广 (269)
2　进步主义教育观与实用文献阅读推广 (271)
3　基于不同理论选择的图书馆阅读推广类型 (275)

第二节　数字时代的图书馆阅读推广 (279)
1　图书馆阅读推广活动的要素和模型 (280)
2　图书馆阅读推广的模式 (281)
3　数字时代图书馆阅读推广的模式及典型案例 (283)

第三节　读图时代的图书馆阅读推广 (291)
1　视觉经典也是经典 (295)
2　视觉经典体现视觉文化的核心价值 (297)
3　图书馆、博物馆和美术馆应联合开展视觉经典阅读推广活动 (300)

第四节　图书馆阅读推广活动的基本类型与方法 (303)
1　划分图书馆阅读推广活动类型的意义 (304)
2　图书馆阅读推广活动的基本类型 (304)
3　有待加强的图书馆阅读推广方法 (318)

第九章　对促进图书馆阅读推广活动的建议 (324)
1　优化全民阅读的领导主体 (324)
2　动员杰出女性支持、参与全民阅读 (334)
3　改革阅读推广的投资模式、合作模式 (340)
4　构建层次均衡的阅读推广体系 (344)
5　各级图书馆应设立阅读推广部门 (355)

  6 多阶层选择阅读推广大使……………………………………（357）
  7 以多学科理论指导阅读推广………………………………（363）
  8 正确看待和改革广场阅读推广活动………………………（365）
  9 积极应用阅读推广评估指标体系…………………………（369）
  10 抓紧申报"世界图书之都"…………………………………（373）

参考文献………………………………………………………………（380）

附录 1
  一书，一社区………………………………………………………（408）
附录 2
  美国国家艺术基金会（NEA）"大阅读"项目预算指南……………（456）

后记：从"独狼"到"狮群"……………………………………………（463）

第一章 导论[1]

第一节 阅读推广、图书馆阅读推广的定义

人类是高级信息动物,其丰富的精神追求,特别对生命价值的追求是人和动物的根本区别,因而人类离不开通过对文本的解码而实现信息和精神的交流乃至价值观共塑的阅读活动。阅读的历史是人类的精神发育史,阅读是人类相识相知、分享经验、合作创新的重要纽带,阅读使人类更有凝聚力,也更有创造性,它是人类在知识不能遗传,每个新生命都要重新学习的自然法则下,能够跨越缓慢的知识形成步骤,直接在人类已有的知识基础上,递进式发展人类文明的主要途径。

正因为阅读如此重要,阅读的推广自然就成了一个世界性话题。如:1970 年,联合国教科文组织第 16 届大会将 1972 年定为"国际图书年",旨在

---

[1] 本章由北京大学图书馆研究馆员王波博士撰写。

推动人类重视阅读在社会、经济发展中的巨大作用,培养阅读习惯,建设"书香社会"。1982年,联合国教科文组织在伦敦召开世界图书大会,以"走向阅读社会——80年代的目标"为议题,提出世界性阅读推广行动计划。1995年联合国教科文组织第28届大会将4月23日定为"世界图书与版权日",在2001年11月2日,又发起了"世界图书之都"的评选活动。

在国家竞争、民族竞争日益激烈的全球化时代,阅读作为提高人口素质和国家实力的引擎,又是一个国家性质的话题,经常被上升到国家工程、国家战略的高度给予关注和支持。如1997年美国克林顿总统掀起"阅读挑战"运动。1998年美国国会通过《阅读卓越法》。1998年英国政府提出"打造举国都是读书人"的口号,确定当年9月到次年8月为"读书年"。德国、俄国等其他欧美国家,日本、印度、新加坡等亚洲国家也十分重视阅读,发起过丰富多彩的阅读推广活动。具有优良阅读传统的中国一贯重视阅读,2006年中宣部等11个部门联合倡议开展全民阅读活动,延续至今。据统计,到2009年,中国约有400多座城市积极响应全民阅读活动,每年举办的读书活动约3 000多项。2006年,深圳读书月举办了50项活动,吸引170万人参与,2009年举办了372项活动,约850万人参与。国家领导人十分重视读书活动,温家宝总理在2009年"世界读书日"当天专程走访国家图书馆,殷切期望全民族养成良好的读书习惯。

推广阅读是图书馆的天然职责,各国的图书馆都是本国阅读推广活动的主力。美国国会图书馆顺应国策,提出过将美国建成"读者之国"的4年计划,美国图书馆协会在2000年推出"一出生就阅读"计划。从2004年起,中国图书馆学会带动全行业积极参与"世界读书日"("世界图书与版权日"的简称)的宣传,每年在节日前后都会举办声势浩大的阅读推广活动。2005年中国图书馆学会的"新年峰会"将"社会阅读"作为会议议题之一,并在同年成立与"学术委员会"并列的"科普与阅读指导委员会"。2008年10月,中国图书馆学会将"促进全民阅读"写入《图书馆服务宣言》。2009年，中国图书馆学会"科普与阅读指导委员会"进行了换届，更名为"阅读推广委员会"。

既然阅读推广、图书馆阅读推广如此重要，那么如何从学术的角度界定这两个词的定义呢？下面我们根据已有的认识和研究，尝试诠释这两个词的内涵和外延。

1 何为"阅读推广"

"阅读推广"一词来源于英文的"Reading Promotion"，"Promotion"除可翻译为"推广"外，还有"促进、提升"的意思，所以也有学者将"Reading Promotion"翻译为"阅读促进"。

自1995年联合国教科文组织确定每年的4月23日为"世界图书与版权日"（World Book and Copyright Day），1997年又发起"全民阅读"（Reading for All）活动以来，"Reading Promotion"一词常见于联合国教科文组织、美国国会图书馆、美国国家艺术基金会的"大阅读"项目、国际图书馆协会联合会等倡导全民阅读的组织、机构的网站和工作报告。但是在英语世界，无论是机构网站、工作报告、期刊论文，还是维基百科，都没有赋予"Reading Promotion"一个学术性的定义，人们普遍认为"Reading Promotion"是一个意思清楚的词汇，无需作专门的定义。

国际上发出全民阅读的倡议之后，我国迅速响应，顺理成章地借用了"Reading Promotion"这个概念，通常将其翻译为"阅读推广"，于是乎，自1997年以来，"阅读推广"逐渐成为国内图书馆界、出版界的一个常用词、高频词。按照字面理解，"阅读推广"无非就是为推动全民阅读的实现而开展的所有引导阅读、激励阅读的活动的统称。据笔者所见，迄今为止，图书馆界整合各家见解，最郑重、最周全地给"阅读推广"下定义的是张怀涛先生。

他在收集、分析10余位学者的观点的基础上，给"阅读推广"下的定义是："'阅读推广'顾名思义就是推广阅读；简言之就是社会组织或个人为促进人们阅读而开展的相关活动，也就是将有益于个人和社会的阅读活动推而广之；详言之就是社会组织或个人，为促进阅读这一人类独有的活动，采用相应的途径和方式，扩展阅读的作用范围，增强阅读的影响力度，使人们更有意愿、更有条件参与阅读的文化活动和事业。"[1]

笔者虽然赞同张怀涛先生的定义，但认为"阅读推广"的定义如果作如下表述，则更为大气和简洁：<u>阅读推广，就是为了推动人人阅读，以提高人类文化素质、提升各民族软实力、加快各国富强和民族振兴的进程为战略目标，而由各国的机构和个人开展的旨在培养民众的阅读兴趣、阅读习惯，提高民众的阅读质量、阅读能力、阅读效果的活动。</u>

这个定义首先是一个国际化的定义，因为它提到了"各民族"、"各国"，如果将这里的"各民族"、"各国"替换成"中华民族"、"中国"，那么就变成了"中国阅读推广"的定义。而且，这里用了"人人阅读"而不用"全民阅读"，因为"全民"指的是"全体人民"，是一个政治概念，并不能覆盖所有人。相比起来，"人人阅读"更符合"Reading for All"的本意。其次，这个定义强调了阅读推广的目的，交代了其国际背景是响应"人人阅读"的倡导，国内背景是各国希望借此提升国家和民族的竞争力。其三，这个定义中的5个关于阅读的概念不是随意罗列的，它们之间具有先后逻辑关系。

培养阅读兴趣解决的是阅读的动力问题，是阅读活动的前提，一个人只有阅读兴趣培养起来了，才终生具有阅读饥饿感，对阅读充满激情。

培养阅读习惯解决的是阅读的惯性、持久性问题，一个人只有养成阅读习惯，才会把阅读作为一种生活方式，将其像空气和水一样对待，须臾不可分离。这种生活方式和工作方式相结合，正如李克强总理所说的，将会变成

---

[1] 张怀涛.阅读推广的概念与实施［J］.河南图书馆学刊，2015（1）：2-3

一种强大的创新力量和道德力量。

提高阅读质量解决的是阅读的内容和品位问题，人生有涯，而知识无涯，以有涯人生面对无涯知识，只能择善而读，所以好书需要挑选，读书需要引导。一切关于好书的出版、推荐、导读工作，目的都是为了提高人们的阅读质量。

提高阅读能力解决的是阅读的方法和技巧问题，也就是解决阅读的效率问题。不管是一目十行读书法、对角线读书法，还是蚕吃桑叶读书法、不求甚解读书法等等，都各有优点，要把各种各样的加快阅读效率的方法教给读者。

提高阅读效果解决的是阅读的理解水平问题，即阅读的消化、吸收问题。阅读的最终目的是吸收读物的内容，实现阅读目标。阅读推广服务于所有的正当的阅读目的，不管是功利阅读还是休闲阅读，都不应该是阅读推广歧视或嘲讽的对象，阅读推广活动应该帮助各种怀揣正当阅读目标的读者实现其理想。

阅读兴趣、阅读习惯、阅读质量、阅读能力、阅读效果这5个概念，在阅读推广活动中具有最大的通约性，规约了阅读推广的内涵和外延，一切阅读推广活动都是围绕着这5个范畴来开展的。

2 何为"图书馆阅读推广"

在阅读推广的大潮中，图书馆因为是体系成熟、布点广泛、资源富集、专业化程度高的文化基础设施，所以自然而然地成为阅读推广的一支核心力量。但是因为图书馆的阅读推广和新闻、出版、广播、电视行业的阅读推广又有所不同，所以图书馆界常用的一个词是"图书馆阅读推广"。

那么什么是"图书馆阅读推广"呢？与人们对"阅读推广"这个词的感觉一样，一般图书馆员多认为这个词的含义简单明晰，无需作专门解释，故而在期刊论文和专业辞典中，都找不到该词的学术定义。不过以范并思教授为代表的少数专家认为，忽视对"阅读推广"、"图书馆阅读推广"这类常用词汇的专业含义的思考和探求，正是图书馆员们缺乏理论自觉的表现。概念是理论的根基，如果不追问基本概念的准确内涵和外延，何以建立能够概括实践和引导实践的阅读推广理论。没有成熟的阅读推广理论，阅读推广活动就容易长期停留在盲目、杂乱的阶段，难以走上有序、长效、可持续发展的科学轨道。

但是，因为"图书馆阅读推广"与图书馆的诸多活动，如图书馆宣传、图书馆营销、图书馆书目推荐、图书馆展览等活动盘根错节，要想剔枝摘叶、勘边划界，对"图书馆阅读推广"下一个毫无争议的定义，也是一个难度很大的挑战。所以像范并思教授，即便意识到了为"图书馆阅读推广"下定义的重要性，发表了相关论文，表现出了指出这个问题的勇气，但是依然没有为"图书馆阅读推广"下定义[1]。

然而，基于理论构建的责任感、使命感，也有专家尝试探讨"图书馆阅读推广"的定义。比如，于良芝教授认为："根据图书馆界从事阅读推广的经验，它主要指以培养一般阅读习惯或特定阅读兴趣为目标而开展的图书宣传推介或读者活动。"[2] "'培养阅读习惯或兴趣'这一目标决定阅读推广试图影响的通常是休闲阅读行为，即与工作或学习任务无关的阅读行为。这是因为与工作或学习任务相关的阅读，其目标是解决工作或学习中的问题，它既然主要受任务驱动，便不易受阅读推广的影响。"[3]

正如一句老话：创始者难为功。上述定义虽有启发作用，却没有赢得广泛认同，尤其是定义之后的进一步解释，认为"阅读推广试图影响的通常是休闲阅读行为，即与工作或学习任务无关的阅读行为"，这个观点很难得到

---

[1] 范并思．阅读推广与图书馆学：基础理论问题分析［J］.中国图书馆学报，2014（5）：4-13
[2] 于良芝．图书馆阅读推广——循证图书馆学的典型领域［J］.国家图书馆学刊，2014（6）：9
[3] 于良芝．图书馆阅读推广——循证图书馆学的典型领域［J］.国家图书馆学刊，2014（6）：9

高校图书馆和大中型公共图书馆从业者的服膺。因为对于高校图书馆而言，其是为高校的人才培养、科学研究、社会服务和文化传承与创新服务的，满足师生的教学、科研和文化的传承与创新是其主业，满足师生的休闲消遣只是其副业，如果"图书馆阅读推广"真的局限于上述定义界定的范围，那就显然不符合高校图书馆的办馆目标，背离了其建设宗旨。同样，大中型公共图书馆也有服务于地方教学科研和大众创业、万众创新等使命，阅读推广仅影响读者的休闲阅读行为也是远远不够的。

而且，就高校图书馆已经举办过的阅读推广案例而言，上述定义也不足以概括。如北京大学图书馆在2014年11月13日至12月31日举办了"化蛹成蝶——馆藏北大优博论文成书展"，将1999-2013年作为教育部《面向21世纪教育振兴行动计划》的重要组成部分而评选的每年全国100篇优秀博士论文（简称"优博论文"）中来自北京大学的98篇挑选出来，然后一一按照篇名和作者对照馆藏，发现有18篇人文社会科学领域的优秀博士论文已经化蛹成蝶，变成了著名出版社出版的优秀学术著作，继而将这18本书的封面和原论文封面对照展示，附以作者信息、内容简介、书的序跋和豆瓣上摘录的同行专家和读者的精彩点评，向同学们推荐。

这次阅读推广起到了三个方面的作用：一是帮助学校社会科学部不但弄清楚了北京大学获得全国优秀博士论文的总体数量和学科分布，而且弄清楚了哪些优秀博士论文已经正式出版及其学科分布，因而此次展览得到了社会科学部的支持，是图书馆与社会科学部联合推出的。二是时间选定在下半年，正是硕士和博士研究生开题的阶段，优秀博士论文成书展为研究生们的选题和论证给予了很大启发。三是优秀博士论文之所以优秀，之所以能够很快正式出版，在于其做到了选题得当、论证严谨、结论新颖、格式完备、恪守规范等，比同届的绝大多数博士论文更胜一等，也是此后的研究生撰写学位论文应该借鉴和参考的范例。推荐优秀博士论文，等于为研究生们撰写学位论文树立了榜样和高标。这次展览的内容，因为离本科生的学习生活比较远，加上优秀博士论文通常研究的是填补空白的冷僻领域，格调显得阳春白雪，所以并没有引起大量本科生的热情关注，和以往主要推荐新书、热门书的阅读推广活动的效果反差较大。但是北京大学图书馆认为，作为高校图书馆必须兼顾各类学生的需求，兼顾各项职能的落实，必须将畅销新书、休闲类书籍的阅读推广和严肃的学术类书籍、教学类书籍的阅读推广相融进行或交替进行，阅读推广不能只看读者参与人数和社会反响程度，还要看是否与高校图书馆的任务和宗旨相符合。

故而，在馆藏北大优博论文成书展之外，北京大学图书馆还打出"组合拳"，多方位开展面向教学、科研的阅读推广活动，比如请辛德勇教授作读书讲座，带领学生们探讨雕版印刷的起源；推出纪念新文化运动 100 周年图片和文献实物展览；与北京大学新青年网络文化工作室和北京大学出版社合作，开展以"新青年·享阅读"为主题的学术著作领读活动，每月一期，从各个院系遴选和邀请名师领读，已有社会学系的邱泽奇教授领读《信息简史》、历史系的张帆教授领读《资治通鉴》、经济学院的平新乔教授领读《思考，快与慢》、政府管理学院的燕继荣教授领读《社会资本与国家治理》等。

综上所述，可见图书馆阅读推广不限于影响读者的休闲阅读，于良芝教授给出的阅读推广的定义的确有失偏颇。

那么究竟怎么给"图书馆阅读推广"下定义呢？笔者作为北京大学图书馆阅读推广团队的顾问，2012 年以来参与了北京大学图书馆的阅读推广工作，结合这几年的工作体验，我认为在于良芝教授的《图书馆阅读推广——循证图书馆学的典型领域》一文中，有一句话更值得重视，那就是："凡是能够将读者的注意力从海量馆藏引导到小范围的有吸引力的图书的推广方式，都有可能提高图书的流通量。"[1] 这句话是于教授介绍的美国图书馆专家在研究阅读推广案例后所得出的重要结论之一。据此结论，可以反向推导出"图书馆阅读推广"的定义，即：<u>图书馆阅读推广，是指图书馆通过精心创意、策划，将读者的注意力从海量馆藏引导到小范围的有吸引力的馆藏，以提高馆藏的流通量和利用率的活动</u>。

这个定义，首先规定了图书馆阅读推广的关键要素是"创意"、"策划"。这是近些年所有参与图书馆阅读推广活动的同行的同感，大家普遍认识到，阅读推广和以前的新书推荐等活动的最大区别，就是其活动的创意性，不管是成立跨部门团队还是成立新部门，大家都感觉这个团队、这个部门很像公司里的广告设计和创意部门，所开展的阅读推广活动，只要创意到位了，就等于成功了一大半，创意是阅读推广的前提。所以图书馆的行业组织也特别重视阅读推广的创新，教育部高等学校图书情报工作指导委员会 2015 年在武汉的华中师范大学举办了全国高校图书馆的首届阅读推广案例大赛，同期在苏州举办的出版界、图书馆界 2015 年全民阅读年会，也将阅读推广案例大赛作为重头戏。

其次，这个定义说明图书馆阅读推广的本质是"聚焦"，就是将读者的注意力从海量馆藏引导到小范围的有吸引力的馆藏，凡是锁定一小部分有吸引力的馆藏进行宣传推荐的，都属于图书馆阅读推广。至于推荐哪部分有吸引力的馆藏，可以配合学校的教学科研和学科建设来选择，也可以通过读者调查来选择，还可以根据馆员的猜想和推理来选择，不管是新书推荐、好书推荐、优秀博士论文成书推荐，都是吸引读者关注馆藏中有吸引力的一小部分。至于哪些馆藏算有"吸引力"，则很大程度上依赖图书馆员挑选馆藏的独特角度和文案的巧妙宣传。国外曾有图书馆只是把封面颜色一样的书挑出来，比

---

[1] 于良芝. 图书馆阅读推广——循证图书馆学的典型领域 [J]. 国家图书馆学刊, 2014 (6): 15

如把红色、黄色、绿色封面的书按颜色集中在一面书架上,放在显眼位置推荐给读者,引起读者兴趣。深圳职业技术学院图书馆把从来没有借阅过的书挑选出来,以"谁都没有借过的书"为主题搞展览,激发起读者的挑战欲望,提高了这批书的借阅率。清华大学图书馆每月根据重大历史纪念日和重要时事,挑选相关馆藏,在显著位置推出"专题书架",大大方便了读者了解历史和现实,受到师生称赞。这些活动皆是以"舍大取小"的原理推介部分馆藏,所以都在阅读推广的范畴。

第三,图书馆阅读推广与其他行业的阅读推广的最大区别,是其阅读推广的直接目的是提高馆藏的流通量和利用率,这个直接目的达到后,才能间接发挥培养读者的阅读兴趣、阅读习惯以及提高读者的阅读质量、阅读能力、阅读效果的作用。报刊、电视、网络可以推广全国出版社出版的任何一本书,但是图书馆却不能如此,它必须推荐自己的馆藏。如果它推荐一批年度新书的话,在推荐之前首先要检查本馆的目录,把没有采购的新书尽快补齐,或者边推广边补充,否则本馆推荐的书自己都没有收藏,读者如何利用?对图书馆而言,岂不是自我矛盾、欺骗读者。

掌握了以上三点,就很容易判断图书馆阅读推广的边界,很容易将图书馆阅读推广与图书馆的其他活动区别开来。比如新书推荐是引导读者聚焦小范围有吸引力的馆藏的活动,如果其形式新颖,就算图书馆阅读推广;图书馆阅读推广都属于图书馆宣传,但是如果图书馆的一项活动只是整体上宣传图书馆的历史、建筑、馆藏,不聚焦于某部分馆藏,那么就只能算是图书馆宣传,而不能算是图书馆阅读推广;图书馆开展的展览活动,如果展览的目的是吸引读者利用展览涉及的馆藏,那么这项展览就算是图书馆阅读推广,倘若展览涉及的文献本馆大多数没有收藏,或者展览的内容和本馆馆藏无关,那么这项展览就不能称之为图书馆阅读推广;图书馆开展的信息检索教育,因为其目的是引导读者面向全部馆藏检索到自己需要的最精确的文献,指向的是唯一的馆藏或知识单元，而不是小范围的馆藏，指向的不一定是有吸引力的馆藏而是最有用的馆藏，教育的目的是提高检索能力而不是阅读能力，所以也不能称之为阅读推广。

总之，图书馆阅读推广主要靠富有创意的形式提高读者的阅读兴趣，靠优良的空间和氛围帮助读者养成阅读习惯，靠科学的馆藏发展政策保障读者的阅读质量，靠以海量馆藏带来的压迫感和阅读方法、阅读技巧教育帮助读者提高阅读能力，靠组织有序、体系完备的馆藏和读书讲座、真人图书馆等提升读者的阅读效果。

第二节 开展图书馆阅读推广活动调查的意义

1 国内图书馆阅读推广研究的不足

在国内外阅读推广活动蓬勃发展的形势下，国内关于图书馆阅读推广的理论研究大大落后于实践的步伐，跟不上实践的要求和发展，在很多方面无以回应实践提出的问题，特别是对国外的相关情况了解较少，对实践发挥不了参谋和指导作用，突出地表现在：

第一，对联合国教科文组织和各国国家层面的、图书馆层面的阅读法案、阅读计划、阅读运动等大多只是蜻蜓点水似地介绍，没有进行普遍调研，没有进行案例分析式的深度报道，更没有总结其经验教训，迫切需要一个全面系统的研究报告，来改变研究层次低、重复介绍多、深层次剖析少的现状。截止2010年，关于阅读推广所参考的资料仍主要来源于1993年南京大学出版社出版的由王余光、徐雁主编的《中国读书大辞典》和王龙的《阅读研究引论》（香港天马图书有限公司，2003），还有一些网站上的简单报道，信息陈旧、零乱。2007年北京图书馆出版社出版的由王余光主编的《中国阅读文化史论》，只有一篇文章《图书馆与大众阅读关系研究》，概略综述图书馆的阅读推广问题。

第二，只关注阅读推广的政策法案和活动现象，没有对阅读推广活动的合理性和科学性进行学术论证。在图书馆的阅读推广活动中，一直存在着"教育派"和"中立派"的分歧。"教育派"强调指导、引导、灌输，认为阅读推广是一种图书馆员主导的教育活动，将图书馆员预设为知识强势者、导师，将读者预设为知识弱势者、学生，主张图书馆员通过判定好书劣书、开列推荐书目、传授读书方法等方式，来培养读者的读书习惯、读书兴趣、读书品位，指导读者的阅读行为。"中立派"强调维护阅读自由，认为图书馆员并不比读者高明，图书馆的职责是提供藏书、场地、环境、气氛、服务，可以提供读书信息和阅读建议，但没有理由抱教育和指导的目的。不对这两派的分歧进行理论上的探源和融合，不利于发挥各方面的积极性。而这两种理念都是教育学上有过深入探讨的，需要开展阅读推广活动时取宏用精，以指导活动的方向，而目前这方面有份量的研究还没有。

第三，阅读推广活动要讲实效，不能停留在排场、场次、参与人数等表面指标上，有没有实效，读者说了算。需要对读者调研，了解读者对阅读推广活动的实际感受，了解读者需要什么样的阅读推广。目前的研究多是从图书馆的角度和立场出发，而转换研究视角，从读者角度，用实证方法来评估和重新设计阅读推广活动的研究几乎没有。阅读推广活动的满意度研究和有效性研究是一个迫切的课题。

第四，阅读推广活动不应该是应景、应时的短效性、节日型、运动型活动，而应该成为图书馆的常规活动，必须探索长效机制、可持续发展机制，在人员、经费、资源等方面作长期规划和安排，这样才能积累经验，保障阅读推广活动具有发展性、创造性、节约性，落到实效。

2　开展图书馆阅读推广调查研究的必要性和意义

针对上述不足,开展图书馆阅读推广调查研究的必要性和意义便凸显出来。

第一,为国内的图书馆阅读推广活动寻求借鉴。对全球丰富多彩的图书馆阅读推广活动进行调研,包括两个层面:一是作为全世界最大的文化合作组织——联合国教科文组织,经常性地发起阅读推广活动,动员全球各国的出版商、学校、图书馆等文化机构参与,规模宏大,涌现出许多成功的、典型的图书馆阅读推广的项目和案例,许多宝贵经验值得总结。二是发达国家的图书馆都有长期开展阅读推广的传统,特别是美国、英国、日本等国的阅读推广活动创意十足、口号鲜明、效果良好、影响广远,我国台湾地区的图书馆阅读推广活动亦富有特色,但目前内地图书馆对国外以及我国台湾地区的图书馆阅读推广活动所了解的渠道很少,多是新闻报道中所透露的点滴,对专业研究和业务参考而言是十分不够的,亟待从专业角度进行系统译介,总结出阅读推广活动的基本类型和经验,为开展更节约、更有效、更精彩的阅读推广活动提供参考。

第二,为图书馆阅读推广活动寻求理论支撑。图书馆为什么、凭什么开展阅读推广,其逻辑合理性在哪里,符合哪些教育学原理?这个问题不解释清楚,就无法圆满回答资助者、合作者、读者的质疑。这个问题实际上和为什么要建设学校是类似的,十分古老,中外教育家都曾给出过精彩的解答。关于图书馆是应该担负起主动教育读者的责任,还是中立地提供自由阅读的环境,中外图书馆学家也有过深刻的论述。开展阅读推广活动时,应该吸收教育理论史和图书馆学史上那些具有权威性、说服力的前贤之论,选择正确的令读者信服的理论路线,如此才有利于行动的推行,增强图书馆员推广阅读的决心、信心和使命感。

第三，开展阅读推广活动的有效性研究。目前图书馆行业内外都对图书馆的效益评估十分重视，以便纠偏补缺，有的放矢地指导下一步的工作，同时符合信息公开的潮流，向纳税人交代图书馆的功用，说服纳税人继续支持图书馆事业。关于图书馆的全面质量管理有 ISO9000 评估体系[1]，了解读者满意度有 LIBQUAL$^+$ 评估体系[2]，了解图书馆工作氛围和内部文化有 Climate-QUAL$^{(TM)}$ 评估体系[3]。同样，阅读推广活动的效益的评价不能停留在参加开幕式的领导的级别高低、人数多少，场面是否宏大壮观，参与人数是否众多，发放材料是否海量，媒体记者是否云集等表面指标，而应该设计一套科学的、多点观测的评价指标体系，来立体、全息地考量阅读推广活动的得失。这个评价指标体系的设计可先从两方面着手，一是基于图书馆的阅读推广活动评价指标，比如是否符合预算、是否节约经费和人力、是否影响其他业务、媒体报道量等，这是读者所不考虑的，但对图书馆来说却很关键或有意义。二是基于读者的阅读推广活动评价指标，比如活动是否有创意、宣传口号是否鲜明诱人、推荐书目是否合用、现场环境是否优雅、服务态度是否到位等，有时候图书馆的过度设计、过度服务也会引起读者反感，图书馆通常意识不到甚至自我感觉良好，却可以通过读者评价指标检测到。基于图书馆和基于读者的两个评价指标体系都完成后，再进行对接和整合，便是综合性的评价指标体系。

第四，探索图书馆阅读推广活动的长效机制。目前国内图书馆的阅读推广活动的基本特点是：行政指令启动，红头文件一发，自上而下层层动员、层层督促、层层检查，何时开展阅读推广活动，搞多大规模，花多少钱，意

1　海南大学图书馆全面质量管理体系［EB/OL］.［2011-08-21］. http：//210.37.32.30/zlgl_qmzlgl_ gltx_ 2. html

2　谢春枝. LibQUAL$^{+(R)}$ 图书馆服务质量调查的实证分析——以武汉大学图书馆为例［J］. 大学图书馆学报，2009（5）：24-28

3　包平，周丽. ClimateQUAL$^{(TM)}$ 图书馆服务质量评价新体系［J］. 大学图书馆学报，2010（5）：96

图达到什么效果，全听行政指令。即便是相对固定的读书月活动，每年根据上级指令力度和投入力度的变化，也在规模和形式上不断发生变化。阅读推广通常定位为亮点工程、节日工程、形象工程、示好工程、惠民工程，而不是定位为常规的图书馆基础服务，图书馆往往临时抽调精干人员，举全馆之力，以突击应付的方式开展阅读推广活动，开幕式铺张浪费，短暂的活动期间服务过度，影响其他业务的开展，破坏图书馆幽静的环境，易结临时读者之欢心，却遭长期读者之反感。而观国外图书馆，通常设专门的阅读推广办公室，如美国国会图书馆从1977年运行至今的专门负责推动全民阅读的机构是"图书中心"（The Center for the Book in the Library of Congress），隶属于图书馆服务部下的合作和拓展项目部（Partnerships and Outreach Programs Directorate），有4位专职人员，包括主任（Director）、项目官员（Program Officer）、通讯官员（Communications Officer）、项目专家（Program Specialist），活动经费全部来自企业和其他部门的捐款和赞助，只有专职人员的薪水由国会图书馆拨款[1]。建立负责阅读推广的常设机构，表明是将阅读推广活动作为图书馆的基本业务来看待，有益于经验的积累、效率的提高、学识的增长、活动的衔接和连续，有益于培养图书馆自己的阅读学专家和阅读推广活动策划专家，对于阅读推广活动的可持续发展是一个重要保障，调研国外这方面的经验，无疑对我们发现国内现有的图书馆阅读推广模式的弊端，建立图书馆阅读推广活动的长效机制有重大启发。

第五，比较中外图书馆阅读推广活动的优劣。从直观上看，国外发达国家的图书馆阅读推广活动在创意、策划、口号上精益求精，像它们先进的工业设计一样，往往让发展中国家视为经典、叹为观止，如美国国会图书馆1998年发起的"一书，一城活动"，1998年英国政府提出"打造举国都是读

1　The Center for the Book in the Library of Congress ［EB/OL］.［2011 - 03 - 22］. http：//www.read.gov/cfb/

书人"的口号,听起来就十分吸引人,每次活动都设计配套的亲民的画面、贴心的图标、旗帜、宣传画等,深受读者欢迎。国外的阅读推广活动规模都不大,善于利用走近本地作家、与作家座谈的方式推介文学作品,动员参加活动的读者多是"散户",主要是常来图书馆的居民、中小学生等。而我国的图书馆阅读推广活动的主题生硬的居多,名称和口号让人过目不忘、适合媒体传播的较少,活动的一大特点是开场即高潮,所有的"精彩"都聚焦在开幕式上,领导讲话和团体诵读是大戏,活动期间的效果反而被遮蔽和忽略。由于中国的知名作家出场费高昂、喜欢签售、联系困难,所以图书馆阅读推广一般不以作家而以文史学者唱主角,推广的也不限于文学作品。为了体现活动的盛况,喜欢动员学生、驻军、护士等团体读者参加,这样做的效果不能说不好,从征文情况看,的确对一些读者产生较大的积极影响,甚至培养其终生利用图书馆的习惯,但那些常来图书馆的熟客、散户,却往往因为此种应季性的活动而被边缘化或受到干扰,而对图书馆颇有微词。作为旁观者的市民,也会出于对一切"盛大"作秀活动的习惯性逆反心理,而对阅读推广活动的效果抱以怀疑。通过一些新闻纪录片和网上大量言论我们可以得知,美国的任何一个读者,其对本地图书馆的服务,包括阅读推广活动,多抱由衷赞赏和自豪的态度,而国内的不同评价则较多,这一点最值得各个图书馆深思,如何让阅读推广活动照顾到每一个读者,在形式上、内容上让所有读者满意,是有技巧需要学习的。当然,发达国家和我国的图书馆阅读推广活动的差异是不是如此,还有哪些具体的表现?各自的优劣在哪里?怎样取长补短?都是值得深入挖掘的。

第六,探讨图书馆阅读推广活动的发展趋势。图书馆学某种程度上是一门未来学,需要不断地侦探信息技术、读者需求等环境变化趋势,来及时改变服务重点和服务方向,若顺应潮流、应时而变,则能赢得读者的喜爱和拥护,反之,保守恋旧,甚或逆流而动,则很容易被各式各样的文献数据库性质的数字图书馆、资源海量的互联网等所替代。故而西方不断推出关于未来图书馆的研究，我们应该重视收集那些具有代表性的研究报告，结合各种阅读推广报告，分析阅读推广的未来表现形式，适时地修正阅读推广活动的使命和愿景，大胆进行阅读推广创新，力争赶上甚至引领读者的阅读趣味和阅读体验，使阅读推广活动受到读者的真心欢迎，发挥实效。

3 图书馆阅读推广研究任重道远

无论是从提高国民素质、增强综合国力、树立读书风气、提升民族形象、促进文化繁荣的国家层面，还是从充分发挥资源优势、提高公共文化服务能力、让人民享受文化权利的部委层面，以及从扩大读者到馆率、赢得读者拥护、充分发挥服务职能的图书馆层面，图书馆的阅读推广活动正在得到各方面的空前重视，以国家课题立项的方式研究图书馆阅读推广，既是对已有图书馆阅读推广活动成就的总结，更是为了解决图书馆阅读推广活动中的困惑问题和瓶颈问题，服务于国家全民阅读战略的落实，正当其时，十分必要。截止2010年，关于图书馆的阅读推广活动尚无系统的研究报告和专著，这样一项研究可以起到填补空白和开拓新领域的作用。

如前所述，图书馆阅读推广研究的基本目标是：在图书馆阅读推广活动的国内外调研方面广采博取，拿出全面、系统、准确、权威的报告，掌握世界各国的成功经验，作为今后图书馆了解这方面情况的必备参考；在图书馆阅读推广活动的认识论方面，要吸纳教育理论的精华，总结代表性意见，起到理清分歧、统一思想的作用；在阅读推广活动的评价方面采用实证方法，找到影响变量，在此基础上为阅读推广活动提供建议，提高活动的有效性，乃至制定指南和范例，指导全国的同类活动；阅读推广活动不是政绩工程，要结合国内外经验和实证结论，探索建立图书馆阅读推广活动的长效机制，以制度和经验保障效率、促进节约；最后通过对图书馆研究的未来学派的主要预测成果的分析，预测未来的图书馆阅读推广活动，对图书馆阅读推广活动的使命和愿景进行理论推导，指引发展方向。

然而要实现上述目标，并非一蹴而就，面临许多难题需要攻克，如图书馆阅读推广活动究竟应该采取什么样的理论指导思想，这方面的分歧由来已久，论证好并得到广泛认同有相当难度。判定图书馆阅读推广活动有效性的评估指标体系的设计，需要调查大量读者，也有相当难度和工作量。建立图书馆阅读推广活动的长效机制，拿出广泛认可的可操作性的方案也是件相当困难的事。不过，开展图书馆阅读推广研究，正是在认识到一系列问题的重要性、紧迫性、艰巨性的基础上，所发起的一次攻坚，尽管任重道远，但只要起步了，总有到达目的地的一天。

第二章　跨国阅读推广活动及图书馆的作用

第一节　联合国教科文组织的阅读推广活动[1]

联合国教育、科学及文化组织（United Nations Educational, Scientific and Cultural Organization, UNESCO），简称联合国教科文组织，1946年11月正式成立，是联合国的一个专门机构，总部设在法国巴黎。"教科文组织的使命是通过教育、科学、文化、传播与信息，促进建设和平、消除贫困、可持续发展和文化间对话。"[2] 教育、科学、文化、传播与信息是教科文组织的主要活动领域，其总体目标包括：实现高质量的全民教育和终身学习；动员可持续发展方面的科学知识和政策；应对新出现的社会和伦理挑战；促进文化多样

1　本节由北京工商大学图书馆副研究馆员、北京大学信息管理系在读博士生刘亮撰写。
2　联合国教科文组织中文网站 [EB/OL]. [2011-04-28]. 介绍教科文组织：何为教科文组织 [EB/OL]. http://www.unesco.org/new/zh/unesco/about-us/who-we-are/introducing-unesco/

性、文化间对话与和平文化；通过信息与传播，建立包容性的知识社会[1]。

阅读是教育、学习、信息传播、文化传承的最重要的方式和途径，对阅读的重视和推广可以说是联合国教科文组织职责中的应有之义。事实上，自成立之始，联合国教科文组织就倡导和组织了关于和包含阅读推广的很多活动，这些活动在各国政府和有关组织的响应、推动下得到了公众的广泛关注，也获得了良好的社会效果，促进了世界各个国家和地区阅读习惯的培养和阅读文化的建设、发展。在这些阅读推广活动中，一贯被联合国教科文组织重视的各类图书馆被赋予了重要使命，作为重要的教育和文化机构发挥了极其重大的作用。下面分别介绍联合国教科文组织的阅读推广活动和图书馆在这些阅读推广活动中的作用。

1 联合国教科文组织的阅读推广活动

联合国教科文组织的阅读推广活动主要是指联合国教科文组织倡导、发起、组织和推广的诸如扫除文盲、全民教育（Education for All）、终生学习（Lifelong Learning）等众多动活项目。这些项目以促进教育为主旨，因为阅读与教育有密不可分的必然联系，此类项目所包含的识字教育、培训阅读技能、激发阅读兴趣、提供阅读材料等实质上就是阅读推广。这类活动开始时间早（几乎与联合国教科文组织开始开展工作同时）、持续时间长、涉及面极广、内容丰富，非本文篇幅所能容纳，故在此简单带过，不作详细介绍（这并非表明这类活动对阅读推广而言不重要，相反地，笔者认为我国教育界有必要了解、学习这些项目，重视学前教育、青少年教育、成人教育等各类教育中的阅读教育）。

下面重点介绍联合国教科文组织明确的以阅读推广为主题的各项活动。

---

1 同上

1.1 国际图书十年（1970-1980：International Book Decade）和国际图书年（International Book Year 1972）

联合国教科文组织的各项以促进教育为主旨的活动已包含推广阅读的努力，但真正纯粹地以阅读推广为主题的活动"自20世纪70年代联合国教科文组织以'国际图书十年'为名义所进行的一系列研究开始"[1]。这里所谓的"一系列研究"是指，在这个时期联合国教科文组织对世界上各国家和地区的阅读、出版状况进行了大范围的调查和研究，重点是对非洲、东南亚、南美各国以及阿拉伯语、拉丁语地区的阅读、出版现状和问题的调查研究，联合国教科文组织英文网站中发布的上个世纪80年代初形成的数篇报告应为这些研究的最终成果。在现在看来，这些研究似乎是联合国教科文组织有意地为后续的阅读推广活动所作的准备。

在20世纪70年代联合国教科文组织的众多阅读推广活动中，尤以1972年的"国际图书年"最为显著。联合国教科文组织在1970年第16届大会上决定把1972年定为"国际图书年"，口号为"Books for All"（可译为"全民读书"或"书为人人"）。联合国半数以上的成员国为"国际图书年"成立了国家图书委员会，超过400个非政府组织参与该项活动[2]。根据联合国教科文组织的报告，1972年世界各个国家和地区响应"国际图书年"活动所开展的活动概括起来有：发展出版和印刷能力；向儿童和成人捐赠图书；鼓励翻译；保护本地文学；举办书展；评选文学奖；发展图书馆；组织阅读协会和俱乐部；举办有关阅读的讲座和读书会；通过多种媒体宣传读书理念等[3]。因为"国

---

[1] 联合国教科文组织英文网站 [EB/OL]. [2011-05-19]. Comments By The Director-General On The External Evaluation Reports Submitted In The 2000-2001 And The 2002-2003 Biennia [EB/OL]. 2003. http://unesdoc.unesco.org/images/0012/001297/129747E.pdf#page=12

[2] 联合国教科文组织英文网站 [EB/OL]. [2011-05-10]. Anatomy of an International Year Book Year 1972 [EB/OL]. 1974. http://unesdoc.unesco.org/images/0001/000122/012250eo.pdf

[3] 同上

际图书年"对阅读的倡导,许多国家和地区以及有关组织也开始实施自己的有关推广阅读的计划。

1.2 走向阅读社会——八十年代的目标(Towards a Reading Society: Targets for the 1980s)

在1982年7月召开的世界图书大会上,联合国教科文组织提出了"走向阅读社会——八十年代的目标"(Towards a Reading Society: Targets for the 1980s)项目。在联合国教科文组织关于该项目的报告的序言中说:"它总结了过去十年各国和国际社会(阅读推广)行动的效果,讨论了未来应对图书发展障碍的措施,并且制定了一个以实现'阅读社会'为新目标的新项目。"并且说:"这个新项目可视为联合国教科文组织阅读推广活动的第二阶段。"[1] 该项目为各国设定了目标:规划国家图书战略;正确认识图书(出版)产业的重要性;在出版产业链中整合运用新技术;在各种社会中创造阅读环境;激励国际合作以增强图书产出能力;增加图书进出口的双向流动。联合国教科文组织在其中要发挥的作用包括:针对图书和阅读的相关问题持续研究;帮助各国规划出版战略和政策;鼓励和保护作者及翻译;帮助改进出版业结构以提升图书生产和发行能力;帮助发展出版行业职业教育和培训;鼓励培养阅读习惯等。可以看出,联合国教科文组织的思路是:由于出版和识字教育是阅读推广的基础,所以优先侧重于推动出版和识字教育的发展。

1.3 世界图书与版权日(World Book and Copyright Day)

"世界图书与版权日"(World Book and Copyright Day)在我国更多地被称为"世界读书日",是我们最熟悉的,也是在我国影响最大最广的阅读推广活

---

[1] 联合国教科文组织英文网站[EB/OL].[2011-05-10]. Towards a Reading Society: Targets for the 1980s[EB/OL].1982. http://unesdoc.unesco.org/images/0004/000483/048351eb.pdf

动。最初的创意来自于国际出版商协会（International Publishers Association，IPA）。1995年，国际出版商协会在西班牙的巴塞罗那召开的第二十五届全球大会上提出"世界图书日"的设想，该设想由西班牙政府将方案提交给联合国教科文组织。由于俄罗斯代表团认为"世界图书日"还应当增加版权观念，当年10月25日——11月16日召开的联合国教科文组织第二十八次大会通过28C/3.18号决议，正式确定每年的4月23日为"世界图书与版权日"。

根据联合国教科文组织总干事给2006年"世界图书与版权日"的致辞[1]，已有超过100个国家和地区参与此项活动。这些国家和地区在每年的4月23日或前后一星期、一个月的时间，有关政府部门、图书馆、学校、媒体、书店、出版社以及非政府组织会举办多种阅读推广活动，如书展、讲座、作家见面会、优惠购书、征文活动、学术研讨会、发行纪念邮票、在广播和电视中播放读书节目等。近几年新闻媒体就各国在"世界图书与版权日"的活动的报道非常多，不再赘述。

1.4 全民阅读（Reading for All）

1997年3月5日，联合国教科文组织总干事和埃及文化部长签署了关于发起国际"全民阅读"（Reading for All）项目的备忘录，同年7月24至25日，第一届国际"全民阅读"专门委员会会议在埃及城市阿斯旺举行，"发出了国际社会进一步开展阅读推广努力的讯号"[2]。此次会议回顾了埃及自1991年启动的全民阅读项目的成就，分享其经验，也听取了世界范围内其他由国际社会、各国政府和非政府组织实施的阅读推广行动的情况；会议建议各国和非政府组织评估过去和现在实施的阅读推广活动，联合国教科文组

---

[1] 联合国教科文组织英文网站［EB/OL］.［2011-05-22］.联合国教科文组织总干事给2006年"世界读书日"的致词［EB/OL］.2006.http：//news.xinhuanet.com/book/2006-04/21/content_ 4457291.htm

[2] 联合国教科文组织英文网站［EB/OL］.［2011-05-22］.Information & Informatics Activities［EB/OL］.http：//www.unesco.org/webworld/publications/25_ 2/News252.htm

织协调各国和地区的阅读推广计划，建议发起国际"全民阅读"项目，但该项目由各国运用自有资金自主实施，联合国教科文组织全民阅读专门委员会为所有阅读推广活动提供持续支持。

这次会议发出的号召得到广泛响应，次年11月，联合国教科文组织举办的"全民阅读"项目中欧和东欧国家会议在保加利亚首都索菲亚召开，1999年8月，泛非"全民阅读"会议在南非首都比勒陀利亚举行。"全民阅读"项目在尼日利亚、乌干达、中非、南非等众多非洲国家以及欧洲多个国家、澳大利亚开展。"全民阅读"的理念更是在全世界范围内得到传播和认同。

各国在实施各自的"全民阅读"计划中，采取了多种措施和活动来推广阅读。埃及作为"全民阅读"活动的先行者，其活动和举措有：建设公共图书馆，特别是在偏僻贫穷的城镇和农村；加强和完善学校图书馆和大学图书馆体系；创造图书馆新服务类型，包括移动的、轻便式和非常规的图书馆；创建户外阅读站；培训图书馆员；组织全国性的竞赛以发现年轻的文学家和艺术家；创立苏珊·穆巴拉克儿童文学奖；实施"家庭图书馆项目"，以促进低价图书出版；建立研究和档案中心；建立儿童博物馆；加强国际合作，如与非政府组织合作的"国际青年图书委员会"。

1.5 世界图书之都（World Book Capital）

2001年，依据"世界图书与版权日"的成功经验，联合国教科文组织通过31 C/Resolution 29号决议，发起"世界图书之都"（World Book Capital）计划，每年由联合国教科文组织与国际出版商联合会（IPA）、国际书商联合会（IBF）和国际图书馆协会和机构联合会（IFLA）共同评选出一个城市，以"世界图书之都"的名义庆祝和传扬人类的图书事业和阅读活动，任期始于当年的4月23日，终于翌年的4月23日。当选"图书之都"的城市必须已有效果显著的众多阅读推广活动，并在担任"图书之都"那一年实施为该年特别制定的阅读推广计划[1]。历年"世界图书之都"分别是：西班牙的马德里（2001年）、埃及的亚历山大（2002年）、印度的新德里（2003年）、比利时的安特卫普（2004年）、加拿大的蒙特利尔（2005年）、意大利的杜林（2006年）、哥伦比亚的波哥大（2007年）、荷兰的阿姆斯特丹（2008年）、黎巴嫩的贝鲁特（2009年）、斯洛文尼亚的卢布尔雅那（2010年）、阿根廷的布宜诺斯艾利斯（2011年）、亚美尼亚的埃里温（2012年）。

事实上，联合国教科文组织的阅读推广活动主要是由联合国教科文组织提出理念、计划，向成员国发起号召，然后各个国家和地区自主地由有关政府部门、图书馆、学校、非政府组织、企业和媒体等机构具体组织和实施，联合国教科文组织提供支持和帮助，这一特征从上世纪90年代至今愈加明显。

2 图书馆在联合国教科文组织的阅读推广活动中的作用

在联合国教科文组织的所有阅读推广活动中，建设和发展图书馆都是必不可少的重要举措，因为基于其性质和职能，图书馆在阅读推广中具不可替代的作用。随着各个国家和地区图书馆事业的不断发展，和图书馆界阅读推广理念的不断增强，图书馆在联合国教科文组织的阅读推广活动中发挥着越来越重要的作用。

2.1 图书馆为阅读提供阅读材料和阅读场所

图书馆是读者获取出版物的重要途径，在贫困地区和学校尤为如此。联合国教科文组织的一份总结、分析1972年"国际图书年"的报告就称

---

[1] 联合国教科文组织英文网站［EB/OL］.［2011-05-22］. World Book Capital City［EB/OL］. 2011. http://portal.unesco.org/culture/en/ev.php-URL_ID=24019&URL_DO=DO_TOPIC&URL_SECTION=201.html

"图书馆是公众得到图书最可靠的'媒介',不管他们离国家的经济和文化中心有多远,也不用顾及单个阅读者的购买能力,这一点已经得到广泛认同。"[1] 当然,这在1949年的联合国教科文组织的《公共图书馆宣言》中已经有所体现:"公共图书馆,作为人们寻求知识的重要渠道,为个人和社会群体进行终身教育、自主决策和文化发展提供了基本条件。本宣言宣告,联合国教科文组织坚信公共图书馆是传播教育、文化和信息的一支有生力量,是促使人们寻找和平和精神幸福的基本资源……各年龄群体的图书馆用户必须能够找到与其需求相关的资料。公共图书馆必须藏有并提供包括各种合适的载体和现代技术以及传统的书刊资料。"正是基于这种认识,1972年"国际图书年"的阅读推广措施就重点包括扩大图书馆现有设施、建设新图书馆和图书馆系统(在原来没有的地方),为图书馆资源建设提供资金以及直接捐赠图书(上述分析报告还举例:某欧洲图书俱乐部向第三世界国家图书馆捐赠5 000册图书,某出版商向其家乡学校的图书馆捐赠2 500种图书)。这些措施在其后的所有阅读推广活动中也得到继续实施。因此,图书馆的数量和图书馆馆藏资源的种类、数量不断增加,图书馆已经能为更多的读者提供更多的阅读材料。这是阅读推广活动顺利开展并取得实际效果的前提和基础。

　　同时,图书馆也为阅读提供良好的阅读场所。图书馆相对于家庭、宿舍、教室、书店及其他公共场所,能为阅读者创造安静、不受打扰的阅读环境,而其中浓厚的文化和学习氛围更是其他场所不能比拟,读者在图书馆更容易被激发阅读兴趣和培养阅读习惯。很多读者因此更愿意在图书馆阅读和学习,我们也经常看见许多公共图书馆和学校图书馆的"人满为患"甚至"占座"现象。各国的阅读推广活动也同样注意改善图书馆的基础建设,各图书馆也

1　联合国教科文组织英文网站[EB/OL].[2011-05-16]. Anatomy of an International Year Book Year 1972 [EB/OL].1974. http://unesdoc.unesco.org/images/0001/000122/012250eo.pdf

力图合理利用空间，尽量为读者提供更多的座位，近年图书馆界也更加重视"提供场所"这一职能，有关"学习空间"的理论研究和实践也正在国内外图书馆开展。

2.2 图书馆是开展阅读推广活动的重要主体

图书馆既是各阅读推广计划和项目支持和帮助的对象，也是阅读推广活动的重要主体。例如，美国国会图书馆的图书中心是全美阅读推广的策划者，负责制定全国性的活动主题并设计部分活动内容，在美国的阅读推广活动中发挥了领导作用。2005年，英国有近93%的公共图书馆加入"世界图书与版权日"阅读推广活动行列[1]。埃及是世界性"全民阅读"项目的肇始者，其"全民阅读"项目的统计显示，至1999年，埃及开展阅读推广活动的图书馆已达到9671所[2]。香港各公共图书馆每月都会有定期的阅读推广活动，内容包括：定期举办各种教育性及休闲性阅读推广活动、课外阅读计划、书籍展览、科技与人生系列讲座、亲子故事工作坊、阅读营、兴趣小组等。各公共图书馆每年都会组织一万多项阅读推广活动，同时还与其他机构举办一些大型的阅读推广活动，如与香港电台合办的《十本好书》阅读推广计划已进行了10年；与香港教育专业人员协会合办"阅读嘉年华"和"中学生好书龙虎榜"活动[3]。台湾地区的公共图书馆每年都会利用图书馆周的机会举办各类宣传推广活动，让读者了解和亲近图书馆。如2007年高雄市立图书馆承办的"公共图书馆博览会"，活动包括特色图书馆联展、行动图书馆大会师、故事爸爸故事妈妈大会串等；台北县推出图书馆彩绘、主题书展、"e起来耍库

---

1 冯媛. 我国公共图书馆的阅读推广活动研究[J]. 江西图书馆与学刊，2010（4）：60-62
2 联合国教科文组织英文网站[EB/OL].[2011-05-16]. Distinguished Egyptian Achievements [EB/OL].2000. http://www.unesco.org/education/wef/countryreports/egypt/rapport_ 3.htm
3 师丽娟. 港澳地区阅读推广活动介绍及启示[J]. 图书馆杂志，2007（5）：61-63

——公共图书馆资料库检索"等活动[1]。

阅读推广在我国内地也日益受到关注和重视，内地各级各类图书馆也正在积极参与其中。联合国教科文组织的阅读推广活动以及各个国家和地区图书馆具体开展的阅读推广活动的良好经验，如不断提高提供阅读材料、阅读场所的能力，注重读者特别是青少年和儿童阅读技能和阅读习惯的培养，与出版企业、媒体合作以扩大活动的规模和影响力，在平时持续开展活动等，都是我国内地图书馆开展阅读推广活动所应该借鉴和学习的。

第二节　风行世界的"大阅读"活动[2]

"大阅读"活动是一类型阅读活动的统称。按照美国国家人文艺术基金会（National Endowment for the Arts，简称 NEA）的说法，就是鼓励全国的民众拿起一本好书。其形式包括与书相关的电台节目、视频资料、经典作家的简短散文等[3]。有学者指出，"大阅读"里的"大"字，一是指范围，读书不再是一个人的事了，有效营造"共读一书"的氛围将有助于形成社区、社群的凝聚力，重回书香社会；"大"字的另外一层含义指的是阅读视野，让人们的目光从畅销书回到传统文学，不再仅仅为畅销书排行榜的"狭窄"天空包围[4]。它起源于英国，兴盛于美国，以多种方式发起阅读推广活动，并被众多国家的城市和社区所效仿，在短短十年时间内，就风行全世界。通过探讨它的阅读推广形式，可为我国开展"大阅读"活动提供借鉴，促进我国书香社会的建设。

1　曹桂平．关于台湾地区阅读推广活动的思考［J］．图书馆建设，20110（3）：78-82
2　本节由五邑大学图书馆研究馆员吴蜀红撰写。
3　Creating a nation of readers［EB/OL］．［2012-09-25］．http：//www.neabigread.org/
4　史迪文．美国正在"大阅读"［EB/OL］．［2012-09-25］．http：//blog.sina.com.cn/s/blog_537937210100069p.html

1 "大阅读"活动的起源及在英国的推广

1.1 BBC的"大阅读"活动

"大阅读"活动起源于英国广播公司（British Broadcasting Corporation，BBC）于2003年发起的在全英范围内的图书调查活动。组委会从英国公众那里收到超过75万张投票，选出有史以来英国公众最喜爱的小说。这个长达一年的调查活动，是迄今为止英国最大的关于公众阅读品位的专门调查活动。它最终通过由名人主持的几个节目来宣传英国公众所喜爱的文学书籍。英国广播公司（BBC）开展这项"大阅读"活动的目的是找出英国公众最喜爱的小说，公众可以通过网络、短信、电话等方式参与投票。对于采用这种大规模的吸引眼球的方式来进行文学作品的调查引起了一些争议，但支持者赞扬说"大阅读"活动提升了公众的阅读意识[1]。其标志如图2-1所示。

图2-1 BBC的"大阅读"活动标志

BBC在组织这项"大阅读"活动时，采用三轮选择的方式进行。首先选取英国公众喜爱的任何小说，接着从这些小说中选取排名最靠前的200种小说，然后从这200种小说中进一步选取前21种小说。选取的前提条件是每名作者只能有一部作品出现在前21种小说中。选取的原则是必须是小说，因此

---

[1] The Big Read [EB/OL]. [2012-09-25]. http://en.wikipedia.org/wiki/The_Big_Read

莎士比亚的戏剧作品便没有包括在内。表 2-1 是 BBC 所开列的由英国公众所选出的 21 种小说。

表 2-1　BBC 所开列的英国公众所选出的 21 种小说

英文书名	作者	对应的中文书名	对应的作者中文译名
1. The Lord of the Rings	J. R. R. Tolkien	魔戒	J. R. R. 托尔金
2. Pride and Prejudice	Jane Austen	傲慢与偏见	简·奥斯丁
3. His Dark Materials	Philip Pullman	黑暗物质	菲利普·普尔曼
4. The Hitchhiker's Guide to the Galaxy	Douglas Adams	银河系漫游指南	道格拉斯·亚当斯
5. Harry Potter and the Goblet of Fire	J. K. Rowling	哈利波特与火焰杯	J. k. 罗琳
6. To Kill a Mockingbird	Harper Lee	杀死一只知更鸟	哈伯·李
7. Winnie-the-Pooh	A. A. Milne	维尼熊的故事	A. A. 米尔恩
8. Nineteen Eighty-Four	George Orwell	一九八四	乔治·奥威尔
9. The Lion, the Witch and the Wardrobe	C. S. Lewis	纳尼亚传奇：狮子、女巫和魔衣橱	C. S. 路易斯
10. Jane Eyre	Charlotte Brontë	简·爱	夏绿蒂·勃朗特
11. Catch-22	Joseph Heller	22 条军规	约瑟夫·海勒
12. Wuthering Heights	Emily Brontë	呼啸山庄	艾米莉·勃朗特
13. Birdsong	Sebastian Faulks	鸟鸣	塞巴斯蒂安·福克斯
14. Rebecca	Daphne du Maurier	丽贝卡	达夫妮·杜穆里埃
15. The Catcher in the Rye	J. D. Salinger	麦田里的守望者	J. D. 塞林格
16. The Wind in the Willows	Kenneth Grahame	柳林风声	肯尼斯·格雷厄姆
17. Great Expectations	Charles Dickens	远大前程	查尔斯·狄更斯
18. Little Women	Louisa May Alcott	小妇人	路易莎·奥尔科特
19. Captain Corelli's Mandolin	Louis de Bernières	科莱利上尉的曼陀林	路易斯·德·伯尔尼埃
20. War and Peace	Leo Tolstoy	战争与和平	列夫·托尔斯泰
21. Gone with the Wind	Margaret Mitchell	飘	玛格丽特·米切尔

数据来源于 BBC，见 http://www.bbc.co.uk/arts/bigread/

1.2　BBC 与 Bookturst 基金会对"大阅读"活动的推广

为了促使"大阅读"活动产生持续影响，英国广播公司专门成立了图书俱乐部，并联合英国图书信托基金会（Booktrust），开展了名为"大阅读中的小引导"（The Little Guide to Big Read）的阅读推广活动，以"和你的家庭、朋友和同事来一起讨论 BBC 的大阅读图书"为口号，并撰写了阅读行动指南，在全英国范围内掀起了持续不断的阅读浪潮。

在这个名为"大阅读中的小引导"的阅读行动指南中，给出了一个建立阅读组织的 10 项行动建议。（1）谁是阅读组织的成员。建议首先邀请朋友参与，然后逐步邀请其他人加入。并在线注册 BBC 的"大阅读"图书俱乐部，一方面有机会赢得阅读大奖，另一方面可以参与其他的"大阅读"活动；（2）通过文字和口头宣传，或者通过在当地的图书馆、书店、咖啡厅等张贴通知来寻找新成员；（3）如果陌生人加入，要选择在公共场合会面，并提前就让谁加入在成员中达成一致；（4）一个阅读组织大约保持 10 个左右的人数是适宜的；（5）可以在各自的家里或者咖啡厅或者图书馆来举行读书会；（6）读书会形式不限；（7）对组织保持敏感，能确保每个成员都能对组织有所贡献；（8）设立一个组织如何运行的基本规则，以便每个组织成员有机会说这是否是他所需要的；（9）根据选举或者依次阅读的方式来阅读这 21 种文学作品；（10）不需要所有人都读同一本书，可以相互汇报他们所阅读的文学作品[1]。

就如何更有效地进行阅读推广，这份指南针对教师、图书馆员和其他公众给出了三种方式。如果你是一位中小学教师或者大学老师，你可以从 www.readon.org.uk 下载针对不同年龄段的"大阅读"资源来使用；如果你在

1　The little guide to big read［EB/OL］.［2012-09-25］. http：//www.bbc.co.uk/arts/bigread/br_reading_ grp_ pck.pdf

图书馆工作，可以从 www.readingagency.org.uk 获得图书馆工作人员所需要的资源；如果你想了解更多的图书情况或分享你的阅读想法，可以去 Booktrust 基金会的网站，即 www.booktrust.org.uk 来了解或分享。

通过BBC和Bookturst的联合推广，"大阅读"活动每年以不同主题在英国的各个社区展开。特别是针对儿童开展了一系列活动。如2012年苏格兰地区针对儿童进行的"大阅读"活动。2012年，位于苏格兰地区的一家名叫《日志》（*Daily Record*）的报纸在苏格兰地区开展了一项中小学暑假阅读活动，通过吸引儿童参与"大阅读"活动，来享受假日带来的阅读快乐。该活动始于6月30日，斯特林区的孩子们首先享受了阅读体验，活动在一家著名的商场举行。从上午10：30开始，各个年龄段的孩子们坐在一个特别的区域，来观看由格林兄弟著名的童话书《神奇的粥锅》所改编的舞台剧。舞台周围到处充满欢声笑语。一些孩子唱着、跳着来表达他们的欢乐。活动结束后，每个孩子将能得到装满一系列流行书籍的大袋子带回家去阅读。错过了这次活动的孩子们将能在自己所在的社区获得同样的体验[1]。

2 "大阅读"活动的兴盛及影响

"大阅读"活动在英国的成功，使其模式得到广泛认可。世界各国和地区在认可英国"大阅读"活动的同时，结合自身情况，形成了各具特色的"大阅读"活动。其中，"大阅读"活动在美国的兴盛，标志着其到达了一个新高度，成为真正有影响力的阅读推广活动。

2.1 美国"大阅读"活动的背景及组织形式

美国"大阅读"活动的起因源于2004年美国国家艺术基金会（NEA）发

---

1 About The Big Read［EB/OL］.［2012-09-25］. http：//www.dailyrecord.co.uk/special-features/the-big-read/about

起的一项全国范围的调查活动,并写成一份调查报告《阅读危险:美国文学阅读的调查》。这项调查发现,美国各类人群的文学阅读水平均显著下降,并且继续呈现加速下降的态势,在年轻人中表现尤为突出。为此,美国的"大阅读"活动应需而生,NEA 于 2006 年发起了"大阅读"活动,旨在复兴美国文化中文学的地位,让文学的力量进入居民生活,鼓励居民通过阅读来获得快乐和启迪,从而重建作为美国文化核心的阅读风气[1]。活动标志见图2-2。

图 2-2 美国"大阅读"活动标志

作为 NEA 的一个项目,该项活动由美国中西部艺术基金会(Arts Midwest)管理,美国博物馆和图书馆服务协会(Institute of Museum and Library Services,IMLS)为该项活动提供了合作和慷慨的财政资助。从2007年"大阅读"活动在全美开展以来,包括2012—2013 年度拨款,NEA 已经资助 1 000 多项"大阅读"项目,提供的资助金额超过 1 400 万美元。但资助不限于此,那些参与到"大阅读"项目的社区组织还从当地获得了超过 2 700 万美元的资助[2]。

---

1 History/Overview of The Big Read [EB/OL].[2012 - 09 - 25]. http://www.neabigread.org/program_history

2 Frequently Asked Questions [EB/OL].[2012-09-25]. http://www.neabigread.org/faq.php

2.2 美国"大阅读"的活动形式及特点

与英国"大阅读",以家庭、朋友、同事等小规模群体为基础的比较松散的活动形式相比,美国"大阅读"活动的形式比较系统和成规模,它以社区(包括乡村)为单位,结合已有的"一书,一城"(One City, One Book)阅读推广活动,形成了自身独有的活动形式。

"一书,一城"活动是由位于美国西雅图的华盛顿图书中心的主任南希·珀尔(Nancy Pearl)于1998年发起,以"如果所有西雅图人读同一本书"(If All of Seattle Read the Same Book)为口号,由西雅图市民投票选出该年度票房电影原著《意外的春天》(The Sweet Hereafter)一书,动员西雅图各地的图书馆和读书会全力推荐这本书,引起全社会的广泛反响。接着美国各地纷纷效仿,从而形成了美国特色的阅读推广活动。"一书,一城"一般是由美国各州自行发起的阅读活动,有时由于主办方内部分歧、经费不足、市民参与度不够等方面的原因而弃办。

美国的"大阅读"活动在"一书,一城"活动的基础上加以改进,形成了自己的特点。

首先,每年各州的阅读机构或团体提出申请,NEA组成专家委员会进行审核,评选出地区性的阅读机构或团体。

其次,NEA开列了一个书目。可以从作者、书名、主题、诗人等4个途径查找。分为成人、励志、犯罪与公平、身份认同、正直、损失和爱的故事等主题。这些图书既包括《我的安东尼娅》、《永别了,武器》、《愤怒的葡萄》、《喜福会》等美国19世纪的经典作品,也包括《华氏451度》、《垂死的教训》、《了不起的盖茨比》、《永别了武器》等美国20世纪的伟大作品。各地可在广泛征求意见的基础上选择其中一本,开展当地的一书共读活动。书目见表2-2。

表 2-2　NEA 所开列的供各地区选读的书目

英文书名	作者	对应的中文书名	对应的作者中文译名
The Adventures of Tom Sawyer	Mark Twain	汤姆·索亚历险记	马克·吐温
The Age of Innocence	Edith Wharton	纯真年代	伊迪丝·华顿
Bless Me, Ultima	Rudolfo Anaya	祝福我	乌蒂玛·鲁道夫·安纳亚
The Bridge of San Luis Rey and Our Town	Thornton Wilder	圣路易斯雷的大桥和我们的小镇	桑顿·怀尔德
The Call of the Wild	Jack London	野性的呼唤	杰克·伦敦
The Death of Ivan Ilyich	Leo Tolstoy	伊凡·伊里奇之死	列夫·托尔斯泰
Fahrenheit 451	Ray Bradbury	华氏 451	雷·布莱伯利
A Farewell to Arms	Ernest Hemingway	永别了武器	欧内斯特·海明威
The Grapes of Wrath	John Steinbeck	愤怒的葡萄	约翰·斯坦贝克
The Great Gatsby	F. Scott Fitzgerald	了不起的盖茨比	司各特·菲茨杰拉德
The Heart Is a Lonely Hunter	Carson McCullers	心是孤独的猎手	卡森·麦卡勒斯
Housekeeping	Marilynne Robinson	家政	玛丽莲·罗宾逊
In the Time of the Butterflies	Julia Alvarez	蝴蝶情人	朱丽亚·阿尔瓦雷斯
The Joy Luck Club	Amy Tan	喜福会	谭恩美
A Lesson Before Dying	Ernest J. Gaines	垂死的教训	厄内斯特·恩斯
Love Medicine	Louise Erdrich	爱药	路易丝·埃德
The Maltese Falcon	Dashiell Hammett	马耳他之鹰	达希尔·哈米特
My Ántonia	Willa Cather	我的安东尼亚	薇拉·凯瑟
Old School	Tobias Wolff	母校	托拜厄斯·沃尔夫
The Poetry of Emily Dickinson	Emily Dickinson	埃米丽·狄更生的诗集	埃米丽·狄更生
The Poetry of Henry Wadsworth Longfellow	Henry Wadsworth Longfellow	沃兹沃·思朗费罗的诗集	沃兹沃·思朗费罗
The Poetry of Robinson Jeffers	Robinson Jeffers	鲁滨孙·杰弗斯的诗集	鲁滨孙·杰弗斯
The Shawl	Cynthia Ozick	披肩	辛西娅·奥兹克
The Stories and Poems of Edgar Allan Poe	Edgar Allan Poe	埃德加·爱伦坡的故事和诗集	埃德加·爱伦坡

续表

英文书名	作者	对应的中文书名	对应的作者中文译名
Sun, Stone, and Shadows	Jorge F. Hernández	太阳、石头和阴影	豪尔赫·埃尔南德斯
Their Eyes Were Watching God	Zora Neale Hurston	她们仰望苍天	佐拉·尼尔·赫斯顿
The Thief and the Dogs	Naguib Mahfouz	小偷和狗	纳吉布·马哈富兹
The Things They Carried	Tim O'Brien	士兵的重负	提姆·奥布莱恩
To Kill a Mockingbird	Harper Lee	杀死一只知更鸟	哈伯·李
Washington Square	Henry James	华盛顿广场	亨利·詹姆斯
A Wizard of Earthsea	Ursula K. Le Guin	地海巫师	娥苏拉.勒瑰恩

资料来源于 http：//www.neabigread.org/books.php？sort=sort_ text

再次，NEA 等对入选的地区性阅读机构或团体给予一到两万美元的经费支持，当地的机构也给予相当于 NEA 两倍的赞助，基本保证了活动的经费来源。

第四，2006 年 1 月到 6 月是这项"大阅读"活动的预热期，NEA 选出 10 个地区性的主办团体，这些团体大都是公共图书馆或各地的图书中心。同时，他们参考各地曾经举办过的"共读一书"活动的书目，确定了这次"大阅读"活动的首批 4 本经典文学作品，包括菲茨杰拉德的《了不起的盖茨比》、雷·布莱伯利的《华氏 451 度》、黑人女作家佐拉·尼尔·赫斯顿的《她们仰望苍天》以及哈波·李的《杀死一只知更鸟》。从 2007 年开始在全国范围内开展了"大阅读"活动。除 2007 年在一个年度结束外，从 2008 年开始，美国的"大阅读"活动开始进行跨年度活动。即从每年 9 月开始，到第二年 6 月结束。各地按照这个期限，组织各自的阅读活动，原则上持续一个月，市长和当地名人均会参加。这保证了各地区时间安排方面的灵活性。

最后，活动形式多样。只要与读书有关的活动，如电影放映、文艺读物、展览等均可以，并且图书交流在不同的地点举行，以吸引更广泛的读者。

NEA 甚至在电视上做广告,来宣传"大阅读"活动。

从 2007 年到 2012 年,累计全美共有 1018 个地区参与了"大阅读"活动。具体如表 2-3、图 2-3 所示。

表 2-3 美国各州开展"大阅读"活动的情况

地区数\时间\州名	2007.1-2007.6	2007.9-2007.12	2008.1-2008.6	2008.9-2009.6	2009.9-2010.6	2010.9-2011.6	2011.9-2012.6	2012.9-2013.6
阿拉巴马	1	1	4	2	10	1		
阿拉斯加	2		2	2	1			1
亚利桑那		2	2	3	2	1	2	1
阿肯色	2			1				
加利福尼亚	5	10	7	19	26	7	14	9
科罗拉多		3	2	5	6			1
康涅狄格	4		4	4	5	3		2
特拉华				1				
哥伦比亚特区	1		1	1	2			
佛罗里达	5	5	7	8	9	2	5	4
佐治亚	1	3	3	8	8	4	3	3
夏威夷		1						
爱达荷	1	1	1	3	2	1		
伊利诺伊	4	9	6	12	15	9	3	4
印第安纳	4	3	6	4	8	2	3	2
爱荷华	2	1	3	2	2			
堪萨斯	3		1	5	2	3	1	2
肯塔基	1		2	5	7	1	1	1
路易斯安那	1	1	3	4	9		1	4
缅因	1	1	3	1	2	1	1	
马里兰	1	4		1	5	1	2	1
马萨诸塞		2	3	5	8	5	4	4
密歇根	3	7	3	6	10	1	1	3

续表

地区数\时间\州名	2007.1-2007.6	2007.9-2007.12	2008.1-2008.6	2008.9-2009.6	2009.9-2010.6	2010.9-2011.6	2011.9-2012.6	2012.9-2013.6
明尼苏达	2	1	4	2	1			
密西西比	1		2	3	1	1		
密苏里	1	1		5	5		2	1
蒙大拿	1	2		4	5	4	2	4
内布拉斯加			1	2	2	1		
内华达	1	1	1	2				
新罕布什尔		2		2	2			1
新泽西		2	2	3	9	1	4	5
新墨西哥		4		2	3	1		1
纽约	2	9	10	15	24	4	7	9
北卡罗来纳	5	2	5	8	3		1	2
北达科他		2	1	1	1	1		
俄亥俄	2	1	4	6	7	3	1	2
俄克拉荷马	2	1	1	1	4			1
俄勒冈	1		3	2	1	1	2	
宾夕法尼亚	1	7	4	5	9	3	7	1
罗德岛		1	1		2	1		
南卡罗来纳	1	2	1	2	4			1
南达科他	1							
田纳西	1	3	3	5	7	1		
德克萨斯	2	3	9	11	13	2	4	4
犹他	2	3		1	1			
佛蒙特		1		1		1	1	
弗吉尼亚	4	3	4	8	6	7	2	1
华盛顿	1	3	3	4	7	1		1
西弗吉尼亚		1		2	3			
威斯康辛	1		3	7	9	1	3	2
怀俄明								

续表

地区数\州名\时间	2007.1-2007.6	2007.9-2007.12	2008.1-2008.6	2008.9-2009.6	2009.9-2010.6	2010.9-2011.6	2011.9-2012.6	2012.9-2013.6
波多黎各		1						
维尔京群岛			1	1	1			
总计社区数量	74	111	126	206	270	75	78	78

资料来源于http：//www.neabigread.org/program_history，以下图2-3同

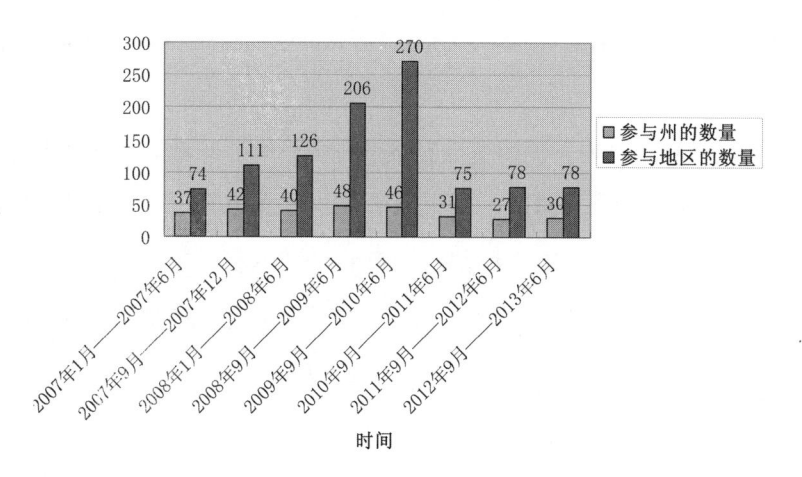

图2-3 美国历年"大阅读"活动参与州及城市数量

2.3 美国"大阅读"活动的影响

从NEA与Arts Midwest和IMLS等机构合作，共同发起全国性的"大阅读"活动以来，美国几乎所有的州的众多社区包括乡村都参与到这个活动中，甚至包括海上的夏威夷、波多黎各、维尔京群岛等，形成了全国性的阅读盛宴。该活动有明确的计划和目的，有详细、具体的活动流程，有比较充足的经费保障，对重建阅读风气，促进阅读人口数量的回归发挥了重要作用，产

生了深远影响。具体如表 2-4 所示。

表 2-4 美国成人阅读文学作品的比率

时间	文学作品阅读比率（%）
1982	56.9
1992	54.0
2002	46.7
2008	50.2

文学作品阅读是指通过印刷版或者在线阅读小说、短篇故事、诗歌或戏剧等

资料来源：http：//graphics8.nytimes.com/images/2009/01/12/books/0112-cul-READING-web.gif

虽然从 2009 年以来，美国遭受经济危机的影响，导致一些州缩减了活动数量，但并不能阻止"大阅读"理念的推广。如 2012 年秋季，堪萨斯州开展阅读美国作家司各特·菲茨杰拉德所撰写的《了不起的盖茨比》一书。这是持续时间最长的"大阅读"活动之一，由 78 个社区组织主办，组委会为此在 Twitter 上进行了宣传攻势，吸引公众来参与这项活动[1]。

3 其他国家和地区"大阅读"活动的开展状况

"大阅读"活动也在澳大利亚的许多城市开展。推荐的书籍不局限于小说，针对的对象也不限于成人，更多的针对的是孩子们。这些活动经常会以"我最喜爱的书籍"（My Favourite Book）来命名。2012 年 3 月 25 日，澳大利亚儿童图书委员会联合墨尔本市的维多利亚州立图书馆、吉郎市的肯迪大学、巴拉腊特市图书馆等举办名为"大阅读"的活动。组委会希望能在一天内创造一项在一个既定区域成人和孩子们共同阅读书籍的记录[2]。活动图标见

---

1 The Big Read-Wichita [EB/OL]. [2012-09-25]. http：//www.bigreadwichita.org
2 The Big Read [EB/OL]. [2012-09-25]. http：//bigread.cbca.org.au/

图2-4。

图 2-4　澳大利亚的"大阅读"活动标志

德国于 2004 年发起"大阅读"活动；匈牙利于 2005 年发起"大阅读"活动；保加利亚于 2008 年 10 月发起"大阅读"活动。

各国组织的这些活动，通过网络、推特、手机短信等形式，把阅读的理念传递给世界的各个角落，掀起了全世界共同阅读的浪潮。

4　"大阅读"活动分析

"大阅读"活动风靡世界，至今方兴未艾。它是由阅读推广组织、传媒组织、图书情报机构等共同主办，由各地区图书馆、读书会、公共社区服务组织具体开展的阅读推广活动，它通过大众阅读和个体阅读相结合的方式，形成了全民"共读一书"的氛围。对这一活动的特点进行探讨，不仅有助于更深入地认识活动，而且能为我国阅读推广活动的开展提供借鉴。

4.1　英美"大阅读"活动的对比

英国和美国的"大阅读"活动，虽然名称相同，但存在不少差异。相较英国而言，美国的"大阅读"活动更具影响力和推广价值。具体而言：首先，从主办方来看，英国的主办方多为传媒组织，如 BBC，比较单一，持续性不强。美国的主办方是由 NEA、Arts Midwest 和 IMLS 联合主办，他们分别作为政府阅读推广机构、民间阅读推广机构和图书情报机构的代表，具有广泛的代表性和全国性的号召力。从活动形式上来看，英国的活动形式比较松散，多以朋友、家庭、同事间小规模群体阅读为主。美国的活动形式以"一书，一城"为基础，开展大范围的"共读一书"活动。如伊利诺伊州的克拉伦登山、唐纳斯格鲁夫、莱尔、伍德里奇等八个城市于2005-2007年开展的名为"大阅读"的"八城一书"活动[1]；从活动影响来看，美国的活动深入到社区甚至乡村。并且NEA在电视台做公益广告来宣传，以使活动获得最大影响；从针对性来看，美国针对华人社区的"大阅读"，就特别增加了华裔作家谭恩美的《喜福会》，以此来适应美国民族、种族多样性的特点；从选择的书目来看，英国、美国均按照本国的需求特点，选择的书目多为本国作者所著，以更适合本国民众的阅读需求。

4.2 "大阅读"活动的特点

总体而言，"大阅读"活动有效地将公众关注与个体阅读相结合，从社会层面实现了信息的交流和精神理念的传递，有助于共同价值观的塑造。其具体表现为：一、共同阅读主题。通过共同的活动主题，最大限度地激发公众的阅读热情，以公共事件来培养公众的阅读兴趣；二、分对象推广阅读。根据读者年龄段的不同，每个小活动主题有别，从而起到非常有针对性的效果；三、推动深度阅读。"大阅读"活动每次围绕一个主题，通过多种形式，如舞台剧、电影等，来促进阅读的深入，使读者通过深度阅读一本书，来掌握有效沟通的技巧，产生成就感；四、增强凝聚力。通过"大阅读"，使得本地区的人们在阅读交流的过程中，提高认同感，促进团结；五、突出主题。"大阅读"活动本身只与读书相关，一切活动均是围绕主题展开；六、易于推广。"大阅读"活动的理念已在世界各地产生了广泛影响，使各国阅读机构颇有兴趣参与其中。活动本身具有可持续性，每年各个城市和地区可根据自身特点，选择合适的时间和地点开展这项活动，每次只需从已经推选的书籍中，选出

1　One Book Projects [EB/OL]. [2012-09-25]. http://www.read.gov/resources/

一本即可。并且通过与当地商业机构等的合作，使活动费用降到最低，从而更有效地推广这项活动。

4.3 对中国的启示

尽管"大阅读"活动在世界范围内已经开展了数十年，但在中国，还没有形成一个国家层面的阅读战略，也没有形成一个由国内公众所推选的阅读书目。只是在一些地方政府层面，进行了一些城市范围的阅读推广，如深圳的读书月等。

不同的文化，不同的政治制度和经济制度会产生不同的阅读推广模式。根据我国的文化习俗、文化传统和政治制度以及经济制度，可以通过借鉴英国 BBC 和美国 NEA 的做法，形成具有我国特色的"大阅读"推广模式。

4.3.1 建立我国"大阅读"活动的推荐书目

建立由中宣部联合文化部、新闻出版总署等政府机构作为发起单位，组织中央电视台、人民日报和新华社等媒体机构，国家图书馆、首都图书馆等图书情报单位，推广阅读的非政府组织（NGO），知名读书会等民间阅读组织，并责成国家阅读指导委员会作为具体管理单位，发起全国范围的推荐经典书籍活动，全国人民参与投票，列出有史以来值得推荐阅读的中外文学作品。通过三轮投票选择的方式，选出 200 种最佳读物、100 种最佳读物、20 种最佳读物。作为我国开展"大阅读"活动的推荐书目。推荐书目可以适当多选择一些我国作者所著的经典著作。

4.3.2 优选各地的阅读推广机构或阅读团体

中宣部可以按照美国 NEA 的做法，由地区性阅读机构或团体申请，由文化部会同国家图书馆、民间阅读组织等按照比例选出专家组进行审核，审核通过后，中宣部按照审核结果给予经费支持。因为阅读推广需要比较庞大的经费开支，中宣部可以通过财政拨款、公益活动、企业赞助等方式，对这些地区性阅读机构和团体给予专项经费支持，以制度方式保证地区性阅读推广活动拥有足够的经费赞助。

4.3.3 开展具有各地特色的"大阅读"活动

所选出的各地阅读推广机构或团体，联合当地的政府、图书馆、学校、民间阅读组织等，结合当地的特色，从中宣部所选定的阅读书目中，挑选出适合本地区阅读的书籍，制定出实施计划表。规定一个具体开展活动的时期，形成"共读一书"的氛围。

地区性阅读机构或团体是推广"大阅读"的执行者，除了公共图书馆外，还应包括积极推动阅读的非政府组织（NGO）、专业阅读推广人、读书会和沙龙、民间基金会、志愿者等，这些民间阅读组织业已形成一定规模。以北京为例，目前民间阅读已成规模，形成多种类型的读书会，如以女性阅读为主的雨枫书馆，以社区阅读为主的"阅读邻居"读书会，以亲子阅读为主的蒲蒲兰绘本馆，以学术阅读为主的搜狐读书会等。再以深圳为例，目前活跃在深圳的民间阅读组织有九九人书库、后院读书会、深圳读书会、三叶草故事家族、深圳彩虹花公益小书房、逸书吧、物质生活书吧、尚书吧等[1]。与这些民间阅读组织相结合，调动起所有人的阅读热情，才可能建立具有地方特色的"大阅读"活动。

4.3.4 建立"大阅读"活动的评估体系

在每年地区性的阅读推广活动结束后，中宣部组织专家评估，总结阅读

---

1 尹春芳. 民间阅读：一座城市的阅读地基．[2012-09-25]．http：//www.tianjinwe.com/roll-news/201011/t20101112_ 2460361.html

活动中好的经验进行推广，形成有别于英美而具有我国特色的"大阅读"活动形式，从而让阅读的力量进入居民的生活，增强社区、社群的凝聚力，重建中华文化中优良的阅读风尚。

第三节 欧美读书会的经验与启示[1]

读书会是发达国家阅读推广的一种主要形式，深受政府和民间的重视，它可以有效地激发民众的阅读兴趣，培养阅读习惯，提升阅读能力，推动全民阅读风气。

1 什么是读书会

1.1 读书会的含义

《礼》曰："独学而无友，则孤陋而寡闻"。人类在团体环境中讨论文学的历史已经超过500年，包括人们熟知的18世纪的法国沙龙和19世纪的北美妇女文学会[2]。

而现代意义上的读书会起源于瑞典，依据瑞典官方的成人教育公告（Adult Education Proclamation）的解释，读书会是指一群朋友根据事先确定的题目或议题，共同进行的有方法、有组织的学习[3]。

维基百科的定义是：读书会是一群人聚在一起讨论图书，表达意见，英

---

1 本节由电子科技大学图书馆副研究馆员秦鸿撰写。
2 DeNel Rehberg Sedo. Readers in Reading Groups: An Online Survey of Face-to-Face and Virtual Book Clubs [J]. Convergence, 2003, 9 (1): 66
3 余政峰. 读书会的团体动力因素之研究 [J/OL]. 台北市立图书馆馆讯, 1989, 17 (4). [2000-01-18]. http://www.doc88.com/p-032714151957.html

文名称有 book discussion club、book club、reading group、book group 等[1]。

1.2 读书会的类型

读书会是一种非正式的、相对松散的社会组织形式,有不同的类型和模式,按组成方式划分有[2]:

- 社区读书会:以居住在同一社区的居民为对象组成的读书会,特殊的如监狱读书会。
- 族群读书会:以年龄、性别、宗教、种族和职业等作为区分的读书会,如女性读书会、教师读书会、佛学读书会等。
- 主题读书会:以某一主题为阅读讨论内容的读书会,如电影读书会、企业经营读书会、同性恋读书会等。
- 书目读书会:明确限定哪几本书,哪几套书,哪几部电影或哪一位作者、导演的作品为阅读讨论内容的读书会。

按读书会的传播方式划分,又可以分为面对面读书会、网络读书会和电视读书会三种类型:

- 面对面读书会:是传统的读书会形式,是一种互动性比较强的团体。一般而言,参加同一个读书会的大多数成员,都是生活在一定地域范围内的人,相互之间比较熟悉,定期聚会,举办各种活动。
- 在线读书会:随着互联网的兴起而出现的一种新型读书会模式,借助于论坛、用户组、电子邮件列表、专属网站、甚至是电话会议的形式发展。很好地解决了一些会员不能在指定的时间和地点定期聚会的问题,在不丧失社区感的同时提供了巨大的灵活性。

---

1 Book discussion club [EB/OL]. [2013-03-20]. http://en.wikipedia.org/wiki/Book_discussion_club
2 邱天助. 什么是读书会 [EB/OL]. [2013-03-20]. http://blog.sina.com.cn/s/blog_8abd00fc0100wrd6.html

在线读书会是一种虚拟阅读社群，分为经营性和非经营性两种。非经营性在线读书会是面对面读书会在网络上的延伸，但是会员规模一般比面对面读书会大得多；而经营性在线读书会一般称为"书友会"，英文中的近似概念是"Book Sales Club"（图书销售俱乐部），指以订阅为基础的图书买卖方式[1]。这一类读书俱乐部一般是由出版商或发行商建立的，以销售图书为目的，著名的书友会有德国贝塔斯曼书友会，建立于1926年的美国月度图书俱乐部（Book of the Month Club[2]）等。

● 电视读书会：是通过电视、广播或播客定期播放一个读书讨论节目。节目预先公布，所有观众或听众可以提前阅读节目指定的图书。著名的电视读书会有：美国的奥普拉读书会（Oprah's Book Club）、ABC电视网的早安美国读书会（Good Morning America Book Club）、英国4频道电视的理查德和朱迪读书会（Richard & Judy Book Club）、澳大利亚的"第一个星期二读书会"（First Tuesday Book Club）等。

2 欧美读书会的发展概况

2.1 欧美读书会的发展

目前，读书会在国外得到了很好的发展，行之有年，效果显著，由私人读书会、公共图书馆组织的读书会或以某种方式相联系的读书会组成的广泛的社会网络已经形成了一个重要的文化领域。

据美国读书会专家杰考伯逊（R. W. Jacobsohn）估计，1997年，全美已有50万个读书会，为美国社会提供了阅读、讨论与人际交往的温馨场所。美

1　Book sales club [EB/OL].[2013-03-20]. http：//en.wikipedia.org/wiki/Book_sales_club
2　Book of the Month Club [EB/OL].[2013-03-20]. http：//en.wikipedia.org/wiki/Book_of_the_Month_Club

国图书馆协会（ALA）1998年的一项调查报告显示，61.4%的美国公共图书馆都在举办读书会活动[1]。美国历史最悠久的妇女文学组织"妇女全国读书联合会"（WNBA）还推出了"国家读书会月"（National Reading Group Month）计划，在每年10月邀请各个读书会参与一系列庆典活动。计划的目标还包括：为民众提供参与读书会的机会，以及支持图书馆、书商等举办读书会相关活动[2]。

瑞典的读书会已经有百年历史，在瑞典，几乎没有一个乡村没有读书会。瑞典的读书会称为"学习圈"（Study Circle），为社区居民构造了一个对话的空间，提升了民众的民主参与能力，对瑞典成人教育的进步贡献良多。如今学习圈已成为瑞典人的一种生活方式，是成人很自然地聚集在一起的学习活动。瑞典每年有32万个学习圈在运行，290万名成年人参与，形成学习圈的传统[3]。

2008年的调查显示[4]，在英格兰和威尔士，图书馆读书会的数量在最近4年中增长了149%。阅读社（Reading Agency）的研究发现，目前英格兰和威尔士有1万个图书馆组织的读书会，这些读书会有10万名会员。另有报告称：英国75%的图书馆有员工管理和引导读书会，68%的图书馆提供小组借书，38%的图书馆提供免费预定场所。图书馆馆长协会（Society of Chief Librarians，SCL）的研究发现，图书馆试图通过读书会服务来融入社区。

---

1 Debra Wilcox Johnson. Cultural Programs for Adults in Public Libraries：A Survery Report. ALA PPO Lila Wallace-Reader's Digest Fund，1999.［R/OL］.［2013-03-20］.http：//www. programminglibrarian. org/assets/files/survey_ parta. pdf.

2 National Reading Group Month ［EB/OL］.［2013-03-20］.http：//www. nationalreadinggroupmonth. com/about_ history. html.

3 邱天助. 国内外读书会的传统与理念［EB/OL］.［2013-03-20］. http：//cc. shu. edu. tw/~mcp/word/07-01. doc

4 Reading groups leading 'cultural wave'［J］. The Bookseller，2008，5354（10）：7

3 读书会之战略规划

3.1 图书馆在组织读书会中的角色定位

组织读书会的主体有图书馆、出版公司、学校团体和个人等,其中,图书馆是推动读书会发展的中坚力量。

图书馆与图书和阅读有着天然联系,众所周知,现代意义上的读书会是20世纪初随着现代公共图书馆的诞生而出现的,通常被作为社会弱势群体获取知识的工具。今天,图书馆已被公认为是一个建立在共享理念上的非常重要的公共机构。现代公共图书馆的中心任务是支持促进阅读和非正式学习,增强数字化技能和服务的获取,应对社会排斥,构建社区认同和培养公民意识。而读书会正是阅读推广的绝好载体和有效工具,读书会的运作建立在图书馆开放、中立和自助的文化之上,它依赖图书馆的传统核心能力,在促进阅读、非正式学习和自主学习方面建树卓著。

图书馆组织读书会有四个主要优势:首先是作为开放的受欢迎的社区空间,为读书会的讨论和其他活动提供必要的场所条件;其次是拥有大量馆藏,且馆藏范围不限于图书,还包括音视频、网络、软件等,可以为读书会提供丰富的阅读材料和工具;第三,专业的图书馆员可以充当读书会中协调者的角色,组织和引导读书会的运行;此外,图书馆深厚的阅读文化和中立的价值观也有助于营造自由、活跃的讨论氛围。

图书馆在阅读推广中居于核心地位,而读书会是阅读推广的一种重要形式,因此图书馆应成为开展读书会活动的中枢,在整合社会力量、推动全民阅读和提升国民素质方面当仁不让,发挥应有的引领作用。

3.2 欧美经验及启示

欧美是读书会发展较为成熟的地区,研究欧美国家读书会发展的战略规划和组织运营模式,对于中国的读书会发展和阅读推广都大有裨益。纵观国外的实践和经验,读书会应遵循"政府重视——机构推动——图书馆引领——社会共识"这样一条发展道路。

3.2.1 制定国家战略与计划

欧美国家的阅读推广活动非常普及,已形成持续性品牌化的文化活动。一般制定有读书会发展的国家计划,融入整体的阅读推广活动和国家文化战略,以国家项目的方式,保证持续的经费支持。

比如,由英国文化媒体体育部(Department for Digital, Culture Media and Sport, DCMS)发布的英国公共图书馆发展战略性文件《未来的框架》明确指出:"阅读是所有文化和社会活动的首要任务"[1],将提升民众阅读水平上升为一种国家行动,将较为分散的倡导阅读的力量和声音变成一个国家工程。作为对这一国家战略的响应,图书馆馆长协会(SCL)组织了一个由公共图书馆、专业委员会、网络公司和相关利益机构组成的战略领导团队,委托中立机构阅读社制定了《英国国家公共图书馆的读书会发展计划》,将读书会的发展提升为国家政策[2]。该计划的目标是:

● 建立一个国家框架以帮助图书馆开展本地读书会的服务

● 支持国家读书会计划的开展,确保各地的读者都能获得读书会服务和更广泛更满意的阅读体验。

● 确认读书会作为读者发展的一个工具对于公共图书馆的价值:伙伴关系的建立、用户咨询以及实现国家和当地政府的优先考虑事项,比如学习和社会包容。

---

1 DCMS. Framework for the future-libraries, learning and information in the next decade [EB/OL]. [2011-09-10]. http://www.healthlinklibraries.co.uk/pdf/Framework_for_the_Futures.pdf

2 Reading Agency. A national public library development programme for reading groups, 2004.4 [R/OL]. [2013-03-10]. http://readingagency.org.uk/about/Programme_for_reading_groups.pdf

- 探索读书会的价值及其在弥合知识鸿沟方面的证据基础。
- 确定目前图书馆读书会模式的范围、合作伙伴结构、支持资源和急需弥合的鸿沟。

3.2.2 设立推广机构

一般由图书馆行业的学会协会或有影响的中立机构居中协调,以项目方式推动。

如美国图书馆协会(ALA)一直致力于推动各种形式的读书项目,由 ALA 公共项目办公室(ALA PPO)策划并推动了一系列图书和多媒体阅读讨论项目,包括最著名的"让我们来谈论它(Let's Talk about IT)"系列活动,这是 ALA 于 1982 年发起的一个全国性的阅读和讨论计划,包括共同阅读一系列由知名学者挑选的图书,并在一个广泛的包罗万象的主题背景下进行讨论[1]。美国 33 个州的 300 多所图书馆都开展了这个项目,在 20 年的时间里吸引了 400 多万人的加入[2]。

而阅读社作为英国阅读推广的中心机构,运作了"图书碎语"(ChatterBooks)计划,组建起面向青少年的国家级读书会网络,并进而升级为面向各类读者的"人人读书会"(Reading Groups for Everyone)网络(readinggroups.org/chatterbooks)。

3.2.3 公共图书馆引领

以公共图书馆为核心,广泛发展合作伙伴,整合社会力量。如在美国,国会图书馆图书中心和其管理下的州图书中心(大部分设立于州图书馆或其

1　let's talk about it [EB/OL].[2013-03-20].http://www.ala.org/programming/ltai/letstalkaboutit.
2　黄晓燕.美国公共图书馆读书会对少儿阅读的影响[J].图书馆学研究,2010(15):83-88,77.

他大型公共图书馆）是阅读推广活动的主要推手。国会图书馆图书中心于1987年发起"国家阅读推广伙伴计划"，与国内外80多个相关方面组织建立了推动阅读伙伴关系网络。伙伴包括图书馆、教育、出版销售、作家、阅读、档案、基金会等相关的专业团体，广泛集合体制的力量和社会资源进行阅读推广[1]。比如其中的一个合作伙伴——"名著基金会"（The Great Books Foundation）每年都会为读书会发布一系列可供讨论的经典文学作品选集，并为众多的阅读讨论带领者提供培训[2]。

3.2.4 制定项目进程的质量框架，循序渐进

读书会的发展不可能千会馆一面、一蹴而就，《英国国家公共图书馆的读书会发展计划》就针对不同层次的公共图书馆制定了不同级别的读书会发展计划，其质量进程框架如表2-5所示。

同时制定了三年的项目发展目标：

第一年：多方协商达成共识；确定公共图书馆读书会范例；确定现有资源和服务的提供范围；形成战略伙伴和联盟；确定关键的优先发展事项。

第二年：制定质量框架并改进；开发工具，引导机制建立。

第三年：推广工具；服务推广与营销；形成主流，打造核心能力。

1　郎杰斌，吴蜀红. 美国国会图书馆开展阅读推广活动的考察分析［J］. 图书与情报，2011(5).

2　The Great Books Foundation［EB/OL］.［2013-03-20］. http：//www.greatbooks.org/.

表 2-5　英国公共图书馆读书会发展计划质量框架

标准/基准服务	中级服务 （标准服务加上…）	增强服务（扩展的目标） （中级服务加上…）
介绍和建议 　　获得读书会的介绍和建议服务，比如，图书馆可以指导读者获得本地读书会的信息和在线读书会活动。 　　获得一个可下载的启动包，包括建立一个读书会的相关信息、支持材料和图书馆资源信息。	图书馆读书会支持 　　获得一些直接的图书馆读书会支持服务，通过图书馆读书会或能够获取图书馆服务的本地读书会。 读书会服务 　　为其他读书会提供服务，包括免费的场所预定，借书，请图书馆员推荐图书或管理读书会，联系其他读书会，图书馆场地的使用，以及参加活动，接触作者。 咨询 　　为读书会提供关于怎样开展读书会活动的咨询。	读书会网络 　　管理图书馆读书会网络，满足一部分读者的需求，包括主要目标群体。 开展在线活动 　　开展本地和地区的在线活动，作为国家计划的补充。 目标设定 　　按照所需服务的人口比例制定本地发展目标。 核心能力 　　图书馆有能力支持和保持现有的读书会服务，并且激发需求。 协商 　　与读书会协商确定本地读书会的资源、活动和服务，读者也可商议本地的读书会政策发展、目标设置、馆藏支持和其他关键的服务问题。 伙伴关系 　　形成能够支持发展和拓展读书会服务的合作伙伴关系。 评估 　　使用国家框架对读书会活动进行有效评估。对读书会服务价值的倡导达成了一系列的政策目标，并提升了公共图书馆的服务和读者工作。

4 读书会之组织运作

4.1 读书会组织指南

要达到充分讨论和互动,读书会的成员不宜过多,一般以 5 至 15 人为宜。若是组织大团体,应以分组方式进行,或以在线读书会的方式运作。从构成要素分析,一个读书会的形成需有下列几项基本要件:主动参与的成员、阅读材料的运用、相互讨论的行动、小团体的组织。

国外在读书会的研究和实践方面有许多丰富的经验和成果,分别面向成人[1]、青少年和儿童[2],可以对国内读书会的推广起到很好的指导作用。

ALA 在其网站上[3]发布了与读书会相关的资源,包括:相关组织机构、相关期刊文章、15 本读书会指南方面的专著、相关网站资源等;并给出了一些快速启动读书会的指南,包括:组织读书会需要回答的 10 个问题、如何组织一次聚会、怎样选择图书、怎样主持一场读书讨论,以及针对小说和非小说的一般性讨论问题。

4.2 图书馆可行的举措

以少数有影响力的图书馆为引领,以点带面,逐步推进。

有资源有实力的公共图书馆,如省会图书馆,可以率先开展读书会活动,总结经验,形成范式,如制作"读书会启动工具包"来启动传统的读书会,包括推荐阅读的图书列表和读者讨论的问题等,通过图书馆学会等机构逐步

---

1 Richard Beach, Steven Yussen. Practices of productive adult book clubs [J]. Journal of Adolescent & Adult Literacy, 2011, 55 (2): 121.
2 Anne Spelman. Reading groups for young people [J]. APLIS, 2001, 14 (2): 46.
3 Book DiscussionGroups [EB/OL]. [2013-03-20]. http://www.ala.org/tools/book-discussion-groups.

向下推广。进而可以开发读书会指南型网站,收集在读书会中受好评的图书,包括相关介绍和评论,为其他读书会的活动提供指导。建设模式可参照英国的"读书会指南"(ReadingGroupGuides.com)网站[1]。

(1) 从最方便处着手,充分利用社交网络工具,构建在线阅读社区。

虚拟读书会在不丧失社区感的同时提供了巨大的灵活性。在线讨论随时都可进行并在面对面的聚会时得以继续。

最简单的读书会组织方式是从邮件列表、即时通讯服务(如QQ群)来启动,它自动聚集了有关联的朋友。还有一些社交媒体社区可以作为读书会的载体,如国外的读者社交网络LibraryThing(librarything.com)的论坛就称为读书会,图书馆可以在其上建立自己的读书会。Goodreads(goodreads.com)提供类似的服务。ChiliFresh(chilifresh.com)提供了建立社交网络的工具,可以集成图书馆自己的目录,被称为"使你的目录成为一次又一次粘住你的读者的地方"。使用这种服务,一个图书馆可以仅仅从自己的联机馆藏目录开始来宣传和启动读书会[2]。国内则有豆瓣读书社区(book.douban.com),提供了与图书馆联机馆藏目录的对接。

(2) 以人为本,注重馆员服务观念的改造,通过培训全面提升馆员素质。

在公共图书馆中,图书馆员的因循守旧有时非常顽固,他们常常只关注自身的工作流程和怎样有效率地组织图书,给人墨守成规的刻板印象[3]。新时期,随着图书馆的变革和转型,图书馆员需要重新定义自身形象,向信息专家、阅读顾问和文化传播者的角色转变。充当读书会的协调员就是一个新的契机,协调员的作用不仅是为读书会提供场所预订和图书推荐,而且也可以是阅读讨论的主持者和参与者。这就需要图书馆员具有文学分析的专业知识、

---

[1] Melanie Remy. ReadingGroupGuides.com [J]. Reference Reviews, 2002, 16 (6): 24-25.

[2] Beth Dempsey. The Evolving Book Group [J]. Library Journal, 2011, 136 (14): 24-26.

[3] Gitte Balling, Lise Alsted Henrichsen, Laura Skouvig. Digital reading groups: renewing the librarian image [J]. New Library World, 2008, 109 (1/2): 56-64.

展示和讨论某一主题的文学推介的技能，以及掌控讨论节奏和方向、鼓励所有成员参与的组织技能。在虚拟读书会日益普及的今天，图书馆员还需要提升数字化推广的技能，如应用博客、微博、论坛和即时通讯工具。

英国的阅读推广活动兴起之初，一个大型的国家项目就是"分枝"（Branching Out）——面向图书馆员的阅读推广培训计划。通过每一个项目成员的宣传和实践，将阅读推广的理念层层传播，逐渐被所有馆员认同，带来显著的图书馆文化的改变，使阅读推广逐渐成为图书馆业务发展的主流[1]。

---

1 秦鸿. 英国的阅读推广活动考察[J]. 图书与情报，2012（5）：46-50，55.

第三章 美国的阅读推广活动及图书馆的作用

第一节 美国的"国家图书节"[1]

近年来一批关注全民阅读的人士不断发出设立国家读书节的倡议,其中全国人大常委朱永新连续在全国"两会"上提出设立"国家阅读节"的议案[2]。但由于倡议仍存在争论,或因害怕将文化事务行政化而反对设立,或担心读书节的设立模式不妥,中国至今仍未设立读书节。但美、英、法、日、德、俄等国都已设立了全国性的图书节或读书节,特别是美国的"国家图书节"(National Book Festival)开展得如火如荼,深受好评。本文希望通过对它

---

[1] 本节由五邑大学图书馆研究馆员吴蜀红撰写。
[2] 2012 全国两会代表委员议案提案(2012 national representative of NPC and CPPCC proposal motion)[EB/OL].[2011-10-22]. http://epaper.gmw.cn/zhdsb/html/2012-03/07/nw.D110000zhdsb_20120307_2-01.html

的考察、分析，为我国国家图书节或读书节的设立提供借鉴。

1 美国"国家图书节"的开展状况

2001年，图书馆员出身的美国前第一夫人劳拉·布什和美国国会图书馆共同创办了庆祝阅读与书籍的节日——美国"国家图书节"（专用标志见图3-1），一年一届，每年秋季在华盛顿国家广场（National Mall）举办，由国会图书馆组织，成功举办至今，已成为真正的"美国习俗"[1]。

图3-1 美国国家图书节专用标志

美国"国家图书节"向所有公众免费开放，大量作家、插画家、诗人的参与是其最大特色。过去的活动吸引了近千名作家参加，其中不乏诺贝尔奖、国家图书奖、普利策奖等重要奖项的获奖者、提名者，因此被称为作家的群星会，图书节当日的广场大道可媲美奥斯卡的星光大道。

主办者在国家广场搭建众多巨大的白色帐篷并安装音箱设备，每个帐篷可容纳三四百人，组成标明名称的各种展馆。最具特色的是主题展馆，根据作者图书题材分成历史传记、惊悚、科幻、儿童文学等主题（每届主题分类略有不同），公众可根据兴趣选择主题和对应作家参加相应的演讲、访谈、朗读等活动，所有活动配手语翻译。除了主题展馆，还设有美国各州展馆、国会图书馆展馆、推广家庭阅读展馆等。在美国各州展馆中每个州有一个小摊

1　National Book Festival［EB/OL］.［2011-09-18］. http：//www.loc.gov/bookfest/

图 3-2 2011 年美国国家图书节现场

位,分别展示该州的文化特色、图书新闻、作家信息,免费提供印有该州特色的书签、海报等;为了提高公众兴趣,在入口发给每人一份美国地图,可到各州摊位盖纪念章,类似世博会的盖护照纪念章活动。在作家签名处,读者可按指定时间在指定地方等候,很多人为了获得心仪作家的签名会排队两三个小时。售书展馆由活动指定的官方书商设立,2012 年的官方书商是巴诺书店,主要出售受邀作家作品,方便读者请作家签名。美国"国家图书节"同时开展网络在线参与活动,提供与会作家的访谈、演讲。美国国会图书馆馆长詹姆士·比灵顿(James H. Billington)博士说:"因为可以遇到他们喜欢的作家,每年有成千上万的读者参加图书节。阅读是一生的事情,因此我们鼓励公众积极参与[1]。"

劳拉·布什是前八届的荣誉主持人,总统换届后,奥巴马总统及夫人接任的荣誉主持人。第一届美国"国家图书节"只有 3 万人到场,2012 年则有 20 多万人现场参与,与会的作家由 32 位增加到 138 位,活动时间延长到 2 日(见表 3-1)。《埃德加的故事》的作者戴维·弗罗布莱夫斯基(David Wroblewski)坦言"美国国家图书节不仅是一个节日,更是一场盛宴"[2]。

---

[1] A Decade of Words & Wonder [EB/OL]. [2012-01-22]. http://www.loc.gov/loc/lcib/1006/bookfest.html

[2] Writers Connect With 130,000 Readers [EB/OL]. [2011-11-20]. http://www.loc.gov/loc/lcib/0911/bookfest.html

表 3-1　历届美国国家图书节基本情况一览表

届次	时间	参加人数（万）	与会作家数（位）
2001	9月8日	3	32
2002	10月12日	4.5	61
2003	10月4日	7.5	71
2004	10月9日	8.5	76
2005	9月24日	10	80
2006	9月30日	10	75
2007	9月29日	12	71
2008	9月27日	12	72
2009	9月26日	13	80
2010	9月25日	15	62
2011	9月24-25日	20	122
2012	9月22-23日	20	138

2　美国"国家图书节"的理念与运作方式

美国"国家图书节"是国家阅读庆典，活动理念是共同表达、分享书籍与阅读带来的欢乐。劳拉如此阐述："参加国家图书节是家人和朋友一起分享阅读乐趣的好方式，而且能够见到美国最受欢迎的作家。各年龄段的读者都可以找到自己喜爱的作家，并和他们一起度过愉快的一天，读者会在这里感受发现新书的喜悦，同时也能再次沉醉在他们曾经喜爱的旧书之中"[1]。

美国"国家图书节"采用项目管理模式，设立董事会，董事会主席一直由国会图书馆馆长比灵顿担任。2011年的美国国家图书节董事会共有12名成员，包括赞助者大卫·鲁宾斯坦（David M Rubenstein）以及《华盛顿邮报》

1　Mrs. Bush's Remarks at the 2007 National Book Festival Authors' Breakfast [EB/OL]. [2011-09-23]. http://georgewbush-whitehouse.archives.gov/firstlady/

的总裁，其他均为知名作家。活动的组织主要由国会图书馆工作人员承担，美国图书馆协会主席、国会图书馆推广项目与合作伙伴办公室主任罗伯塔·史蒂文斯（Roberta A. Stevens）长期担任项目主管，国会图书馆新闻处的珍妮弗·加文（Jennifer Gavin）是项目经理。美国"国家图书节"的筹办是国会图书馆专门负责推动全民阅读的图书中心的年度中心工作之一，中心长期负责各项具体工作的执行，筹划活动内容，起草活动文件；邀请、安排与会作家；制作网站、宣传材料，安排活动的部分展馆等。图书中心主任约翰 Y·科尔（John Y. Cole）是国家图书节的作家协调人，具体负责与会作家的相关事宜[1]。

作家的邀请及活动安排是美国国家图书节的工作核心，邀请作家的条件始终如一，由出版商提名享誉全国、擅长演讲的作家、插画家、诗人等，通常出版商资助被接受提名作家的交通和食宿费，除了出版商的提名，国会图书馆图书中心还会接受国会图书馆的馆员特别是学科专家的推荐以及白宫尤其是劳拉办公室的建议。邀请函由劳拉和比灵顿共同签名，每年图书节活动当日的早上会在白宫举办一个作家的欢迎早餐。能够被美国"国家图书节"邀请是作家莫大的荣誉，作家戴维·巴尔达奇（David Baldacci）形容参加美国"国家图书节"是作为一名作者能得到的最类似摇滚明星的经历[2]。

美国"国家图书节"的活动经费由国会图书馆筹措，每届约需150到175万美元，具体筹款由国会图书馆对外业务部负责。经过12年的努力，图书节已吸引了一批长期的赞助者（见表3-2）。

1　National Book Festival 2011［EB/OL］.［2012-01-22］. http：//www.loc.gov/bookfest/images/NatBookFest2011-prog.pdf

2　Writers Connect With 130,000 Readers［EB/OL］.［2011-11-20］. http：//www.loc.gov/loc/lcib/0911/bookfest.html

表 3-2　历届美国国家图书节赞助者一览表

届次	赞助者名录
2001	阿门德集团、美国电话电报公司（简称 AT&T）、詹姆斯麦迪逊协会、《华盛顿邮报》、时代华纳公司、时代华纳图书集团、鲍德斯连锁书店、雪佛兰大通银行、可口可乐公司、半价书店、跳跳蛙集团、美国国家篮球协会（简称 NBA）、美国公共电视网（简称美国公共电视网）、学乐出版公司、美国快递公司、全美航空
2002	阿门德集团、AT&T、《华盛顿邮报》、詹姆斯麦迪逊协会、开放俄罗斯基金会、美国公共电视网、塔吉特公司、时代华纳图书集团、巴诺书店、鲍德斯连锁书店、可口可乐公司、半价书店、阿黛勒和唐纳德·霍尔公司、跳跳蛙集团集团、学乐出版公司、全美航空
2003	AT&T、《华盛顿邮报》、美国退休者协会（AARP）、阿门德集团、詹姆斯麦迪逊协会、国家艺术赞助基金会、南希·肯德和里奇·肯德基金会、塔吉特公司、巴诺书店、可口可乐公司、半价书店、In2Books 公司、NBA、女子篮球协会（简称 WNBA）、美国公共电视网、企鹅出版集团、学乐出版公司、全美航空
2004	AT&T、《华盛顿邮报》、博物馆和图书馆服务协会、美国退休者协会、詹姆斯麦迪逊协会、琼斯国际大学、国家艺术赞助基金会、塔吉特公司、沃尔玛公司、巴诺书店、美国公共电视网、学乐出版公司
2005	塔吉特公司、阿门德集团、AT&T、《华盛顿邮报》、美国退休者协会、房地美集团、詹姆斯麦迪逊协会、国家艺术赞助基金会、巴诺书店、教育公司、半价书店、NBA 和 WNBA、美国公共电视网、马歇尔和迪安佩恩基金、企鹅出版集团、学乐出版公司
2006	塔吉特公司、阿门德集团、AT&T、《华盛顿邮报》、美国退休者协会、詹姆斯麦迪逊协会、国家艺术赞助基金会、巴诺书店、NBA 和 WNBA、美国公共电视网、马歇尔和迪安佩恩基金、企鹅出版集团、学乐出版公司
2007	塔吉特公司、阿门德集团、AT&T、《华盛顿邮报》、美国退休者协会、博物馆和图书馆服务协会、詹姆斯麦迪逊协会、国家艺术基金会、巴诺书店、国会图书馆联邦信贷联盟、马歇尔和迪安佩恩、NBA 和 WNBA、美国公共电视网、企鹅出版集团、学乐出版公司、全美航空
2008	塔吉特公司、AT&T、《华盛顿邮报》、国家艺术赞助基金会、国家艺术基金会、詹姆斯·麦迪逊协会、博物馆和图书馆服务协会、巴诺书店、卡利马公司、国会图书馆的联邦信贷联盟、马歇尔和迪安佩恩、NBA 和 WNBA、美国公共电视网、企鹅出版集团、学乐出版公司、全美航空

续表

届次	赞助者名录
2009	塔吉特公司、美国公共电视网儿童类节目网站（简称美国公共电视网 KIDS）、《华盛顿邮报》、AT&T、博物馆和图书馆服务协会、詹姆斯麦迪逊协会、国家艺术赞助基金会、鲍德斯连锁书店、超速驾驶公司、国会图书馆联邦信贷联盟、企鹅出版集团、朗读网站、学乐出版公司、全美航空
2010	大卫·鲁宾斯坦、塔吉特公司、《华盛顿邮报》、AT&T、国家艺术赞助基金会、詹姆斯麦迪逊协会、博物馆和图书馆服务协会、美国公共电视网 KIDS、鲍德斯连锁书店、超速驾驶公司、企鹅出版集团、朗读网站、学乐出版公司、国会图书馆联邦信贷联盟
2011	大卫·鲁宾斯坦、塔吉特公司、《华盛顿邮报》、富国银行、AT&T、博物馆和图书馆服务协会、詹姆斯麦迪逊协会、国家艺术赞助基金会、美国公共电视网 KIDS、巴诺书店、超速驾驶公司、企鹅出版集团、朗读网站、学乐出版公司
2012	大卫·鲁宾斯坦、博物馆和图书馆服务协会、塔吉特公司、《华盛顿邮报》、富国银行、AT&T、国家艺术赞助基金会、美国公共电视网 KIDS、巴诺书店、乐高公司、超速驾驶公司、学乐出版公司

志愿者是美国"国家图书节"不可或缺的一部分，仅第 11 届和第 12 届分别就有 1 100 多名、1 200 多名志愿者参与。其志愿者主要来自华盛顿青少年联盟（Junior League of Washington，JLW），JLW 是推动志愿服务、发展妇女潜能、改善社区的非营利组织，长期致力于提高华盛顿地区民众的读写能力。志愿者着统一 T 恤，负责统计活动人数、搭建展台、协助作家签名、为舞台表演服务、信息咨询、手语翻译、复印资料、维持秩序以及其他协调、周转工作。史蒂文斯曾表示"深深感谢 JLW 的长期奉献，它使得这书籍和阅读的国家庆典年年取得圆满成功。[1]"

组织者积极利用各种渠道推广美国国家图书节，在报纸上做免费和有偿广告，《华盛顿邮报》、美国公共电视网等新闻媒体作为美国"国家图书节"

---

1 National Book Festival [EB/OL]. [2012-02-20]. http：//www.loc.gov/bookfest/

的长期赞助者，会对历年活动进行详细报道。同时，组织者建有专门网站并广泛使用 Web2.0 进行宣传，在脸书（Facebook）、推特（Twitter）等著名社交媒体上设有专区。

3 对美国"国家图书节"的评价

美国"国家图书节"充分发挥、调动了社会力量，集中体现了国家最根本的软实力，逐步发展为美国最受欢迎、最有影响力的图书节，赢得了极高的世界声誉。俄罗斯总统普京夫人曾专程参加第二届美国"国家图书节"，并获得启发，在俄罗斯倡议发起国际图书教育节。

尽管目前还没有对阅读推广活动的专项评估指标，但从活动参加人数、活动的专业认知度、媒体报道关注度、获得捐赠的数量等一般活动评估指标而言，美国"国家图书节"受到了广泛认可。相比首届美国"国家图书节"，近两届活动时间延长至两日，参加人数增加了6倍多，12年来，过百万公众现场参与了这一活动；与会作家均是获奖和知名作家；赞助经费稳定、充足；志愿者队伍庞大。但这些指标并不能完全反映活动与阅读本身之间的对应关系，即美国"国家图书节"是否有效促进了阅读，激发了民众对于阅读的热爱。2010年9月17日，《华盛顿邮报》发表了《图书十年：首届国家图书节以来阅读的变化》一文为此作了专门探讨[1]。文章对比了2001年和2010年美国"国家图书节"的参加人数、美国出版商的图书销售量、电子图书阅读器的销售量、个人年阅读时数、网络用户周上网时数、华盛顿畅销精装小说等六方面的数据，发现除了个人年阅读时数基本持平之外，其他数据在2010年都有显著提高，虽然这些数据并不能直接反映美国"国家图书节"的作用，但它还是能从数据的稳步增长间接体现出美国"国家图书节"和阅读的关系。

1　10 YEARS OF BOOKS [EB/OL]. [2012-01-22]. http://www.washingtonpost.com/wp-dyn/content/graphic/2010/09/17/GR2010091705731.html

作为国家级的阅读推广活动，简单采用专项评估指标来评价并不恰当，关键还是它的持续影响力。正如比灵顿所言"庆祝阅读和书籍帮助我们重新发现我们作为美国人的一些基本东西"[1]，而多次参加美国"国家图书节"的作家巴尔达奇认为，对于每个人而言，美国"国家图书节"是一个建立在文字基础上的国家仍然尊敬文字符号的象征。

4 美国"国家图书节"的启示

美国国家图书节成功举办了12届，已成为华盛顿的一项传统活动，探究其启示，以下因素不能不引起重视。

4.1 对活动理念的广泛认同是美国国家图书节的设立基础

美国是个热爱阅读的国度，火车、飞机上手捧一本书的大有人在，公交车和地铁上哪怕再挤都有站着读书的，逢年过节以图书为馈赠亲友礼品的传统依然盛行，全美有12.3万个公共图书馆，举办的"一书一城"、"大阅读"等全国性阅读活动都具有世界影响力。

美国"国家图书节"的发起人、前第一夫人劳拉被誉为"第一图书馆员"，多次发起教育、文化公益活动。作为名副其实的"书虫"，劳拉希望"这个图书节能唤起大家心中的书虫，令我们记起阅读的美妙感觉：独个儿找个安静的角落坐下，专心致志，看完一个故事或明白书中的道理。[2]"

美国国家图书节的发起人、组织者以个人爱好和热情为先导，以推广全民阅读为使命，借由节日的形式表达对书籍的崇敬与喜爱，其理念得到了广泛认同，获得了大批赞助者、合作者和公众的支持。他们通过赞助美国"国

1　Choose your own adventure [EB/OL]. [2012-01-22]. http：//www.washingtonpost.com/wp-dyn/content/article/2010/09/23/AR2010092305492.html

2　Mrs. Bush's Remarks at the 2007 National Book Festival Authors' Breakfast [EB/OL]. [2011-09-23]. http：//georgewbush-whitehouse.archives.gov/firstlady/

家图书节"来传达热爱阅读、关心社会、关爱儿童的理念,塔基特(Target)公司公关部副经理雷莎·沃德(Laysha Ward)表示:"看到很多年轻人受到流行图书及其作者的积极影响,我们感到备受鼓舞。通过赞助图书节,希望能够从小培养孩子对阅读的热爱,这将影响他们的一生。[1]"基于对活动理念的认同而支持美国"国家图书节",在个人捐赠者身上体现得尤为明显。2010年,凯雷集团创始人兼总经理鲁宾斯坦捐赠5百万美元给美国"国家图书节",以保障未来5年活动的持续开展,有了这笔大额捐款,2011、2012年的图书节才可延长至两天。这位每周阅读6-8本书的企业家是图书馆和阅读的坚定支持者,他说"热爱且善于阅读成就了今日的我,阅读是我一生的乐趣",并表示"美国国家图书节是珍稀国宝,我很荣幸能支持它,或许没有比培养孩子阅读兴趣更好的礼物,国家图书节使读者与作者面对面交流,影响深远"[2]。美国"国家图书节"志愿者的组织机构华盛顿青少年联盟总裁戴安娜·马劳塞克表示:华盛顿青少年联盟非常高兴通过提供志愿者成为美国国家图书节的一部分,这是我们2300名成员每天在社区开展提高读写能力工作的自然扩展[3]。

公众对于活动理念的认同是美国"国家图书节"成功的关键。2009年活动当日,天气阴雨,但原定的日程一点没受影响,等待签名售书的读者队伍蜿蜒达300余米。"国家图书节"拥有大批忠实粉丝,马里兰州肯辛顿的律师、历史作品爱好者克里斯汀·麦克伯尼(Christian M. McBurney)自活动创办以来每年必到;马里兰州贝赛斯达的莱恩·莱夫科维茨(Len Lefkowitz)每年提前将图书节安排在日程表上,这是一年中他特别喜欢的日子,他会整天待在历史传记馆;马里兰州查尔斯县的玛丽·艾伦(Mary Ellen)从2002年就一直参加图书节,她说"这就像电影《明年此时》,每年我们在这里都会看

---

1 National Book Festival [EB/OL]. [2012-02-20]. http://www.loc.gov/bookfest/
2 National Book Festival [EB/OL]. [2012-02-20]. http://www.loc.gov/bookfest/
3 National Book Festival [EB/OL]. [2012-02-20]. http://www.loc.gov/bookfest

见同样的人。[1]"公众的广泛支持使得国家图书节的发展拥有坚实的土壤。

我国一些学者反对设立国家图书节或读书节,部分原因是排斥将阅读作为公共活动开展的理念,更多的在于担心通过行政命令的方式干预个体生活,我国要设立国家图书节或读书节必须首先明确活动理念,树立"去商业化"、"去功利化"、"去行政化"的标准,回归阅读本身,表达阅读的快乐和对书籍的热爱。

4.2 美国"国家图书节"的核心是作家

人们参加美国"国家图书节"的原因很多,但最主要的是有机会见到作家并与他们直接交流。书迷们不仅有机会领略大师风采,感受思想交流的畅快与欣喜,在谈笑风生的同时,还可伴随着书香在自然的环境下放松身心。比灵顿博士认为,和最畅销的作家、插画家、诗人的互动可以激发读者的想象力、创造力和学习热情。2012年当普利策获奖者朱诺·迪亚兹(Junot Diaz)来到现场时,书迷们如同看到了苹果公司最新产品的苹果迷们一般,狂热地欢迎他们喜爱的作家。英国哲学家沃尔特·本雅明(Walter Benjamin)提出的"机械复制品时代的艺术"理论可解释这一现象。本雅明认为,虽然看到《蒙娜丽莎》的明信片就知道原作模样,之所以要千里迢迢去巴黎卢浮宫看原作,是因为复制品缺乏原作的价值。对文学作品来说也是一样,作品被大量生产,但作者只有一个,因此见到作者能使读者感到满足。悬疑小说家、1995年爱伦·坡大奖得主丽莎·斯科特林(Lisa Scottoline)表示:写作旨在与读者相连,连接也是阅读的本质,这就是我为什么热爱美国"国家图书节"的原因[2]。

---

1 Writers Connect With 130,000 Readers [EB/OL]. [2011-11-20]. http://www.loc.gov/loc/lcib/0911/bookfest.html

2 Writers Connect With 130,000 Readers [EB/OL]. [2011-11-20]. http://www.loc.gov/loc/lcib/0911/bookfest.html

我国当前有些地方的图书节的主角是书，强调销售码洋，商业氛围的过度渲染不仅容易引发公众反感，也使得活动参与方的利益难以平衡，无法形成统一的活动理念。美国"国家图书节"是非商业性活动，出版商主要以赞助商的身份参与到活动中，他们通常赞助受邀作家，也会在展馆中举办各种阅读活动，企鹅出版集团、学乐出版公司等著名出版商通过这些方式长期支持国家图书节。

4.3 美国"国家图书节"重视青少年阅读兴趣的培养

美国"国家图书节"虽面向所有公众，但引导未成年人阅读和精神成长是重中之重，组委会努力把图书节打造成孩子们的节日，让他们从小树立"书本对于国家民族形成具有重要意义"的信念。国会图书馆发言人兼国家图书节项目经理加文说："这些孩子刚刚开始学习阅读，培养他们的兴趣非常重要。""他们都是未来的读者。"历届美国"国家图书节"不仅邀请大量的儿童作家，还设立儿童专区开展各式各样的活动和游戏。目前美国"国家图书节"三分之一的活动都是专门为引起孩子们的阅读兴趣而准备的，并且成逐年增加趋势，包括唱歌、朗读、讲故事、即兴创作、卡通表演等丰富多彩的活动，许多著名作家、知名人士都会参与。2001年首届美国"国家图书节"的开幕式上，劳拉在现场为儿童朗读了图书片段后亲手将图书送给孩子们，曾在学校任图书馆员的她说，在学校期间最大的乐趣是与孩子们分享对儿童文学的喜爱；2012年比灵顿博士在"家庭故事的舞台"展馆，朗读童书《野兽家园》。这样的舞台是为了吸引那些年龄最小的孩子，他们由父母带领，一些孩子甚至坐在婴儿车上。鼓励家庭参与，举办适宜全家人参加的活动，是图书节吸引青少年的重要方式。为了加大青少年的参与度，组织者创建了儿童和教师网站，不仅提供美国"国家图书节"信息，更设计了各种妙趣横生的活动，包括向专家学习、设计书签、举办个人图书节等。美国"国家图书节"

通过与各地学校、图书馆、阅读机构、慈善团体联合，使得活动辐射到地方层面，通过学校给家长发通知，也有学校在社会团体支持下组织学生参加，在过去的5年里，最悠久、最庞大的服务于非裔美国人的妇女志愿者组织——连接有限公司（The Links）资助了400多名弗吉尼亚州威廉王子郡的中小学生参加"国家图书节"。2012年，该组织又赞助了巴尔的摩、里奇满等地的上千年轻学生参加"国家图书节"[1]。比灵顿说"那些真正和美国国家图书节一起成长的青少年会年复一年地参与，他们从不会重复相同的经历"。

"国家图书节"的其本质是一项阅读活动，培育阅读的理念和习惯是关键，从娃娃抓起，引导青少年热爱图书、享受阅读的快乐，国家图书节自然会生根、发芽。

4.4 持续的赞助是美国"国家图书节"发展的基础

美国"国家图书节"是非营利性活动，运行成本全部依靠赞助，持续、稳定的赞助使活动能够不断发展壮大并坚持非商业化。其赞助来源于个人捐款、基金会捐赠、政府捐助（如国家艺术基金会等公共基金）、企业赞助等，赞助企业不仅来自新闻、出版等相关行业，还延伸到通信、零售、金融、航空等行业。赞助方式包括资金支持、提供宣传、建立展馆、为作家提供费用等，主要赞助者名字会印刷在海报和宣传材料中，在图书节举办前夜，主办方会为赞助商举办一个庆祝活动。图书节接受赞助和捐赠具有广泛性，资金来源稳定，即使某赞助者在某次图书节撤出赞助，也不会影响到整体运作。组委会充分借助劳拉夫人及奥巴马夫妇的影响力，利用国会图书馆的良好声誉和广泛联系，保证了图书节的经费稳定性。

我国缺乏像美国那样赞助文化活动的大环境，相关法律法规明显滞后，但是我们在规划未来的国家图书节时仍然要坚持非营利性和去商业化的理念，

1　National Book Festival［EB/OL］.［2011-09-18］.http：//www.loc.gov/bookfest/

创建之初不要过分追求规模效应，在活动中逐步培育稳定的赞助商，建立持续的伙伴关系。

4.5 美国"国家图书节"策划精心、注重影响

比灵顿认为，国家图书节已经成为一个不同寻常的阅读庆典。他说："阅读是一生之事，因此我们鼓励公众积极参与。国家图书节为人们提供了解阅读如何改变生活、改变社会的机会。"为了将其办成老少咸宜的文化节庆，组织者精心策划，创立之初即远离功利，旨在表达阅读的快乐和提倡终身学习，气氛温馨且有感染力，形式活泼而不失庄严，过程简单却具备仪式感，活动面向所有人，包括国外游客，完全开放，不设任何门槛，推着婴儿车、牵着狗的书迷都可参与。为了满足大众的情感需求，组织者会邀请著名球星、歌手参加图书节，NBA球星鲍勃·雷尼尔（Bob Lanier）、克里斯·杜洪（Chris Duhon）出席过第八届"国家图书节"，流行歌手兼词曲创作者朱厄儿（Jewel Kilcher）在第十二届"国家图书节"向读者们讲述她无家可归的经历，但活动并非简单地迎合大众口味，组织者始终注重在活动中挖掘美国精神、反思主流文化、展现美国软实力。历届"国家图书节"都会围绕某一主题开展活动，2010年度"国家图书节"的主题是"走过语言辉煌的十年"，可谓十年来美国文学巡回展；2011年的主题是"国会图书馆：过去、现在和未来"；2012年的主题是"塑造美国之书"，这是国会图书馆2012—2013年大型活动"书籍的庆祝"的一部分，由图书馆馆长和馆员们选出"塑造美国的88本书"，从6月就在国会图书馆展览，"这份书单试图在国内点燃一场关于那些对我们的生活影响深远的书的热烈讨论"。2013年"国家图书节"仍将注意力放在书作为人类历史上一种传递信息方式这一主题，加文说："我们要做的是让人们回想自己阅读过的书本，然后发现它们对美国历史、重大事件、政

策制定、社会潮流甚至他们自己的生活的影响。[1]"通过精心选择的主题，配合相关的活动内容，美国"国家图书节"在欢乐的气氛中传递其核心价值，提升国家和公众的精神生活。

4.6 美国"国家图书节"重视海报等宣传品

海报一直是美国"国家图书节"的宣传利器，组织者每年会邀请一位著名画家为图书节制作海报，这些作品日后会成为国会图书馆的馆藏，设计者也是当年图书节的邀请作家。如2011年禅意画家穆特（Jon J Muth）设计的海报中，林肯总统坐于高大的椅子上阅读，周围民众捧书围绕，展现国家领导人倡导阅读的涵义。2012年海报的制作者拉斐尔·洛佩兹（Rafael López）曾为奥巴马制作竞选海报，他在两天的图书节中全程展示了创作图书插画的过程。活动组织者为了加深海报的宣传效果，自2008起针对青少年开展了一项眼力考察（Eye Spy）的活动，围绕当年的国家图书节海报，设计各种有趣的问题，鼓励青少年回答。色彩艳丽的图像、妙趣横生的构思、主题鲜明的内涵，在大师的创作下催生出系列经典之作，我们很难计算出海报占活动成功因素的比重，然而可以肯定的是，这些极具张力的海报，展现了阅读的美好和力量，通过视觉力量发挥出了最大的导向价值。

美国"国家图书节"不仅是图书馆阅读推广活动的典范，更是国家的文化嘉年华，其创办模式虽然在我国难以复制，但仍有很多可借鉴之处。首先，应该主要由专业机构来承担图书节的运作；其次，保证其非营利性；第三，国家图书节的创办不必急于求成，需要最大程度获得社会支持。我们认为，我国国家图书馆作为活动的创办者可有效避免商业化、行政化的色彩，减少争议，但是国家图书馆的影响力和筹款能力存在不足，为了弥补这种不足需

---

[1] Choose your own adventure [EB/OL]. [2012-01-22]. http：//www.washingtonpost.com/wp-dyn/content/article/2010/09/23/AR2010092305492.html

图 3-3　历届美国国家图书节海报

要借助政府和民间的双重力量，当前从事阅读推广的民间力量不断壮大，各种民间公益性阅读推广组织快速兴起，联合它们是建立国家图书节的有效途径，但在中国国情下政府力量仍然是关键，政府重点是发挥资源配置作用，鼓励相关机构、组织的发展，促进基金会、协会的成立，调动各方力量，而不应采取行政计划方式强制推行。随着政府对精神文明建设的持续重视，推进全民阅读逐渐被纳入国家文化建设日程，我们希望，在全社会的共同努力下，有朝一日能在天安门广场举办中国国家图书节，让公众一起感悟、传递阅读的美妙和快乐，表达五千年文明古国向书籍的致敬。

第二节 美国国会图书馆的阅读推广活动[1]

美国国会图书馆是美国知识与民主的重要象征,它不仅服务于国会和政府,也向社会公众免费开放,同时利用其丰富的资源和独特的地位积极开展全民阅读推广活动,被认为是推动全美阅读的原动力[2]。

1 美国国会图书馆阅读推广活动的概况[3,4]

美国国会图书馆里专门负责推动全民阅读的单位是图书中心(The Center for the Book in the Library of Congress),由第12任国会图书馆馆长比灵顿(Daniel J. Boorstin)于1977年依据公共法案95-129成立,目的是利用国会图书馆的资源和威望刺激人们的阅读兴趣,以推广图书、阅读、信息素养及图书馆为核心任务。该中心隶属于图书馆服务部下的合作和拓展项目部(Partnerships and Outreach Programs Directorate),有4位专职人员,包括主任(Director)、项目官员(Program Officer)、通讯官员(Communications Officer)、项目专家(Program Specialist),活动经费全部来自企业和其他部门的捐款和赞助,只有专职人员的薪水由国会图书馆拨款。因此主要采取合办、协办的方式开展工作,通常作为活动策划者和组织者,制定活动主题、规划活动内容,而有关活动的具体开展还要结合其他相关机构进行。但活动采用图书中心的标

---

1 本节由中国计量大学图书馆副研究馆员郎杰斌和五邑大学图书馆研究馆员吴蜀红合写。
2 王岫. 推动美国全民阅读的原动力 [EB/OL]. [2011-04-02]. http://www.tobebooks.net/Article_Show.asp?ArticleID=175
3 The Mission of the Library of Congress [EB/OL]. [2011-05-02]. http://www.loc.gov/about/mission/.
4 The Center for the Book in the Library of Congress [EB/OL]. [2011-03-22]. http://www.read.gov/cfb/

志——"图书给我们翅膀"（Books Give Us Wings），该标志经过多次演变。

图 3-4　美国国会图书馆图书中心的标志演变图

30余年来图书中心开展了一系列全国性的阅读推广活动，不仅成为全美阅读推广的总部，在国际上也具有广泛影响。

表 3-3　美国国会图书馆图书中心的主要阅读推广活动一览表（1987-2010）

年份	主要活动主题
1987	全国读者年（Year of the Reader）
1989	青少年读者年（Year of Young Reader）
1991	终身读者年（Year of Lifetime Reader）
1992	探索新世界——阅读（Explore New Worlds—Read!）
1993~1994	书籍改变生活（Books Change Lives）
1993 至今	"文学通信"比赛（Letters about Literature Contest）
1995~1996	塑造你的未来——阅读（Shape Your Future-READ!）
1995 至今	"词汇之河"比赛（River of Words）
1996 至今	书籍与超越（Books & Beyond）
1997~2000	建设阅读之国（Building A Nation of Readers）
1998	全美阅读日（Read Across America Day）
1998 至今	一城，一书（One City, One Book）
1999 至今	"文学通信"比赛（Letters about Literature Contest）
1990 至今	提升素质（Promotes literacy）
2000 至今	多读一读有关它的书（Read More About It!）
2001~2003	讲述美国故事（Telling American Stories）
2001 至今	国家图书节（National Book Festival）

续表

年份	主要活动主题
2002 至今	诗歌 180 首（Poetry 180）
2003 至今	阅读益智（Reading Powers the Mind）
2008 至今	"全美青少年文学大使"选拔（National Ambassador for Young People's Literature）
2009 至今	启动国会图书馆青少年读者中心
2010 至今	随机接龙活动（The Exquisite Corpse Adventure）
2010 至今	好奇的乔治（Curious George）

1987 年，图书中心发起了首个全国性的阅读推广活动——"全国读者年"。阅读推广活动得到历任第一夫人的大力支持。第一夫人芭芭拉·布什担任了 1989～1992 年活动的荣誉主席，第一夫人劳拉·布什担任了 2001～2003 年"讲述美国故事"活动的荣誉主席，现任第一夫人米歇尔·奥巴马是国家图书节的荣誉主持人[1]。历年的活动都通过宣传材料鼓励相关阅读主题在社区、州、地区、国家和国际范围内交流、开展。国会图书馆图书中心在上个世纪 90 年代推出了一系列阅读推广的主题，但近十年，重点在深化已有主题，并非每年都推出新的主题，这样就使一批阅读推广主题具有了长期影响力，如"书籍与超越"、"多读一读有关它的书"、"提升素质"等。将部分阅读推广主题持续利用，逐步深入到社区、家庭，形成品牌，这是美国国会图书馆图书中心阅读推广活动的一大特色。为了直观地表现活动主题，常发放精心设计的宣传画见图 3-5。

2 美国国会图书馆图书中心开展的重要的阅读推广活动

多年来，美国国会图书馆图书中心开展了形式多样的阅读推广活动，形成了一批有创意的全民阅读推广活动品牌，影响深远。

1　Reading Promotion Themes and Projects［EB/OL］.［2011-03-22］. http://www.loc.gov/loc/lcib/0202/cfb.html

图 3-5　美国国会图书馆图书中心部分阅读推广活动的宣传画

图 3-6　国家图书节专用标志

2.1　国家图书节（National Book Festival）[1]

美国国家图书节创办于 2001 年，由第一夫人劳拉·布什发起，国会图书馆主办，每年一届，截止 2010 年已成功举办了 10 届，每年 9 月或 10 月初在国家广场（National Mall）举办，已成为美国阅读、出版、文学界的盛事。活动所有的资金都由国会图书馆自筹，每年大概需要 150 到 175 万美元，邀请的作者由出版商付费，他们会进行小型讲座或者签售活动，在过去的 10 届中，约有 600 名作家参加了图书节，他们都是国家奖项的获奖者或提名作家。全国各地都会在图书节设立展馆，展示 50 个州、哥伦比亚特区和美国托管地等地域的阅读和图书馆推广活动及其他文学活动。该活动最初只有几千人参

1　National Book Festival［EB/OL］.［2011-04-22］. http：//www.loc.gov/bookfest/

与，到 2010 年有 15 万人参加，奥巴马总统及夫人是近几届图书节的荣誉主持人，国会图书馆馆长比灵顿认为"国家图书节已经成为真正的美国习俗。"图书中心在图书节的组织、展示工作中承担主要角色，它邀请、安排与会作者，起草活动文件；负责图书节的宣传，制作网站、宣传材料；安排活动的展馆；全面计划活动内容；并每年会邀请一位著名的儿童插画家为图书节创作宣传画，成为国会图书馆的馆藏。除了国家图书节之外，各州会举办各地的图书节，相关情况由图书中心保存记录。

2.2 "一书，一城"活动（One Book，One City）[1]

图 3-7 全美"一书，一城"活动专用标志

1998 年，西雅图市华盛顿州图书中心主任南希·珀尔（Nancy Pearl）推动了"假如西雅图民众都共读一本书"（If All of Seattle Read the Same Book）的活动，大家集思广益，为市民选出一本书，由西雅图和读书协会配合，成功推荐给市民阅读，引起广泛响应，各地纷纷效尤，后来衍生成全美 150 个城市竞相推出的"一书，一城"阅读活动，全世界有 200 多个城市举办了类似活动。图书中心网站详细保存了美国"一书，一城"活动的开展情况，还有澳大利亚、加拿大、英国等国相关活动的记录，并根据活动进展不断更新。美国图书馆协会负责制定此项活动的指南，制作了专用标志，但各地举办活

---

[1] One Book Projects [EB/OL].[2011-04-22]. http://www.read.gov/resources/

动时经常会制作自己的标志，以示区别。

图3-8　部分城市的"一书，一城"活动标志

2.3　文学通信年度比赛（Letters about Literature Contest）[1]

美国国会图书馆图书中心和塔吉特集团共同举办的"文学通信"年度比赛是一项全国范围的征文活动，采用图书中心制作的"书籍给我们翅膀"专用标志。要求参赛者在读了一本书，或是听了一个故事、一首诗、一个讲演等以后给作者写一封信，讲述自己的感受以及作品对自己的影响。评比按照年纪划分，全美50个州，每州每组只有1个大奖名额。

2.4　"词汇之河"环保国际诗歌和艺术比赛（River of Words）[2]

美国国会图书馆图书中心与"词汇之河"（River of Words）组织一起自1995年起每年举办一场以环保为主题的国际诗歌和艺术比赛，该赛事是美国最大的青少年环保诗歌和艺术比赛，旨在帮助青少年探索他们居住地方的自然和文化历史，并通过诗歌和艺术的形式来表达感想，以增加他们对环境和自然界的关注。比赛对全世界所有5~19岁的青少年开放，每年的比赛吸引全球数以万计的青少年参加。

1　Contests：Letters About Literature and More［EB/OL］.［2011-04-27］. http：//www.read.gov/contests/

2　River of Words［EB/OL］.［2011-04-27］. http：//www.riverofwords.org/

图 3-9　"词汇之河"活动标志

3　美国国会图书馆阅读推广活动的基本经验

美国国会图书馆在立法保障下，将阅读推广列为重要业务，建立了以国会图书馆图书中心为基础，以州图书中心、国家阅读推广伙伴为节点的阅读推广关系网络，广泛集合体制的力量、社会资源将阅读这种深度的知性活动，作为全民活动来推广，取得了良好成效。其理念和模式值得我国图书馆界关注。

3.1　建立伙伴关系网络是开展阅读推广活动的基础

3.1.1　建立州图书中心[1]

由于美国幅员辽阔，为了让阅读活动本地化、方便联系和整合，自1984年开始，国会图书馆图书中心在50个州建立加盟中心，至今，50个州及华盛顿特区和维京岛都已有图书中心。这些图书中心在各自所在的地区完成全国图书中心分配的任务，支持所在地的阅读活动，提高读者对图书、阅读素养和

---

[1] Guidelines for Establishing State Centers and Suggested Activities [EB/OL]. [2011-04-27]. http://www.read.gov/cfb/guidelines.html

图书馆的重要性的认识，也根据本地情况发起阅读推广活动。加盟中心需自谋资金和硬件支持，拥有办公场所，先提出申请，根据过去成绩、未来规划和经费方案，每隔3年更新一次。大部分图书中心设立于州图书馆或其他大型公共图书馆，如华盛顿州图书中心设立于西雅图公共图书馆，但像亚拉巴马、亚利桑那等州的图书中心设立于大学图书馆，而缅因、明尼苏达等州的图书中心设立于人文科学学会，纽约州的图书中心设立于纽约图书馆协会。国会图书馆图书中心制定加盟和活动规划的指南，供各州图书中心参考使用，并在每年的"创意交换日"（Idea Exchange Day）召集各州图书中心代表齐聚国会图书馆，分享推动阅读的创新理念，讨论重要的活动主题，总结各州的经验并颁发布尔斯廷奖。州图书中心不仅举办各式各样具有各州特色的活动，并且建设当地的作家资料库，延伸了阅读推广活动。自1977年以来，国会图书馆每年对州图书中心取得的成绩进行认可和嘉奖，特设立布尔斯廷奖，由布尔斯廷夫妇设立的捐赠基金资助，以表彰各地图书中心富有创造性的阅读推广活动。

表3-4 历年布尔斯廷奖获奖名单

年份	获奖的图书中心
2009	印地安那州的图书中心
2008	堪萨斯州、俄亥俄州、罗得岛州的图书中心
2007	加利福尼亚州、乔治亚州、伊利诺伊州、路易斯安那州、缅因州的图书中心
2006	阿拉巴马州、爱达荷州、北卡罗莱纳州、西弗吉尼亚州、怀俄明州的图书中心
2005	马萨诸塞州、密歇根州、蒙大拿州、宾夕法尼亚州、德克萨斯州的图书中心
2003	新墨西哥州图书中心获得首个社区服务大奖，奖金＄6100
2002	康涅狄格州的图书中心
2001	科罗拉多州的图书中心
2000	华盛顿特区、阿拉斯加州的图书中心
1999	弗吉尼亚州、密苏里州的图书中心
1998	佛蒙特州、俄克拉荷马州的图书中心
1997	佛罗里达州、内布拉斯加州的图书中心

3.1.2 发展国家阅读推广伙伴[1]

国会图书馆图书中心为了扩大参与及效益，在1987年发起"国家阅读推广伙伴计划"，与国内外80多个相关组织建立阅读推广伙伴关系，这些组织大部分是全国性或国际性的推动图书、阅读素养或图书馆的组织，有兴趣与图书中心和其他组织共同开展阅读推广。它们被邀请参与及协助图书中心发起的阅读推广活动，并可以采用图书中心的专用标识。目前参与阅读推广的伙伴包括图书馆、教育、出版、作家、阅读、档案、基金会等相关方面的专业团体，例如美国图书发行协会、美国教师联盟、全国家庭素养中心等。这些合作伙伴每年春天都要参与在国会图书馆举办的"创意交换日"，分享、交流阅读推广的最新理念。它们被要求在地方上寻求和区域、州、地方的图书馆分会以及和该州图书中心合作的机会。对这些合作伙伴而言，参与此项活动的好处在于有机会与其他代表见面、与图书中心长期保持联系，对建立良好公共关系及募款极有帮助。此种伙伴关系每3年由图书中心评估一次，如果伙伴表现不积极，则经过双方讨论后，终止合作关系。

阅读推广伙伴关系网络的建立不仅使阅读推广活动在政府、图书馆和各种教育、民政、商业等公私营机构的合作下进行，活动的策划和组织渠道包括了图书馆、出版商、书店、学校、电台、电视台和互联网公司等，同时有效地解决了活动资金问题。由于图书中心是公私伙伴关系（Public-private Partnerships）平台，没有活动经费，因此图书中心在过去30年主要通过与政府和私人机构的合作，取得基金会、个人和公司对计划、出版物和阅读推广项目的免税资助和支持。此外，一些联邦机构也偶尔对特定项目进行定向拨款。

1　State Center Affiliates［EB/OL］.［2011-05-02］. http：//www.read.gov/cfb/affiliates.html

3.2 加强与作者的合作

阅读推广活动必须立足于书籍,需要作者的鼎力支持。图书中心的阅读推广活动类型众多,但始终以内容为基础,因此它注重对图书、出版以及与书籍相关的团体等的研究,印行了一百多部作品,举办了大量的图书研讨会,建立了完善的作者档案,高度重视阅读推广活动中作者的参与,1996年创办了名为"书籍与超越作家"(Books & Beyond Author Series)的系列活动,邀请来自全国各地的作家齐聚国会图书馆,讨论他们的作品及其使用图书馆资源的情形,并将该活动与阅读推广主题紧密结合。为了提高这一活动的影响,图书中心在其网站特设立作者在线传播(Author Webcasts)栏目,将所有活动上网,公众可以看到和听到喜爱的作家讨论他们的作品以及他们如何在工作中使用国会图书馆的资源[1]。

图书中心的阅读推广活动采取多种形式发挥作家的作用,图书中心创建的网站(www.read.gov)和"国家童书和素养联盟"(National Children's Book and Literacy Alliance)合作,推出了"随机接龙"(The Exquisite Corpse Adventure)活动,这个活动由著名儿童作家乔恩·司奇斯卡(Jon Scieszka)撰写故事的第一部分,此后,每隔两周,就由杰出的作家和插画家提供后面的相关故事和插图,已推出27集,并提供同步录音制品,将于今年由烛芯(Candlewick)出版社结集出版,还开设相关的征文比赛。该活动借鉴随机接龙这种古老的游戏方式,通过作家的深度参与,激发公众尤其是青少年的参与热情和兴趣,鼓励他们开展阅读、写作[2]。

作者的积极参与,使图书中心的阅读推广活动获得了广泛认同和关注。2010年第十届国家图书节期间,应邀作者无一例外地参加了活动,包括2006年

---

1 Author Webcasts [EB/OL].[2011-05-05]. http://www.read.gov/webcasts/

2 The Exquisite Corpse Adventure [EB/OL].[2011-05-02]. http://www.read.gov/exquisite-corpse/

诺贝尔文学奖获得者旅美土耳其作家奥尔罕·帕慕克（Orhan Pamuk）和 1989 年诺贝尔生理学或医学奖得主哈罗德·瓦尔姆斯（Harold Varmus），共有 70 多位著名作家、诗人和插图画家参与了这一活动，由于作者群尤其引人瞩目，这次活动被誉为十年来美国文学巡回展[1]。

3.3 注重阅读推广的长效性和有效性

三十余年来，国会图书馆图书中心发起了一系列全国性的阅读推广活动，部分主题持续数年，例如 1997 年因配合在全国开展的"全民大阅读计划"，提出"建设读者之国"（Building a Nation of Readers）四年计划，针对个人、家庭、机构、公司、学校、图书馆等提出阅读建议。2001 至 2004 年推出的"讲述美国故事"（Telling America's Stories）活动，得到第一夫人劳拉·布什的支持。很多推广计划持续数十年并不断深化，"文学通信"项目脱胎于"书籍改变生活"项目，"提升素养"计划设立于 20 世纪 90 年代，国家图书节始于 90 年代中期，这些推广计划经过多年的实践，俨然形成品牌，影响力在活动逐步完善、成熟的过程中不断加强。

美国国会图书馆图书中心成立 30 余年来，其中心主任一直由约翰 Y. 科尔（John Y. Cole）担任，他不仅是著名的图书馆史专家，而且是图书、阅读、图书馆的宣传家，正是在他的领导下，图书中心发展成为一个在国内和国际阅读推广领域有着举足轻重的地位的机构。为了表彰他的成就，2000 年美国图书馆协会向他授予利平科特（Lippincott）奖，2010 年《图书馆与文化记录》（Libraries & the Cultural Record）期刊出版了一期特刊《国会图书馆和图书中心：约翰 Y. 科尔的历史散文》。图书中心的发展与科尔几十年的奉献紧密相关，从美国国家图书节的作者协调人这一身份可看到他的巨大影响力[2]。

1　National Book Festival [EB/OL]. [2011-04-22]. http：//www.loc.gov/bookfest/
2　John Y. Cole, Director [EB/OL]. [2011-05-02]. http：//www.read.gov/cfb/staff.html

图 3-10　美国国会图书馆图书中心主任约翰 Y. 科尔

图书中心不仅每年发布年度报告对阅读推广工作进行总结，还出版了专著《图书社区：组织和计划的目录》（*The Community of the Book：A Directory of Organizations and Program*），是了解美国阅读活动和相关团体的指南[1]。

图书中心十分注重活动的评估，每年春天会召开两次"创意交换日"，分别同各州图书中心的代表和阅读推广伙伴进行交流、总结，评估上年度的活动。此外，对于具体的推广项目，也会从活动的范围和质量，作家、出版商和图书销售商参与数量，以及所有阶层的参与度、社会影响力等多方面进行评价，反思活动的效果。

3.4　重视青少年阅读推广活动的开展[2]

美国国会图书馆图书中心的服务对象包含了所有年龄层的读者和潜在读

1　Regarding Publication Availability [EB/OL].[2011-05-02]. http：//www. read. gov/cfb/publications. html

2　Library of Congress Young Readers Center [EB/OL].[2011-05-02]. http：//www. read. gov/yrc/

者，但是尤其重视面向青少年的阅读推广活动的开展，在1989年就开展了"青少年读者年"（The Year of Young Reader）活动，此后更是加大了面向青少年的阅读推广活动的力度，特别是2009年国会图书馆青少年读者中心正式向公众开放，这是该馆209年历史上第一次专门为青少年开辟领地，为青少年提供了一个阅读空间。除了建立青少年读者中心，图书中心还和"儿童图书委员会"（Children's Book Council）合作，巡回全国，选拔"全美青少年文学大使"（National Ambassador for Young People's Literature），协助各地青少年阅读活动的开展，著名儿童文学家约翰·席斯卡（Jon Scieszka）是首届大使，第二任大使是荣获纽伯瑞文学奖、林格伦纪念奖和国际安徒生奖的凯瑟琳·派特森（Katherine Paterson）。图书中心的阅读网站（www.read.gov）委托"全国童书阅读素养联盟"（National Children's Book and Literacy Alliance）管理，为成人、教育工作者、家长，尤其是青少年，提供了各类阅读资源。

只有4位专职人员的美国国会图书馆图书中心成立30年来，走得并不轻松，但它担负起了领导全民阅读推广活动的核心角色，成为美国全民阅读活动的中心，其从国家层面统一组织、开展的全民阅读活动不仅对美国，而且对于全世界都影响深远。

目前我国非常重视阅读推广活动，但是并没有形成一个为大众所广泛认同和信赖的、稳定的推广渠道，根据中国出版科学研究所主持进行的第七次全国国民阅读调查，74.4%的国民表示身边没有阅读活动或阅读节，有20%的国民表示不知道身边是否举办过阅读活动，只有5.6%的国民表示知道身边有阅读活动或阅读节，缺少阅读推广活动的核心角色是重要因素。当前，我国的全民阅读推广方式过多地借助行政力量，与倡导阅读的初衷背道而驰；有的阅读推广活动唯利是图，完全基于商业利益选择推广内容，缺少在全国具有良好公信力的推广机构，国家图书馆在阅读推广中究竟应该扮演何种角色，我国尚无相关法规给予明确。实践中，国家图书馆在全民阅读的推动上缺乏整体规划,作用尚未凸显。我们探讨美国国会图书馆的阅读推广经验,希望能够引发业界思考,为我国全民阅读推广的开展提供借鉴。

第三节 美国的"大阅读"活动[1]

"大阅读"理念肇始于英国,但将其深入落实到实践层面的是美国。通过精心组织,"大阅读"活动已发展为美国有史以来最大规模的由联邦政府资金支持的全国性阅读计划,直接影响了成千上万的美国人的生活,也为其他国家的阅读推广活动提供了借鉴。

1 美国"大阅读"活动的组织机构及其理念

2006年,美国国家艺术基金会(NEA)与美国博物馆与图书馆服务协会(IMLS)、美国中西部艺术基金会(Arts Mid-west)合作发起了"大阅读"活动,旨在复兴美国的文学阅读,鼓励民众从阅读中获得乐趣和启蒙[2]。NEA是美国国会通过法案创立的独立机构,负责美国文化艺术的相关策划与推动。IMLS是全美图书馆、博物馆获得联邦政府支持的主要来源机构,它为"大阅读"活动提供部分经费并组织、动员各图书馆、博物馆参与活动。Arts Mid-west是非营利的地区性艺术机构,具体管理"大阅读"活动的开展。除了这三家发起机构,"大阅读"活动的合作伙伴还包括赞助商,主要有:波音公司、凯洛格基金会、美国社区基金会、保罗·艾伦家庭基金会、福特公司、诗歌基金会等[3]。前第一夫人劳拉·布什是"大阅读"活动的荣誉主席,她

---

[1] 本节由西南政法大学全球新闻与传播学院副教授裴永刚博士撰写。
[2] About The Big Read [EB/OL]. [2013-01-02]. http://neabigread.org/about.php
[3] The Big Read Becomes The Largest Federal Literature Program Since The W.P.A. [EB/OL]. [2013-02-12]. http://www.nea.gov/news/news07/bigreadCycle2.html

表示：作为曾经的教师、图书馆员和终身阅读者，我为 NEA 发起的通过阅读和文学将社区凝聚在一起的"大阅读"活动鼓掌，我非常高兴成为其中一分子[1]。

时任 NEA 主席的达纳·乔欧亚强调：虽然没有任何一项计划能完全逆转阅读下滑趋势，但是如果全国的城市能联合采取"大阅读"活动计划，就能共同恢复阅读在美国文化中的核心地位。我们的目标是民众能像热议《星球大战》那样讨论《杀死一只知更鸟》、《了不起的盖茨比》等作品，希望人们会因未读一本书比漏掉一集电视剧《迷失》更懊恼。"大阅读"活动不仅致力于文学阅读，它同时在发展强大的社区，正如 NEA 现任主席罗科·兰德斯曼所言：NEA 深信通过文学艺术将人们聚集在一起，可有助于创造一个生机勃勃的社区，藉由"大阅读"参加机构将社区凝聚在一起，公众有机会分享文学的伟大并构建共同经验[2]。

2 美国"大阅读"活动的组织模式

2.1 "大阅读"的活动形式和发展历程

鉴于"一书，一城"活动的广泛影响力，"大阅读"计划采纳了"一书，一城"的活动形式，NEA 通过资金补助的形式赞助各地的活动机构，各地阅读相关机构申请 NEA 的资金补助，根据 NEA 提供的活动书目，选择其中一种，通过开展各种形式的活动，发动社区中的每个人阅读、讨论这本书。公众可根据计划日程和社区具体活动的内容就近自由参与。

"大阅读"计划分期举行，第一期为试验期，于 2006 年 1 月~6 月开展，

1　National Endowment for the Arts and Library of Congress Host Washington Celebration of the Big Read [EB/OL]. [2013-02-12]. http://www.nea.gov/news/news06/BRloc.html

2　Press Releases [EB/OL]. [2013-02-12]. http://neabigread.org/pressreleases.php

评选委员评选出10家组织作为地区性的活动主办机构，每个机构分别获得15 000到40 000美元的补助，社区人数从7 000人到四百万人不等。NEA参考的各地"一书，一城"活动书目，选定了《了不起的盖茨比》、《华氏451度》、《凝望上帝》、《杀死一只知更鸟》作为首期活动书目。在试验阶段后期，NEA评估了各地活动的情况并总结出相关经验，于次年在全国大规模地开展"大阅读"活动，自此该活动从未间断。

表1 美国"大阅读"活动情况一览表

期数	活动时间	补助机构数	补助金额（美元）	每个机构受助金额（美元）
1	2006.1-6	10	265000	15000-40000
2	2007.1-6	72		5000-40000
3	2007.9-12	117	150多万	5000-20000
4	2008.1-6	126	1590800	2500-20000
5	2008.9-2009.6	208	2810500	2500-20000
6	2009.9-2010.6	268	3729765	2500-20000
7	2010.9-2011.6	75	100万	2500-20000
8	2011.9-2012.6	76	1000050	2500-17000
9	2012.9-2013.6	78	100万	2500-20000

注：数据来源于http：//neabigread.org/application_process.php，空白处表示无相关记录。

2.2 "大阅读"活动的流程与组织

"大阅读"活动分为"公布——申请——评选——开展——评估"五个阶段。首先NEA提前公布活动书目、补助总额、拟资助机构数；然后各地的机构开始申请，提供申报材料；接着组成专家委员会进行审核，遴选出受助的地方机构，这些机构将在规定的时间里开展各地的阅读推广活动，原则上需持续一个月，活动结束后提交评估报告。组织机构制定了详细的活动指南，规定每一流程的实施步骤和要求。

2.2.1 受助机构的申请和遴选

"大阅读"活动的受助机构必须满足下列条件（1）符合501c3条款的非营利组织（注：501c3是美国税法的一个条款）或州、地方、部族政府的部门以及免税的公共图书馆。符合条件的申请机构包括文学中心、图书馆、博物馆、大专院校、艺术中心、历史学会、艺术委员会、部族政府、人文科学理事会、艺术团体等；（2）如果申请机构不是图书馆，必须和一家图书馆合作；（3）从公布书目中选择其中一本作为活动书目；（4）具有邓氏编码（DUNS Number）并在联邦政府资金管理系统注册。无论是公立还是私立的K-12学校（从幼儿园到12年级，指基础教育。）、社区学校都不符合申请资格，但可以成为合作伙伴。

申请材料包括：①阐述活动计划、合作机构、活动推广、如何运用指导材料的文件；②机构介绍：含机构使命、服务对象、主要开展的活动、策划、管理能力的经验证明；③承诺书；④参与人员的资历和分工；⑤主要合作机构的支持函；⑥两页的方案预算；⑦联邦免税机构的证明。

遴选程序和标准：每个机构每期可申请一项资助。由文学艺术专家和"大阅读"活动委员会成员组成的评审小组对申请机构进行评议，评审小组的人员每年都会变化。申请机构将基于以下标准评估：（1）计划的整体情况，活动的数量、类型多样性和创造性；（2）地方合作机构的参与深度；（3）宣传力度和地方各类媒体参与程度；（4）活动的管理和执行力、提供的配套资金、活动材料、经费运用的有效性。

2.2.2 活动的书目选择和指导材料

"大阅读"活动在试验期选定了4种书目，到2013-2014年度这一期已扩展到31种书目，每期的选择书目不同，总体呈逐期增加的趋势，但也有以前的作品未出现在后期书目的情况。活动书目在广泛征询意见的基础上由 NEA 决定，捐赠者会直接影响书目选择，如保罗·艾伦家庭基金会捐赠 20 万美金对杰克·伦敦的《野性的呼唤》在 2008 年入选活动目录起到了积极的推进作用[1]。针对所选书目，"大阅读"活动官方网站提供免费补充教材，包括读者指引（含作者传记、历史背景、讨论问题）、教师指引（含课程计划、论文主题、课堂讲义）等，同时配合相关广播节目、多媒体影音资料以及更多有关作者作品的背景资料和影像。

2.2.3 社区活动的要求

包括：①每个社区的活动必须有启动仪式；②围绕所选作品或诗歌至少举行 10 次研讨会；③关于所选作品或诗歌至少举办 1 次主题会（如传记作者的演讲、小组讨论、作家研讨等）；④针对所选作品的其他艺术形式至少举办两次特别活动（如艺术展览、音乐舞蹈活动、改编电影、戏剧欣赏等）。

2.2.4 活动的评估

各地活动结束后，受助机构必须提交活动总结报告、活动经费决算和活动成果材料。NEA 组织专家进行评估，推广优秀经验，获得好评的机构在以后的申请中将优先考虑。

2.2.5 "大阅读"活动的海外扩展

"大阅读"活动不仅深入到了全美各地的乡镇、社区，还发展到美国的海外军事基地以及其他国家。

美国国防部长期与 NEA 合作，将"大阅读"活动在军队及军人家庭中推

1　National Endowment for the Arts Announces 2008 Plans for the Big Read National Reading Program [EB/OL].［2013-02-21］. http：//www.arts.gov/news/news07/bigread2008.html

广，国内军事基地与其他机构一样，通过申请主办的形式直接参与，海外军事基地则通过合作参加，2008年，位于德国、关岛、意大利、日本、英国的10个海外军事基地，联合参加了"大阅读"活动。军事基地的"大阅读"活动得到了波音公司的指定赞助。

达纳·乔欧亚认为：文化交流必须在国际交往中扮演更为重要的角色，没有什么方式能比阅读一个国家的伟大作品更好地理解这个国家[1]。基于这种理念，NEA改进组织模式，将"大阅读"活动扩展到了其他国家，每次活动在两国间展开，分别在两国挑选几个申请地区参加活动，活动书目必须选择对方国家的作家的作品，NEA曾分别与俄罗斯、埃及、墨西哥合作组织了国际"大阅读"活动。

3 美国"大阅读"活动的评析

美国"大阅读"活动立足本国的文化资助机制，通过政府策划扶持、专业机构分工管理、社区提供平台、个人自主参加的创新方式，成功地将"大阅读"理念深入到全国，开创了长期的全民阅读推广活动。NEA 2009年发布的报告《上升的阅读率：改变美国文学阅读的新章》显示：2008年文学阅读率有明显上升趋势，由2002年的46.7%上升至2008年的50.2%。据此，达纳·乔欧亚认为：整个社会的阅读风气有显著改变，我们从数据中可以确信整体文化素质的下降并非是无法避免的。该观点肯定了"大阅读"活动的成效[2]，更重要的是"大阅读"海外活动的开展表明它被用于国际交流，说明该活动的组织获得了政府认可并赢得国际声誉，成为推广国家软实力的重要渠道。通过对美国"大阅读"活动的考察，其卓越的组织模式是成功的关键，

---

1 National Endowment for the Arts Announces Grants to Four U.S. Organizations for The Big Read Egypt/U.S. [EB/OL]. [2013-02-21]. http://www.nea.gov/news/news08/Egypt..html

2 李协芳．美国成人阅读小说人口逆势成长．[EB/OL]．[2013-01-02]．http://hermes.hrc.ntu.edu.tw/showart.asp? LAN_ID=35

详而言之，有以下三点：

3.1 政府有限拨款，直接资助项目

政府通过 NEA，采用项目申请模式，直接对具体的阅读活动进行有限拨款，资助对象涵盖所有推广阅读的非营利机构，通过这些机构，将"大阅读"活动推行至全国大小社区和个人。NEA 直接资助项目，而非补助特定组织或地区，可避免资金耗费于行政机构的运行，同时保证了阅读推广活动的本地化，也使得活动具有可复制性和长效性，即使某组织在某年度退出活动，也不会影响到运作，可由准备充分的其他组织承担，竞争性申请确保了活动质量，也给予了各组织者创意自由。美国"大阅读"活动要求对项目的资助总额不超过所需经费的 50%。截止 2013 年，NEA 为"大阅读"活动提供资助金额 1 400 多万美元，但通过其他渠道，参与"大阅读"项目的社区组织获得了超过 2 700 万美元的资金。

3.2 通过社区的力量强化阅读推动活动

美国"大阅读"活动倡导全民阅读经典文学，组织者吸收"一书，一城"的阅读推广形式，经过创新、规范，在全国范围展开，通过营造"共读一书"的氛围，帮助人们重回书香世界。从 2006 年到 2013 年，全美累计有 1 030 个社区参与了"大阅读"活动。"大阅读"活动不是一个人的阅读，而是通过受资助机构在社区搭建的活动平台，公众参与公共阅读、交流活动，分享阅读的乐趣和各自生活中的经历。互动让阅读更加生动有趣，读者布伦达·威廉姆斯表示：我喜欢"大阅读"活动的双向性，我们有付出也有收获，公众既给予也能获得[1]。

1　Press Releases［EB/OL］.［2013-02-12］.http://neabigread.org/pressreleases.php

3.3 重视合作伙伴，强调分工协作

NEA 执行主席帕特利斯·沃克·鲍威尔表示："大阅读"活动不仅是文学集锦，更是合作的成果，感谢 IMLS、Arts Mid-West 和众多非营利机构、地方政府、媒体与 NEA 合作，在全国开展了数百项"大阅读"项目。IMLS 执行主席玛莎·赛梅尔说：IMLS 很荣幸能支持"大阅读"活动，通过这个活动，图书馆和博物馆在全国阅读合作伙伴中扮演着关键角色。图书馆作为文化参与和终身学习服务中心，是社区的精神支柱，阅读一部伟大的作品并与他人分享你的快乐和见解，是无比快乐的事情[1]。

美国"大阅读"由政府牵头，以项目的方式将各种阅读推广机构组织起来，使它们发挥各自专长，分工协作，这种组织模式为我国的阅读推广活动提供了借鉴。首先，政府可通过有限资金投入，调动社会力量，推动阅读活动。其次，全民阅读推广活动应采取合作分工的模式，不仅能充分发挥各个机构的作用，还可保证在幅员辽阔、资源分配不均的我国，将阅读活动深入到社区、家庭、个人。第三，图书馆应以专业性成为全民阅读推广活动的主力军。相对于美国，我国缺乏阅读推广机构，图书馆的发挥空间更大，图书馆必须加深对阅读推广的认识、研究，在活动的创意、策划、形式、主题上进行突破，以专业性获得社会认可。正是由于美国图书馆界开创的"一书，一城"活动影响很大，使得其形式被"大阅读"活动采用，而"大阅读"活动又促进了"一书，一城"活动的蓬勃发展，两种阅读活动的结合成为今天美国阅读推广的主流，图书馆在阅读推广中的作用得以凸显。

---

1 Press Releases [EB/OL]. [2013-02-12]. http：//neabigread.org/pressreleases.php

第四节 美国的"一书，一城"活动[1]

"一书，一城"（One Book，One City）是一类阅读活动的统称，其基本内容是选出一本书，并通过讲座、读书会等各类型活动的举办，让在这个城市中的每个人阅读和讨论同一本书。"一书，一城"活动通常与城市的名字相结合，如"一书，一芝加哥"（One Book，One Chicago）、"一书，一温哥华"（One Book，One Vancouver）、"一书，一桃园"等。也有一些城市虽未严格采用类似名称，如"西雅图阅读"（Seattle Reads）、"塔科马港一起读"（Tacoma Reads Together），但活动形式一样，美国图书馆协会的此类活动，计划指南中称为"一书，一社区"（One Book，One Community），活动标志见图3-11[2]。"一书，一城"是迄今为止影响最广泛的图书馆阅读推广活动，它起源于美国，在十几年时间内，风行至全世界。

图 3-11　美国图书馆协会制定的"一书，一社区"活动标志

1 美国"一书，一城"活动的起源和理念

"一书，一城"活动起源于美国西雅图的华盛顿图书中心的主任南希·珀尔（Nancy Pearl）（见图3-12）于1998年发起的"如果所有西雅图人读同一

1　本节由五邑大学图书馆研究馆员吴蜀红撰写。
2　One Book Projects [EB/OL]. [2011-09-02]. http://www.read.gov/resources/

本书"（If All of Seattle Read the Same Book）活动，即由西雅图市民票选出该年度票房电影原著《意外的春天》（The Sweet Hereafter，又名《甜蜜的来世》）一书，动员西雅图各地的图书馆和读书会全力推荐这本书，引起广泛反响，将整个西雅图变成一个大读书会。接着美国各地群起效尤，依此延伸出"一书，一城"、"一书，一社区"等理念，除选书外，还搭配讨论会、讲座、征文、学校推广等形式，进行阅读推广活动。西雅图更在2003年针对青少年儿童推出"如果所有孩子读同一本书"（What If All Kids Read the Same Book）活动，将活动延伸到特定年龄层，培养青少年良好的阅读习惯[1]。自1998年起，西雅图每年都会举办一次"一书，一城"活动，是该项活动的代表城市。南希·珀尔也因此被誉为阅读推广的推手，不仅获得《图书馆杂志》2011年美国年度图书馆人的荣誉，还成为"图书馆员"人偶的原型（见图3-13），这个人偶是西雅图模型玩具制造商阿奇麦克菲（Archi McPhee）最畅销的商品之一，也是图书馆员和读者最喜爱的收藏[2]。

图 3-12　南希·珀尔　　　图 3-13　以南希·珀尔为原型的"图书馆员"人偶

"一书，一城"活动的发起者南希·珀尔如此阐述活动的理念："该活动是基于社区这一外延很大的概念。我的宏大想法是让那些绝不会以他种方式

1　Seattle Reads［EB/OL］.［2011-09-02］. http：//www.spl.org/audiences/adults/seattle-reads
2　Seattle Reads［EB/OL］.［2011-09-02］. http：//www.spl.org/audiences/adults/seattle-reads

走到一起的人走到一起。文学使他们聚拢起来,因为有一本书触动了他们。""该计划的用意不在于成为一门公民课,而是由图书馆推荐大家读好书的计划。"[1]

2 美国"一书,一城"活动的概况

2.1 美国"一书,一城"活动的开展状况

数年间,"一书,一城"活动推广至全美,美国图书馆协会制定出《"一书,一社区"推广活动规划指南》,供各界人士依此指南规划"一书,一社区"活动(社区的外延很大,包括州、城市、居民区)。这个活动不仅被城镇仿效,还推行到整个州。截止2011年8月,美国共有33个州曾在全州范围内开展了"一书,一州"活动,共有542个城镇开展了"一书,一城"活动[2]。详情见表3-6。

表3-6 美国各州开展"一书,一城"活动的情况

州名	全州活动年份	全州活动数	城镇数
阿拉巴马			12
蒙大拿	2003-2007	5	3
阿拉斯加	2002-2005	4	1
内布拉斯加	2005-2011	7	4
亚利桑那	2002-2008	8	4
内华达			5
阿肯色	2001-2007	9	1
新罕布什尔	2002-2007	6	9

---

1 王宜燕. 美全城同读 发起人担心走样 [EB/OL]. [2011-10-22]. http://culture.163.com/editor/020226/020226_59392.html

2 One Book Projects [EB/OL]. [2011-09-02]. http://www.read.gov/resources/

续表

州名	全州活动年份	全州活动数	城镇数
加利福尼亚	2004	1	54
新泽西	2003—2008	11	5
科罗拉多			12
新墨西哥			2
康涅狄格	不详	1	30
纽约	2002	1	21
特拉华	2002	1	
北卡罗来纳	不详	1	13
哥伦比亚特区	2002—2004，2007	4	
北达科他			3
佛罗里达			27
俄亥俄			15
佐治亚	2002，2006	2	7
俄克拉荷马	2001，2004—2007	5	2
夏威夷			2
俄勒冈	2009	1	9
爱达荷			2
宾夕法尼亚	2006—2007	2	19
伊利诺伊		25	
罗德岛	2003—2007	7	
印第安纳			26
南卡罗来纳			4
爱荷华	2003—2008	6	5
南达科他	2003—2007	6	
堪萨斯	2007—2011	5	7
田纳西			10
肯塔基	2001	1	3
德克萨斯	2002，2004	2	20
路易斯安那			4
犹他			5

续表

州名	全州活动年份	全州活动数	城镇数
缅因			8
佛蒙特	2003-2007	5	
马里兰	2008-2009	2	4
弗吉尼亚	2000，2007-2008	3	9
马萨诸塞			76
华盛顿	2008	1	10
密歇根	2007	1	25
西弗吉尼亚	2005-2007	3	1
明尼苏达			18
威斯康辛	2004	1	12
密西西比	2004，2007-2009	4	2
怀俄明			3
密苏里	2002-2008	7	3

注：表3-6数据来源于美国国会图书馆的统计，见http://www.read.gov/resources/，空白处表示无相关记录，不详表示有相关活动记录，但无具体时间。

美国的"一书，一城"活动由美国图书馆协会的公共计划部门提倡并发展到全美，美国国会图书馆的图书中心及其附属的州图书中心是各地"一书，一城"活动的主要举办者，并负责保存活动的相关记录，各地虽然采用了同一活动理念，但活动形式却是新意迭出，最典型的是从"一书，一城"发展到"一书，多城"。如加利福尼亚州的丹维尔和圣拉蒙的"两个城市，一个传说"（Two Cities，One Tale）活动，康涅狄格州的纽因顿、洛基希尔、威德斯菲尔及勃林的"一书，四城"（One Book，Four Towns）活动。伊利诺伊州的克拉伦登山、唐纳斯格鲁夫、莱尔、伍德里奇等八个城市更是于2005年—2007年一起开展了名为"大阅读"（The Big Read）的"一书，八城"

活动[1]。

图 3-14　"一书，一芝加哥"活动的标志

2.1.1　"一书，一芝加哥"（One Book，One Chicago）的经验[2]

在美国 500 多个城镇的"一书，一城"活动中，芝加哥的经验最为人称道，"一书，一芝加哥"（One Book，One Chicago）的活动标志见图 3-14，活动每年分春秋两季举行，春季活动与 4 月中旬的"芝加哥图书馆周"同步进行，秋季活动则配合 10 月中旬的"芝加哥读书周"。芝加哥之所以能将"一书，一城"活动成功举办多年，关键在于有一个好的开始。

"一书，一芝加哥"活动始于 2001 年秋天，所推荐的第一本书是哈伯·李（Harper Lee）获得普利兹奖的名著《梅岗城的故事》（*To Kill a Mockingbird*，亦可直译为《杀死一只知更鸟》），原因是芝加哥是一个充满各国移民的城市，而《梅岗城的故事》阐述种族问题。该市的电视主持人菲尔·彭斯（Phill Ponce）说：这是一本重要的书，因为在我们很多人的心里，尚有座变相的"拉德利屋子"。《梅岗城的故事》虽为文学名著，但在许多美国南方城镇却是禁书，主办单位抓住这个新闻点，在媒体上大力宣传，"一书，

1　One Book Projects [EB/OL]. [2011-09-02]. http://www.read.gov/resources/

2　A Decade of One Book, One Chicago [EB/OL]. [2011-10-21]. http://www.chipublib.org/eventsprog/programs/onebook_ onechgo.php

一芝加哥"活动也因此在全美媒体上曝光,大大扩大了活动声势。主办单位规划出一套详细的执行计划,发布海报,发行活动手册,手册除了简介作者生平及作品外,还详细列出各项活动的时间、地点,同时列举了值得讨论的相关议题。图书馆新买了4千本《梅岗城的故事》,分发讨论提纲,在互联网开辟专用聊天室,还放映了多场同名电影。很多私人组织,从缝纫俱乐部到博物馆有关人员,纷纷组织讨论会;律师协会举行了模拟审判。商家更是主动配合,书店不但把该书放在显著位置,还出售印有《梅岗城的故事》初版封面的巧克力;连星巴克咖啡馆也请人来边喝边交流体会。市府还派发了2.5万个刻上"在看《梅岗城的故事》吗?"的胸章。活动轰轰烈烈,但花费没超过4万美元,引起广泛关注。从2002年秋季开始,德保罗大学配合"一书,一芝加哥"活动推出一门研究所的课程,课程以"一书,一芝加哥"活动选出的作品为主题,从不同学术角度进行深入探讨,课程推出后也引起相当好评。在市长的大力支持和企业的赞助下,主办单位制定和落实周详的规划,"一书,一芝加哥"活动不仅取得芝加哥人的认同,还产生了广泛影响。截止2011年,"一书,一芝加哥"活动推选了21本书供全市人阅读,举办了200多场讲座、表演、讨论和展览,吸引了成千上万的芝加哥人参与。

2.1.2. 与"大阅读"(The Big Read)计划的结合[1]

"一书,一城"活动的成功使其模式受到广泛认同,常被其他阅读活动吸收,其中最经典的是与"大阅读"计划的结合。"大阅读"是由美国国家艺术基金会(National Endowment for the Arts, NEA)于2006年发起的阅读计划,旨在重建居于美国文化核心的阅读风气。由于"一书,一城"活动已在全国引起共鸣,各地普遍了解这种方式,因此"大阅读"就以"一书,一城"活动为基础,先由评选委员评选出地区性的(包括都市或乡镇、社区)

---

[1] About The Big Read [EB/OL]. [2011-10-22]. http://www.neabigread.org/

图 3-15 "大阅读"活动标志

阅读机构或团体，这些团体根据 NEA 公布的书目选择一本，开展当地的一书共读活动，经费由 NEA 等单位来赞助，通常赞助金额在一至两万美元。各地一书共读的活动，原则上要持续一个月，并要有当地市长或领导人及作家参与的开幕式等宣传活动。"一书，一城"活动与"大阅读"计划的紧密结合，使得美国的"一书，一城"活动获得了更广泛的影响力，不仅获得了经费赞助，还赢得了持续性的发展，一些城市如康科德（Concord）、弗雷斯诺县（Fresno County）等，直接将活动命名为"大阅读"[1]。

2.2 其他国家和地区"一书，一城"活动的开展状况

"一书，一城"活动的理念逐渐延伸到澳大利亚、加拿大、英国、法国、荷兰、韩国、新加坡等世界各地的许多城市。加拿大的阿尔伯塔、温哥华、滑铁卢地区、耶洛奈夫等城市开展了"一书，一城"活动，且于 2002 年—2007 年在全国范围举办了名为"加拿大阅读"的"一书，一国"活动[2]。被誉为世界文学城市的爱丁堡于 2007 年春天展开了"一书，一城"活动，英国

---

[1] One Book Projects [EB/OL]. [2011-09-02]. http：//www.read.gov/resources/

[2] One Book Projects [EB/OL]. [2011-09-02]. http：//www.read.gov/resources/

小说家、诗人罗伯特·刘易斯·斯蒂文森（Robert Louis Stevenson）的《绑架》（Kidnapped）成为第一本入选书，一万本免费的《绑架》被分发在爱丁堡的各个咖啡馆、火车站甚至每辆出租车上，并标明"我是免费的，请将我带回家阅读"，以此让整个城市阅读同一本书，这些书包括了从给孩子的简写版到连环漫画册的多种不同版本。该活动计划每年进行一次，展现爱丁堡作为世界文学城市的新面貌[1]。都柏林的"一书，一城"活动始于2005年，每年4月推荐一本书，并于4月至12月间举办一系列主题阅读活动，以季为频率，于春、夏、秋、冬四季推荐不同主题[2]。我国台湾地区的"一书，一城"开展得非常活跃。2003年，桃园县文化局率先推出"一书，一桃园"活动，选定《当天使走过人间》给桃园人阅读。随后，高雄、台北、彰化等城市也陆续响应，推出"高雄城市阅读"、"台北市四季阅读"、"彰化一书，一城"等活动。2010年台湾"教育部"规划"全民乐阅读"活动，与各"直辖市及县市政府"一齐推动"一书，一城"理念，依据县市特性、读者的需求与兴趣，规划具有县市特色的"一书，一城"活动方案，并运用不同策略，合力推动全民阅读。为了让这个县市总动员的阅读推广活动顺利进行，台湾图书馆学会特邀请南希·珀尔来台，在图书馆界进行演讲、交流[3]。

2010年，"一书，一城"活动的理念延伸至网络世界，有人发起了"一书，一推特"（One Book，One Twitter）活动，通过网络的力量凝聚世界各地的网民共组读书会。发起者杰夫·豪威（Jeff Howe）表示："一书，一推特"的目的，如同我灵感来源的"一书，一城"，是为了让众人同一时间阅读并讨论同单一本书。经过一个月的时间，读者投票选出尼尔·盖曼（Neil Gaiman）

---

1 文波. 文学与艺术之都爱丁堡 [EB/OL]. [2011-10-21]. http://blog.sina.com.cn/s/blog_539524f40100osf6.html

2 "99终身学习行动年331-全民乐阅读"活动简介 [EB/OL]. [2011-10-23]. http://www.edu.tw/files/news/

3 电子报小组、社教司. 一书，一城 全民乐阅读 [EB/OL]. [2011-10-21]. http://epaper.edu.tw/print.aspx? print_type=topical&print_sn=465&print_num=417

的《美国众神》(American Gods)，作为活动采用的首本图书[1]。

3 美国"一书，一城"活动的评析

"一书，一城"活动风靡世界，至今方兴未艾，关键在于其新颖独特的活动理念能够在执行层面落实，从理论角度对这一活动进行评析，不仅有助于更深入地认识、开展这一阅读推广活动方式，更能为其他阅读推广活动的开展提供借鉴。

3.1 "一书，一城"活动的特点

"一书，一城"活动有效地将个体阅读与公众活动相结合，从而实现信息和精神的交流乃至价值观共塑，其特点十分鲜明，表现为：一、划定阅读焦点。可以最大限度地唤醒市民的阅读热情，集中各方的阅读注意力，让个人的阅读兴趣通过公共事件得到培养、扩大；二、制造共同话题。为人与人之间的交流提供话题，创造沟通机会，更鼓励通过讨论和辩论就某些原本歧见纷出的问题达成新的共识；三、推动深度阅读。提倡精读一本书，促使那些习惯浅阅读的人通过参与各项活动，认识到只有读深读透一本书才可以和别人进行有效沟通，享受到深度阅读带给一个人的荣耀和尊严；四、凝聚地方认同。如果所选书籍和本城本地有关，可以带动居民透过阅读深入地认识城市的人文、地理、风土与民情，在阅读中增强凝聚力；五、突出活动主题。因为各项活动皆围绕一本书展开，可避免无主题或多主题带来的华而不实、大而不当，减少大型活动"热而虚、高而飘、上热下冷"的弊端；六、操作简易节约。该活动的理念能够迅速传遍世界，说明它易于开展，美国图书馆协会为准备举办相关活动的机构提供明确的行动指南，包括很多具体案例和

---

1 高鼎壹. 一书，一推特 世界性读书会从尼尔·盖曼的《美国众神》展开 [EB/OL]. [2011-10-21]. http://hermes.hrc.ntu.edu.tw/showart.asp? LAN_ ID=106

活动所要注意的细节，活动费用不高。七、发展易于持续。活动具有可复制性和长效性，每次只需遴选、更换一本书而已，因此很多城市将此项活动持续开展，像西雅图市自1998年以来从未间断。

3.2 "一书，一城"活动的核心

选书是"一书，一城"活动的核心，活动的所有计划皆取决于书的选择。选择什么书提供给市民共读，是每个开展"一书，一城"活动的城市共同面临的难题。南希·珀尔提出了几项选书原则：首先必须考虑作者的知名度，作者的知名度愈高，对活动的帮助愈大；其次，必须考虑作者的配合度，为了吸引读者参与，主办单位当然希望作者能亲自出席座谈会，甚至和读者面对面讨论；最后是作品的内容，既然活动最主要的目的是激发读者参与，所选作品必须包含值得探讨的议题。考察举办城市的选书记录，多是根据本城最需解决的问题而选书[1]。芝加哥曾选过《梅岗城的故事》、《爱在冰雪纷飞时》，目的在于通过讨论小说的主题，消弭种族隔阂，促进社区互动。旧金山选择华裔作家李健孙的自传小说《中国小子》，和西雅图是同一初衷。也有的城市重在选择和本城或本地区相关的作家的作品，一边庆祝，一边重温，旨在增加地域文化的凝聚力。尽管每个城市选择的书不同，但是《梅岗城的故事》、《垂死的教训》、《华氏451度》、《安妮的日记》等经典著作容易受到各地青睐。现将美国西雅图、台湾桃园两个具有代表性的城市历年"大阅读"活动所选书目制作成表，以便深入了解活动的细节：

---

[1] 施清真. 一书，一城——美国推动全民阅读风气的经验. 全国新书资讯月刊，2002，(4)：56-57

表 3-7 "西雅图阅读"（Seattle Reads）历年活动所选书目

年份	书名	中译名	作者
1998	The Sweet Hereafter	意外的春天	凯森·班克斯（Russell Banks）
1999	A Lesson Before Dying	垂死的教训	厄宁·甘恩（Ernest J. Gaines）
2001	Fooling With Words	玩弄文字	比尔·莫耶斯（Bill Moyers）
2002	Wild Life	野性的生活	莫莉·罗斯（Molly Gloss）
2003	A Gesture Life	生活的姿态	李昌瑞（Chang-Rae Lee）
2004	The Works of Isabel Allende	伊莎贝尔·阿连德的作品	伊莎贝尔·阿连德（Isabel Allende）
2005	When the Emperor Was Divine	皇帝是神	朱莉·大冢（Julie Otsuka）
2006	Persepolis	我在伊朗长大	玛嘉·莎塔琵（Marjane Satrapi）
2007	The Namesake	同名同姓	裘帕·拉希莉（Jhumpa Lahiri）
2008	The Beautiful Things That Heaven Bears	天国之美	戴诺·门格斯图（Dinaw Mengestu）
2009	My Jim	我的吉姆	南茜·罗尔斯（Nancy Rawles）
2010	Secret Son	摩洛哥之子	蕾拉 拉拉密（Laila Lalami）
2011	Little Bee	小蜜蜂	克里斯·克里夫（Chris Cleave）

表 3-8 "一书，一桃园"历年活动所选书目

年份	书名	英文原名	作者
2003	天使走过人间	The Wheet of Life	伊莉莎白·库伯勒-罗斯（Elisabeth Kubler-ross）
2004	苏西的世界	The Lovely Bones	艾丽斯·西伯德（Alice Sebold）
2005	少年时	Youth	柯慈（J. M. Coetzee）
2006	李淳阳昆虫记		李淳阳
2007	美的觉醒		蒋勋
2008	福尔摩沙植物记		潘富俊
2009	我们：移动与劳动的生命记事		顾玉玲
2010	11元的铁道旅行		刘克襄

3.2 "一书,一城"活动引起的争议

"一书,一城"活动虽然理念鲜明,在许多城市取得了很好成效,但也引发了诸多争议。一些人排斥将阅读作为公共活动开展的理念,美国著名的评论家兼小说家哈罗德·布卢姆(Harold Bloom)认为:全城的人像蜜蜂一样同读一本书,这事情听起来有些愚蠢,这种活动就像大家忽然成群结队、一起跑去吃麦当劳鸡块或者做些诸如此类令人厌恶的事。美国作家丹尼斯·罗伊·约翰逊(Dennis Loy Johnson)公开表示:他们从来没有选过我所喜欢的书。也有人担心采用活动方式共塑社会价值观的做法,将影响思想自由,反对统一思想,菲利普·洛佩特(Phillip Lopate)认为:这像科幻小说的情节,就像外星人侵入了身体似的。还有人担忧这种活动无形中排斥那些不参与的人[1]。事实上,该活动的结果也因地而异,即使在美国也并非每个城市都成功。比如,匹兹堡曾和芝加哥一样选了《梅岗城的故事》,但市民的反应却相当冷淡,主办单位甚至因为参加人数不足而取消活动,匹兹堡也因此没有举办"一书,一城"活动的记录。纽约2002年筹办"一书,一城"活动,结果不但受到纽约的精英分子讥讽,连主办单位也难以达成共识,经过数个月的争吵之后,主办单位一分为二,分别推出"一书,一纽约"(One Book, One New York)、"纽约阅读"(New York Reads)两项活动,各自推选认为合适的作品,结果变成一城两书,此后纽约多年再未主办"一书,一城"活动[2]。

阅读是高度个体化的行为,大家的品位和兴趣各不相同,人们的政治倾向、宗教信仰、种族归属、阶级差别、学历层次、健康状况、年龄差别等,甚至性趋向都影响着他们的阅读选择,大众阅读活动本身就不被所有人接受,

---

1 Dennis Loy Johnson. ALL TOGETHER NOW [EB/OL]. http://www.mobylives.com/One_book.html

2 施清真. 一书,一城 书香社会——美国推动城市阅读的经验. 全国新书资讯月刊, 2003, (4): 41-44

更何况读同一本书，"一书，一城"活动存在争议是无可避免的。但是众多城市、地区的实践表明，通过精心的组织、规划，可以减少争议，获得市民的支持。纽约"一书，一城"活动的失败，除了城市文化多样化、种族众多、市民特立独行等客观因素外，关键还在于组织者内部发生了分歧，缺少共识。

4 美国"一书，一城"活动的启示

尽管"一书，一城"活动存在争议，但不可否认的是，"一书，一城"是迄今为止最成功的图书馆阅读推广活动。虽然我国大陆地区尚未真正开展这一活动，但是对其全面考察和剖析，有助于我们从微观层面考察具体阅读推广活动的执行过程，从而为探索新的阅读推广模式积累经验。

最后，借鉴其他城市、地区开展"一书，一城"活动的经验，作者尝试拟订一份中国内地直辖市及省会城市开展"一书，一城"活动的书目，遴选标准是：影响较大的当地作家的作品或描写当地人情、风物或历史的作品，以抛砖引玉，作为启发我国内地开展"一书，一城"活动的引线。

表 3-9 中国内地直辖市及省会城市开展"一书，一城"活动的建议书目

城市	书名	作者
北京	我与地坛	史铁生
上海	文化苦旅	余秋雨
天津	冯骥才中短篇小说集	冯骥才
重庆	红岩	罗广斌、杨益言
长春	穆木天诗选	穆木天
哈尔滨	额尔古纳河右岸	迟子建
沈阳	致命旋涡	王晓方
石家庄	唐山大地震	钱钢
郑州	城市白皮书	李佩甫

续表

城市	书名	作者
济南	你在高原	张炜
太原	白银谷	成一
武汉	方方作品精选	方方
合肥	中国农民调查	陈桂棣、春桃
南昌	小镇上的将军	陈世旭
长沙	目送	龙应台
南京	妻妾成群	苏童
杭州	兄弟	余华
福州	林老板的枪	杨少衡
海口	马桥词典	韩少功
广州	苍天厚土	廖洪球
南宁	没有语言的生活	东西
贵阳	蹇先艾短篇小说选	蹇先艾
昆明	于坚的诗	于坚
成都	死水微澜	李劼人
西安	废都	贾平凹
兰州	大敦煌	叶舟
银川	张贤亮精选集	张贤亮
西宁	昌耀诗文总集	王昌耀
呼和浩特	狼图腾	姜戎
乌鲁木齐	在伊犁	王蒙
拉萨	尘埃落定	阿来

第四章　英国、印度的图书馆阅读推广活动

第一节　英国图书馆的阅读推广活动[1]

英国是世界上图书馆事业最发达的国家之一，早在1850年就颁布了世界上第一部全国性的公共图书馆法。英国最早实施馆员级别晋升制度，最早实行完全开架式图书馆服务[2]。英国由149个独立的图书馆机构管理着3 500个公共图书馆。据统计，1997年英国平均1.2万人就拥有一座公共图书馆，是世界上人均占有公共图书馆份额最多的国家[3]。

然而，英国的阅读状况仍然不尽如人意。英格兰有700万成年人的读写能力低于11岁儿童的平均水平。图文电视（Teletext）公司对英国国民阅读状

1　本节由电子科技大学图书馆副研究馆员秦鸿撰写。
2　臧其梅，李迎丰．英国图书馆的发展与现状［J］．欧洲，1998（1）：86
3　鞠英杰．英国公共图书馆事业［J］．图书馆建设，2004（6）：77

况调查的结果显示,有1/3的成年人在过去一年内没有买过一本书,其中34%的人表示他们甚至从没读过书[1]。而关于图书馆的提案在英国地方政府的议程中优先权也不高,近年来,图书馆还面临着到馆率和借书率逐年下滑的困境,阅读推广活动就是在这样的背景下展开的。

1 英国图书馆阅读推广活动的发展历程

1.1 肇始

英国的图书馆阅读推广活动发端于1980年代末期,兴起于1990年代,2000年后走向成熟和兴盛。

1980年代末期,一些图书馆获得了公共图书馆发展激励计划的基金支持,开始举办一些文学作品的推广活动。如北部的儿童图书节、赫里福郡和伍斯特市图书馆的现代诗歌推广等。

1992年,一个主题为"阅读未来:公共图书馆中的文学场所"的重要会议召开,会议集中了跨书业的参与者,研讨了三个主题:图书馆的角色、阅读推广、合作伙伴的工作。会上,艺术委员会发布了第一个图书馆基金,提供10万英镑的合作伙伴基金,以促进图书馆在推广文学作品方面有所作为。其时,人们对电子媒体将使图书边缘化有许多担心,这次会议成为一个转折点,重新确立了图书在图书馆服务中的核心地位。

艺术委员会的基金资助带来了一个当代小说推广的热潮,后来推广到非小说作品,如"心灵之眼"(Mind's Eye)项目和后续的"心灵之眼聚焦"(Mind's Eye Focus)项目[2]。

---

1 英国:与时俱进共促阅读 [EB/OL].[2011-04-21].http://www.shundecity.com/html/zt1/423yd/dushuzhinan/gwjc/2011/0421/73114.html

2 Stella Thebridge, Briony Train. Promoting reading through partnerships: a ten-year literature overview [J]. New library world, 2002, 103 (1175/1176)

其后，一些独立的协调机构相继成立，以帮助图书馆培训员工，开发新项目，争取新资金，进行重点营销和宣传，以及和商业部门构建伙伴关系。其中最有影响力的协调机构是开卷（Opening the Book）公司。它推动了以读者为中心的阅读推广工作，并赋予其一个专有的名称——"读者发展"。

开卷公司领导实施了当时最大的一个国家级读者发展项目"开枝"（Branching Out），产生了较大影响，随着项目的推行，读者发展的理念逐渐深入人心，被图书馆界广泛接受，从此以后，英国公共图书馆的阅读推广活动均被冠之以"读者发展"的名义。

1.2 什么是读者发展

"读者发展"这个词汇最早是在1995年由开卷公司的雷切尔·冯·里尔提出，它被定义为一种主动介入的实践活动，以增强自信和享受阅读，扩展阅读选择，提供分享阅读经验的机会，并将阅读提升为一种创造性的活动。

该公司的汤姆·弗雷斯特后来对这个概念作了进一步阐述：它是读者文化能力的发展。它传播阅读经验及其能为个人带来的改变，而不是推销某本书或某个作家。它通过扩展读者的阅读视野来提升文化，使其不再局限于特定的作家，帮助读者树立信心，尝试阅读新的作品[1]。

在读者发展理论的指引下，英国的阅读推广活动独树一帜，引起了全世界的瞩目。

1.3 读者发展活动的成长和兴盛

1990年代后期，读者发展活动发展迅猛。1997到1998年，为了改善英格兰公共图书馆的设施和服务，政府通过文化传媒体育部划拨了两年的公共

---

1 Opening the Book. Definition of reader development [EB/OL]. [2011-09-10]. http://www.openingthebook.com/library-resources/reader-centered/definition/default.aspx

图书馆挑战基金，专门针对读者发展项目。项目总投资 400 万英镑，旨在"通过促进阅读成为一项技能和娱乐，来强化图书馆的传统优势"。

而 1998/1999 国家阅读年的推行则使读者发展活动达到了一个高潮。为了延续国家阅读年的态势，又推出了"国家阅读运动"，通过为阅读实践者提供信息和网络支持，开展了一系列面向不同读者的国家级推广活动。

2002 年成立的阅读社（The Reading Agency），在读者发展中起到了引领作用。2003 年，公共图书馆发展的战略性文件《未来的框架》（Framework for the Future）发布。2008 年，第二个国家阅读年启动。

在此期间，英国图书馆学会、各种类型的图书馆及相关机构（电台、文化慈善机构、出版商等）开展了一系列的读者发展活动，特别是公共图书馆已将"读者发展"作为其服务的一项主要内容。这些活动富有创意，充满活力，覆盖面广，吸引了广泛的读者参与。读者发展呈现出生机勃勃的兴旺之势。

2 英国图书馆阅读推广活动的纲领性文件

2003 年，一个重要的政府报告《未来的框架》[1] 为英国的公共图书馆描绘了一个十年蓝图。这个报告的使命是使阅读成为每一个社区的中心，倡导读者发展以应对社区的变化。

报告明确提出"阅读是所有文化和社会活动的首要任务"。图书馆需要不断地更新和表达他们服务社区的目标。图书馆的现代使命应该基于以下几点：

演变：依靠图书馆的传统核心技能促进阅读、非正式学习和自助学习。

公共价值：关注公共领域会带来最大的社会价值，包括支持成人的读写能力和学前教育。

1　DCMS. Framework for the Future-Libraries, learning and information in the next decade [EB/OL]. [2011-09-10]. http://www.healthlinklibraries.co.uk/pdf/Framework_for_the_Futures.pdf

特殊性：建立在图书馆开放、中立和自助的文化之上。图书馆不应该重复其他公共机构和私人部门所做的事，而是通过伙伴关系来补充自己。

国家项目的本地化：实施国家计划以提升公共图书馆服务的整体形象，但是应该足够灵活以适应本地需求。

为此，以下三个领域的活动应该作为图书馆现代任务的中心：
- 促进阅读和非正式学习；
- 获得数字化技能和服务，包括电子政务；
- 应对社会包容，构建社区认同，发展公民意识。

报告也确认了读者发展战略变得越来越广泛和富有经验，同时对发展各类读者提出了任务，如：学龄前儿童及其父母、青少年、有读写障碍的成年人、残障人士等，为后续的读者发展工作指明了方向。

3　英国阅读推广活动的两个重要机构

独立机构在英国的读者发展中扮演着重要角色，其中开卷公司和阅读社是两个最知名的机构。

3.1　开卷公司

开卷公司由雷切尔·冯·里尔创办于 1991 年，雷切尔发明了"读者发展"这个词汇，公司引领的以读者为中心的创意，现已嵌入到英国图书馆的实践之中。开卷公司领导的国家级项目有[1]：

开枝（Branching Out）：1998-2006 年，大型图书馆员培训计划。

触碰（A Touch of）：2001 年，专业级的书目推荐计划。

苏格兰读者发展网络（Reader Development Network in Scotland）：2002-

1　(Opening the Book) National Programmes [EB/OL]. [2011-09-10]. http://www.openingthebook.com/archive/national/default.aspx

2008年。

延伸（Estyn Allan，威尔士语）：2002-2005年，威尔士的读者发展项目。

馆藏质量健康检查（Stock Quality Health Check）：2000-2007年。

希望之书（Ønskebok，挪威语）：2005-2011年，将读者发展的理念和实践引入挪威。

自2000年起，开卷公司将"以用户为中心"的方法运用到图书馆空间设计，帮助图书馆重新思考他们提供给读者的空间和服务。其以读者为中心的做法完全改变了组织馆藏的方式，这有利于读者快速和方便地找到自己想读的书，提高图书馆运转效率，提升图书馆形象。

开卷公司做的另一件重要工作是借助图书馆和图书馆网络构建以读者为中心的网站。有一些优秀的网站将书与读者按照兴趣和趣味结合在一起，比如：whichbook.net，威尔士图书馆的Give me a break，以及scottishreaders.net。并开设了在线读者发展培训课程"前线"（Frontline，网址：openingthebook.ie），面向那些与读者直接接触的馆员[1]。

3.2 阅读社

阅读社，是一个独立的慈善机构，2002年成立于英格兰，是英国读者发展的领导者，以鼓励更多的人读更多的书为使命[2]。具体工作有：

● 通过图书馆推广阅读；

● 与每一个地方政府合作，通过广播、出版社、工作场所、学校、监狱和青少年服务机构广泛接触读者；

● 运作高品质的国家计划，开发5种关键的工具来吸引读者：阅读挑战、读书会、接触作者、宣传推广和志愿者。

1　Shirley Prescott. Reader Development in the UK: an Australian Perspective [J]. Aplis, 2007, 20(1)

2　The Reading Agency [EB/OL]. [2011-09-10]. http://www.readingagency.org.uk

阅读社还帮助图书馆为读者工作制定一个宏伟的愿景和国家政策；帮助图书馆和读者开展和保持充满生机的阅读服务；研究、促进和宣传图书馆对于阅读和写作的贡献。阅读社领导的国家级项目有：

- 2008 国家阅读年。
- 夏季阅读挑战：鼓励青少年暑期阅读的连续性大型项目。
- 图书絮语（Chatterbooks）：面向青少年的国家级读书会网络。
- 头脑空间（HeadSpace）：阅读协会和图书馆的合作项目，由年青读者自己来设计图书馆的空间。
- 六本书挑战计划：提升成年人的读写能力。
- 快阅读（Quick Reads）：为成年人提供"世界图书与版权日"发布的快阅读资料。

其他重要协调机构还有阅读时间（Time To Read），领导了英格兰西北部（伦敦以外最大的一个地区）的读者发展活动[1]。

4 英国主要的读者发展项目与阅读推广活动

4.1 国家阅读年

英国是世界上第一个推出"国家阅读年"概念的国家。国家阅读年的设立是政府通过国家文化战略和终身学习政策来推动文化建设的一个举措。

第一个国家阅读年始于 1998 年，由国家文学基金会代表教育职业部发布。目标是让所有人为快乐而阅读，有目的地阅读，构建一个人人皆读书的国家。总计 400 万英镑的政府预算用于支持国家阅读年。国家级活动吸引了各个组织、社团的积极参与。共在 9 个城市进行了阅读年的巡回推介，覆盖

1　Time to Read [EB/OL]. [2011-09-10]. http：//www.time-to-read.co.uk/read/

了广泛的纸质媒体和广播媒体，总计有700多篇文章和200多次广播进行宣传推广。国家阅读年和面向小学的国家文化战略一起，获得了1.15亿英镑的基金，实施"送书到学校"计划。总之，国家阅读年通过覆盖整个社会的广泛的活动鼓励和推进了阅读，活动的水平远远超过预期，产生了良好的影响和国际性关注。被评价为"一个令人振奋的项目，产生了巨大的信誉、创造性的设想和真正的快乐[1]"。

第二个国家阅读年于2008年启动，由国家文学基金会和阅读社领导下的一个合作伙伴联合执行，代表了儿童、学校和家庭事业部。政府投入3 700万英镑用于阅读推广活动，旨在帮助打造英国的阅读文化，尤其是针对那些需要提供阅读帮助的人，以及认为阅读和自己无关的人。通过媒体向目标读者宣传阅读的价值，展示阅读带来的改善生活的机遇以及阅读本身的乐趣。主要的影响包括：通过一个国家级的会员活动，图书馆增加了200万新的读者；25万册图画书通过《太阳报》发放；3万册"快阅读"读物通过《世界新闻报》发放；23 000名男孩参加了上年度的夏季阅读挑战活动；阅读年网站共登记了接近6 000个阅读活动；全英国共有150个阅读年的协调机构领导着当地的合作伙伴，为本地区开展活动[2]。

国家阅读年促使更多的地区整合阅读推广的力量。

4.2 阅读起跑线（Bookstart）

英国的"阅读起跑线"计划是世界上第一个专为学龄前儿童提供阅读指导服务的全球性计划。该计划以"让每一个英国儿童都能够在早期阅读中受

1　National Literacy Trust. National Year of Reading 1998–1999 [EB/OL]. [2011-09-10]. http://www.literacytrust.org.uk/resources/749_national_year_of_reading_1998_1999

2　National Literacy Trust. National Year of Reading 1998–1999 and 2008 [EB/OL]. [2011-09-10]. http://www.literacytrust.org.uk/resources/practical_resources_info/751_national_year_of_reading_1998_1999_and_2008

益并享受阅读的乐趣"为基本原则,培养他们对阅读的终身爱好。该计划免费为每个儿童提供市值60英镑的资料,这些资料分装在不同款式的帆布包里,根据儿童成长的实际需要,分年龄段以不同的方式分发。

"阅读起跑线"计划最初于1992年由慈善机构——图书信托基金会、伯明翰图书馆服务部和基层医护服务信托基金会联合发起。

"阅读起跑线"计划致力于在世界各国推广,该计划惠及的儿童及其家庭成员,平均每年增加210万人[1]。

4.3 阅读是基础(Reading Is Fundamental)

旨在为贫困儿童提供图书的"阅读是基础"运动发源于美国,1996年在英国登陆。英国的许多基层单位和团体参与其中,为儿童的社会教育拓展了广阔的新空间。至2000年9月,已有63 000多名年龄在19岁以下的少年儿童从这一运动中得到了免费图书,共有19万册以上的新书被分发,400多个地方性工作计划被执行,价值90万英镑的图书通过各地的图书馆、学校及社区中心借给了孩子们。40多家儿童图书出版商答应以优惠价格为这一运动提供新书,有几百名作家、诗人、插图画家、故事家,,有600人的志愿者队伍,参与了这一运动。今天,"阅读是基础"已成为英国向贫困儿童和难以接近图书资源的儿童提供阅读帮助最大、最积极的运动[2]。

4.4 夏季阅读挑战(Summer Reading Challenge)

"夏季阅读挑战"是英国阅读协会针对儿童举行的一项长期阅读推广活动,由阅读社协调,在97%的英国公共图书馆中开展,得到了英国广播公司等多家主流媒体的襄助,76万4至11岁的儿童参与其中。该活动鼓励儿童每

---

[1] 陈永娴. 阅读,从娃娃抓起——英国"阅读起跑线"(Bookstart)计划 [J]. 图书馆理论与实践, 2008 (1): 101

[2] 羽离子. 对英国"阅读是基础"运动的考察 [J]. 图书馆, 2002 (1): 81

年夏天读 6 本书，每年的主题都有所不同。整个暑假，图书馆设计许多奖励、活动和事件来为儿童阅读造势。是目前英国最大的儿童阅读推广活动[1]。

4.5 开枝（Branch Out）

"开枝"是一个国家级的读者发展项目，由图书馆馆长协会推出，英格兰艺术委员会资助，为期三年，至 2001 年 9 月止。项目在一个管理委员会支持下，由读者发展机构开卷公司负责指导和管理，由位于伯明翰的英格兰中部大学进行评估。首批 34 个参与的图书馆员，代表 33 个图书馆和国家盲人图书馆，接受了一个完整的培训计划，涉及读者发展工作的许多方面。项目的目标是通过每一个参与"开枝"项目的馆员的宣传和实践，将读者发展的理念层层传播，扩展到所有馆员。项目带来显著的图书馆文化的改变，读者发展被越来越多的图书馆员认同，逐渐成为图书馆发展的主流[2]。

5 英国阅读推广活动的成果、影响及意义

5.1 确立了"以读者为中心"的发展理念

"读者发展"这一概念的提出体现了以读者为中心的现代图书馆服务理念，它直击图书馆功能的核心：怎样使阅读更快乐？它立足于这样一个动因：被鼓励享受阅读的民众将拥抱图书馆。这一读者发展理论使当时其他的关于图书馆核心功能的争论都相形见绌，因为它承认并强调了阅读行为的中心地位和重要性——没有阅读，图书馆将一无所用[3]。

1　Welcome［EB/OL］.［2011-9-10］. http：//www.summerreadingchallenge.org.uk/

2　Briony Train, Judith Elkin. Effecting change：reader development projects in public libraries［J］.Library Management，vol 22，2001（8/9）

3　Jana Sheardown. Reader Development as a Core Library Function［J］. Library Student Journal，2007（5）

读者发展出发的基点是人，但并不是简单的读者数量的发展，而是读者本身的发展，是提升读者的阅读兴趣和读写能力。这种以人为本的理念推动了图书馆将发展重心从"以资源为中心"转向"以读者为中心"。

5.2 将阅读推广上升为国家文化战略

国际阅读学会在总结阅读对于人类的最大益处时，曾经在一份报告中指出，阅读能力的高低直接影响到一个国家和民族的未来。而要提高全民族的阅读水平和文明素质，将是一项长期任务，阅读推广是一个长期工程。

英国将提升民族阅读水平上升为一种国家行动，将较为分散的倡导阅读的力量和声音变成一个国家工程。文化媒体体育部（DCMS）、博物馆图书馆档案馆委员会（MLA）、英国文学基金会（The National Literary Trust）等国家级机构通力合作，为读者发展提供了持续的资金支持。

特别是国家阅读年的推出，吸引了最广泛的机构参与，使全社会更加深入地认识到阅读的重要性和紧迫性。依托像阅读社这样的独立机构，协调整合各方力量，通过国家计划的实施扩大活动规模和影响，以图书馆为主体，将分散的各类全民阅读促进活动系统化、组织化，有效地推动了全民阅读活动的开展。

《未来的框架》也明确指出，公共图书馆不仅要在发展阅读和学习、提供数字化技能和服务方面承担主要任务，同时还应在加强社区凝聚、促进社会包容和培养公民价值观方面发挥作用。这无疑将公共图书馆的阅读推广活动纳入了更广阔的社会文化战略层面。

5.3 强化了图书馆的地位及作用

图书馆因具备四个主要优势而在阅读推广中居于核心地位：提供中立的受欢迎的社区空间、支持积极的公民权、拥有大量馆藏、馆藏范围超越图书

（包括计算机网络与软件）。中央和地方政府都高度认可公共图书馆作为完成政府服务和目标的代理机构。《未来的框架》明确提出："图书馆是一个建立在共享理念上的非常重要的公共机构。"

图书馆与图书和阅读有着天然的联系，它为阅读行为提供阅读材料和阅读场所。同时，图书馆除了图书借阅，还是正式和非正式的社区学习中心，而阅读、读写能力和学习是息息相关的，图书馆推动的自主学习对终身学习文化的形成非常重要。

2002年，国家彩票基金的投资为英国所有的公共图书馆装备了数字信息基础设施，建立了在线学习中心，提供公共的互联网接入，为数字时代的网络阅读和学习提供了保障。

英国博物馆、图书馆和档案馆委员会的相关报告表明，目前英国的公共图书馆已成为普通居民的社区中心，成为他们利用图书、获取信息的重要来源。2006年的数据显示，公共图书馆每年向公众开放时间的总数已经超过600万小时，到馆人数约2.9亿人次，图书馆每年回答用户问题的数量达4 750万人次，超过92%的用户对图书馆提供的服务表示满意[1]。据英国拉夫堡大学统计，英国人中大约有58%的成年人和82.6%的儿童拥有图书馆借书证，2009年居民人均到访公共图书馆5.3次[2]。

总之，通过读者发展活动，图书馆的地位和作用得以彰显，确立了图书和阅读在公共图书馆服务中的中心地位，积极鼓励阅读并帮助用户进行阅读选择的理念已经被图书馆员普遍接受，图书馆成为阅读推广的主体，并通过与出版商、书商、媒体等其他合作伙伴的协作，扩大了影响，形成了合力，产生了规模效应。

1　肖永英．英国公共图书馆的管理、服务与发展趋势［J］．图书与情报，2009（4）：6-7
2　LISU. Libraries, Archives, Museums and Publishing Online Statistics Tables-Libraries［EB/OL］．［2011-9-10］. http：//www.lboro.ac.uk/departments/ls/lisu/lampost.html#lib

5.4 带来图书馆结构和文化的改变

在读者发展项目中,伴随着一系列的馆员培训,特别是"开枝"项目的实施,读者发展的理念逐渐得以确立。越来越多的图书馆员认识到变革旧有工作模式的重要性,从而参与到开拓性和创新型的读者发展项目中,获得了新的经验,体认到自己工作的价值,并获得了专业的满足感。每一个受训馆员都成为发展的催化剂,通过层层扩展,使读者发展的团队规模日益扩大,带来了显著的文化改变。

同时,文化的变化会伴随着结构的变化。"开枝"项目不仅教给图书馆员发展读者的技能,更强调工作中的协作与共享,共享资源与经验,这促进了团队意识的产生和图书馆各部门的横向合作。项目管理小组的模式使图书馆的管理结构趋向扁平化。

5.5 青少年阅读推广成为重中之重

研究表明,早期学习活动对早期认知发展是非常重要的,只有在儿童时期形成阅读习惯,才可能在成年后保持阅读习惯。建立儿童和青少年阅读体制,是所有国家推广阅读计划的最大特点。

英国的"确保开端"(Sure Start)计划向贫困地区的年青家庭和他们的孩子提供协调和整合阅读资源的支持,项目的目标之一是"提高幼儿父母对图书馆的使用";"送书到学校"使全国中小学图书馆的藏书总量增长了 2 300 万册;90%的"快阅读"参与者表示他们的阅读能力有所提高;"阅读起跑线"使 160 多万个儿童家庭收到图书馆免费发放的儿童书包。阅读社 2010 年的报告显示,2010 年有 76 万名儿童参与了夏季阅读挑战活动,5.3 万名儿童成为图书馆的新读者,300 万本图书被阅读;8 500 多名 4-12 岁的儿童参加了 550 个

"图书絮语"读书会。[1]

英国文学基金会最新发布的调查报告显示,英国 11 岁儿童阅读水平达标的比例从 1999 年的 78% 升至 2009 年的 86%,这是一个显著而积极的变化[2]。

随着生活节奏的加快,以及网络和新兴媒体的冲击,世界各国的阅读状况都呈现整体性下滑。怎样通过阅读推广来提高全民文化素质,是各国图书馆界都在思考的问题,尤其对于像我国这样一个公共图书馆整体发展水平落后的发展中国家而言,国家层面的阅读推广显得更为重要和紧迫。

目前,我国的全民阅读推广刚刚起步,还存在着统一协调机制不够有力、阅读活动数量虽多但成效不明显、部分活动存在形式主义色彩、青少年的阅读行为亟待引导等问题[3]。英国的读者发展活动是很好的借鉴对象,其有很多好的经验值得我们学习。见贤思齐,中国的图书馆当有所作为。

第二节 印度图书馆的阅读推广活动[4]

我国的近邻印度和我国有非常多的相似之处,国土面积 327 万平方公里,居世界第七位;人口 2011 年超过 12.1 亿,仅次于我国,居世界第二位。探讨印度的阅读状况,对我国的阅读推广有一定的借鉴价值。

---

1 The Reading Agency. Impact results – Results from 2010 [EB/OL].[2011-09-10]. http://www.readingagency.org.uk/media/06-impact-results/.

2 李拓.英国各界携手阻击中小学生阅读下滑[N].中国图书商报,2010-11-12(12版)

3 新华网.国民阅读率下降 建议将全民阅读上升为国家战略[EB/OL].[2010-02-25].http://news.xinhuanet.com/book/2010/02/25/content_13042682.htm // 徐升国.中国阅读——全民阅读蓝皮书(第一卷)

4 本节由西南政法大学全球新闻与传播学院副教授裴永刚博士撰写。

1 印度图书馆阅读推广活动的现状

印度独立以来，阅读人口的增长相当快，这主要归功于基础教育的普及，如全体教育激励计划（Sarva Shiksha Abhiyan，SSA）、区小学教育计划（District Primary Education Program）、国家扫盲行动（National Literacy Mission）等。同时，为了促进国民阅读，印度政府和其他机构通过公共图书馆、社区信息中心、农村知识中心等来加强阅读推广，以促进国民阅读，使印度变为一个信息社会。印度的阅读推广主要包括以下几种方式：

1.1 公共图书馆提供的信息服务

印度的公共图书馆遍布各地，由州立公共图书馆、城市公共图书馆、社区公共图书馆和乡村公共图书馆组成，这些公共图书馆主要由州政府和地方当局支持，其中一些由中央政府、发展机构、非政府组织和私人信托基金支持。这样从资金、政策等层面保证了公共图书馆的运作和信息服务。具体而言：

1.1.1 信息素养能力发展计划（ILCDP）

信息素养能力发展计划（Information Literacy Competency Development Programmers，LLCDP）是公共图书馆开展的一项培训课程，包括很多种类，通过培训，可以使读者获得工作所需要的技能和收集、检索信息的能力，提高信息素养。

1.1.2 移动图书馆计划

印度的移动图书馆计划不是基于因特网，而是一个可以把书籍和其他资料带给用户的巡回图书馆计划，也称之为轮子上的图书馆。就是通过诸如马车、牛车、卡车、汽车、飞机等各种形式的运送，把书籍和其他资料送到需要的地方。如德里公共图书馆有5个流动图书馆，分别管理所辖的66个活动站，为医院病人、监狱罪犯、交通不便的人提供服务。这5个流动站，每个都备有1名司机和2名工作人员，约有5 000册书，以两个月为周期进行更换。其中有一种门对门（Door—to—Door Boxes Project）的特殊的农村服务计划。负责这个计划的图书馆员把整理好的书籍通过三轮车送到农村，以一个月为周期，在农村家庭中进行轮换。通过这样的有特色的农村服务计划，一方面促进了农村居民阅读习惯的培养，另一方面提供了教育和职业方面的知识和信息。

1.1.3 城市公共图书馆计划

以德里公共图书馆为例。德里公共图书馆是在1951年，由新德里政府和联合国教科文组织合作启动的试点项目，现在已经扩展到整个新德里地区，由遍布5个地区的176个服务点组成，包括图书馆分支、次分支、社区、安置殖民地图书馆、阅读室、流动图书馆点、盲文图书馆等。以盲文图书馆为例，该馆现有藏书52 486册，放置在德里地区的7个盲人协会藏书站中，方便了盲人读者的阅读。德里公共图书馆的目标是：（1）为新德里的公民提供免费的公共图书馆服务；（2）在印度国内外，作为一个公共图书馆运作的模板；（3）消除文盲；（4）提供一个开展文化活动、终身学习和创新的平台[1]。通过以新德里公共图书馆为代表的公共图书馆的信息服务，印度民众获得了比较高质量的信息推送和阅读指导，从而促进了阅读素养和教育层次的提高。

1　Anup Kumar Das, Banwari Lal. Information literacy and public libraries in india [EB/OL]. [2013-08-05]. http://eprints.rclis.org/7247/1/Information_ Literacy_ Public_ Libraries_ India.pdf

1.1.4 乡村图书馆计划

以印度西南角的喀拉拉邦为例。喀拉拉邦是由印度西南的三个地区于1956年合并而成，它是全球最为贫困的地区之一，但却拥有众多的图书馆和阅览室，对整个喀拉拉邦的阅读推广做出了应有的贡献。

在20世纪40年代，印度的潘力卡（PNPanicker）就在喀拉拉邦推广图书馆运动计划，即每一个乡村成立一个图书馆和一个阅览室[1]。1945年，"喀拉拉图书馆议会"成立，有47个创始成员，并于1989年成为喀拉拉邦的公共图书馆。从属于"喀拉拉图书馆议会"的乡村图书馆有5 000多间。分为三类图书馆，甲类图书馆藏书2.5万册以上，乙类图书馆藏书1.5万册以上，丙类图书馆藏书5千册以上。这些图书馆遍布于各乡，大约2.5万人中，就有图书馆8间、阅览室10间。除此之外，喀拉拉邦还有众多的出版机构。这些乡村图书馆在推广阅读、启迪民智、积累知识方面发挥了重要作用。

1.2 农村知识中心

印度政府很热衷为农民和农村地区提供知识和技术方面的服务。印度总统卡拉姆（Abdul Kalam）在2005年新德里图书博览会上发表重要讲话："印度大约有23万个村庄，为了使广大村民获得知识从而改变自己的命运，印度政府计划在全国范围内建立'农村知识中心'。每个中心将配备1 000本不同学科的书、一台可以上互联网的电脑、一台打印机以及其他基础设施。随着中心的建立，我相信村民会养成阅读书籍和获得知识的习惯。""你应该鼓励孩子读书，建议孩子每天专心致志地读一个小时，这样过不了几年，孩子就会成为一个知识中心。"[2] 于是，农村知识中心开始创立，印度绿色革命之父，

1　刘健芝.印度的乡村图书馆——公共生活空间的开拓 [J].中国改革，2002（11）：55-57
2　任彦.印度人为何爱读书 [N].环球时报，2005-09-09（22）

印度农民委员会主席斯瓦米纳坦（Swaminathan）充当了先锋，并于2007年制定了相关行动方案，保证了每个村拥有一个知识中心，通过电脑、通讯设备等连接，以达到村村互联，相互连接成为一个更为巨大的知识中心。

1.3 大学图书馆及图书情报学专业提供的专业服务

印度是世界上较早开设图书情报学教育的国家。到2011年，印度有523所大学、33 023所学院、11 089所理工学院、200所远程教育机构[1]。其中，有120所大学提供图书情报学本科学士学位教育，78所大学提供图书情报学硕士学位教育，21所大学提供两年制的图书情报学综合课程教育，63所大学提供图书情报学博士学位教育[2]。

这些大学的图书馆和图书情报学专业为所在的社区提供专业的图书情报咨询和信息检索服务。图书情报学教学人员和志愿者不定期访问乡村图书馆，指导相关的图书馆员进行信息服务和参考咨询工作，并捐赠图书资料。这些大学图书馆的工作人员及图书馆情报学教学人员清楚地认识到，只有用他们所掌握的知识，为广大社区和民众服务，普及参考咨询和阅读推广，图书馆才能真正扎根于社会。

1.4 政府角色

据"国家阅读调查"显示，印度有1/3的农村人口和15%的城市人口是文盲，如此高的文盲率不仅影响了个人的生活，而且严重制约了国家经济的发展。为了减少文盲、发展经济，印度一直在推行"识字工程"。最近，印度政府又制定宏伟目标，要在2020年前把文盲率降低到5%。为此，印度政府

---

1 Department of Higher Education. Annual Report（2011-2012）[EB/OL]. [2013-08-05]. http：//mhrd.gov.in/sites/upload_files/mhrd/files/AR2011-12.pdf

2 S. P. Singh. Library and information science education in india：issues and trends. [EB/OL]. [2013-08-05]. http：//majlis.fsktm.um.edu.my/document.aspx? FileName=262.pdf

实施了重要举措，通过成人教育和夜校教育，提高印度人口的识字率，促进阅读习惯的养成。通过电子政务，对图书馆的资金、技术等提供必要的政府支持，促进阅读推广活动的开展。

1.5 出版机构

印度共有 1.6 万个出版商，大多为私人所有，每年用 24 种语言出版 8 万种图书，其中英语图书约 1.6 万种，占 20% 左右。印度是全球三大英语图书出版国之一，仅次于美国和英国。印度的出版商协会每年开展一系列活动，包括：（1）包括德里国际书展和新德里国际书展在内的图书博览会，在博览会上会举办阅读研讨会、版权交易会等，以推广阅读；（2）举办全国出版大会，主要讨论出版领域的问题。除了出版商外，发行商、作者、学者、教师等相关领域的人员也可以参加[1]；（3）组织图书评选活动，包括图书的出版、制作、写作等奖项，分语种进行评选。

除此之外，印度儿童文学国家中心、国家图书推广委员会（National Book Promotion Council，NBPC）也进行阅读推广活动。儿童文学国家中心成立的初衷就是为创作者和读者搭建桥梁。为了促进阅读推广，形成社会阅读习惯，儿童文学国家中心通过组织图书交易会、出版书籍等形式来促进阅读。

1.6 技术支持

除了通过互联网促进阅读外，印度还发射了以服务教学为目的的专门卫星。印度空间研究组织（Indian Space Research Organization，ISRO）在 2004 年 9 月 20 日发射了一颗以服务教学为目的的专门卫星——教育卫得（Educational Satellite，EDUSAT）[2]，EDUSAT 的发射加快了印度的知识传播，体现在：

---

1 刘道捷. 印度图书出版业概况 [J]. 出版参考，2007（8 下旬刊）：39

2 张春丽，金岳晴. EDUSAT 对印度阅读推广事业产生的影响 [J]. 四川图书馆学报，2013（1）：95-97

(1)为印度最偏远地区的人民提供了最新课程;(2)覆盖了印度每一所学校,有效地传播了知识。使每所学校能最快地接触到最新的科技前沿;(3)促进印度的成人教育和夜校教育;(4)促进了印度的阅读推广,使人们更加热爱阅读。

2 印度图书馆阅读推广活动的基本经验

2.1 阅读推广的目标集中在农村

印度独立这么多年,农村的公共图书馆覆盖率还是少得可怜。印度的发展要求公共图书馆遍布农村,催化和扩散农村群众间的知识传播,这是社会和农村发展计划的核心,也是在农村大规模落实阅读推广计划和其他主要着眼于农村人口发展计划的原因。目前印度农村的行政村数量有587 226个,农村图书室只有28 820个,仅可以覆盖农村4.9%的人口。城乡之间的差别相当大,具体可以从表4-1看出。

表4-1 公共图书馆在印度的覆盖率

印度人口	数量	公共图书馆	数量	覆盖率
州和联盟区域	35	州立图书馆	28	80%
地区	592	社区图书馆	451	76%
街区	3 987	街区图书馆	501	12.5%
农村	587 226	农村图书室	28 820	4.9%

(资料来源:Source:Census of India http://www.censusindia.gov.in/)

2.2 印度人喜欢读书是阅读推广得以开展的广泛基础

"NOP世界文化指数"机构从2004年12月到2005年2月,调查了30个国家3万人阅读书籍、报纸和杂志的情况,调查对象都在13岁以上。调查发现，世界上读书时间最多的是印度人，平均一周读书 10.7 个小时，是美国人的两倍。印度人对于读书的态度是愿意自己找书看，并带着强烈的欲望。印度人痴迷读书，而不热衷于电视和电台。印度人平均每周花 13.3 小时看电视，4.1 个小时听收音机，在接受调查的 30 个国家中均排在倒数第四位[1]。这说明，阅读推广活动在印度有着比较良好的基础，这种阅读习惯会促进阅读推广活动的开展和普及。

2.3 图书馆对阅读推广的作用是巨大的

印度的图书馆从 1804 年建立的皇家亚洲协会孟买分馆开始，到现在，国家图书馆、公共图书馆等诸多类型的图书馆相继诞生。它们在丰富印度人民的文化生活、促进阅读，提高印度人民的整体素质方面起到了巨大作用。另外，随着开放存取的呼声高涨，印度图书馆界积极响应并采取了一系列措施保障公众免费获取信息资源。如开放学术资源计划，印度的研究图书馆联盟（Association of Research libraries，简称 ARL）在开放存取、开放数据和开放教育资源三方面进行了有效率的工作。鼓励获得政府资助的研究者在专业对口的开放获取期刊上发表研究论文；开放元数据、开放存储在公共领域中的信息资源[2]。这样，为公众获取免费的信息资源提供了便利，从而推动了阅读活动的进行。

3 印度图书馆阅读推广活动对我国的启示

3.1 重视农村阅读资源建设

从印度的阅读推广体系中可以看出，印度乡村图书馆和农村知识中心对

1　NOP World culture score index examines global media habits [EB/OL]. [2013-08-05]. http://www.prnewswire.com

2　Open scholarship [EB/OL]. [2013-08-05]. http://www.arl.org/focus-areas/open-scholarship

于提升印度教育水平、培养民众阅读习惯、促进阅读推广方面起到了不可或缺的作用。我国的阅读推广，更多的阅读资源投放在城市和一些经济发达的地区，对广大的乡村投入的阅读推广的力量比较少。根据"木桶原理"，一个国家的阅读风气能否形成，取决于全民。中国和印度类似，8亿人口在农村，因此需要把更多的阅读资源投入农村，在农村大力推广阅读，促成农村阅读习惯的形成。同时，在农村大力推进阅读资源的建设。中国目前已经在各地农村建立了很多农家书屋，是一个比较可喜的变化。需要指出，除了传统的阅读资源建设外，更多的是建设数字阅读资源，让农村进入数字移动阅读的时代。数字资源的建设可以通过移动图书馆的方式加以解决。可以借鉴印度一些大学图书馆的做法，如印度甘地国家开放大学图书馆就有移动馆藏、移动导览、移动流通服务，用户通过移动终端可以直接浏览图书馆收藏的图书资料，并且可以将喜欢的资源下载到移动终端[1]。

3.2　全社会对阅读推广的支持

印度社会包括政府部门、出版机构、图书情报单位等均非常重视阅读推广活动，在国内形成了比较完备的阅读推广系统。相比而言，我国虽然有阅读推广的理念，但真正有效实施的地区不多，多为一些发达地区，如深圳、广东、港澳台等地区。要培养全民阅读习惯，发展阅读推广事业，需要全社会通力合作，首先科学规划目标，让阅读成为城市、地区和乡村的文化风气，成为一个国家引以为豪的名片；其次在全社会建立联合阅读推广体系，成立由政府机构、传媒机构、图书情报部门、出版商和书店、非政府组织、社会团体等联合组建的阅读工作指导委员会，各方在委员会领导下协同推进阅读推广工作，让书香蔓延至国家的每个角落，最终实现构建阅读社会的目标。

1　李利，宋鸾姣. 国外远程教育中的移动学习及移动图书馆服务——以印度甘地国家开放大学为例［J］. 图书馆学研究，2012（7）：97-100

3.3 图书馆重视自由阅读

印度图书馆的最大特点就是自由，包括进入图书馆的自由、阅览各类图书的自由，以及在图书馆内辩论的自由。印度社会尊重知识、尊重经验、尊重书籍，任何研究者都受到了社会最大的尊敬和照顾。所以，求知是进入图书馆最好的通行证。虽然，很多印度图书馆的硬件仍然非常落后，但却在服务理念上达到了甘地设立的目标——"向所有的人敞开大门"。曾几何时，我们还在开展一场由乞丐和拾荒者进入杭州图书馆而引发的争议。这说明我们在意识上还没有达到对人、对生命的敬畏，没有达到对知识面前人人平等这一理念的真正理解。

3.4 政府对阅读推广的资助

从印度阅读推广的发展来看，政府支持起到了重要作用。印度政府通过成人教育和夜校教育，提高人口识字率；通过电子政务，对图书馆阅读推广进行资金、技术方面的支持。我国政府对阅读推广的支持力度也比较大，但更多的是支持官方的阅读推广，对于民间阅读推广活动和阅读推广机构的支持还有待提高。目前比较知名的民间阅读推广机构如"三叶草故事家族"、"彩虹花公益小书房"面临没有资金来源、工作人员工资无法解决、没有阅读场所等困境。这些民间阅读机构更需要来自政府的支持。政府可以通过吸纳企业加入读书活动，对这些民间阅读推广机构给予支持。深圳在这方面做得相对不错，如在深圳的读书人中颇有影响的后院读书会，得到了南山区文体旅游局和粤海街道办的大力支持，前者对后院读书会开展的阅读接力等活动都提供了资助，而后者则在南山书城旁边为其提供了一个很不错的活动场所[1]。

---

[1] 韩文嘉. 民间阅读机构盼政法企业支持 [N]. 深圳特区报，2013-08-01

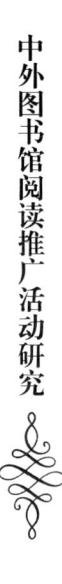

3.5 技术对阅读推广的支持

从印度的阅读推广来看，通过先进的技术，如教育卫星的成功发射，促进了知识的快速传播和分享，效果是非常明显的。我国神州十号宇航员王亚平就在 2013 年 6 月 20 日上午 10 点，给全国各地的中小学生进行了首次太空授课，开展基础物理实验，展示失重环境下物体运动特性、液体表面张力特性等物理现象，并讲解原理，收到非常好的效果，这促使广大中小学生去进一步阅读和领悟相关知识。

第五章　中国的阅读推广活动及图书馆的作用

中国的阅读推广活动主要包括内地和台湾、香港、港门地区的阅读推广活动，因为香港的阅读推广活动已有不少论文作专门介绍，难以揭示出更多的内容，澳门的阅读推广活动则规模小、不突出，下面主要调查大陆和台湾已经开展的阅读推广活动，并揭示图书馆在其中的作用。

第一节　中国大陆的阅读推广活动及图书馆的作用[1]

中国大陆在全国各地进行了无数次各种形式的阅读推广活动。其中，读书征文比赛、读书有奖知识竞赛、图书推介、名家讲座、图书捐赠、精品图书展览、经典视频展播、读书箴言征集、名著影视欣赏、评选优秀读者等形式已经成为阅读推广的常设形式。当然，实际的阅读推广活动形式远不止这

---

[1] 本节由华侨大学图书馆副研究馆员张彬撰写。

些，例如岳修志在《基于问卷调查的高校阅读推广活动评价》一文中就总结了 17 种阅读推广活动的形式[1]。下面我们以分类的形式总结内地的阅读推广及图书馆的作用，以利于阅读推广活动的拓展与提高。

1 仪式型和日常型

2012 年 4 月 23 日是第 17 个世界读书日，由中央文明办、新闻出版总署（现国家新闻出版广电总局）发起，由中国文明网联合浙江出版联合集团、广东省出版集团、人大数媒科技（北京）有限公司、中国新闻出版研究院等单位共同承办的"文明中国"全民阅读活动启动仪式在北京举行。

图 5-1　"文明中国"全民阅读活动启动仪式

这样的仪式属于重要的阅读推广形式，因为它为阅读推广活动赋予了庄重的形象，表明了政府的支持，是对全民阅读活动强有力的推动。像这样的仪式会有不同的级别，国家级的、省级的、市级的、县级的、乡镇级的、社区级的，还有各单位的，如大中小学、各级企事业单位，都可能以读书节或读书月等形式而举行启动仪式和闭幕仪式。例如，2010 年 10 月 21 日，"2010 年首

1　岳修志. 基于问卷调查的高校阅读推广活动评价［J］. 大学图书馆学报，2012（5）：101—106

都大学生读书节"在北京大学开幕,活动持续两个多月,覆盖北京 30 多所高校,在大学校园里营造了良好的读书氛围[1]。2011 年 5 月 18 日,"传递知识,漂流书香——2011 大学生读书节"在北京中国矿业大学启动。为了将大学生读书节推向全国高校,在 2010 首都大学生读书节成功举办的基础上,2011 年升级为全国"大学生读书节"。中国出版协会副理事长李宝中、副秘书长黄国荣,教育部关心下一代工作委员会常务副主任王富,中央人民广播电台文艺之声央广都市文化传媒董事长陶炜、副总经理魏胜利,以及 20 家出版机构代表和 30 家在京院校教师和学生代表参加了 2011 大学生读书节的启动仪式[2]。

图 5-2　2011 大学生读书节

2012 年 9 月 28 日,福建省第六届"书香八闽"全民读书月活动在福建博物院举行启动仪式。2012 年 10 月 28 日,第七届福州读书月闭幕仪式暨十大"书香人家"和十大"读书明星"颁奖仪式在福州市左海公园北大门广场隆重举行。除了阅读推广活动的启动仪式和闭幕仪式,还会有各种表彰仪式。

---

[1] "2010 首都大学生读书节"隆重开幕 [EB/OL].[2012-12-25]. http://news.xinhuanet.com/book/2010-10/27/c_ 12706604. htm

[2] 2011 大学生读书节在京开幕 [EB/OL].[2012-12-25]. http://book.sina.com.cn/news/c/2011-05-18/1821286590. shtml

据《全民阅读网》消息：2009年11月2日，中宣部、中央文明办、新闻出版总署在深圳召开"全民阅读活动经验交流会"，总结各地在全民阅读活动中的经验，并举行了表彰全民阅读活动中涌现出的先进单位和活动项目的仪式。

仪式带动了各种阅读活动的展开，所以仪式属于重要的阅读推广活动。仪式型的阅读推广活动主要包括：世界读书日、城市读书月、乡村读书节[1]、社区读书节、大中小学读书节和读书月的启动仪式，还有评选优秀和竞赛评奖等仪式。

与仪式型的阅读推广活动相对的是日常型阅读推广活动，日常型阅读推广活动主要包括：专家书目推荐、读者荐书、精品书籍展示、污损图书展览、书法作品展、阅读知识竞赛、经典诗文诵读会、童话故事创作大赛、儿童读书会、幼儿绘本剧大赛、"大手拉小手"亲子阅读活动、女性悦读活动、读书主题有奖征文、书香企业评选、读书成才职工评选、书香家庭评选、"阅读之星"评选、阅读推广研究论坛、读书沙龙、读者交流会、读书分享会、商业经典分享沙龙、"读好书、写心得"交流活动、便民图书夜市、农家书屋、职工书屋活动、青工大课堂、向弱势群体赠书活动、图书流动站、图书银行、自助书屋、图书漂流、换书活动、作者签名新书"乐购会"、图书以旧换新活动、阅读接力、阅读之旅、有关书和读书的讲座等等，这些日常型阅读推广活动，多数会依托图书馆，由图书馆员参与开展，旨在培养阅读习惯，营造书香社会。

2 理念型和实施型

为什么要进行阅读推广活动？党的十八大报告第六部分中已经明确提出"开展全民阅读活动。"在十七大报告中还没有提出这一理念。这说明中国党

---

1 郝振省，陈威．中国阅读：全民阅读蓝皮书（第一卷）[M]．北京：中国书籍出版社 2009：9

图 5-3　农家书屋

和政府开始郑重宣扬全民阅读,并且要真正推动落实。

对个人来说,阅读的价值是显而易见的:高蹈一点说,读书可以获得知识,可以得到智慧,可以丰富心灵,可以修身养性,可以提高品位,可以产生书卷气质,可以完善人格,可以自我实现,可以提升精神境界,可以自我超越,可以点亮人生等。实际一点说,读书可以成才,可以励志,可以考证求职,可以评职称,可以改变命运,这些都是阅读对个人的价值。

全民阅读的社会价值何在?全民阅读产生的社会价值是能够构建和谐社会,因为书香社会一定是和谐社会。同时,全民阅读还能够传承本民族的文化价值,维护我们民族的文化根基,增强民族凝聚力,提升整个民族的精神素养和气质,提升国家的文化实力,这些都应该是政府的责任。政府的主导作用不仅是出资建图书馆,还要身体力行,为全民阅读做出表率。如果我们相信阅读的价值,我们就应该不仅仅提倡他人阅读,还要自己亲身阅读。而我们的某些官员,自己不读书,自身素养不提高,却让别人去读书。自己不读书,有什么理由劝人阅读?这样的负面榜样,怎能建设书香社会?

宣扬全民阅读的价值理念非常重要!这种宣扬本身就是阅读推广。但这种价值宣扬要落实到每一个人身上,不是只向学生和普通老百姓宣扬,而不向政府官员们宣扬。2008年1月8日,英国首相戈登·布朗、教育大臣埃德·鲍尔斯和部分儿童作家共同启动了全国读书年活动。在德国的"全国朗读日",总统都会积极参加朗读。在美国,公众和媒体常常拿"读书"来衡量总统的威望[1]。

图5-4 美国总统的读书形象

所以,我们在实施阅读推广的过程中,除了要有"与作家有约"这样的活动,也要有"与局长有约"这样的活动。要像培养市民的阅读习惯一样,去培养市长的阅读习惯。如果让政府官员们置身于阅读之外,一面却让老百姓建设书香社会,社会就依然无法和谐。好在2010年2月,中共中央办公厅印发了《关于推进学习型党组织建设的意见》,在全国各级党员干部中掀起了读书学习的热潮[2]。随着党的十八大召开,新当选的习近平总书记倡导干部读书,新一届中央政治局委员们也倡导干部读书[3]。尤其是中央国家机关"强素质,作表率"读书活动自2009年4月开始每月都请专家进行讲座导读,并

---

1 郝振省,陈威. 中国阅读:全民阅读蓝皮书(第一卷)[M]. 北京:中国书籍出版社,2009:314,342,316

2 中央政府门户网站[EB/OL].[2012-12-25]. http://www.gov.cn/jrzg/2010-02/08/content_1531011.htm

3 黄丹彤,曾卫康. 南国书香节开幕 汪洋鼓励小学生多读书[EB/OL].[2012-12-25]. http://www.wenming.cn/book/pdjj/201208/t20120820_812646.shtml

举办读书征文活动。专家讲座已经举行了 40 多场[1]，为各级地方干部开展阅读活动起到了表率和示范作用。

图 5-5　北京大学吴国盛教授在中央国家机关"强素质，作表率"读书活动中开讲

再如，广东省委办公厅成立了 6 个读书小组，每月在"阳光读书厅"听讲座，交流读书体会。在省委办公厅带动下，广州市委办公厅成立了 13 个读书小组，市人大、市政府办公厅、市政协和市直机关也相继成立读书小组，定期组织讲座、读书报告会，扎实开展读书活动。其他地市也积极响应，深圳、珠海、韶关、汕头、湛江、江门、茂名、河源、惠州、揭阳、云浮等市委办公厅都积极开展读书活动[2]。福建省直机关工委、省文化厅、省新闻出版局和海峡出版发行集团在福州举办了省直机关读书节活动，并向省直机关党员干部赠送图书和电子阅读卡。河北省在省直机关开展了以"争创学习型党组织，争当学习型个人"为品牌的读书学习活动[3]。浙江日报报业集团充分发挥党报的主流舆论功能，在《浙江日报》、《钱江晚报》、《今日早报》上发

1　中国全民阅读网 [EB/OL]．[2012-12-25]．http：//www.cnreading.org/jgds/

2　刘泰山，李刚．广东省委书记汪洋等分享读书体会：人才改变世界 [EB/OL]．[2012-12-25]．http：//book.people.com.cn/GB/69360/11793750.html

3　新闻出版总署．全民阅读活动简报 [Z]．2010 年（2-3）．

布推荐书目，刊发书评，创办系列文化周刊和倡导阅读的新载体"党员干部书柜"，开展党员干部读书活动，使浙江省16万个基层党组织成为"书香组织"[1]。2010年11月19日启动的昆明第二届全民阅读月活动分为两大板块：领导干部带动读书学习热潮和面向大众的全民阅读月活动。在前一板块中进行了"优秀学习型党组织"和"优秀学习型领导干部"的评选活动，大力营造重视读书学习的浓郁氛围，充分体现了领导干部读书学习在全民阅读活动中的重要作用[2]。

3 政策型和法规型

1988年，美国通过了"阅读振兴法"[3]。在克林顿任总统时期，美国启动了"美国阅读挑战"活动，动员全社会的力量帮助儿童阅读。2002年，布什总统签署了"不让任何一个孩子落在后面"的教育改革法案，并将"阅读优先"作为国家政策。可见，美国的阅读推广活动既有政策支持，又有法规保障，已成为国家行为。

1997年日本修正"学校图书馆法"，规定学校规模只要超过12个班，都必须指派学校图书馆员。2001年颁布了"日本儿童阅读推进法"，指定每年4月23日为日本儿童阅读日[4]。2005年日本国会又通过了《文字·活字文化振兴法》，旨在改善网络造成的"日语滥用"现象。2006年，韩国政府通过了"阅读文化振兴法"。2007年，韩国政府又通过了"出版文化产业振兴法"

---

1 吴重生."党员干部书柜"引领浙江基层读书潮 [EB/OL].[2012-12-25].http：//hxd.wenming.cn/xwcb/2010-07/08/content_ 148488. htm

2 昆明第二届全民阅读月引导公众阅读 [EB/OL].[2012-12-25].http：//www. dongnanyanet.com/Html/? 1287. html

3 郝振省、陈威. 中国阅读：全民阅读蓝皮书（第二卷）[M].北京：中国书籍出版社，2011：456

4 章红雨.世界各国的推广儿童阅读运动 [EB/OL].[2012-12-25].http：//www. chinanews.com/cul/news/2009/06-01/1714867. shtml

和"印刷文化产业振兴法"。2008年，韩国政府还通过了"杂志等定期出版物振兴法"。除了这些，与阅读相关的法规还有图书馆法、文化艺术振兴法等[1]。

政策型阅读推广活动往往是软指标活动，容易造成宣扬理念多而实际落实少的活动效果。法规型阅读推广活动是硬指标活动，往往具有更强的落实效果。在我国的阅读推广活动中，除了知识产权和出版管理方面的限制性法规，很少有关于阅读推广方面的法规被政府制定，这种状况不利于全民阅读活动的开展。2011年，深圳读书月组委会制订了《深圳市全民阅读示范单位、示范项目、优秀推广人评选办法》，推动全民阅读向常态化、科学化和专业化方向发展[2]。各级政府如果能够多出台这样的法规，会对书香社会的建设起到有力的推动作用。

4　政府财政拨款型、企业赞助型、社会捐助型和混合型

布什任总统时，美国政府拨款50亿美元，支持"阅读优先"的国家政策。从1998年9月到1999年8月是英国阅读年，英国政府额外拨出了1.15亿英镑的购书经费，平均每个学校获得4千英镑，全国中小学图书馆总共多了2 300万册的书。同时，政府又额外拨款1 900万英镑，训练小学教师如何教导学童识字、阅读及写作。另外，政府还拨款80万英镑赞助86个民间组织的阅读推广计划[3]。2002年，日本政府拨款650亿日元，分5年投入学校、社区，改善儿童阅读环境[4]。2008年，法国文化部花费90万欧元组织法国读

---

[1]　郝振省、陈威. 中国阅读：全民阅读蓝皮书（第二卷）[M]. 北京：中国书籍出版社，2011：456，473

[2]　刘悠扬. 阅读推广——我们持之以恒[EB/OL].[2012-12-25]. http://www.bookdao.com/article/30063/

[3]　郝振省，陈威. 中国阅读：全民阅读蓝皮书（第二卷）[M]. 北京：中国书籍出版社，2011：387

[4]　郝振省，陈威. 中国阅读：全民阅读蓝皮书（第二卷）[M]. 北京：中国书籍出版社，2011：476

书节，并为法国国家图书中心用于图书和阅读推广做出预算 1 370 万欧元（不含人员开支）[1]。从 2008 年至 2012 年，天津市政府投资 2 亿元实施中小学课外阅读图书配送工程，最终实现教育部规定的在校学生课外阅读图书人均 30 册，初中生课外阅读图书人均 40 册的一流标准[2]。2010 年 8 月 19 日开幕的南国书香节，免费为参展商提供场地，免费为读者发门票，免费为读者开通地铁专用通道至展馆，免费为读者提供大巴往返，……这些费用都由广东省政府补贴，有效地推动了读书节的全民阅读活动[3]。2010 年，长春市政府和县区政府拨款 610 万元，为 56 090 家城市低保户每户发放 50 元购书补助，为全市所有农村中小学每校发放面值 1 000 元的购书卡，为 9 所特殊教育学校发放面值 10 000 元的购书卡，为全市每所农家书屋发放面值 1 000 元的购书卡，为 600 名在长春就读的新疆班和羌族班学生每人发放 100 元的读书卡[4]，这些都属于政府财政拨款型阅读推广活动。

从 20 世纪 60 年代开始，日本就有赠图书券推广阅读的做法，1995 年有 13 600 多家出版社和书店参加赠书券活动，共赠出 681 亿日元的图书券。这种图书券赠送活动在英国、法国、德国等国家都曾开展过。这些都是书店和出版企业赞助型阅读推广活动。还有一些民间组织与企业联合赞助的省城活动，如英国红房子书友会和儿童读物出版商每年为"阅读起跑线"计划提供市值 560 万英镑的图书[5]。这些属于社会捐助型阅读推广活动。

2012 年 8 月底，中国农家书屋工程提前三年完成，共建成达到统一规定

---

1 郝振省，陈威. 中国阅读：全民阅读蓝皮书（第二卷）[M]. 北京：中国书籍出版社，2011：317.

2 新闻出版总署. 全民阅读活动简报. 2010 年（7）.

3 郭莉，舒组伟. 南国书香节：免费成政府推动全民阅读有力助手 [EB/OL]. [2012-12-25]. http://www.gd.chinanews.com/2010/2010-08-15/2/54017.shtml

4 曾毅. 长春：书香扮美城市"文化民生"凝聚城市精神 [EB/OL]. [2012-12-25]. http://archive.wenming.cn/zt/2010-07/09/content_ 20288729.htm

5 郝振省，陈威. 中国阅读：全民阅读蓝皮书（第一卷）[M]. 北京：中国书籍出版社，2009：321.

标准的农家书屋600 449家，已覆盖全国具备条件的行政村。农家书屋工程按照"政府组织建设，鼓励社会捐助"的原则实施，实际投入资金180多亿元[1]。这是一个地方政府财政拨款与社会捐助相结合的阅读推广工程。这种结合方式国外也有，德国官方网站"阅读在德国"列出了237家最重要的德国推广阅读的组织，其中最著名的是成立于1988年的"德国促进阅读基金会"，该基金会的名誉主席由历届德国总统担任。很多德国著名的机构、企业和政府部门与其合作，例如贝塔斯曼集团、德国书商及出版商协会、德国报业联合会、德意志铁路、美因兹市政府、黑森州政府、巴符州政府、下森州政府等，他们为该基金会提供资金支持[2]。

5 有纸型和无纸型

有纸型阅读推广活动是针对纸质书阅读而言的，无纸型阅读推广活动是针对数字化阅读而言的。随着电子纸的发明，电纸书、电纸报和电纸掌上图书馆等无纸化数字阅读正在成为潮流。

在第11届深圳读书月期间，深圳移动与深圳读书月组委会签署战略合作协议，正式启动"手机阅读季"，推出中外阅读文化论坛、"新世界·新阅读"论坛、网络文学原创大赛、数字图书送青工、名家签售会等一系列大型活动，用户可以在线或下载阅读。2010年8月10日，深圳"全民阅读网"正式开通，成为开展全民阅读活动的新型公共服务平台。

2010年10月10日，在福建省第4届"书香八闽"全民读书月开幕式上，"书香八闽"全民公共阅读网正式开通，该平台的阅读资源包括国内4百余家出版机构、2千多位知名作家和5万余名网络作家提供的作品，公众可免费在

---

[1] 全国农家书屋工程建设总结大会27日在天津举行[EB/OL].[2012-12-25]. http://www.gov.cn/ldhd/2012-09/27/content_2234587.htm.

[2] 郝振省，陈威.中国阅读：全民阅读蓝皮书（第一卷）[M].北京：中国书籍出版社，2009：340

图 5-6 深圳"手机阅读季·数字图书送青工"活动

线阅读万种正版数字图书。2010 年 9 月 28 日,首都职工素质教育工程领导小组办公室向北京市公安系统赠送 1 000 张"首都职工数字图书阅览卡",通过该卡可以阅读近 3 万种图书、百余种电子期刊、报纸、各类工具书和年鉴等[1]。2012 年 7 月 14 日,黑龙江省在通河县顺祥镇永乐村开通了全省首个农村数字化书屋平台,其中有 1 518 个视频资料、20 万册图书、382 万篇专利报告、38 万篇科技成果、126 万篇会议论文和 107 万篇博硕论文。2012 年 8 月 6 日,北京首个农村数字文化社区在房山区城关镇洪寺村文化活动中心完工并对读者开放,同时,北京市还将对全市 2 690 个社区图书室进行数字化改造,打造升级版图书馆。"数字文化社区"工程是北京市文化局公共文化服务十大惠民工程之一,这项工作已被列入 2012 年市政府为百姓办的 35 件实事中[2]。2012 年 8 月 7 日,文化援藏行动——西藏"数字图书馆推广工程"正式启动,国家图书馆为西藏地区组织了总量超过 140TB 的数字资源,包括 5 000 余种电子书、200 种电子期刊、2 500 分钟的藏语视频、百余场讲座和展览,以及政

---

1 吴尚之. 建设书香社会 总署总结 2010 年全民阅读活动 [EB/OL]. [2012-12-25]. http://book.people.com.cn/GB/108221/13634312.html

2 韩亚栋. 北京首个农村数字文化社区落户房山 [EB/OL]. [2012-12-25]. http://www.bookdao.com/article/43644/

治、经济、外贸、少儿等方面的专业数据库,可面向整个西藏地区的互联网用户开放。国家图书馆还为西藏地区省市级图书馆举办了数字图书馆基础业务培训[1]。人民网·天津视窗 2012 年 8 月 10 日电：由天津国家数字出版基地云计算中心主要建设的天津市首个数字文化社区正在建设中,今后,生活在天津空港经济区的居民可以通过云终端,足不出户免费享受数字文化社区内各种数字资源服务[2]。

非纸质媒体的阅读推广可以是多种多样的。2010 年,湖北省推出了一种新型的数字化阅读方式——数字电视阅读。湖北省数字电视阅读平台开设了电子书屋、在线影院、资讯广场等板块,储存各类图书 1 000 余种、电子音像 100 多种,丰富了农家书屋的藏书,拓展了数字阅读推广的新思路[3]。2012 年 7 月 20 日,中国新闻出版研究院和航天数字传媒有限公司共同举办了"卫星数字农家书屋设备"捐赠仪式暨农家书屋数字化建设分论坛。航天数字传媒有限公司向全国 31 个省、自治区、直辖市和新疆生产建设兵团农家书屋办公室捐赠卫星数字农家书屋设备 320 套[4]。

推广数字化阅读,需要政府与社会力量的共同支撑。2010 年 7 月 21 日,新闻出版总署与中国电信集团公司签署了《推动数字出版产业发展战略合作备忘录》[5]。2011 年 7 月 5 日,新闻出版总署与中国移动集团公司签署了《共同推进数字出版产业发展战略合作备忘录》,并同时启动了"新青年掌上读书

1　西藏自治区"数字图书馆推广工程"正式启动 [EB/OL].[2012-12-25].http://news.china.com.cn/txt/2012-08/09/content_26181881.htm

2　曹宝艳.天津市空港数字社区 打造"云端"生活 [EB/OL].[2012-12-25].http://www.022net.com/2012/8-10/467118202939279.html

3　新闻联手网络电视 读者能在电视上看书 [EB/OL].[2012-12-25].http://tv.ea3w.com/21/210405.html

4　李婧璇.卫星数字农家书屋设备捐赠仪式在京举行 [EB/OL].[2012-12-25].http://www.dajianet.com/digital/2012/0723/190906.shtml

5　王坤宁.新闻出版总署与中国电信集团公司签署战略合作备忘录 [EB/OL].[2012-12-25].http://www.gov.cn/gzdt/2010-07/22/content_1661602.htm

计划"[1]。2012年7月2日，新闻出版总署与中国联通集团公司签署了《推进数字出版产业发展战略合作备忘录》[2]。这标志着国家新闻出版主管部门与中国电信、中国移动和中国联通三大信息产业集团在增进资源共享与整合、共同推动我国数字出版产业发展上取得了实质性成果，形成信息产业集团支持新闻出版数字出版工程（包括农家书屋工程和全民阅读工程）的新局面。

最后，应该说明的是，在数字阅读时代的纸质书并非没有用武之地，李东来主编的《数字阅读：你不可不知的资讯和技巧》就是一本可以作为数字阅读指南的纸质书，它的出现充分说明了纸质阅读与数字阅读之间具有相互补益的作用。

6 低碳型和共享型

无纸化是环保时代的低碳要求，所以，无纸型阅读推广活动是一种低碳阅读推广活动，在倡导阅读生活的同时倡导低碳生活。除了无纸型的数字阅读推广活动，有纸型阅读推广活动中的共享图书也是一种低碳环保方式。

《电脑报》驻纽约特约记者蒋一心在《电脑报》上谈及在亚马逊上买书的经历："上周在亚马逊上买一本教科书时注意到了屏幕中的一行字'Get a ＄90.45 Amazon.com Gift Card when you sell back your copy of this book'，翻译过来就是：'如果我将来用完了这本书，把它卖回给亚马逊可以得到90.45美元的补偿。'亚马逊认为每年有大量的图书被买走，看完，扔在家里，堆在储藏室中，终日落灰积土。但同时有人却不得不花钱让出版社多砍一棵树，多印一本书。而对于环境来说，大量图书的再利用会让每一本木材做成的图书

---

1 郭丽君. 新青年掌上读书计划启动［N］. 光明日报. 2011-07-06（09）

2 冯文礼. 总署携手中国联通推进数字出版产业发展［EB/OL］.［2012-12-25］. http：//news.xinhuanet.com/newmedia/2012-07/03/c_131691802.htm

的价值真正最大化地被利用，同时环境最大化地被保护。"[1]

亚马逊还专门为学生群体推出了一项服务——租借教科书。通过这项新服务，学生可以节省70%的费用。学生可通过国际标准书号（ISBN）在亚马逊官网上搜索需要的教科书。借书限期为130天，还有15天的延期。亚马逊还表示学生在使用教科书的时候可以在上面做一些标记，但建议学生尽量少做，以增加教科书的使用寿命[2]。亚马逊的想法和做法值得我们学习和提倡，从提高图书重复利用率着手，号召全民读旧书、借书读、换书读，也是一种低碳型阅读推广。

《新华书目报》记者刘倩辰在评论二手书市场时说道：必须在政策上扶持二手书市场，在技术上推进二手书收存，在社会中宣传二手书理念，在校园中推广二手书利用，将循环利用二手书化为日常阅读的惯性，在书籍市场形成良性循环，完善二手书市场产业链，建立通畅的信息流通渠道，让利用二手书成为一种文明且时尚的行为。

随着我国教育的不断发展，每年需要砍伐大量树木来造纸，用于印刷新的教科书，除了造成资源紧缺之外，还产生了图书资源浪费。在国外，很多国家都已经开始循环使用教科书。现在国内也已经有所行动。北京一些高校对教材使用进行了改革，如学生入学不交教材费，可以借上一级学生的教材，也可以自愿购买打折教材、二手教材。在浙江，一些大学生则利用校内网进行免费交换借阅，得到了热烈响应。除了一些旧书市场外，二手书网络交易平台也开始发展，布衣书局、孔夫子、中国书店、有路网、123图书馆等网上二手书店林立，亚马逊、当当网开展了二手书业务，各大二手书论坛也受热捧。其中，123图书馆最有环保阅读特色：你只要把图书"卖"给这家网络

1　蒋一心. 生意不只是生意［N］. 电脑报，201-10-03.
2　亚马逊为学生推租借教科书服务［EB/OL］.［2012-12-25］. http://news.xinhuanet.com/book/2012-08/08/c_123548826.htm

图书馆，不但可以拿到原书价 1 到 3 折的钱，如果有人不停租借该书，还能不断拿到分红。这种名为"蒲公英"的模式已获得了国家自主知识产权[1]。

图 5-7　浙江大学的二手书交易活动

今天，在全国许多城市的阅读推广活动中，都有换书活动、捐书活动和"漂书"活动。把自己读过的书拿出来与人交换自己没读过的书，把自己不再读的书捐给需要读书的人，把自己闲置的书放出去"漂流"，都是值得倡导的低碳阅读生活。2009 年 12 月，广东省委办公厅倡导开展"阳光书籍漂流活动"，号召广大干部每人推荐一本或多本自己喜欢读的书，集中到"阳光读书厅"的"漂流架"上开放交流。在获知这一活动后，省委书记汪洋把自己喜爱的书《世界是平的》也推荐"漂流"共享。所有推荐的书都贴上"漂流书籍"标签，大家可自由选读。一个读者读完后，放回"漂流架"让书籍继续"漂流"。目前，广东省委办公厅"阳光读书厅"的两排木质书架上已有 2 000 多册书籍，其中绝大部分书籍是机关干部个人的私人藏书。不少干部将这里戏称为"充电站"，尽量在工作之余抽时间在这里读书，陶冶情操，更新"大脑"，提升个人素质和修养，提高执行力[2]。哈尔滨市委书记杜宇新也曾亲自

1　新闻出版总署. 全民阅读活动简报，2010 年（3）

2　广东省委书记汪洋省长黄华华分别谈最近的读书体会［EB/OL］.［2012-12-25］. http：//news.eastday.com/c/20100606/u1a5246243.html

参加他所倡议的"图书漂流"活动[1]。在 2011 年全国大学生读书节活动中，中国出版协会、中国出版集团公司、全国大学生读书节组委会联合发出倡议，呼吁共建"漂流图书馆"，让更多的闲置图书"漂流"起来，以书尽其用[2]。

2010 年首都大学生读书节期间，读书节活动办公室投入 2 500 万码洋的图书，在北京 30 多所高校进行"图书漂流"。2011 年大学生读书节的"图书漂流"活动在北京及全国各地近百所院校开展，目标是在 100 所"高校漂流"1 万本图书，每本书实现百人共享，从而使百万大学生从"图书漂流"中受益[3]。2012 年全国大学生读书节继续在全国高校进行"图书漂流"活动，活动组委会还打造微博发布平台与官网"图书漂流"互动平台，让"传递知识、漂流书香"活动通过互联网快速传播[4]。

7 线上型和线下型

2011 年 11 月 2 日，在第 12 届深圳读书月启动仪式上，对首批深圳市全民阅读示范单位、示范项目、优秀阅读推广人进行了表彰。中国移动"手机阅读季"和全民阅读网，分别从手机阅读和网络阅读两个方面入选全民阅读示范项目。理由是：给传统阅读方式带来深刻变革[5]。截止到 2012 年 11 月的调查，在中国文明网的联盟网站中，我们可以看到浙江、新疆、南京、昆明、长沙、郑州、濮阳、东莞、常德、临汾、潍坊、阜阳、扬州、承德、泰州的

---

[1] 中国官员以书施政 阅读成整饬官风特殊工具 [EB/OL].[2012-12-25].http://news.eastday.com/c/20090528/u1a4401598.html

[2] 韩东."双推计划"书香校园活动倡导图书漂流 [EB/OL].[2012-12-25].http://www.chinaxwcb.com/2011-10/20/content_231379.htm

[3] 2011 中国大学生读书节活动方案 [EB/OL].[2012-12-25].http://www.docin.com/p-343419862.html

[4] 2012 年全国大学生读书节全新启动 [EB/OL].[2012-12-25].http://ucwap.ifeng.com/city/cskx/news/?aid=32405799.

[5] 刘悠扬.阅读推广——我们持之以恒 [EB/OL].[2012-12-25].http://www.bookdao.com/article/30063/

图 5-8　图书漂流活动

网站首页上都有"全民阅读"栏目。在安徽、甘肃、兰州、宿州、六安、阜阳、济源、亳州、廊坊、秦皇岛、厦门、上海长宁、重庆渝北、克拉玛依的网站首页上都有"经典诵读"栏目。

其他名称不同的阅读推广栏目有：贵州网站首页上的"国学经典"，上海网站首页上的"文明书架"，广州网站首页上的"文明书籍"，佛山网站首页上的"崇文佛山"，武汉网站首页上的"电子杂志"，苏州网站首页上的"苏州阅读"，大庆网站首页上的"书香大庆"，毕节网站首页上的"图书毕节"，贵阳网站首页上的"国学经典"，宁波网站首页上的《文明宁波》电子杂志，长春网站首页上的"公益讲堂"，沈阳网站首页上的"书香沈阳"，景德镇网站首页上的"书香瓷都"，通辽网站首页上的"读物推荐"，莱芜网站首页上的"经典阅读"，中山和韶关网站首页上的"读书月"。而在广东网站首页上不仅有"经典诵读"，还有"书香岭南"栏目。在绍兴网站首页上则同时有"全民阅读"和"中华经典诵读"栏目。

还有一些阅读推广的内容不显示在网站首页上，而在二级栏目中，如漳州网站首页栏目"主题活动"下有"每天读书半小时"栏目，无锡网站首页栏目"讲文明树新风"下有"全民阅读"栏目，福州网站首页栏目"文明视窗"下有"读书月"栏目，而深圳网站首页上的头条标题则经常报道阅读推广活动[1]。

以上这些都是线上型阅读推广活动。与线上型阅读推广活动相对的是线下型阅读推广活动，前文所讲的仪式型和日常型都属于线下型阅读推广活动。

线上型阅读推广活动除了直接以网络的形式参与阅读推广，还会作为线下型阅读推广活动的宣传形式。例如"文明网"官方网站会及时报道当地的阅读推广活动，从中我们可以了解诸如福州市的读书月、中山市的读书月、昆明市和沈阳市的"全民阅读月"、无锡市的"太湖读书月"、漳州市的读书节、厦门市的"经典诵读节"、辽宁省的"全民读书节"、吉林市的"国学知识竞赛"、绍兴市的"全民读书月"和"绍兴市未成年人读书节"等线下型阅读推广活动。这说明一些省市的政府很重视阅读推广活动，尤其是四川省将中华经典诵读纳入文明城市考核测评的举措。浙江省把读书学习作为硬指标纳入干部目标责任制考核体系，更可以视为省级政府推动书香社会成长的行政督促型阅读推广活动[2]。我们期待着这样的举措成为国家行为，期待着国家图书节光临华夏。

除了直接的网络宣传型阅读推广，网络上的虚拟阅读社群也是阅读推广的基地。书友可以借网络交流读书心得，沟通情感，发展友谊[3]。

8 展示型和推荐型

展示型阅读推广活动可以分为：单一资源展示型和多媒体资源展示型。单一资源展示型阅读推广活动包括：经典图书推介宣传、精品图书展览、污损图书展览、校园阅读风尚摄影展览、书法作品展览等等。多媒体资源展示

---

1 易运文．"全民阅读网"深圳开通运行［N］.光明日报，2010-0-11（04）
2 叶辉．浙江"党员爱学习"渐成风气［EB/OL］.［2012-12-25］.http://www.gmw.cn/01gmrb/2010-04/12/content_ 1090725.htm
3 李东来．书香社会［M］.北京：北京图书馆出版社，2008：142-147

型阅读推广活动包括：经典视频展播、名著影视欣赏或者利用电脑制作并展示有关阅读活动的信息等。

推荐型阅读推广活动可以分为：定（书、类）向推荐型和不定向推荐型、定点推荐型和不定点推荐型。定向推荐型包括各种专业性质的书籍推荐，如：哲学经典书目、经济学经典书目、政治学经典书目、法学经典书目、历史学经典书目、阅读疗法书目等等。不定向推荐型包括各种非专业性质的书籍推荐，如：国学经典书目推荐、文化典籍书目推荐、百种优秀图书推荐、十大红色经典书籍推荐、一生必读的书籍推荐等等。定点推荐型主要是各个高校为本校学生推荐的书目，如：北京大学推荐书目、清华大学推荐书目推荐书目等等。不定点推荐型则面向更大的读者范围，如：教育部《新课标》推荐的小学生必读参考书目、历届深圳读书月推荐书目等。

推荐型阅读推广活动还可以根据推荐者的类型分为：组织推荐型和个人推荐型。个人推荐型包括：读者推荐型、学者推荐型、文化名人推荐型、成功人士推荐型和党政领导推荐型等。新闻出版总署从 2004 年起，每年向全国青少年推荐的百种优秀图书就属于组织推荐型。个人推荐型阅读推广活动可以是自发的，也可以是有组织的。例如 2010 年年底，新闻出版总署组织开展了"大众喜爱的 50 种图书"网上推荐活动，采取媒体推荐、网民投票的方式。在为期 7 天的网络投票中，共 18 万网民参与了投票活动，成为 2011 年春节期间备受关注的社会文化热点事件[1]。

著名学者推荐的书目，对于大学文科学生很有说服力，如胡适、梁启超、鲁迅、朱自清等人都曾经为学生推荐过书目，这些书目至今还广为流传。学者推荐型书目往往侧重基础性，例如钱穆推荐的中国人必读书目只有 7 种：《论语》、《孟子》、《老子》、《庄子》、《六祖坛经》、《近思录》、《传习录》，

---

[1] 郝振省，陈威．中国阅读：全民阅读蓝皮书（第二卷）[M]．北京：中国书籍出版社，2011：86

这7种书基本上代表了中国两千多年来最重要的思想成就。其中《论语》、《孟子》、《老子》、《庄子》属于先秦儒家和道家的开山经典，是对中国人影响深远的思想源头，最应该被国人阅读。所以，在今天各个高校推荐阅读的书目中，都会把它们列入其中。至于《六祖坛经》、《近思录》、《传习录》三部经典，则是秦汉以后中国思想文化中最有影响的禅宗、理学和心学的代表作，当然也是想要增强思想文化底蕴的学子所应该阅读的。

当然，不同的读者有不同的阅读需求，学者推荐型书目不一定全部适合每个人，但人们会在文化名人推荐的100本好书、名作家推荐的文学名著、成功人士推荐的励志图书等书目中找到自己的需要。

近年来，各级党政领导一把手对好书的郑重推荐，都对当地官员读书学习起到了有力的推动作用。在"2012南国书香节暨羊城书展"上，中共中央政治局委员、广东省委书记汪洋为广东读者推荐的两本书——《新论语》和《第三次工业革命》持续畅销，不仅库存售罄，而且预订数均超万册。自2007年主政广东，汪洋还向干部群众推荐过《世界是平的》、《国家战略——人才改变世界》、《1992年邓小平南方之行》、《对我们生活的误测——为什么GDP增长不等于社会进步》和《幸福的方法》等书。汪洋的荐书单并不长，但注重前沿和实用，具有让观念升级、视野放大的鲜明特点。例如，2010年5月22日，汪洋主持省委办公厅举行的读书小组学习交流会，推荐了《国家战略——人才改变世界》一书，他说："大家读这本书，可以进一步了解世界各国各地区在人才方面的措施，重视人才的意义，增加人才工作的知识，最终形成广东进一步培养、吸引、聚集、使用人才的举措和政策。"汪洋要求党政干部通过读书提高个人修养，"干部要少一些浮躁喧嚣，多一些笔墨书香；少一些吃喝玩乐，多一些知识文化；少一些投机钻营，多一些真才实学"。事实证明，通过一把手的推荐，有思想深度、能解决根源性问题的书籍就会进入官员的视野，也会引起老百姓的好奇，从而推动全民阅读。从汪洋荐书所带来的影响可见，官员阅读已成为灌输理念、整饬官风的又一途径[1]。

9 快速阅读型和深度阅读型

2006年，英国在世界读书日推出了"快速阅读"项目，针对阅读能力较差的工人阶级和那些没有读书习惯的人，该项目出版的推荐书是一些字数很少却在英国几乎家喻户晓的通俗小说和自助类、运动类图书，旨在培养这些人的阅读习惯。这种"快速阅读"活动，在英国很受大众欢迎[2]。但快速阅读只能是一种浅阅读、轻松阅读、快乐阅读，而很难是深度阅读和严肃阅读。

近年来，中国有许多学者在呼唤深阅读，反对快餐化的浅阅读。事实上，深阅读只是一种精英型阅读方式，并不适合于大众阅读推广。对于从小没有培养起阅读习惯的人来说，长时间阅读已经是一种痛苦，还奢望他们深阅读，实在是很不实际的想法。英国之所以推广"快速阅读"，因为1 200万英国工人的阅读能力只相当于13岁以下的儿童[3]。而我国数量巨大的农民的工阅读能力可能更低，所以全民阅读推广活动的，目标应该主要是培养大众的读书习惯，而不应该是督促精英读书。其实，深阅读是精英读者的内在需要，是用不着推广的。如果一些精英读者在某一段时间没有深阅读，或许是因为工作太忙或环境使然，阅读推广活动没有必要以他们为目标。所以，快速阅读型推广活动应比深度阅读型推广活动更重要。

当然，阅读作为一种文化传承和作为一种文化消费是不同的，传承文化的阅读不仅需要深阅读，以理解人类的文化遗产，还要不断发展人类文化事业，这是对阅读推广的更高要求。

---

1 吴晓丹.省委书记荐书赢官民热捧 汪洋五年推荐书目一览［EB/OL］.［2012-12-25］.http：//www.china.com.cn/news/politics/2012-08/24/content_ 26322633_ 3. htm
2 李东来.书香社会［M］.北京：北京图书馆出版社，2008：187-188
3 李东来.书香社会［M］.北京：北京图书馆出版社，2008：187-188

10 儿童阅读型和成人阅读型

书籍是人类智慧的结晶,从阅读中吸取人类的智慧是一个人、一个社会、一个民族、一个国家获得幸福、取得进步的捷径。儿童是国家的未来,只有在儿童时期养成阅读习惯,成人社会才能自然成为全民阅读的社会。所以,儿童阅读推广才是最基本的阅读推广,在全民阅读推广活动中应该具有优先地位。北京师范大学教授于丹甚至说:"教孩子阅读是一种公德。"[1]

由于生活经验和阅读经验的不同,儿童阅读和成人阅读有着巨大差异,面向儿童的阅读推广活动和面向成人的阅读推广活动会有很大差别。

北京师范大学教授王泉根说:儿童阅读是指18岁以下未成年人的阅读活动。儿童阅读有广义、狭义之分。广义的儿童阅读包括学校内外、课堂内外的一切阅读活动,因而中小学生课堂教学、教科书学习,都属于儿童阅读。狭义的儿童阅读则专指课外阅读,即不包括课堂教学。事实上,我们现在开展的儿童阅读推广活动所指的正是课外阅读。儿童阅读有一条黄金定律,即"什么年龄段的孩子看什么书"。儿童阅读的第一要义是要让他们喜欢,喜欢了,才能养成阅读的习惯,养成了喜欢阅读的好习惯就什么都好办了。所谓教育,实际上就是养成好习惯的"养成教育"。养成好习惯,受益一辈子[2]。

1967年4月2日,国际儿童读物联盟把安徒生的生日4月2日定为"国际儿童图书日"。2007年3月23日,中国儿童读物促进会(国际儿童读物联盟中国分会)与首都图书馆联合举办了"共同架起儿童与图书的桥梁——纪念国际儿童图书节40周年暨中国儿童阅读日系列活动"启动仪式,并宣布4月2日为"中国儿童阅读日"。2009年3月,中国图书馆学会发出主题为

---

[1] 于丹. 家教最重要的是教孩子一种态度 [EB/OL]. [2012-12-25]. http://www.chinaydtx.com/news_del.asp?Class_Fid=21&Class_ID=22&ID=1012

[2] 郝振省,陈威. 中国阅读:全民阅读蓝皮书(第二卷)[M]. 北京:中国书籍出版社,2011:262-265

"让我们在阅读中一起成长"的通知，将 2009 年定为"全国少年儿童阅读年"[1]。2010 年 5 月，中共中央政治局委员、国务委员刘延东在出席国家图书馆少年儿童图书馆暨少年儿童数字图书馆开馆仪式时强调，要加大对少儿图书馆和中小学图书馆的投入，把对少年儿童的数字化服务拓展到全国。2011 年 4 月，文化部"国家文化科技提升计划"正式立项了国家图书馆少儿图书馆主持的"全国少年儿童阅读推广服务平台"项目。该项目将构建覆盖城乡的全国少年儿童阅读服务体系、一个国家级的开放平台、一个安全可靠开放共享的少儿网络阅读社区[2]。

11 亲子阅读型和故事会型

乌克兰教育家苏霍姆林斯基曾说："所有那些有教养、品行端正、值得信赖的年轻人，他们大多出自对书籍有着热忱的爱心的家庭。"在第 22 届全国图书交易博览会开幕式当天，新闻出版总署副署长邬书林表示，只有养成儿童的阅读习惯，才有可能养成中国人的阅读习惯。而培养儿童的阅读习惯，家庭的作用最重要，家长要带头和孩子一起读书[3]。亲子阅读型阅读推广就是鼓励家长和孩子一起读书。家长是每一个孩子最初的老师，他们对孩子早期阅读习惯的培养起到至关重要的作用。目前，亲子阅读主要流行于那些受过良好教育并有经济能力的家庭，常见的方式是每天睡前给孩子读一段故事，让孩子每天有所期待，养成习惯；也可以是和孩子一起翻看图画书，边看边讲；还可以是陪孩子一起看儿童电视节目，随时解答孩子提出的问题等。德

1　2009 年全民阅读调研报告：推动全民阅读 营造书香社会［EB/OL］.［2012-12-25］. http：// archive. wenming. cn/zt/2010-04/30/content_ 19665880_ 9. htm

2　郝振省，陈威. 中国阅读：全民阅读蓝皮书（第二卷）［M］. 北京：中国书籍出版社，2011：93-94

3　新闻出版总署副署长谈儿童阅读：家长要带头读书［EB/OL］.［2012-12-25］. http：// www. chinanews. com/cul/2012/06-02/3933709. shtml

国促进阅读基金会理事长海因里希·克雷比施说："给孩子读书和讲故事，是最不复杂、也最合算的对未来的投资。"[1] 2000 年，美国图书馆协会推出了"一出生就阅读"计划。从 2001 年起，新加坡婴儿出生时，医院的护士叮嘱产妇的事项中就有"如何读书给婴儿听"。美国著名的阅读研究专家吉姆·崔利斯在自己的《朗读手册》中引用了吉利兰的诗《阅读的妈妈》："你或许拥有无限的财富，一箱箱珠宝和一柜柜黄金。但你永远不会比我富有，我有一位读书给我听的妈妈。"[2] 这是最受美国人喜爱的诗，说明了人类对读书、对妈妈进行的亲子阅读的崇尚赞美之情。

北京师范大学教授于丹注意到农村地区的亲子阅读，她认为，农村中的绝大多数父母都是识字的，但是由于他们或忙于进城打工，或忙于农务，不少孩子成为留守儿童，于是农村家庭忽略了亲子阅读带给孩子成长的益处。她说："亲子阅读不仅教孩子感受家长给他的温情，同时也能让家长在阅读中打开一个新世界。大人们读这些书的时候，会随着孩子的眼光，发现一个天真的世界，那个世界，或许对成年人也有所帮助。"[3] 这从另一个角度提出了乡村阅读推广的问题。

除了以家庭为主的亲子阅读，组织多个儿童在幼儿园、儿童图书馆等场所听故事，也是一种针对儿童的阅读推广形式，可以被称为故事会型阅读推广。故事会的成功与否取决于讲故事的人，他们要有讲故事的技巧，还要有孩子妈妈那样的亲和力。深圳市举办的阅读推广人培训班就是专门培养这方面的人才，这样的举措应该在全国普及。

---

[1] 郝振省，陈威. 中国阅读：全民阅读蓝皮书（第二卷）[M]. 北京：中国书籍出版社，2011：28

[2] 王姚琴.《朗读手册》读后感 [EB/OL].[2012-12-25]. http：//www.bhxx.net/jspd/ShowArticle.asp? ArticleID=13767

[3] 新京报："挑战 8 小时"确定三名爱心大使 [EB/OL].[2012-12-25]. http：//news.gmw.cn/newspaper/2012-07/31/content_ 974480. htm

12　班级读书会型和图书馆读书会型

中央教育科学研究所南山附属学校语文教师王怀玉说：作为语文教师，学生阅读指导的重点应放在激发阅读兴趣、培养阅读习惯上。充分考虑学生的需求，从激发兴趣出发，通过读物推荐和阅读方法指导，使学生从小爱上阅读、在阅读中学会阅读，在阅读中培养他们终身阅读的习惯[1]。

班级读书会是充分发挥小学语文教师能动性的阅读推广形式。所谓班级读书会，就是由带领人与全班同学共同阅读讨论的阅读形式。班级读书会带领人一般由语文教师担任，有时也由学生代表、家长或某些专门人士（如作家、编辑）担任。带领人自己必须是真正的阅读者，著名特级教师周益民认为：只有成为一个阅读者，带领人才会赢得孩子的信任，也才会在共读讨论中游刃有余，充满热情与信心。他说：发自内心的对阅读、对书籍的真诚会感染孩子，会形成最具渗透性的力量[2]。

台湾教育研究院赵镜中在《阅读教学的新形态——班级读书会的经营》一文中，把班级读书会分成不同的类型：（1）好书评选的读书会；（2）拓展新知的读书会；（3）深耕精读的读书会；（4）思想交流的读书会。赵镜中还指出：读书会的主要目的之一是让学生亲自体验"从阅读中学习"，因此，在进行时，教师应允许学生在过程中的错误与失败。过多的干预与指导，都是在减少学生学习的机会，教师应该把这段时间真正留给学生，让学生自己去学习、揣摩[3]。王怀玉也说：老师要明白，班级读书会中，教师的作用是组织学生讨论，引导学生发言，不能越俎代庖，不能像上课一样讲个不停。教师要注意的是自己一定要参与阅读，并事前设计出具有张力的问题激发学生广

1　王怀玉. 班级语文阅读推广之我见［EB/OL］.［2012-12-25］. http：//www.xiexingcun.com/wenxuejiaoyu/wxjy2007/wxjy20070924.html

2　周益民. 班级读书会：自由欢愉的精神家园［J］. 语文教学通讯，2007（9）：22-40

3　赵镜中. 阅读教学的新形态——班级读书会的经营［J］. 小学语文教学，2007（3）：26-28

泛交流，催发深入阅读的兴趣。周益民也同样认为：带领人要牢记的信条是：我所做的是让孩子"渴望"阅读，而不只是教孩子"如何"阅读。所以，在读书会中，带领人不可对任何孩子强制灌输，也不可对不同观点压制干预。带领人所能做的就是尊重地聆听、平等地表达和开放的包容。只有这样，才能真正激发学生阅读兴趣，培养学生阅读习惯。

　　班级读书会是在学校开展的，儿童读书会也可以在图书馆开展。图书馆儿童读书会一般由图书馆员、教育工作者和家长带领儿童共同开展。香港公共图书馆青少年读书会的宗旨是：通过阅读、导读、思考、讨论和分享，鼓励青少年持续阅读、学习成长，以及关怀社区。其活动形式是：（1）定期举行聚会，通过广泛阅读不同题材的作品及轻松讨论，让会员从分享阅读心得的过程中建立阅读兴趣。阅读材料可包括纸本/电子版的书籍、书籍章节、报刊文章或相关主题的资料和多媒体资料。（2）特设"网上讨论区"，鼓励会员及导师通过互联网讨论、分享及交流意见，以加强彼此的沟通和联系。（3）除定期聚会外，图书馆将会为会员举办"与作家会面"活动，让会员有机会近距离接触本地作家/创作人，分享他们的阅读及创作经验。对象是：就读小学4年级至中学6年级的青少年，并已成为香港公共图书馆的登记读者。细则为：（1）每组会员人数以15~30人为限。（2）会员须出席4~6次聚会，每次聚会约1小时至1小时30分钟；如出席率达75%，可获颁证书。（3）80%的会员配额将通过学校校长或老师提名；百分之二十将在图书馆内公开招募。可向举行活动的图书馆索取参加表格。如申请参加人数超出名额所限，将通过公开抽签决定。2012—2013年青少年读书会的聚会时间安排发布在香港公共图书馆网站上[1]。

1　邱维. 香港特区儿童和青少年阅读服务的发展对内地的启示 [EB/OL]. [2012-12-25]. http://www.publiclib.org.cn/library/periodical_show/1594.html

13 分级阅读指导型和生日书包型

2012年6月13日，郑州市政府公布了《郑州市儿童发展规划2012—2020》，提出将推行儿童图书分级制，指导家长选择图书[1]。"接力儿童分级阅读研究中心"总编辑白冰认为，儿童阅读推广不是告诉读者什么书好，该买什么书；而是要仔细研究中国儿童的欣赏习惯、心智水平，出版商才能为不同年龄段的孩子选好书、出好书。同时，也方便家长和孩子选书，深化儿童图书的阅读推广。2009年2月，南方分级阅读评审会成立，制定了《南方分级阅读内容选择标准》和《南方分级阅读儿童阅读能力评价标准》，成为正式的分级阅读指导书[2]。但也有人对儿童分级阅读不以为然，儿童文学作家、评论家安武林就说："分级阅读根本没有必要。至少，我是这么看的。"也许，对于特殊儿童来说，分级是一种傻瓜式的限制。但对于大多数孩子及其家长来说，这种限制反而是一种自由。这是个体与群体、个性与共性的关系问题，需要辩证来看。

分级阅读的理念来自西方，作为一种成功的儿童阅读模式，在英美等国已经有几十年历史，在台湾和香港也有10年以上的历史[3]。它们不仅有针对在校学生的分级阅读理念和实践，还有针对学龄前儿童乃至婴儿的分级阅读理念。由英国图书信托基金会在1992年发起的"阅读起跑线"计划，是世界上第一个专为学龄前儿童提供阅读指导服务的全球性计划，日本、韩国、泰国、澳大利亚、美国、智利、意大利、波兰、墨西哥、南非和印度等国家和地区却已加入。

---

1 刘长征.郑州将推行儿童图书分级制［EB/OL］.［2012-12-25］.http：//www.bookdao.com/article/40673/

2 儿童分级阅读有必要吗？［EB/OL］.［2012-12-25］.http：//book.ifeng.com/psl/sh/200906/0609_3556_1194301.shtml

3 詹莉波，尤建中.儿童图书"分级阅读"在我国的生存现状与问题研究［J］.中国图书评论，2010（6）：114-118

"阅读起跑线"计划免费为每一个参加计划的儿童提供价值60英镑的书包,针对不同的生命阶段,分发不同的书包:(1)"阅读起跑线"贝贝包是为0至12个月的婴儿准备的,内有一本介绍与婴幼儿分享故事的方法和建议的小册子《贝贝爱书》、一本推荐书目《欢迎参加"阅读起跑线"计划》和一本童谣书。(2)"阅读起跑线"附加包是为一岁半到两岁半幼儿设计的,内有一本识数书、一本推荐书目、一本关于如何培养孩子听说能力的小册子、一套书签、一个涂鸦板、一套彩色蜡笔。(3)"阅读起跑线"百宝箱是为3到4岁儿童设计的,内有一本关于儿童教育的书、一本介绍如何获取特定主题图书的小册子、一套书签、一盒彩色铅笔和一个卷笔刀[1]。

以分级书包的模式开展阅读推广活动十分有效,对比调查数据显示,收到过免费书包的家长为孩子买书更多,花费更多的时间与孩子分享图书,更多参加图书俱乐部,更多成为图书馆用户。

"阅读起跑线"计划是一种面向婴幼儿的早期阅读计划,早期阅读并非是让婴幼儿读书,而是通过各种方式激发孩子对书籍的兴趣,发展孩子的语言和智商,为孩子以后阅读做准备。在我国,由教育部颁发的《幼儿园教育指导纲要(试行)》从2001年9月起试行,《幼儿园教育指导纲要(试行)》在语言教育目标上明确规定了要达到:能清楚地说出自己想说的事和喜欢听故事、看图书等。在语言教学内容与要求上则明确规定:养成幼儿注意倾听的习惯;鼓励幼儿大胆、清楚地表达自己的想法和感受,尝试说明、描述简单的事物或过程;培养幼儿对生活中常见的简单标记和文字符号的兴趣;利用图书、绘画和其他多种方式,引发幼儿对书籍、阅读和书写的兴趣,培养学前阅读和学前书写技能等。

---

[1] 郝振省,陈威. 中国阅读:全民阅读蓝皮书(第一卷)[M].北京:中国书籍出版社,2009:320-323

14　文本阅读型和绘本阅读型

文本阅读与绘本阅读是一种恰当的阅读形式分类，而文本阅读中最值得推广的部分是经典，所以，下面分成经典阅读型和绘本阅读型来说明。

时尚是会过时的东西，经典是不会过时的东西。经典书籍是经久不衰的典范书籍，它们的价值被历史所认可，它们的权威性被历史所选择，它们的典范性被历史所证明。经典构成了文化，阅读经典不是为了获得实用信息，也不是为了获得生存手段，更不是为了获得时尚话题，而是为了让自己的灵魂找到精神家园，回归文化之根。正因为如此，朱自清才说：经典阅读的价值不在实用，而在文化。

对于儿童来说，阅读文字经典并不是一件容易的事情。梁实秋在《岂有文章惊海内》中曾说："我在学校上国文课，老师要我们读古文，大部分选自《古文观止》、《古文释义》，讲解之后要我们背诵默写。这教学法好像很笨，但无形中使我们认识了中文文法的要义，体会揣词练句的奥妙。"今天已经不再是梁实秋的时代了，不但"中文文法"已经变成了现代汉语语法，而且语言环境对于儿童来说，也已经完全改变了。家人、老师、电视等传播媒体都令今天的儿童离开了之乎者也，即使梁实秋的老师也无法再让今天的学生像梁实秋那样学习经典了。所以，今天的经典阅读只能降低标准，把儒家蒙学读本《三字经》、《千字文》、《弟子规》等作为基本的传统文化经典，指望为日后的经典学习打下基础。

"绘本"也称图画书（Picture Book），是学龄前儿童的重要读物。它不同于传统的连环画，而是以图画为主、文字为辅的书籍形式。绘本的文字都很简短，一些绘本有图无文，目的是方便亲子阅读时想象力的发挥。2004年，深圳后海小学将绘本引入小学语文教学[1]。2010-2011年，中国图书馆学会阅读推广委员会编辑出版了《亲子阅读》和《绘本阅读》等阅读推广丛书。2012年2月，由北京童立方亲子绘本馆援建的首个儿童福利院绘本阅读馆落成，对院内儿童及教师开放。童立方创办人滕婧表示，作为一家推广儿童绘本阅读的公益机构，要把"绘本"这最好的玩具推广到更多家庭中，在美好温情的故事中学会爱自己、爱他人、爱生活、爱世界[2]。

2012年5月25—27日，由北京市妇联、北京妇女儿童发展基金会曾敏杰杨浩联爱基金和家盒子文化有限公司共同发起的首届北京亲子·绘本节在家盒子举办。为了普及绘本阅读理念、提高中国家庭对亲子绘本阅读的认知度，促进亲子关系，将国际亲子阅读理念进行本土化推广，家盒子联合了国内及国际绘本阅读推广机构、绘本讲读培训机构、国际知名绘本专家、国内最大的连锁绘本馆以及绘本领域的出版社等机构共同举办此次盛会，第一届绘本节是业界专业人士和国内绘本资源的交流平台，开展全方位的绘本展览、交流、研讨、推广等活动，就绘本阅读在中国的发展现状和趋势作专题研讨。绘本节期间，联爱基金将联合北京市妇联共同启动北京社区亲子阅读公益绘本馆项目，在北京的社区中进行本土化推广，让更多的中国家庭在亲子阅读活动中受益[3]。

15 科普型和人文型

科学普及阅读推广和人文艺术普及阅读推广并重，应该是阅读推广的基本任务。

---

1 黄小玲. 绘本阅读的理念与实践——以深圳南山后海小学为例 [J]. 重庆文理学院学报，2007 (4)：106-110

2 国内首个儿童福利院绘本阅读馆在京落成 [EB/OL]. [2012-12-25]. http://www.cnreading.org/cdjg/201204/t20120416_105109.html

3 首届北京亲子·绘本节名家论坛纪实 [EB/OL]. [2012-12-25]. http://www.uniluv.org/picbookfestival/news016.php

2011年10月22日,科学普及出版社在北京花市新华书店举行了"品读科学智慧,引领阅读风尚——老科学家校园行百场科普讲座"启动仪式。科学普及出版社总编颜实指出,重视科普阅读是一个国家成熟的标志[1]。推广科普阅读,对于中国读者尤其重要。在中国传统文化中,科学观念是一个弱项。古代中国虽然在技术发明方面比西方做得完美,但并没有产生欧几里得和阿基米德那样建立科学原理的科学家。在托勒密进行天体运行的复杂演算时,中国人虽然也发明了浑天仪,但皇帝祭祀天地时所用的玉琮还表明了中国人对天圆地方观念的持守。今天,我们虽然已经在学校的知识传播中接受了科学观念,但在应试教育中的文科考生和那些受学校教育较少的人群中,很多人还没有建立起基本的科学观念,传统文化中的蒙昧主义很容易侵蚀他们的思想。所以,科普阅读还是中国目前阅读推广最重要的任务之一,图书馆应该联合自然博物馆,利用优秀的科普视频大力开展数字科普阅读推广活动,把传播科学观念的科普视频送到农家书屋去,真正提升全民科学素质。

　　一个民族要屹立在现代世界的优秀民族之林,除了全民要有较高的科学素质,还要有较高的人文艺术素质。2012年8月10日,新华文轩打造的人文书店"轩客会·格调书店"在成都铓钯街开业,其定位为"生活·艺术"书店,所选图书都与人文艺术相关。除了图书以外,还展销艺术陶瓷和艺术家原创作品,店内充满人文艺术气息[2]。像这样的书店在全国有许多,不仅满足了人文知识分子和艺术家的阅读需要,也为培养普通读者的人文情怀和艺术爱好发挥了积极作用。目前,全国有许多图书馆也在向这个方向努力,试图把图书馆空间变成人文艺术空间,以满足人们对思想交流场所和公共文化空间的需求。

　　1　和颖. 科学普及出版社"科学家科普大讲堂"启动[EB/OL]. [2012-12-25]. http://www.chinaxwcb.com/2011-11/01/content_ 232104.htm

　　2　新华文轩打造人文书店 成都年内将达到10家[EB/OL]. [2012-12-25]. http://news.xinhuanet.com/book/2012-08/14/c_ 123580908.htm

16 互动型和反馈型

图书馆阅读推广活动的目的是推动全民阅读,需要读者的理解和参与。互动型阅读推广活动就是调动读者的积极性,建立读者与图书馆的亲密关系。例如,在2011年四川大学图书馆"读者宣传服务周"活动中,举办了"装扮图书馆——标语征集"活动,收到有关图书馆的自创箴言警句346条,其中234条进入甄选范围。然后公示,投票选出最受欢迎标语。代表性的如"书,沉淀的是先贤的背影,传承的是人类的希望"、"勤学征书海,宏志饮冰粥"等[1]。这种读书口号、读书箴言征集活动,不但为装扮图书馆带来新鲜色彩,更为读者亲近图书馆创造了机会。像这样的活动还有馆徽设计征集、书签设计征集、藏书票设计征集、书口彩绘设计征集等。另外,修补书籍活动和制作书籍活动,也都属于读者和图书馆的互动形式。

在2010年首都大学生读书节活动中,组委会举办了评选活动,评出了"中国大学生最喜爱的十本图书"、"中国大学生最不喜爱的十本图书"、"大学生最喜爱的作家"、"大学生最不喜欢的作家"、"大学生心中最另类的作家"、"大学生最喜爱的新锐作家"。在2011年大学生读书节活动中,读书节组委会通过读者票选、专家评选等评选出"2011大学生喜爱的原创网站"、"2011大学生喜爱的原创作品"、"2011大学生喜爱的电子书品牌"、"2011大学生喜爱的手机阅读品牌"、"2011大学生喜爱的图书(文学、社科、励志、文教、科技)"等系列奖项[2]。这些也属于与读者互动的阅读推广形式。

反馈型阅读推广活动主要是读者以写作的方式反馈其阅读成果,推动深阅读。目前,开展读者征文活动是最常见的图书馆活动,不同的时间有不同

---

1 四川大学图书馆.读者之窗,2012(21):8-9
2 2011大学生读书节在京开幕[EB/OL].[2012-12-25].http://book.sina.com.cn/news/c/2011-05-18/1821286590.shtml

的主题，但很少有图书馆把这种写作推广看作是阅读推广的主流，都只是希望通过征文活动对阅读推广活动有所反馈。

其实，阅读和写作是一枚硬币的两面。没有人写书，哪里会有书可读！没有读过书，哪里可能会写书！阅读的目的不一定是为了写作，但写作的目的一定是为了阅读。所以，推动写作，也就是推动阅读。写作能够刺激阅读欲望，增加阅读需求，以写作促进阅读是很有力的阅读推广方式。或者说，写作是最好的阅读方式之一。同时，由于人们"劳于读书，逸于作文"，好逸恶劳是人的天性，鼓励作文比鼓励读书更容易。有了写作的兴趣，就会知道"书到用时方恨少"，也会知道"读书破万卷，下笔如有神"，他们还会不读书吗？所以，以推广写作的方式来推广阅读，会有奇效。

2010年的第二届沈阳全民读书月开展了读书微博大赛，组织广大市民用网络微博形式发表自己的读书心得[1]。2010年的郑州市第七届读书节也开展了读书博客征文比赛。2012年，在东莞第八届读书节期间，东莞图书馆策划推出了"幸福悦读"微博书评大赛活动[2]。在2012年广东佛山南海第三届"崇文佛山·书香南海"全民读书系列活动中，也举办了"微博好书评"评选大赛[3]。在这里，读者就是作者，作者就是读者，他们自然会融入阅读生活。所以，发动读者提建议、鼓励读者荐书、鼓励读者写书评、组织书评专家为他们评奖、举办网络书评评奖、网络写作评奖等，都是事半功倍的反馈型阅读推广活动。

---

1 沈阳首开读书"微博大赛"[EB/OL].[2012-12-25]. http://news.163.com/10/0420/12/64NCK3BD00014AED.html

2 东莞第八届读书节百项活动吸引百万人参与[EB/OL].[2012-12-25]. http://book.sun0769.com/dsj/201210/t20121023_1677690.shtml

3 戴欢婷."微博好书评"评选大赛本月25日截止[EB/OL].[2012-12-25]. http://www.citygf.com/FSNews/FS_002006/201208/t20120815_3613467.html

17　有奖竞赛型和趣味型

有奖竞赛型阅读推广活动包括：读书有奖知识竞赛、经典诗文诵读会、童话故事创作大赛、儿童读书会（故事会）、幼儿绘本剧大赛、读书主题征文比赛、书评比赛、书香机关评选、书香企业评选、书香军营评选、书香校园评选、书香社区评选、书香村组评选、优秀书屋评选、优秀书店评选、读书成才职工评选、书香家庭评选、藏书家庭评选、优秀读者评选、"读书达人"或"阅读之星"评选、"评论之星"评选，等等[1]。评选后的奖励方式，可以多种多样，例如黑龙江东方学院实行奖励学分的制度，在大学生读书征文活动中获得一等奖、二等奖、三等奖和佳作奖的大学生，可以分别获得 2 学分、1.5 学分、1 学分和 0.5 学分的奖励[2]。这些评选都树立了读书榜样，激发了阅读热情，培育了阅读文化。

趣味型阅读推广活动不必借助于奖励，重在激发读者兴趣，寓读于乐。如：2011 年 11 月 26-27 日，四川大学图书馆举行"图志快递"活动，以书为媒，传情达意。活动方式是，学生将写有心意的便利贴贴在要赠的书上，署上自己的名字以及要送达的本校同学的名字和地址，交由志愿者贴心地提供代送服务。同时，寄件人将获赠印有活动标识的精美书签[3]。像这样有趣的阅读推广活动还有各种可能的形式，如阅读之旅、悦读森林、作者签名新书"乐购会"、"你选书我买单"活动、便民图书夜市、图书以旧换新活动、向弱势群体赠书活动等。另外，如"大手拉小手"这样的亲子共读兴趣活动，也能为那些不懂得教育孩子的父母提供榜样，推动儿童阅读的普及和提高。

1　郝振省，陈威. 中国阅读：全民阅读蓝皮书（第二卷）[M]. 北京：中国书籍出版社，2011：8

2　张红岩，胡婷，杨以明. 介绍一种读书征文可获学分的创新举措[J]. 大学图书馆学报，2012（3）：93

3　四川大学图书馆. 读者之窗，2012（21）：8

还有读书话剧社,将读书与演出结合起来[1]。例如浙江师范大学阿西剧社用话剧演绎了余华的小说《活着》,不但得到余华研究中心的大力支持,也吸引了作家余华亲自观看。阿西剧社还演绎过《苏菲的世界》和《安妮的日记》等书籍,这些节目使读书活动变得更活泼,更容易被接受,成为阅读推广的有效形式[2]。

18 主角型和主题型

主角型阅读推广活动包括真人型阅读推广活动和资源型阅读推广活动。真人型阅读推广活动主要是请各类专家学者开讲座,如:科学家的科普讲座、图书馆专家的信息素质讲座、文化名家的文化讲座等。对于没有条件请到专家学者的社区书屋、农家书屋等小型图书馆,可以采用名家讲座视频、读书访谈视频,甚至说书音频,开展资源型阅读推广活动。另外,对于阅读者来说,名家书架也是一种主角型阅读推广形式。还有名家研究中心、研究会等,如曹雪芹研究会、鲁迅研究会、丁玲研究会、赵树理研究会、莫言研究会、贾平凹研究会、陈忠实研究中心、余华研究中心等都在推广这些文学巨星们的创作和思想。再有就是,如中国少数民族作家研究中心、洛夫与湘南作家研究中心、西藏当代文学研究中心等,这些设立在大学中的研究中心是以某个群体作为主角的阅读推广机构。

主题型阅读推广活动主要是指有主题的读书活动,在每年的"世界读书日",各个参与活动的国家和地区都会有自己的主题。例如,1947年日本读书周的主题是"快乐地阅读 明亮地生活",1956年的主题是"成为一个良好的阅读家庭",1958年的主题是"阅读构建快活社会",1960年和1971年的主题都是"良好的社会,每个人都读书",1962-1964年连续三年的主题都是

---

1 徐雁.全民阅读推广手册[M].深圳:海天出版社,2011:115
2 阿西剧社[EB/OL].[2012-12-25].http://baike.baidu.com/view/1283547.htm

"今天的读书，明天的希望"，1974年的主题是"与书相伴，丰富心灵"，1975和1976年的主题都是"与书相伴，充实时间"，1981年的主题是"与书相伴，丰富人生"，1987年的主题是"铭记在心，确定一册"，1995年的主题是"读书了吧！面色很好哟"，1996年的主题是"书虫是什么样的虫子呢！"1998年的主题是"总是，一直……在读书周"。台湾读书周1970年的主题是"读书最乐"，1971年的主题是"开卷有益"，1981年的主题是"读书好，读好书"，1983年的主题是"富者因书而贵，贫者因书而富——读书能充实人生提高生活品质"，1989年的主题是"快乐的孩子爱看书；看书的孩子更快乐"，2001年的主题是"Web'e'点通，书海任遨游"[1]。而每一届国际儿童图书日则直接就有统一的主题，例如：第一届的主题是"儿童书籍之常青树"，第二届的主题是"传递给全世界儿童的爱的信息"，第六届的主题是"与书籍交朋友"，第七届的主题是"面向全世界儿童的书籍"，第八届的主题是"无论你去哪里，都要带着一本书"，第十一届的主题是"阅读的乐趣"，第十二届的主题是"生活在充满书籍的世界中"，第十三届的主题是"书籍是友谊之源"，第十四届的主题是"书籍是通往世界的窗户"，第十六届的主题是"书籍是和平的太阳"，第十七届的主题是"每个人都需要吃饭和看书"，第十八届的主题是"阅读书籍和分享快乐"，第十九届的主题是"读书与生活分不开"，第二十一届的主题是"儿童、书籍与世界"，第二十三届的主题是"分享阅读的美妙体验"，第二十五届的主题是"书籍是黑暗中的萤火虫"，第三十届的主题是"书籍是通往内心世界的彩虹桥"，第三十八届的主题是"书籍之光"，第四十一届的主题是"故事环绕世界"，等等[2]。主题活动的形式可以是名著名篇朗诵，也可以是话剧演绎名著等。

---

[1] 阅读推广活动标语辑录 [EB/OL]. [2012-12-25]. http：//blog.sciencenet.cn/blog-213646-270454.html

[2] 徐雁，陈亮. 全民阅读参考读本 [M]. 深圳：海天出版社 2011：140

19　一托多型和多托一型

在阅读推广活动中，活动主题和被推荐阅读书籍的数量都可以成为有效的组织元素，烘托了不同类型的阅读活动。美国的"一书，一城"活动，就是一本书、一个主题托起一个城市（至少是一个社区）或多个城市的阅读活动，可谓一托多型阅读推广活动。美国的"一书，一城"活动始于1998年，由美国图书馆协会的公共计划部门提倡而发展到全美。目前，已有许多国家效仿，2007年，德国促进阅读基金会在北威州开展了"一座城市读一本书"活动，北威州的每座城市都有1 000名中学生参加这个活动。在该活动中，每个城市选择一本书，由1 000名学生在一定期限内读完，然后进行城市间交流，互相介绍自己阅读的书，交流读书感受。这个活动不仅给了中学生们阅读动力，也促进了不同城市同龄学生之间的交往，提高了他们的交际能力。2010年，在第五届福州读书月活动中，福州市举办了"同一本书海峡共读"活动，精选一批图书，在福州和台湾分别选择10所中、小学校，以"五同"（同班同学同读一本书，同班同学同议一个话题，同班同学同讲一本书的故事，同班同学同谈一本书的体会，同班同学同在一个教师引导下读书）的形式开展阅读活动，增进海峡两岸青少年的交流。此次活动由福建省读书援助协会、福建省语文学会和台湾阅读推广中心承办[1]。2007年的"世界阅读日"期间，全德国33.5万名五年级的学生可凭赠券到任何一家参加活动的书店免费领取一本专门为"世界读书日"制作的书《我送给你一个故事》[2]。这也属于一托多型阅读推广活动。

共读一本书使同一社区的居民，无论年龄、性别、知识背景和社会地位

1　新华网福建频道［EB/OL］.［2012-12-25］. http：//www.fj.xinhuanet.com/nwh/2010-09/19/content_ 20943832.htm

2　王俊. 德国阅读推广从青少年抓起［EB/OL］.［2012-12-25］. www.publishingtoday.com.cn/2008-05-05

图 5-9 高雄市"一城一书"票选活动

差别有多大，在一起都可以有话可说了[1]。他们总可以找到共同的话题，减少了交流障碍，无形中拉近了人与人之间的关系。

"一书，一城"活动使阅读真正成为了公共行为，但人们日常的阅读行为基本上都属于私人行为。所以，目前世界各地的阅读推广活动大多数都还是建立在私人阅读基础之上的。与美国的"一书，一城"活动相比，我国的多数阅读推广活动总是选择一个长长的推荐书目，属于多托一型阅读推广活动。每个城市或社区都有各自的活动主题和形式，显得内容更加丰富，形式更加多样。但也有不理想的地方，例如，我们的主题年年变化，总有创意枯竭的时候。就像日本读书周活动 1960 年的主题是"良好的社会，每个人都读书"，11 年后又是这一主题，会为读者留下黔驴技穷的印象。所以，在中国适当的时候也可以尝试"一书，一城"活动。也许是"文革"期间全国都读《毛主席语录》一本书造成的不良后遗症，至今很少有人愿意提倡"一书，一城"

---

1 刘盈盈. 阅读一书, 共享思想——美国"一城一书"活动及其启示 [J]. 图书馆杂志, 2007 (6)：59

活动,甚至连设立国家读书节都有人反对。要取得认识的一致,可能还需要时间。

20　汉民族语言型和少数民族语言型

中国是一个多民族国家,许多民族都有自己的语言文字,全民阅读推广活动应该涵盖各种语言文字的阅读。2011年11月,"新疆民族文学原创和民汉互译作品工程"开始实施,面向新疆各民族作家征集了百余部书稿,涵盖了小说、诗歌、散文、评论、纪实文学、儿童文学等各类文学体裁。自2012年6月27日开始,"新疆民族文学原创和民汉互译作品工程"的首批48种图书,由自治区新华书店向全区5 500所大中小学和区、地、县、乡的1 000余所图书馆、文化馆、文化站等单位赠送,其余部分将通过新华书店面向全国发行[1]。民汉互译作品的阅读推广有助于汉族同胞对少数民族精神生活的理解,也有助于少数民族同胞对汉族文化的理解,是各民族文化生活相互补益的方式,应该得到加强。2011年7月,新闻出版总署与国家民委共同举办了"首届向全国推荐百种优秀民族图书"评审活动,评出《中国少数民族》等40种汉文图书和《新疆文库》等60种民文图书,并且此后每年都将举办这一活动[2]。

在市场经济大潮的冲击下,中国学生的汉语阅读和写作能力不容乐观。不少在校大学生没有能力用流畅的汉语进行写作,不仅错字连篇、语序混乱,甚至连标点符号都是乱点的,完全不知道什么标点符号起什么作用。所以,阅读推广活动应该尽量利用鼓励写作的方式推广阅读,使阅读从写作技术方面进入读者心灵,才是正确的途径。

1　辛轩文. 新疆民族文学原创和民汉互译作品工程首批图书赠送基层 [EB/OL]. [2012-12-25]. http://news.ts.cn/content/2012-06/27/content_ 6965313.htm

2　郝振省,陈威. 中国阅读:全民阅读蓝皮书(第二卷)[M]. 北京:中国书籍出版社,2011:87-88

21　讲坛型、论坛型和沙龙型

讲坛型阅读推广活动主要包括各种学者讲坛、讲座、报告等，影响最大的读书讲坛应该是中央电视台举办的"百家讲坛"和凤凰卫视举办的"世纪大讲堂"。图书馆举办的读书讲坛也对当地的阅读推广起到很大作用，如国家图书馆举办的"文津讲坛"、首都图书馆举办的"北京历史文化讲座"、深圳市南山区图书馆举办的"博士论坛讲座"、上海图书馆举办的"上图讲座"、宁波市图书馆举办的"周末讲座"、常州市图书馆举办的"都市文化系列讲座"、陕西省图书馆举办的"星期日讲座"等，都会使读者直接从专家学者的研究中受益。

论坛与讲坛的差别是，讲坛往往是一人讲，是主角型的；而论坛则是多人在讲，不分主角配角，围绕共同主题研讨，所以论坛往往是主题型的。论坛型阅读推广活动主要是指以作家、阅读学者为主角的研究论坛或研讨会，如："书香中国"阅读论坛[1]、全国读书文化研讨会、全民阅读论坛、华夏阅读论坛、城市阅读论坛、中国出版高层论坛、中国儿童阅读论坛、阅读推广研究论坛等。许多论坛设在大学和研究中心，如浙江师范大学的"尖峰论坛"等，但更接近民众的论坛应该设在图书馆，因为图书馆是真正的读者之家。

沙龙是志同道合者散漫的聚会形式，既不是主角型的，往往也不是主题型的，沙龙是自由交流思想的地方。沙龙型阅读推广活动会因人而聚集成有倾向的思想交流活动：社科类学者聚在一起往往会有社科思想交流的倾向，我们可以称之为社科型；人文类学者聚在一起往往会有人文思想交流的倾向，我们可以称之为人文型；文学艺术家聚在一起往往会有艺术思想交流的倾向，我们可以称之为文艺型；工商企业界人士聚在一起往往会有商务思想交流的

---

[1] "书香中国"上海周塑造城市气质 [EB/OL]. [2012-12-25]. http：//www.wenming.cn/book/pdjj/201208/t20120823_ 820934.shtml

倾向，我们可以称之为商务型；以书会友的人聚在一起就会有书香沙龙。读书沙龙可以有不同的名字：读者交流会、书友会、读者俱乐部、读者联盟、读书分享会、商业经典分享沙龙、商道读书会、女性悦读沙龙等，都是把爱读书的人聚集在一起，读好书，谈心得，妙在读书人心里，不读者不可得。

图书馆是最适合办沙龙的地方，有场地、有学者、有阅读指导专家、有管理员。图书馆天然就是阅读交流中心，不应只是书籍交流中心，更应该是思想交流中心。图书馆员走出去宣传和组织阅读推广活动固然重要，但这种活动由政府和社会力量去做更有效果。图书馆只要参与并组织好论坛和沙龙就已经实现了藏书楼和阅览室之外最大的空间价值，然后利用网络和其他媒体把论坛和沙龙的信息传播出去，就会有效地影响社会阅读。

22　阅读关怀型和阅读疗法型

2010年6月1日，新闻出版总署邀请中央政治局委员、国务委员刘延东同志参加了"关爱儿童、读书成长——向北京市进城务工人员子弟捐赠百种优秀少儿图书"活动[1]。2011年"4·23"世界读书日，中国残疾人联合会和中国国家图书馆在北京举行"全国残疾人阅读指导委员会"成立大会暨"牵手残疾人·走进图书馆"活动，并开通"中国残疾人数字图书馆"网站。中国图书馆学会还向社会发出了《图书馆促进信息资源公平获取》行动倡议书，倡导全国图书馆界共同搭起残疾人阅读服务体系[2]。2011年7月15日，新闻出版总署和中国残联在北京启动了以"知识改变命运·爱心托起梦想"为主题的百家出版社文化助残公益行动，全国近200家新闻出版企业参与捐书活动，签订捐赠协议的图书码洋达1 304.8万元。除了直接捐赠给残疾人个人，

1　推动全民阅读　建设书香社会［EB/OL］.［2012-12-25］. http://www.gapp.gov.cn/news/1839/113974.shtml

2　郝振省，陈威. 中国阅读：全民阅读蓝皮书（第二卷）［M］. 北京：中国书籍出版社，2011：95

还在各地建立了许多残疾人书柜和残疾人读书角[1]。2010年8月,长春市启动了以"绽放生命,共享阳光"为主题的全国残疾人文化活动周系列活动,并向盲人代表颁发了2 000张读者证,为残疾人读书提供了便利条件[2]。2010年9月,中国少年儿童新闻出版总社与中国关心下一代工作委员会儿童发展研究中心共同主办了"点亮童年·温暖童心——为盲童读出一个美丽世界"的公益读书活动,并向参与者颁发了"爱心故事大王"、"爱心故事老师"、"爱心故事妈妈"等证书[3]。2010年10月,绍兴市在第七届"全民阅读月"中开展了"爱心书递"活动,发动全市中小学生将自己喜欢的图书捐献给外来务工人员的子女,与他们一起分享读书的快乐[4]。团市委还发动全市青年捐书10 000多册,分送到落后地区贫困山区的希望小学、本地的民工子弟学校等,让贫困家庭的孩子也能享受到书香熏陶[5]。由民建中央委员汪延先生(新浪网创始人)发起和管理的公益助学项目扬帆计划(中华思源工程扶贫基金会的重要项目之一),通过捐助课外图书,帮助偏远贫困地区的孩子增长见识、开拓视野[6]。这些都属于阅读关怀型阅读推广活动。

阅读关怀型阅读推广活动主要针对弱势群体,如:建老年人报刊阅览室,使那些有心灵需要的老年人不只是待在家里感受孤独。启动残疾人流动书车,可以直接帮助那些行动不便的读者。开展文盲故事会活动,既是一种关爱心灵的阅读活动,又能够使口传文化在盲人那里传承下来,甚至发扬光大。

---

1 郝振省,陈威. 中国阅读:全民阅读蓝皮书(第二卷)[M]. 北京:中国书籍出版社,2011:86

2 全国残疾人文化活动周启动仪式在长春文化广场隆重举行. [2012-12-25]. http://www.cc.jl.gov.cn/wcss/cczf/info/2010-08-31/1086/121918.html

3 章红雨. 中少社为盲童举办公益读书活动[EB/OL]. [2012-12-25]. http://www.chinaxwcb.com/2010-09/07/content_ 206559.htm

4 新闻出版总署. 全民阅读活动简报[Z],2010(6)

5 绍兴市开展"全民读书月"活动回眸[EB/OL]. [2012-12-25]. http://www.zjwh.gov.cn/dtxx/zjwh/2011-04-22/100267.htm

6 杨帆计划捐赠平台[EB/OL]. [2012-12-25]. http://yangfanbook.sina.com.cn/about

图 5-10　牵手残疾人 走进图书馆

2011年6月28日，全国最大的盲文图书馆中国盲文图书馆正式建成开馆，成为新的点亮残疾人心灵的精神家园。该馆占地面积2.8万平方米，内设文献典藏区、盲人阅览区、展览展示区、教育培训区、科技研发及文化研究区、全国盲人邮寄借阅服务区和办公区，已收集整理5万多册盲文书和大字本图书、有声读物供盲人借阅。为了让盲人群体更好地共享人类文明成果，同时唤起社会更多的爱心来关注这个群体，图书馆还设立了视障文化体验馆、触觉博物馆、盲人文化艺术展室，参观者和读者可以从中感受我国盲人的精神风貌，观赏独特的视障文化，用触摸的方式感知中国文化和世界文明[1]。

2012年4月20日，全国盲人阅读推广委员会成立。很快，各省开始积极成立分会，例如8月24日，全国盲人阅读推广委员会福建分会在福州成立。活动现场，中国盲文图书馆向福建分会赠送了1 000张盲人读书卡，省残联为现场100名盲人免费赠送100台听书机，为盲人免费阅读各类有声读物提供便利[2]。另据《羊城晚报》消息，广东省已经有三个城市成立了盲人阅读推

1　赵超. 中国盲文图书馆建成开馆 [EB/OL]. [2012-12-25]. http：//news. xinhuanet. com/2011-06/28/c_121596889. htm

2　潘园园. 盲人阅读推广委员会成立 [EB/OL]. [2012-12-25]. http：//news. timedg. com/2012-08/25/11768350. shtml

广委员会,它们是广州、深圳和茂名[1]。另外,开展军营书屋、农家书屋、职工书屋活动,在农民工聚集的地方举办青工大课堂等,也属于关怀型阅读推广活动,都会培养关怀对象的阅读习惯,为他们的生活增加阳光。

党的十七大和十八大报告都提出了"注重人文关怀和心理疏导"的观念,而阅读疗法正是实现这一观念的实践形式之一。

"2008年5.12汶川大地震发生时,汶川县蓥华镇中学初一学生邓清清,在废墟中靠打着手电筒读书以对抗饥饿和恐惧,最终获救的事实,雄辩地论证了阅读治疗的价值。"[2]

2006年9月16日至19日,在北京海淀展览馆举行的科普日活动——"健康博览会"上,中国图书馆学会推出了"图书馆:现代生活的第二起居室——健康阅读,快乐生活"的健康新理念,设立了"阅读养生堂"、"心灵按摩室"、"阅读保健站"、"阅读兴趣园"和"阅读推荐台"5个展台,首次向全社会推广"以书为药"的阅读疗法[3]。通过专家问诊开书药,进行医患交流,所实现的功效正是人文关怀和心理疏导。

2006年,泰山医学院成立了阅读疗法研究室,宫梅玲作为中国图书馆界第一位专业阅读治疗师,开设了我国高校第一个阅读治疗咨询室,义务为大学生进行阅读治疗和心理疏导。宫梅玲还开办了新浪博客"书疗小屋——大学生健心房",开展阅读疗法推广。截止2012年11月21日,该博客的访问量已达366 925人次。这说明,阅读疗法正在深入人心。人们为什么愿意接受阅读疗法?宫梅玲总结了阅读疗法的三大优点:一是经济、简便、及时;二是不泄露隐私,无精神顾虑;三是可以弥补心理医生的不足[4]。

---

1 罗坪 刘艳 盲人阅读推广会 广东已有三家 [EB/OL]. [2012-12-25]. http://www.chinadaily.com.cn/hqgj/jryw/2012-11-03/content_ 7419633. html
2 王波. 阅读疗法理论和实践的新进展 [J]. 图书馆杂志, 2010 (10): 25-32
3 李东来. 书香社会 [M]. 北京: 北京图书馆出版社, 2008: 50
4 宫梅玲, 王连云, 丛中等. 阅读疗法治疗大学生心理疾病的研究 [J]. 医学与社会, 2001 (5): 54-56.

我们通过一个案例来看一下宫梅玲阅读疗法实践的效果：一位 21 岁的女大学生两个月前遭男友抛弃，陷于失恋的痛苦中不能自拔，情绪低落，失眠，无法正常学习，感到生活无意义，自杀意念强烈，曾割腕自杀未遂。休学一个月，返校后还有纵身一跳一了百了的自杀意念。抑郁自评量表测试属重度抑郁。结合症状，诊断为反应性抑郁症。阅读治疗师推荐《一个陌生女人的来信》。一个月后该生心态逐渐平静，情绪趋于稳定，投入到考研复习中。她在读后感中写道："陌生女人"所经历的巨大心灵苦痛使我产生了强烈共鸣，在为这个女人的悲惨命运而扼腕叹息的时候，我自己的烦恼被不知不觉倒了出去，觉得自己的那点痛与那个陌生女人相比真是微不足道……。[1]

通过这个案例，我们看到阅读疗法被社会需要的程度。"据世界卫生组织统计，全球每年约 100 万人死于自杀，而国家疾控中心与北京回龙观医院的调查结果显示，我国每年约有 25 万人死于自杀，200 万人自杀未遂。也就是说全球每年自杀身亡者的 1/4 集中在中国。"[2] 据此可见阅读疗法在中国广阔的实践空间。

目前，我国知名的阅读疗法探索者除了泰山医学院图书馆的宫梅玲，还有北京大学图书馆的王波、台湾大学图书资讯系的陈书梅、南京师范大学文学院的万宇和北京大学医学人文研究院的王一方，这五位专家被《全民阅读推广手册》誉为"我国阅读疗法的五大实践家"。[3]

实践阅读疗法的首要条件是选择读物，所以，研制一个全面、合理、有效的阅读疗法书目，对阅读疗法推广活动是非常重要的。"正像药物的适应对象必须列举得十分准确，在阅读疗法书目中，每推荐一本书，皆应指明其适

---

[1] 宫梅玲，丛中. 大学生抑郁症阅读治疗典型案例及对症文献配伍 [EB/OL]. [2012-12-25]. http://blog.sina.com.cn/s/blog_ 4b016faf01017smz.html

[2] 徐晶晶. 中国成为高自杀率国家 每年约有 25 万人死于自杀 [EB/OL]. [2012-12-25]. http://news.sohu.com/20110909/n318826191.shtml

[3] 徐雁. 全民阅读推广手册 [M]. 深圳：海天出版社，2011：133-136

用于什么类型的读者，适用于哪个年龄段的读者。"[1] 推荐阅读疗法的书目与普通的阅读推广不同，它需要更有针对性。能够对症的书，一本顶一万本。

图 5-11　阅读疗法书籍

近来，王波提倡"一本书主义"，他说："阅读疗法最有技术性的环节是对症下书，以往的阅读疗法在书目开列方面，通常热衷'群书主义'，追求把针对某一心理问题的图书搜罗完备，集中推荐给治疗对象。但是国内近年的阅读疗法实践却发现群书施治有较大弊端，一是治疗师的精力有限，把自己都没有精读过的数十本书推荐给治疗对象，显然是不负责任的。二是需要阅读疗法的人，通常都是遇到了问题而心绪纷乱、压力沉重者，让其精读几本书或许可以接受，但是让其博览群书，很不靠谱。泰山医学院的宫梅玲在实施阅读疗法之后，回收读后感的过程中，发现大多数读者的感激均指向一本书——《生命的重建》，这启发她反思自己的荐书方法，也由群书主义转向一本书主义。对阅读疗法师来说，一本书主义于己方便，于人负责，值得在今后的阅读疗法实践中大力推广。"[2]

1　王波. 阅读疗法 [M]. 北京：海洋出版社，2007：208
2　王波. 阅读疗法理论和实践的新进展 [J]. 图书馆杂志，2010（10）：25-32

23 阅读推广人型和阅读大使型

2012年6月,深圳市首期阅读推广人培训班正式开班,这是国内首个由政府牵头组织的阅读推广专业化培训,培训班邀请5位国内阅读推广界专家授课,以培养学员独立自主开展阅读推广的能力和技巧。培训班由深圳读书月组委会、深圳市文体旅游局主办,深圳少年儿童图书馆承办,是国内首个由政府牵头、专业机构实施的"阅读推广人"培训班。

报名学员近120人,分别来自深圳各公共图书馆、学校、民间阅读团体和企事业单位及自由职业人。经过3个多月的培训,64人参加了最后的现场能力测试,34人测试合格,通过率为53%。这34名学员获得"阅读推广人"资格,他们将由读书月组委会和深圳市文体旅游局联合颁发结业证书。这是深圳第一批由官方正式认可的、具有明确阅读推广人身份的阅读推广工作者。

深圳市还将继续举办第二期"阅读推广人"培训班,未来5年深圳将培养500-800个"阅读推广人",同时出台《深圳市阅读推广人管理办法》[1],对"阅读推广人"进行系统培训和科学管理,并对他们的阅读推广工作提供必要的资助,帮助他们开展各类基层读书活动,推动学校、家庭、社区和企业阅读[2]。目前,深圳市的阅读推广人已经开始走出深圳,到其他城市或地区开展阅读推广活动了[3]。

类似的阅读推广人培养,在国外也有。德国促进阅读基金会的一项重要活动就是培养读书讲故事的志愿者(阅读推广人),并向他们发送代表其特殊身份的"读书背包"。目前,大约9 000名这样的志愿者在德国促进阅读基金

---

[1] 聂灿. 深圳首批阅读推广人诞生 计划5年内培养800位 [EB/OL]. [2012-12-25]. http://www.iszed.com/content/2012-10/11/content_ 7275463_ 2.htm

[2] 聂灿. 首批34位阅读推广人诞生 [EB/OL]. [2012-12-25]. http://roll.sohu.com/20121011/n354622533.shtml

[3] 苏妮. "阅读推广人"走出深圳"讲故事" [EB/OL]. [2012-12-25]. http://epaper.southcn.com/nfdaily/html/2012-11/06/content_ 7139592.htm

会的组织下定期地给孩子们读书讲故事，以弥补家长和教育工作者时间不足的缺憾[1]。

普通参加阅读推广活动的志愿者与阅读推广人的区别在于：阅读推广人能够独立自主开展阅读推广活动，而普通参加阅读推广活动的志愿者常常只是协助各种阅读推广活动的开展。例如，在2011年深圳市评选出的十大优秀全民阅读推广人中，只有赵艺超一人是深圳少年儿童图书馆的专职儿童阅读推广人，属于阅读推广专业人才。还有一位深圳市口岸办公室的公务员袁本阳，则属于比较专业的儿童阅读推广志愿者。其他八位都属于阅读推广活动中的有突出贡献者，不应与经过专业培训的阅读推广人混为一谈[2]。

近年来，阅读形象大使的出现，在阅读推广活动中也起到了积极的作用。因为阅读大使往往是文化界、学术界、产业界名人或演艺明星等成功人士，他们对大众有号召力，所以由他们出面推广阅读，比较容易带动大众的阅读积极性。

2011年4月13日，由中共北京市委宣传部、北京市新闻出版局联合主办的首届"北京阅读季"在通州区正式启动。苏士澍、毕淑敏、周大新、梁晓声、周国平、白岩松六位社会知名人士被聘请为北京读书形象大使。兼文学家与哲学家于一身的周国平先生代表形象大使向全体市民发出倡议："从现在开始每天一个小时，捧起书本，一起与传统对话，与经典对话，与学者对话。"他希望广大市民积极参与读书活动，体验阅读快乐，享受幸福生活[3]。2012年6月，第22届全国图书交易博览会在宁夏回族自治区举办并首次设立阅读大使，原文化部长王蒙、80后青年女作家张悦然、宁夏著名中青年作家

1　王俊. 德国阅读推广从青少年抓起［EB/OL］.［2012-12-25］. www.publishingtoday.com.cn/2008-05-05

2　优秀全民阅读推广人（10名）［EB/OL］.［2012-12-25］. http://news.sina.com.cn/o/2011-11-03/071023406618.shtml

3　北京启动首届阅读季 周国平白岩松等为形象大使［EB/OL］.［2012-12-25］. http://news.qq.com/a/20110413/000996.htm

图 5-12　第 22 届全国书博会阅读大使王蒙

郭文斌和阿舍成为第 22 届全国书博会阅读大使。郭文斌在发布会上分享自己的阅读体会时说："体育强健一个民族的体魄，阅读强健一个民族的灵魂。"[1] 2012 年 8 月 20 日上午，"书香岭南·阅读大使"聘书颁授仪式在南国书香节琶洲会展中心隆重举行，著名古文献版本学家王贵忱、广东省政协常委陈忠烈、国家一级美术师卢延光、深圳市广电集团首席主播吴庆捷等 17 位广东文化界、政界及产业界名人出任阅读大使，省文化厅领导现场颁发聘书。首届寻访"书香岭南·阅读大使"活动自 2012 年初启动，通过邀请社会公众人物（党政一把手，文化界、学术界、产业界名人，演艺明星等）参与，征集其阅读照片及倡导阅读的名言或题词等，再经过媒体宣传、微博征集、公众讨论和专家推选等程序，最终评选出年度"书香岭南·阅读大使"[2]。

2012 年 8 月，湖南卫视热播武侠剧《轩辕剑》的主演兼制片人胡歌正式进驻中国移动"悦读中国"网络平台，担任"悦读大使"，在该平台上领读

---

[1] 应妮. 王蒙张悦然等担任第 22 届全国书博会阅读大使［EB/OL］.［2012-12-25］. http://www.chinanews.com/cul/2011/12-02/3505226.shtml

[2] 吴庆捷等荣任"阅读大使"［EB/OL］.［2012-12-25］. http://roll.sohu.com/20120821/n351157823.shtml

图 5-13　广西图书馆阅读推广大使

影视同名小说《轩辕剑》。除胡歌之外"悦读中国"还集结了由影视明星、企业精英、文化学者、知名作家组成的各类"悦读大使",他们是各自所处领域的佼佼者,也是推广阅读的形象代言人。手机阅读基地相关负责人介绍:"撰写读书笔记,推荐好书,与其他名家在线讨论热点话题,这是悦读大使的三大职责。我们希望通过名家的榜样力量让大众参与阅读、分享阅读、享受阅读。"为了让更多的人参与到这种全新的开放互动式阅读中来,手机阅读基地还面向全社会广发邀请函,普通用户通过审核后也可成为草根阅读大使。这种形式的阅读推广效果显著,早在"悦读中国"上线之初,著名网络作家辰东领读的《九鼎记》就曾引发超过 226 万用户的"跟读",目前其他名家推荐的图书也能拥有几十万到上百万的跟读量[1]。

阅读大使也可以不是名人。2012 年 12 月,杭州快报读书会在《都市快报》上征集志愿者来当卡通人——"快报爱心阅读大使",志愿者将穿上可爱的卡通服饰,带上经典绘本搭乘杭州的公共交通工具,为偶遇的孩子读书、

---

[1] 王如. 借力移动互联优势"悦读中国"推开放互动阅读模式 [EB/OL]. [2012-12-25]. http://it.southcn.com/9/2012-08/15/content_52902841.htm

送绘本[1]。

图 5-14 "快报爱心阅读大使"在地铁上为孩子读绘本

图 5-15 公益亲子阅读大使海报

最近还出现了一些社区"阅读大使",向社区居民宣讲"快乐读书,幸福

---

1 贺丛笑. 第一站:请你来做爱心阅读大使给孩子送绘本 [EB/OL]. [2012-12-25]. http://news.ifeng.com/gundong/detail_ 2012_ 12/05/19841584_ 0.shtml

人生"新理念,他们走街串巷,深入居民家中、店面小铺、施工工地等,分发"一卡通"图书分馆近期组织的读书活动简介和读书小手册,鼓励社区居民、外来务工人员积极加入社区读书学习的队伍,不断提高学习兴趣,提高人生修养,营造社区浓郁的读书氛围[1]。

在广州天河区的华成小学,每个班都有阅读大使,经常给本班和外班同学讲故事。"在悦读中分享,在快乐中成长",这是华成小学创建书香校园、推进快乐阅读的宗旨。学校制订了《"悦读华成"实施方案》,由张熙婧副校长亲自负责,每年评选"书香班级"、"书香家庭"、"阅读大使",并开展"故事爸爸、故事妈妈进课堂"活动[2]。

在国外,还有一些政要夫人担当阅读大使的经验值得借鉴。自2007年始,美国纽约的全球儿童教育出版和媒体公司学乐集团,每年暑期都会在全美举办"学乐暑期阅读挑战活动"。从2009年起,活动主办方开始邀请各州的州长夫人出任活动的阅读大使。到2011年5月,已有44位美国州长夫人签约成为阅读大使。阅读大使们负责促进各州的孩子、家长、老师及图书馆员等对暑期阅读重要性的认识。由州长夫人们出任阅读大使,向孩子们提倡坚持阅读的活动,对帮助孩子们在离校放假期间保持原有阅读习惯和阅读水平非常有效[3]。

24 图书馆借阅型和非图书馆借阅型

图书馆借阅本身就是一种阅读推广活动,而且是一种低碳型阅读推广活动。

---

1 明东社区:"阅读大使"引领读书热 [EB/OL].[2012-12-25].http://jdnews.cnnb.com.cn/system/2012/09/13/010381585.shtml

2 天河区教育局.悦读·分享·成长——华成小学阅读大使、故事爸爸妈妈进课堂活动 [EB/OL].[2012-12-25].http://www.tianhe.org.cn/contents/20/8542.html

3 44位美国州长配偶成为学乐"阅读大使" [EB/OL].[2012-12-25].http://finance.ifeng.com/usstock/realtime/20110622/4181220.shtml

按照所有者的性质，图书馆可以分成公立图书馆和民间图书馆，民间图书馆借阅型是指在私人图书馆中的借阅活动。在"2011 中国民间图书馆论坛"上成立了中国民间图书馆协会。著名的民间图书馆有：中国首家民营图书馆济宁科教图书馆、无锡的收获季节图书馆、福州的吴熙树德图书馆、天津的鸿途科教图书馆、杭州的张铭音乐图书馆、由美籍华人捐资遍布中国 20 多个省市自治区贫困农村的百余所"健华图书馆"，还有李英强等人创办的遍布中国 10 多个省市的"立人乡村图书馆"、徐大伟等人创建的"民间流动图书馆"等，它们都已经成为中国阅读推广活动的重要力量[1]。

图 5-16　立人乡村图书馆分馆开馆

按照图书借阅管理的人机差别，图书馆又可以分成他助图书馆和自助图书馆。他助图书馆就是由图书馆员实施管理的普通图书馆，自助图书馆则是由读者自行操作、电脑管理的图书馆。自助图书馆的外形与操作原理与银行的 ATM 机相似，读者可以自助完成书目查询、图书借阅和还书，属于 24 小时无间断的图书借阅形式，目前在全国许多城市都已经设立了这种图书馆。2012 年，武汉地铁 2 号线的 21 座地铁站内都设立了自助图书馆，成为世界上

---

[1] 李东来. 书香社会 [M]. 北京：北京图书馆出版社，2008：81-88

第一条"书香地铁"。自助图书馆位于地铁站付费区以外，除了地铁乘客，附近的居民也能在此借书[1]。

图 5-17 广州 24 小时自动图书馆

非图书馆借阅型是指在图书馆之外的借阅活动。例如，在中信机场连锁书店，乘客可以持中信银行信用卡在 A 地机场借阅，在空中阅读，在 B 地机场归还。这种书店被称为"云端图书馆"，"云端图书馆"全民阅读计划由中信银行信用卡中心与中信出版集团下属的中信机场连锁书店联合推出。又如，中国旅游饭店业协会和中国成人教育协会共同发起的"全国饭店图书免费阅读"工程，为三星级以上的宾馆免费提供书架，让客人在任何一个城市的任何一家联网的星级宾馆自由借还图书[2]。类似这样的非图书馆借阅活动还有图书漂流活动、阅读接力活动、晒书活动、换书活动等，都是通过图书的重复利用，将低碳阅读落在实处的阅读推广活动。另外，图书银行、图书流动站等读者参与共建的兴趣阅读空间，也属于非图书馆借阅型活动空间。

真人图书馆（Living Library）是近年来国外兴起的一种突破传统概念的

---

[1] 齐翔. 武汉建世界首条书香地铁 21 座车站内设图书馆 [EB/OL]. [2012-12-25]. http://news.cnhubei.com/whcsq/201206/t2114431.shtml

[2] 徐雁. 全民阅读推广手册 [M]. 深圳：海天出版社，2011：113, 116

图 5-18　真人图书馆

"图书馆",它是将"人"作为可借阅的"书",在一个宽松的环境中阅读(与"书"自由交谈)的开放性"图书馆"[1]。这样的"图书馆"对于全民阅读推广活动有其重要意义。

真人图书馆源于丹麦哥本哈根 5 位年轻人创立的"停止暴力组织"。2000 年 7 月,该组织受到丹麦罗斯基德音乐节邀请,举办了一次活动,叫作"真人图书馆",即现场出借 75 本真人书与"读者"互动。其宗旨就是对暴力、鼓励对话、消除偏见,在"读者"之间建立一种友谊。真人图书有别于普通图书的优势在于,它有丰富的生活经验,这种服务通常在其他地方无法得到。要招募到一本好的真人书非常困难,通常真人书是免费被借阅,并要有能力将自己的人生经验、独特观念与他人分享[2]。歌德说:"读一本好书,就如同和一个高尚的人在交谈。"我们逆向思维,也可以说,和一个高尚的人交谈,就

1　李萍,周艳. Living Library 为高校开展阅读疗法提供新契机[J]. 大学图书馆学报,2011(5):89-92

2　金硕. 北京现"真人图书馆"可"借阅"人生体验[EB/OL]..[2012-12-25]. http://union.china.com.cn/pic/txt/2012-09/10/content_ 5321133.htm

如同读一本好书。所以，作为一种非图书馆借阅型的阅读推广活动，真人书所起的作用恰恰是能够让读者直接和一个高尚的人交谈，令读者有机会"听君一席话，胜读十年书"。目前，国内已经有高校图书馆举办真人图书馆，例如，华北科技大学武昌分校图书馆的真人图书馆和南京师范大学图书馆与文学院学生合作的真人图书馆[1]。一些真人图书馆以书店、咖啡馆等为平台，吸纳具有不同爱好、经历、职业的人作为"真人书"，提供给有兴趣的人"阅读"，进行面对面的交流，受到不少青年人的喜爱。例如，成都市红星路一段35号创意产业园内的真人图书馆和上海书屋老板雷万峰开办的真人图书馆[2][3]。然而，在中国方兴未艾的真人图书馆似乎正在走向庸俗化，《济南时报》记者韩双娇调查后说："不少地方的真人图书馆最后变成了讲座、相亲甚至批判会。这些都不是真人图书馆的初衷，我很担心真人图书馆在中国水土不服。"[4]

25　社会化媒体推广型

人们一般将基于社会性网络（SNS）的 Web2.0 应用称为社会化媒体，典型的如博客、微博、播客、维基、社交网络和内容社区（如豆瓣、优酷）等。近年来随着图书馆 2.0 的发展，越来越多的图书馆开始应用社会性网络进行阅读推广，如清华大学图书馆在人人网上成立的图书馆俱乐部——清华大学图书馆书友会，让读者在人人网内也能方便地搜索清华大学图书馆的图书。我们可以把利用社会化媒体进行阅读推广的模式都统称为"社会化媒体推广

　　1　真人图书馆@南师大第二季活动圆满结束［EB/OL］.［2012-12-25］. http://sun.njnu.edu.cn/news/2012-11/142753_660267.html

　　2　来真人图书馆 跟"图书"对个话［EB/OL］.［2012-12-25］. http://news.chengdu.cn/content/2012-03/18/content_912714.htm?node=583

　　3　赖鑫琳. 上海书屋老板开"真人图书馆"［EB/OL］.［2012-12-25］. http://news.xinhuanet.com/photo/2012-04/15/c_12G2980582.htm

　　4　韩双娇."中国式功利心"考验真人图书馆 http://www.kaixian.tv/roll/n2752534c7.shtml

模式"。作为一种新颖、前沿的探索，社会化媒体推广模式目前还不是很成熟，但从其效果和受欢迎的程度来看，呈现出强大的生命力。

近几年来，微博在图书馆界迅速普及，国家图书馆、杭州图书馆、深圳图书馆等公共图书馆，清华大学、复旦大学等高校图书馆，立人图书馆等民间图书馆，均纷纷开通了微博。在新浪微博上，输入"图书馆"，以"图书馆"为名称的微博用户已达千家，除去少数个人微博外，大多数为实体图书馆，或以"图书馆"为称谓的相关组织或网络实体。以杭州图书馆为例，2010年12月开通新浪微博之后，截至8月底，共发送微博信息3 356条，平均每日发帖十几条，拥有了9 400多位粉丝。图书馆微博中粉丝最多的可能是北京东城区图书馆，量超过2.7万人，民间机构立人乡村图书馆的粉丝近万人，清华大学图书馆的粉丝5 800多人，上海图书馆信使、首都图书馆的粉丝都超过3 000人。此外，不少图书馆馆长也加入了使用微博的行列，如复旦大学图书馆馆长葛剑雄教授，利用微博与读者频繁互动，开通新浪微博一年半的时间发帖800余条，粉丝数已超过10万人。这些微博的影响力已不亚于一般的专业平面媒体。

社会化媒体推广严格说来还没有形成固定模式，除微博外，开设博客、维基，在人人网、Facebook、土豆、豆瓣或第二人生里开设账号等，很多图书馆都进行过不少尝试，但目前效果最好的可能还是微博。这类模式中，图书馆员一般作为推广主体，网民是客体，推广对象只限于某个特定平台的订阅者，因此目前一般还只能作为推广活动的辅助手段。无论如何，这一模式正在受到年轻读者的普遍欢迎，值得积极探索。

26 电子阅读器借阅型

据2011年4月"第八次全国国民阅读调查"揭示，传统纸质媒介的阅读率稳健增长，数字阅读接触率强劲增长。在各类数字化阅读方式中，电子阅读器的接触率增长幅度达到了200%，增幅最大。而2010年，我国国民人均阅读电子书0.73本，共阅读过电子书6.13亿本。伴随着强劲的数字阅读潮流，一种新的阅读方式——电子书或电纸书阅读应运而生成为潮流，图书馆作为阅读推广最重要的阵地，当然不能缺席。

2009年2月，上海图书馆正式推出数字移动阅读器即电子阅读器外借服务，成为全国首家提供此类高端服务的图书馆。仅相当于一本较薄的传统图书大小的电子阅读器，而且重量更轻些，然而却能够下载和储存数千种电子读物，可供选择的图书为24万册、10万种，这项业务突破了传统借阅图书的载体限制，并完全改变了以往传统的阅读方式。在未推出阅读器外借前的2009年1月，上海图书馆的中文电子图书的点击次数近3.46万次、下载次数为810次；而实行阅读器外借的2009年2月，点击次数上升为近4.8万次，下载次数为1 007次；3月，点击次数为6.17万次，下载次数为1 033次。目前，上海图书馆可外借的电子阅读器有360台，除了阅读器内已存的上千本书籍，读者还能在上海图书馆的数据库下载10本读物，除须拥有上海图书馆的外借卡外，不需要额外的押金。一旦超过借阅期限，这些电子读物会自动消失，无需"人工"还书。阅读器的外借供不应求，外借率甚至一度达到100%，每台汉王阅读器都有人在排队借阅，有的读者宁愿付逾期费也不愿意及时归还。正如上海图书馆副馆长周德明所言，推出数字移动阅读器外借服务，"主要是让读者多读书、读好书"，让读者足不出户借阅图书。上海图书馆的电子阅读器外借模式，将进一步推广到其部分区县图书馆，并计划把iPad等平板电脑等多种移动设备也陆续纳入可借阅的"图书"之中。

虽然外借电子阅读器业务在图书馆界曾经有过一些争论，但目前电子阅读器的外借服务已经成为很多图书馆的通行做法，使得这种模式具有了一定的普遍意义。据美国《图书馆杂志》与《学校图书馆杂志》于2010年8月针对电子书在图书馆的使用做的一个调查，流通电子阅读器设备（预装内容）

的图书馆,大学图书馆为12%,另有26%正在考虑;学校图书馆为6%,另有36%正在考虑;公共图书馆为5%,另有24%正在考虑。他们使用的阅读器多为 Kindle、Sony、iPad 和 Nook 等。而国内,继上海图书馆之后,另有国家图书馆、广州图书馆、首都图书馆等公共图书馆,北京大学图书馆等高校图书馆,也纷纷开展了电子阅读器的外借服务。上海交通大学图书馆目前正考虑批量提供 iPad 外借业务。

目前这种电子阅读器借阅模式正受到读者的普遍欢迎,但由于还属于新生事物,许多图书馆的这项服务还处在实验阶段,所提供的电子阅读器数量极为有限,因而存在不论品牌型号都供不应求的现象。碍于有关部门的管理规定,图书馆常常无法将电子阅读器当成信息资源进行采购,也是阻碍推广的重要原因。此外,还有损坏的赔偿问题、内容的数字版权管理的限制问题、电子书平台的互操作问题等,各图书馆都在积极探索,丰富和充实这种很有前途的模式。相信这些问题一旦得到一定程度的解决,该模式应该能成为数字时代图书馆阅读推广的一种模式,更大程度地满足读者的阅读需求。

27 移动图书馆推广型

移动图书馆是指所有通过智能手机、Kindle、iPad、Mp3/Mp4、PSP 等移动终端设备(手持设备)访问图书馆资源、进行阅读和业务查询的一种服务方式。电子阅读器外借服务是图书馆突破传统外借文献载体和形式的制约,满足不同人群的阅读需求而进行的阅读推广活动。但是电子阅读器只是一种媒介,其负载的数字化内容才是推广的目标。移动图书馆建设能够整合不同平台,打破内容瓶颈,提供不竭资源,释放阅读潜能,真正使阅读无所不在。因此移动图书馆服务将是数字图书馆阅读推广的主要模式。

例如,2011 年 7 月 19 日,西安交通大学移动图书馆正式开通,用户通过各种手持移动设备,即可登录图书馆网页,在任何地方、任何时候,查询、浏览、阅读和获取服务，方便地利用图书馆的资源和服务，包括：个人借阅信息查询、在线资源查阅、全文阅读、图书馆最新消息、短信提醒（包括图书到期催还、讲座通知等）等。此外，北京大学、清华大学、复旦大学、四川大学等高校的图书馆也都在陆续开展移动图书馆服务。北京大学图书馆于2010年9月对移动图书馆进行了测试，据称这是首个实现了基于各类手持终端设备对各类数据库资源进行统一检索和全文阅读的移动图书馆；清华大学图书馆于2011年4月和6月对能通过便携设备浏览摘要和全文的移动图书馆进行了测试；国家图书馆的"掌上国图"也提供了大量的特色资源，包括千余种公开版权的图书、500余小时的音频讲座、将近10万篇学位论文、32 000张特色资源图片等。

值得说明的是，目前的移动图书馆在功能、性能、稳定性、支持的设备上和用户体验上与数年前推出的同名服务已不可同日而语。当年的移动图书馆主要是通过短信平台向读者推送借书到期、预约借书等提醒服务和信息公告等内容，或者是极其简单、用户体验不是很好的WAP网关访问，而目前是在手持设备上检索（甚至跨库检索）和查看图书馆内的各类数字化资源，包括中外文图书、期刊及学位论文全文等，真正实现了移动阅读。目前的移动图书馆，与各类网络应用双向融合，在结合Web2.0的交互式功能和用户创建内容方面，还有一定的改进空间。

在移动阅读方面，一些以营利为目的的内容提供商觊觎已久甚至捷足先登，如亚马逊网上书店、新浪"读书"、盛大"云中书城"以及不可胜数的各类频道和App Store应用等，带来了各种商业模式。而图书馆作为保障知识公平获取、提供普遍均等服务的公益组织，与这些服务并没有利益上的冲突，因此完全可以与之开展全方位的合作。

第二节 台湾的阅读推广及图书馆的作用[1]

阅读是人们学习知识、接受教育、发展智力、获得教养的最基本途径，不仅关乎个人修身养性，更攸关国民素质与竞争力。台湾地区在"阅读就是竞争力"的理念推进下，政府机构及社会团体都重视营造社会阅读风气，不断推出各种形式的阅读活动，各项活动推进得有声有色。政府机构主导的阅读推广活动系统而细致，其中较大规模或持续性的阅读推广活动都由行政主导或经费挹注，包括"行政院"下属的文化建设委员会、"教育部"或各市县直管的图书馆、文化馆都开展了丰富多样的活动。

1 台湾阅读推广活动的基础平台建设

1.1 注重推动阅读推广重要基地——图书馆建设，图书馆数量显著增长

图书馆是推广阅读和倡导阅读风气的根据地。台湾地区 2001 年颁布的《台湾图书馆法》规定："政府机关、学校应视实际需要普设图书馆，或鼓励个人、法人、团体设立之"[2]。台湾地区行政部门注重图书馆建设，特别是公共图书馆的建设。从纵向来看，以公共图书馆为例，1981—2007 年，公共图书馆数量由 135 个发展到 547 个，增长了 3.05 倍，1950—2007 年台湾公立公共图书馆变动情况（见图 5-19）清晰展现了台湾公立公共图书馆数量增长变动趋势；就分布情况来说，以台湾地区设 311 个乡镇和 50 个市区计，每个乡

1　本节由中国计量大学图书馆副研究馆员郎杰斌撰写。
2　台湾图书馆法 [EB/OL]. [2012-05-08]. http://www.chinabaike.com/law/got/tw/1379295.html

镇平均有 1.5 个公立公共图书馆[1]。

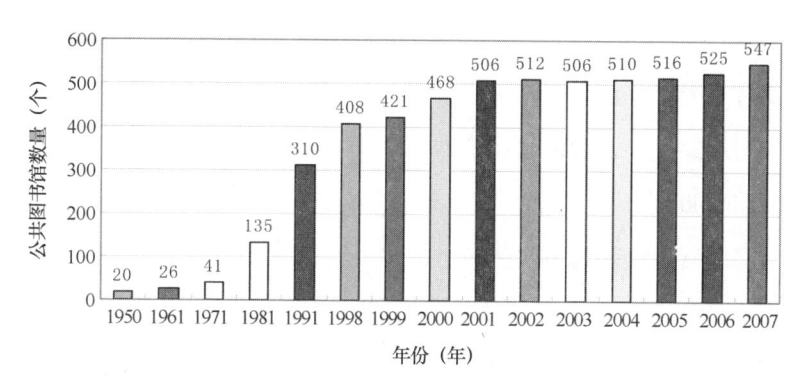

图 5-19　1950—2007 年台湾公立公共图书馆变动情况

（数据来源：台北"中央"通讯社出版、欧俊麟主编《世界年鉴 2009》）

从横向看，以 2004 年为例，台湾地区有公立、私立和民间团体设立的各类型图书馆 5 291 个。其中包括：公共图书馆 637 个，大专院校图书馆 167 个，高中高职图书馆 497 个，中学图书馆 723 个，小学图书馆 2 646 个，专门图书馆 621 个[2]。以台湾地区当时 2 269 万人口折算，一个图书馆平均服务约 0.43 万人口，一个公共图书馆平均服务 3.56 万人，大大超过国际图联颁布的"公共图书馆标准（1873—1977）"要求的 5 万人应有一所公共图书馆的目标[3]。

1.2　实施图书馆空间和阅读环境改善计划，阅读环境与氛围得到显著改善

图书馆的整体改造可以赋予图书馆新的生命，吸引更多的民众进馆，甚

---

[1] 台湾各乡镇地名之由来［EB/OL］.［2012-05-30］. http：//home.educities.edu.tw/nkhs9323005/AAAA2000.html

[2] 李瑞音. 台闽地区各类型图书馆数量统计表（民国 93 年）［A］."国家"图书馆编. 中华民国图书馆年鉴（民国九十四年）［M］. 台北："国家"图书馆，2005：444

[3] 吴建中. 21 世纪图书馆新论［M］. 上海：上海科学技术出版社，2003：142

至可以改善社区的风气，正如英国伦敦市陶尔哈姆莱茨（Tower Hamlets）区在2002年起以一种结合地方购物中心、成人教育、图书馆、才艺活动中心等功能的复合式公共空间"点子商店"（Idea Store）再造公共图书馆，提升地方的活力与形象一样，台湾地区也非常重视优质阅读环境的提供。

2003和2004年度，"行政院"文化建设委员会与教育部门推出了"公共图书馆空间及营运改善计划"，该计划投入经费约11亿新台币，目的是鼓励乡镇（市、区）图书馆发挥创意，颠覆图书馆经营的刻板印象，打破传统被动服务方式，改以主动积极服务，营造良好及高品质阅读氛围，创造现代化的网络及多媒体视听服务，让图书馆成为民众流连忘返的"好所在"，该计划实际补助299个图书馆，在展示计划执行后的成果时，台湾当时的行政负责人致词说："改造后的图书馆可以作为每户人家的书房、当做诚品书店一样来使用"[1]。

2008年，为了刺激台湾经济，台湾行政部门推出了"加强地方建设、扩大内需方案"，其中包括补助各县市地方公共建设583亿台币，各县市立图书馆及文化局也利用此方案，通过县市政府提出空间和设备改造需求，高雄市立图书馆、台中文化局图书馆及各区馆等都获得了数百万至数千万新台币的补助[2]。"教育部"推出《阅读植根与空间改造：98—101年（公元2009—2012年）图书馆创新服务发展计划——公共图书馆活力再造计划》及《补助推动阅读植根与空间改造计划作业原则》，目的是：（1）建立以读者为本的阅读环境；（2）营造温馨有趣的阅读氛围；（3）设置便捷周全的资讯化空间；（4）结合及活化社区本地资源；（5）以成为本地终身学习中心为发展目标。2009年在阅读环境方面，共计补助47个图书馆，补助金额最多为1 100万新

---

[1] 曾淑贤. 国内外公共图书馆建筑及空间改善之探讨[J]. 台湾图书馆管理季刊, 2010, (10): 18

[2] 曾淑贤. 国内外公共图书馆建筑及空间改善之探讨[J]. 台湾图书馆管理季刊, 2010, (10): 19

台币、最少为 100 万新台币。2010 年在阅读环境方面，共计补助 45 个图书馆，补助金额最多为 600 万新台币、最少为 150 万新台币。此外，还有图书馆自行编列预算或争取补助进行的图书馆改善计划[1]。

同时推动辅导乡镇图书馆扩增"生活学习功能"，从组织架构重建、空间功能强化、生活学习功能改进等方面，将图书馆打造为集阅读、网络资讯、展演场所、终身学习活动为一体的多功能文化学习中心[2]。南投埔里镇图书馆是获得 2008 年台湾图书馆绩优奖"金图奖"的图书馆，从该馆的获奖描述可见空间营运改善的效果："埔里镇图书馆经过空间改造后，窗明几净，像'阅读花园'，民众可在室内或户外树下、花香中阅读，还有驻馆作家、画家与音乐家，充满人文气息。"[3] 空间改善使埔里镇图书馆成为书香与人文交织的桃花源，增强了图书馆对民众的亲和力。

2 台湾地区行政主导开展的阅读推广活动

2.1 台北国际书展

台湾地区在国际上影响最大的阅读推广活动首推台北国际书展。书展由台湾地区行政部门新闻局主办，主要目的是增进国际出版物交流，每年春季举办。第一届于 1987 年 12 月 15 日举办，截至 2012 年，已成功举办二十届，展览规模大幅增加，已成为号称亚洲第一、世界第四大国际级图书专业展览[4]。

---

1 曾淑贤．国内外公共图书馆建筑及空间改善之探讨［J］．台湾图书馆管理季刊，2010，(10)：19-20
2 "行政院"新闻局．中华民国年鉴（2006）［M］．台北：台北市新闻局，2008：891
3 台湾颁发 2008 年度绩优公共图书馆奖［EB/OL］．［2009-03-19］．http://www.publishing.com.hk/pubnews/NewsDetail.asp?NewsID=20090319004
4 台北国际书展［EB/OL］．［2012-04-22］．http：//zh.wikipedia.org/wiki/%E5%8F%B0%E5%8C%97%E5%9C%8B%E9%9A%9B%E6%9B%B8%E5%B1%95

台北国际书展对于台湾人来说，是一场最重要的知识盛会。主办单位每年会邀请不同国家地区的出版机构参加，让以华文媒体为主流的台北书展不断迈向国际化。其中最受欢迎的是作家论坛与见面会、签书会，分享阅读的喜悦。书展力求以精彩的主题、多元的规划、丰富的活动，与读者、出版人共同开展新的"阅读生活"，使书展成为每年一度激发民众阅读热情、提升阅读层次、开展各种新形态阅读的嘉年华。历届书展的宣言或主题见表5-1，体现了书展推动阅读的热情，使书展成为最具阅读推广效益的大型盛会。在参加人数上，2008年第十六届台北国际书展在"阅读生活"展区，参观人潮创下44万人次的记录，可见场面之宏大。

表5-1 历届台北国际书展宣言

举办年份	届次	台北国际书展宣言或主题
1992	第三届	传承历史文化、开拓国际视野
1994	第四届	出版事业在台湾地区之演进
1996	第五届	当东方遇见西方
1998	第六届	在亚洲与世界之间
1999	第七届	放眼亚洲，阅读世界
2000	第八届	人文与科技的对话
2001	第九届	书香e世纪，出版新创意
2002	第十届	品味东方，博览世界
2003	第十一届	亚洲与世界沟通的桥梁
2004	第十二届	阅读城市、悠游台北
2005	第十三届	阅读与出版的嘉年华会
2006	第十四届	阅读与出版的嘉年华会
2007	第十五届	阅读，幸福的海洋
2008	第十六届	阅读与出版的嘉年华会
2009	第十七届	阅读与出版的嘉年华会

续表

举办年份	届次	台北国际书展宣言或主题
2010	第十八届	阅读，创意的奏鸣与交响
2011	第十九届	阅读，幸福进行式
2012	第二十届	阅读，启动绿色未来

注：资料来源于维基百科"台北国际书展"条目（http://zh.wikipedia.org/wiki/%E5%8F%B0%E5%8C%97%E5%9C%8B%E9%9A%9B%E6%9B%B8%E5%B1%95）和台北国际书展网站（http://www.tibe.org.tw/）。

2.2 好书交换活动

台湾好书交换活动，1992年由台中市图书馆率先举办，后由台湾地区文化建设委员会每年6月—7月与公共图书馆、民间公益团体等联手推动，活动目的："一、透过捐书、换书活动，让民众在挖宝的氛围中，重拾阅读的乐趣；二、借由好书交流，分享阅读资源，同享知识的喜悦，营造书香社会。"台中图书馆于2004年开始承担主办常态性全台湾好书交换活动，获得261个公共图书馆响应，总计募得27万余册图书，2005年再度扩大规模，在全台湾设置350个好书交换地点，举办各地方县市捐书竞赛，并动员出版业者、公益团体、基金会、地方人士参与捐书，进一步增加图书交换资源，提供一个平台让民众将读过的书捐出，换得想读的书，又可以让需要图书资源的居民、弱势团体获得好看的书，展现书的生命力，倡导人文环保的理念，强化阅读经验分享，邀集民众共享好书、共同参与。好书交换活动每年一个主题，所选主题"千书万换，好书相伴"、"阅换阅快乐"、"换换书唤唤爱，爱书爱地球"等念起来朗朗上口，特别贴近活动内涵，又让民众感觉很亲切，使好书交换活动成为每年一度的全台书香盛会，近年每年参与人数都在16万人次以上，交换图书数量在38万册以上（见表5-2）。

表 5-2　台湾 2007—2011 年好书交换活动开展情况表

年度	日期	主题	总收书量（册）	交换书量（册）	参与人数（人次）
2011	收书：7月15日 换书：7月16日	千书万换，好书相伴	532847	392769	160265
2010	7月17日	挖宝找好书，阅读换幽默	588767	421530	201610
2009	7月19日	好书不厌百回读，书中自有黄金屋	583300	417595	224786
2008	7月12日	换换书唤唤爱，爱书爱地球	565054	408472	178189
2007	7月22日	阅换阅快乐		388515	167950

注：资料来自 http：//goodbook.ntl.gov.tw/和"行政院"新闻局编 .2008.11《中华民国年鉴 2007》

2.3　阅读文学地景活动

阅读文学地景活动是台湾"文化建设委员会"为提升社会阅读风气，以"反映乡土关怀、反映自然环境地理与具特色生活圈之优秀文学作品"为主轴，期待通过与土地、与生活关系极为密切的文学作品，唤起民众对家乡的感情记忆，了解台湾变迁的轨迹，进而喜爱阅读台湾本土文学作品的一项阅读推广计划，活动内容包含：

①出版作品专集。由"文化建设委员会"主办，作品通过民众、各县市文化局推荐，再由评选委员推荐及评选，共选出台湾本土文学"阅读文学地景"作品 259 篇，其中新诗 103 篇、散文 104 篇、小说 52 篇，出版新诗、散文各 1 册及小说 2 册的套书，堪称台湾第一套最完整、深入的地志文学选集。2008 年 4 月由联合出版社出版。

②建设专属网站（readingu.cca.gov.tw），以方便习惯网络阅读的青少年

浏览，让民众在浏览网站时，就如同阅读一本书一样的感受，并提供相关活动资讯。网站于 2008 年 4 月开通。民众可从网站阅读地志文学作品，与作家对话。

③开展系列推广：包括"阅读文学地景系列讲座"、"作家揪团 GO 阅读——发现文学地景之旅"及"全民疯故乡——图文征选活动"等。有到各公共图书馆与中小学校的"与文学作家相见欢"巡回讲座，有作家亲自导览的"作家带领寻访地景"活动，有"人人游故乡"、"人人写故乡"、"人人拍故乡"等竞赛活动[1]，活动总奖金达 100 万新台币，通过阅读心得、游记书写、地景摄影、网络博客等形式的征选活动，扩大民众的参与度并借此拓增"阅读文学地景"专集的阅读人口，提升全民阅读风气，创造新一波的阅读新美学。

2.4 校园阅读推广活动

儿童是推动阅读的主要对象，在台湾，"国民小学"是推动儿童阅读、推广阅读风气的主力之一。据 2004 年《中华民国教育统计》，2003 学年台湾"国民小学"图书馆，藏书总数 2 371 万册，生均 12.4 册，年均图书资料借阅 5.96 人次，学生年均借阅图书资料 10.9 册。

台湾地区教育部门 2001 年至 2003 年推动的全台儿童阅读计划，就充实"国民"小学及幼稚园图书资源、营造阅读环境、培训种子教师、补助市县政府及民间团体推动阅读计划等，投注很大的心力与物力资源。为延续该计划的成效，2004 年再度拟订了"焦点三百——'国民小学'儿童阅读推动计划"，以帮助弱势地区学校的学童提升阅读环境。这项计划从 2004 年 9 月至 2008 年 8 月，历时 4 年，选定 300 所文化资源不利的焦点学校，投入经费估

---

1 "行政院"新闻局. 中华民国年鉴（中华民国九十六年）[M]. 台北：台北市新闻局，2008：387

计超过 2 亿新台币。

台北市教育局自 2003 年起，推动台北市"国民小学"儿童深耕阅读四年计划，以"深耕阅读，阅读生根"为主旨，设立"儿童深耕阅读教育网"，举办推动儿童深耕阅读成果展；配合"4.23"世界读书日，举办温馨的"鸣阅读钟"活动，每日上午在全台北市"国小"鸣阅读钟，为期 1 周，所有班级的老师（或家长）停下手边的工作，为孩子朗读 10 分钟。根据 2004 年台北市教育局阅读成果调查，参与深耕阅读计划的中心学校的学生，年平均阅读数为 34 册，较台北市"国小"学生的平均阅读量 27 册，高 7 册；较上年平均阅读量 22 本，高 12 册[1]。后来又进行了 2011 年至 2014 年的台北市"国民"小学推动儿童深耕阅读四年计划。

2.5 基层市县阅读推广活动

在地区政府主推的各项活动之外，各基层市县也开展多种阅读活动：台北市图书馆、高雄市图书馆、嘉义县图书馆等都推出"书香宅急便——图书宅配到府服务"[2]，方便远途利用者或无法于图书馆开馆时间到馆借书的读者借阅和归还图书资料，民众可通过网络、电话、亲自到馆等方式申请图书宅配，拓展阅读；台北市图书馆举办"读书乐在台湾"活动，2007 年 10 月与法国在台协会合办，活动主题是"一座城市一部作品"，内容包括所有与城市相关的法国经典文学作品，以拓展市民国际化的阅读视野，举办讲座、网络阅读马拉松、阅读法国大乐透、法国电影欣赏等活动；高雄市注重推动城市阅读运动，举办了"高雄好读书"、"送书香到教室"、"高雄市早读运动——

---

1 "国家"图书馆. 中华民国图书馆年鉴民国九十四年 [M]. 台北："国家"图书馆，2005：38
2 "行政院"新闻局. 中华民国年鉴（中华民国九十六年）[M]. 台北：台北市新闻局，2008：1042

爱上图书馆运动"[1],市立图书馆推动"一人一书,幸福高雄",带动提升城市阅读风气;南投县推动一乡镇一个"爱的书库"建置工作,建置速度全台第一,认养书箱最多、可借图书最多[2]。花莲举办"送书去旅行"活动,在花莲的速食店、火车站等地放置好书,免费供旅客索阅,看完后再寄回图书馆[3];台中县大安乡立图书馆采用特殊方式经营,每年年初为捐款认养期刊或购书民众在图书馆内点一盏灯,相当受欢迎,当地只有2万人,但一年借书量多达9万册,等等[4]。

3 台湾地区行政主导下阅读推广活动的特点

3.1 推广阅读已成为台湾社会的共识,阅读推广活动组织得系统、细致

台湾地区行政主导的阅读推广活动中,台北国际书展始于1987年,已历经25年举办了20届活动;好书交换活动首次举办于1992年,已历经20多年,2004年台中市图书馆开始承办常态化的一年一度的活动。这些活动的组织者倾注了大量心血,每届活动尽管在形式保持延续性,但内容上都力求有新意,台北书展每届变化不同的国家主题馆,书展主题也应时而变,好书交换活动的宣传形象设计、主题每届都有不同,以保持活动的新鲜度,吸引民众参与;活动热度的保持,也体现了民众对阅读活动的重视和认同。

地区及市县行政负责人的积极参与,对阅读推广起了良好的推动作用。

---

[1] "行政院"新闻局. 中华民国年鉴(中华民国九十六年)[M]. 台北:台北市新闻局,2008:992

[2] "行政院"新闻局. 中华民国年鉴(中华民国九十六年)[M]. 台北:台北市新闻局,2008:1047

[3] 台湾颁发2008年度绩优公共图书馆奖[EB/OL].[2009-03-19]. http://www.publishing.com.hk/pubnews/NewsDetail.asp? NewsID=20090319004

[4] 台湾颁发2008年度绩优公共图书馆奖[EB/OL].[2009-03-19]. http://www.publishing.com.hk/pubnews/NewsDetail.asp? NewsID=20090319004

台"文建委"前主任黄碧端曾表示,"阅读"是长期以来各界都觉得需要被推广的事,而在推广阅读这件事上,不论是在文化界或是在教育界,亦都被视为极重要的事。事实上,一些台湾行政负责人对阅读推广也是身体力行。2008年9月17日,台湾地区行政负责人刘兆玄参加"国家书店"松江门市揭幕,致词中希望该书店开幕能建立台湾新的文化地标,成为社会大众的心灵补给站,并特别说明"政府"在新年度大幅提升教科文预算,推广阅读[1]。高雄市图书馆举办"与市长读书——开心菊读书会"活动,2007年,市长陈菊规划举办了4场次活动,与原住民儿童、阳明中学学生、高雄妇女团体以及身心障碍者280多人,分别共读了《山猪·飞鼠·撒可努》、《一个钢琴师的故事》、《女农讨山志》、《蓝约翰——多重障碍的生命勇士》4本书,与民众分享阅读心得与喜悦,引领市民进入阅读殿堂,共同分享阅读的兴趣与经验;此外,高雄市还举办"与局长读书"活动,2007年,文化局长王志诚亲自选书,3月起深入各级学校教职员、学生以及家长读书会,举办9场活动。2010年10月,台北教育局长康宗虎亲赴教育广播电台,和10位台北市新生代表分享喜爱的绘本;桃园市长苏家明偕同妻子亲自主持"书畅e夏系列活动小博士竞赛"典礼,以此期勉家长能多抽出时间来亲子共读[2]。行政负责人的引领示范,进一步带动提升城市阅读风气。

3.2 把阅读推广视作社会教育和文化建设的重要组成部分进行推动

阅读推广被看作是台湾推进社会教育的重要部分。2008年7月这期《台湾图书馆管理季刊》中的"2008推动阅读系列活动报导"一文中提到,"推动阅读,可以使台湾成为温和有礼、终身学习的书香社会";"阅读是一切学习的基础,儿童除了可借由阅读吸取知识、促进学习与成长外,并可透过阅

---

1 欧俊麟. 世界年鉴2009 [M]. 台北:台北中央通讯社出版,2008:512
2 林静娴. 台推"新阅读文化运动" [EB/OL]. [2010-10-13]. http://epaper.taihainet.com/html/20101013/hxdb279273.html

读获得兴趣,丰富生活;及早进行阅读,更有助于脑力的开发,语言的发展,并可启发个体想象,增进创造并充分展现多元智慧"[1]。儿童的阅读能力是学习能力的基础和核心,中小学校、公共图书馆成为台湾阅读推广的两大基地。2000年台"教育部"把该年定为"儿童阅读年",投入了很大精力和经费在推广儿童阅读上,把提高学生的阅读能力作为教育改革的一项重要内容。台北为了从小养成儿童阅读习惯,很早就推广"阅读起跑线"(Bookstart)计划,2010年更配合教育行政部门推行"小一新生阅读计划",不仅9月份刚入学的小学新生能获得适龄图书一本之外,家长和老师也有《亲子共读手册》以指导如何带领小朋友体验阅读乐趣[2];台湾教育行政部门推行的全台儿童阅读计划、焦点三百——"国民小学"儿童阅读推动计划,台北市教育局推动的台北市"国民小学"推动儿童深耕阅读四年计划等,都围绕儿童、青少年阅读推广开展具体工作。

　　台湾也把阅读推广视为文化建设与文化传承的重要部分。在"阅读文学地景"活动中,举办阅读文学地景系列讲座、"作家揪团GO阅读——发现文学地景之旅"等,期望通过阅读地景的过程展现文学的无限创造力、品位及深度,进一步推展台湾丰富的地方文化;"文字方阵——文学著作推广计划"是2008年台"文建委"推动台湾文化建设的5项工程计划之一,"文建委"主委黄碧端于2008年6月18日提出台湾文化建设未来的施政方向时表示,"文字方阵——文学著作推广计划"将整合、诠释、保存、形塑具主体特点的台湾文化,将具有创意与感情的文字,转化成感动人心的作品与影像,传输到国内外,以文化"软力量"深耕台湾,走入国际,达到"阅读文字,呈现台湾,展现世界"的目标[3]。文字、文学、文化有着天然

---

[1] 编辑部汇编.2008推动阅读系列活动报导[J].台湾图书馆管理季刊,2008,(3):1-8

[2] 林静娴.台推"新阅读文化运动"[EB/OL].[2010-10-13].http://epaper.taihainet.com/html/20101013/hxdb279273.html

[3] 欧俊麟.世界年鉴2009[M].台北:台北中央通讯社出版,2008:507

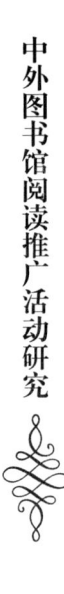

联系，文学作品是阅读推广的主要对象，可以看出，台湾阅读推广活动与文化建设结合紧密。

3.3 关注民众阅读需求，注重阅读推广活动的亲和力设计，吸引民众参与阅读推广活动

每届好书推广活动的不同主题，如"千书万换，好书相伴"、"阅换阅快乐"、"换换书唤唤爱，爱书爱地球"、"挖宝找好书，阅读换幽默"、"好书不厌百回读，书中自有黄金屋"等，与"书"密切关联，读起来朗朗上口，每一届的标识设计形象生动，很好地体现了活动形象推广的诉求。其他阅读活动，如读书会的命名也注重清新、直观的风格，彰化县有文馨读书会、康乃馨读书会、茉莉花读书会、了凡读书会、山水读书会、生活家读书会等，茉莉花读书会偏好生活、手札、小说、医疗类书籍，文馨读书会面向所有类别的图书。台湾成立最久的读书会之一的袋鼠妈妈读书会，顾名思义，就是像袋鼠一样，可以把孩子装在身上的口袋里到处走，是一个可以带孩子一起参加活动的社团，命名非常形象，容易吸引民众的参与。

举办民众喜闻乐见的趣味性阅读活动。台北市图书馆为让儿童及青少年对中国经典故事有所认识，与澳门民政署、香港小童群益会及广州市少年宫联合举办2007年两岸三地少年儿童"阅读经典三国"计划，以《三国演义》为主题，举行一连串的阅读活动和比赛，借此让儿童及青少年通过阅读三国故事，提高阅读经典文学的兴趣，内容有儿童讲三国故事、写给三国人物的信、三国与我写作、三国故事绘本创作等。注重阅读活动的趣味性设计，吸引人们参与。

注重阅读活动一整套环节设计。以桃园县2007年度"一书一桃园"阅读推广活动为例，桃园县文化局计划通过选出一本书推荐给民众阅读，将阅读变为全县民众共同参与的休闲活动，先由初选委员选出30本书，票选团（约

500人）复选出票数最高的15本书作为复选书单，最后由5位评审就该书单选出《美的觉醒》为2007年桃园之书及《风之影》等11本推荐书，桃园之书确定后接着举行专题讲座，邀请获选书《美的觉醒》的作者——美学大师蒋勋就"2007桃园之书"进行导读，带领读者一起阅读、讨论，并利用2-3个月的时间，到县内10所学校举办10场"一书一桃园"校园巡回导读专题演讲，扩大阅读推广活动效果。2010年的"一书一桃园"活动，桃园文化局再增加与敦煌书局合作，在县域几所大学的书局内开辟"一书一桃园"专区，展示"桃园之书"及推荐书，并提供购书优惠，让书香盈满校园[1]。"一书一桃园"活动经过精心组织，2003—2011年，每年分别选出了《天使走过人间》、《苏西的世界》、《少年时》、《李淳阳昆虫记》、《美的觉醒》、《福尔摩沙植物记》、《我们，移动与劳动的生命记事》、《11元的铁道旅行》[2]及《俎豆同荣》等代表性图书，使"一书一桃园"活动成为全台有指标性意义的阅读推广活动。

3.4 注重阅读基地建设、阅读推广活动开展、阅读方法指导，多位一体整体推进

台湾阅读推广活动的开展如前所述，不多赘言。台湾的阅读基地建设除了加强图书馆的建设与改造外，"文建委"成立了承担台湾文学发展与研究、文学阅读推广等职责的台湾文学馆，经常性举办文学教育推广活动，2008年接待超过25万人次。文学馆依据申请审查结果，订价购一定数量的著作分送给图书馆、学校等单位，供编目推广，开展文学好书推荐专案活动，协助文学好书出版，推广文学作品阅读。出版《台湾年鉴》，报导评论年度文学大事，提升阅读风气。

---

1 一书一校园书香满校园 [EB/OL]. [2010-12-29]. http：//www.ncu.edu.tw/ch/clip/9326

2 一书一桃园征文比赛得奖人喜阅 [EB/OL]. [2010-12-12]. http：//tw.sports.yahoo.com/article/aurl/d/a/101212/35/66m2.html

在阅读方法指导上，编写阅读方法指导用书。2010年1月，"文建委"策划发表了《经典解码——文学作品读法系列丛书》，费时5-6年筹划完成，动员18位学者，从文学阅读的不同流派、不同角度规划，以浅显的语言阐述各类文学的阅读方法，除理论说明外，也选读许多经典文学以相互配合，共13册，论述西方重要的文学流派与批评方法，藉由理论导读以及作品选篇相互配合，让读者了解理论、创作与阅读三者之间的关系，执笔者深入浅出的撰写方式，以及丰富多样的作品分析，让年轻朋友深入阅读文学作品，激发对文学作品内在意义的进一步思考并充实文学背景知识[1]。举办有点字电子有声书计划，协助制作盲人点字书及有声书，出版盲人读物，举办盲人有声书读书会[2]，推动视障人士阅读，全面提升读书风气。

基层单位如新竹市图书馆等，编印《说故事宝典》图书，汇整成说故事教案，经严格筛选，整理其中优良作品成书，作为"说故事"的范本，推广至该市各小学，希望借由说故事，提升儿童的阅读能力、培养儿童的阅读习惯。

注重阅读指导队伍的建设与培训。台湾"国家图书馆"与各县市文化局举办的远程教学资源网研讨会的课程包括阅读方法等内容，2004年台中图书馆于各县市举办了8场次的社区读书会带头人及女性读书会领导人的读书会活动，培训阅读指导工作者。

台湾地区行政主导的阅读推广活动在"文建委"书香满宝岛文化植根计划的总体框架下，以每年举办的台北书展、好书交换、儿童阅读、阅读终身教育系列活动为抓手，地区层面、市县乡镇的文化机构、教育机构联动推进，每年都举办丰富多样、生动扎实的阅读推广活动，从数据上看，台湾2007年度各县市暨乡镇图书馆的推广活动有65 107场次，518.37万人次参加，图书

---

1 文讯杂志社．文讯大事记 2006-2010［EB/OL］．［2011-07-29］．http：//www.wenhsun.com.tw/

2 "行政院"新闻局．中华民国年鉴（中华民国九十四年）［M］．台北：台北市新闻局，2006：1008

借阅涉及 1 194.17 万人次、4 169.74 万册次，2004 年度各县市立公共图书馆服务读者 267 万人次、推广服务 3 596 场次形成显著对比。尽管阅读推广活动也存在一些问题，比如推动青壮年人群的阅读及引导网络阅读力度不够[1]，但应该看到，台湾被称为 M 型阅读社会，即儿童与老人是主要的阅读群，中国古语说"三岁看老"，台湾重视儿童阅读活动的推进，让儿童广泛参与阅读体验，注重儿童阅读推广，本身就抓住了阅读最基础的人群。其次，对网络阅读的引导问题，在一些学者如台湾出版人郝明义等看来，网络是被书籍阅读压抑了的精神需求的一种释放，是"企图摆脱文字和书籍阅读的限制，这是一种历史的必然"[2]，从这种认知来说，引导网络阅读也不成为一个问题。城市的阅读人口是衡量文化内涵的重要指标，阅读习惯的养成更是塑造学习型社会的基础，台湾作为一个地区，在联合国"人类发展指数（HDI）"排名中一直位居亚洲领先和世界前列，也体现了包括阅读推广在内的文化教育活动的建设成果和成效。

近年我国大陆对阅读推广活动高度重视，中共中央十七届六中全会提出了深化文化体制改革，推动社会主义文化大发展大繁荣若干重大问题的决定，以科学发展为主题，重点研究和解决"文化水平与综合国力不适应；文化发展与经济增长不适应；文化发展与国民素质要求不适应"等问题。从台湾地区社会发展推崇"阅读就是竞争力"的理念和"推动阅读，可以使台湾成为温和有礼、终身学习的书香社会"等的实践看，坚持不懈、重视系统推进全民阅读推广活动是解决"三个不适应"问题的一个有效途径。进一步推动阅读推广服务中的行政主导，把阅读推广活动作为社会教育、文化建设、国家经济社会可持续发展的一个根本，广泛引导全民自觉参与阅读活动，可以期待把我国建成一个文明有礼、国富民强的和谐社会。

1　曹桂平．关于台湾地区阅读推广活动的思考 [J]．图书馆建设，2010，(3)：82
2　钱理群．《越读者》试读：序言 [EB/OL]．[2008-10-13]．http://book.douban.com/reading/10602535/

第六章 图书馆阅读推广的基础：读者需求调查

第一节 公共图书馆读者的需求调查[1]

为了解我国公共图书馆读者对阅读推广的需求，我们设计了图书馆阅读推广调查问卷，包含3个方面：读者基本信息、读者阅读状况、图书馆开展阅读推广活动。调查样本以国家图书馆、省级公共图书馆、省会城市公共图书馆及少量地级市图书馆与县图书馆。调查取样将整群抽样、空间抽样、随机抽样等方法结合使用，问卷力求做到随机发放。调研总共发放调查问卷978份，回收978份有效调查问卷。问卷发放时先征得读者同意后才交由读者填写，故问卷有效率为100%。调研问卷采集于全国33家公共图书馆，分布于辽宁、天津、山东、北京、河北、山西、青海、四川、重庆、贵州、广西、

---

[1] 由山西财经大学信息管理学院副教授吴汉华博士撰写。

广东、湖北、上海、江苏、浙江等 16 个省、直辖市、自治区。问卷录入与分析所使用软件为 SPSS13.0。

1 读者群体的基本信息

1.1 读者群体的人口结构特征

在调研样本中，男性读者占 46%，女性读者占 54%，女性读者总数略高于男性读者。从读者年龄结构看，13-35 岁读者占 80%，与我们 2007 年在公共图书馆调研的读者年龄结构相近[1]，读者年龄结构的具体分布状况见图 6-1。男性读者的平均年龄主要分布在 25-35 岁，女性读者的平均年龄则分布在 19-24 岁，男性读者的平均年龄要明显高于女性读者（$t=5.084$，$p<0.05$）。

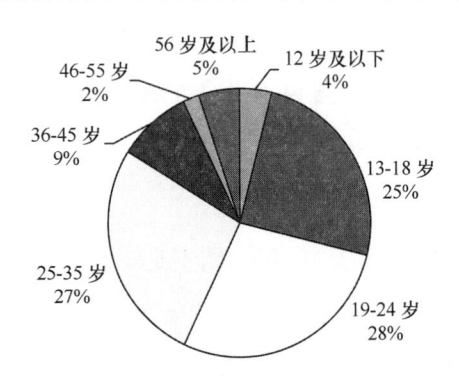

图 6-1 读者的年龄结构

在公共图书馆读者群体中，学生、社会工作者、退休人员所占比例依次为 55%、38%、6%。从读者学历结构上看，小学、初中、高中、大学、硕士、博士及以上所占比例依次为 4%、9%、27%、52%、7%、1%，其中大学（含专科）与高中（含中专）所占比例为 79%，表明大型公共图书馆的读者以较

1　吴汉华. 公共图书馆焦虑的调查研究 [J]. 图书情报知识，2007（5）：50-55

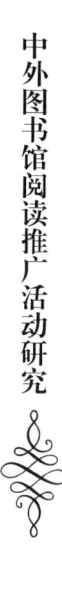

高学历的青年读者为主,他们利用图书馆进行一定深度的自主学习。

1.2 读者利用图书馆的状况

读者待在图书馆的时间长短可以作为衡量他们利用公共图书馆进行深度学习状况的一项指标。读者每次待在公共图书馆的平均时间为4.44小时,进一步分析发现:高达59%的读者每次在图书馆待的时间不足4小时,其中不足2小时的占27%,3-4小时的占32%,8小时及以上的占16%。如果我们参考8小时工作时间标准,将利用图书馆超过8小时的读者称为深度学习依赖型读者,则我国公共图书馆的学习依赖特征还不算强。

从读者利用图书馆的年限(简称馆龄)看,平均值为3.06年,读者馆龄为1年、2年、3年、4年、5年、6年、7年、8年及以上的比重依次为:41%、23%、13%、7%、4%、3%、2%、1%。从递减倍数看,馆龄从1年到4年的递减速率明显快于从5年到8年以上的递减速率,表明公共图书馆的读者流失现象严重。馆龄超过8年的读者占7.9%,最长的为33年,这类读者属于公共图书馆的铁杆用户。

从读者到馆频率看,每周访问图书馆不足1.5次的占68%,读者到馆频率可反映出公共图书馆利用率的状况,读者到馆频率分布的具体状况见图6-2。从图中可以看出,在到图书馆的读者中,每周访问图书馆不足1.5次的读者占了近68%。

1.3 读者利用图书馆的状况

从读者访问公共图书馆的出发地看,家里、学校、工作单位所占比例依次为77%、15%、8%。从家里出发到公共图书馆的读者所占比例最大,属于图书馆依赖性强的读者,其到馆频率($t=4.286$,$p<0.05$)、每次在馆时间($t=4.745$,$p<0.05$)、到馆路程时间($t=5.897$,$p<0.05$)、利用图书馆年限

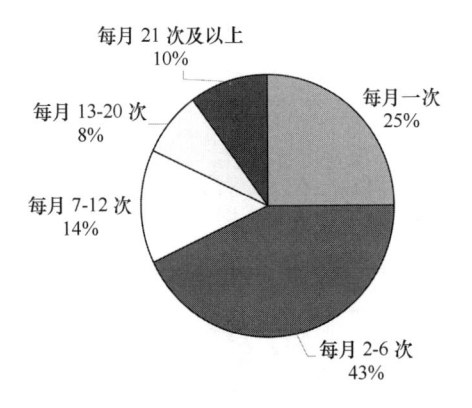

图 6-2 读者的到馆频率

($t=3.223$,$p<0.05$)等指标明显高于从学校来图书馆的读者。从学校来图书馆的读者与从工作单位来图书馆的读者相比,前者的到馆路程时间偏短($t=4.016$,$p<0.05$),利用图书馆年限偏少($t=2.241$,$p<0.05$)。从学校来图书馆的读者利用图书馆年限的平均值为2.18年,从工作单位来图书馆的读者利用图书馆年限的平均值为3.08年。

1.4 读者距离与交通状况

距离远近或可达方便程度决定了读者利用公共图书馆的意愿,图书馆距离读者越近,越容易到达,读者对它的利用意愿越强。读者到公共图书馆的路程时间,10分钟以内、11-20分钟、21-30分钟、31分钟以上的分别占17%、30%、27%、26%,半小时以内路程的占74%。读者到图书馆的路程时间受距离与交通方式共同影响,交通方式包括:步行、骑自行车、骑电动车、坐公交车、开私家车等,所占比例依次为24%、15%、8%、47%、6%。选择坐公交车、步行、骑自行车等方式到图书馆的读者比例高。读者到图书馆的交通方式与路程时间的具体状况见表6-1,步行到图书馆的交通时间一般不超过20分钟,骑自行车或电动车到图书馆的交通时间一般在10-30分钟,乘公交车到图书馆的交通时间一般超过20分钟。公共图书馆提供的知识服务覆盖范围有限，不论读者选择何种交通方式，交通时间一般在半小时以内。北京市公共图书馆的平均服务半径为4公里[1]，如果按照公交车每小时18公里的时速计算[2]，则覆盖范围最远端的读者直线公交时间为13.3分钟。

表6-1 读者的到馆路程时间与交通方式

到馆方式		到馆路程时间				合计
		10分钟以内	11-20分钟	21-30分钟	31分钟以上	
	步行	85	89	30	20	224
	自行车	30	53	37	20	140
	电动车	5	31	26	13	75
	公交车	30	88	146	172	436
	私车	8	21	11	13	53
	其他	0	1	2	0	3
合计		158	283	252	238	931

注：表中卡方检验显著，$p<0.05$。

选择不同交通方式的读者，他们的学历（$F=2.796$，$p<0.05$）、到馆路程时间（$F=46.547$，$p<0.05$）、待馆时间（$F=4.594$，$p<0.05$）等差异显著。选择乘坐公交车或私车到图书馆的读者，他们的学历最高，骑自行车到图书馆的读者学历最低。步行到图书馆的读者的交通时间一般不超过20分钟，但他们待在图书馆的平均时间最短，为3.94小时。读者的交通方式影响其待馆时间，交通方式越不便，他们待在图书馆的时间越长，越珍惜在图书馆的学习时间。

---

1 冯佳．"十分钟文化圈"建设研究：纽约开放空间"十分钟可达性"的启示［J］．上海文化，2013（10）：120-127

2 刘冕．公交车天天跑出专用道速度［EB/OL］．（2014-11-13）．［2014-11-19］．http：//jtcx.beijing.cn/bus/gjdt/n214191798.shtml

2 读者阅读状况分析

2.1 阅读媒体现状分析

2.1.1 阅读媒体网络化

阅读媒体分为纸质媒体与电子媒体,纸质媒体包括图书、杂志、报纸等以纸为载体的媒体,电子媒体则包括手机、电脑等电子化载体的媒体。在读者阅读的媒体资源中,纸质图书、杂志、报纸、网络阅读所占比例依次为:69.3%、13.2%、7.2%、10.2%。纸质图书依然是阅读的主要媒体,但网络阅读所占比例已超过纸质报纸的阅读比例。读者馆龄($F=5.448$,$p<0.05$)、年龄($F=10.425$,$p<0.05$)、待馆时间($F=4.846$,$p<0.05$)等因素显著影响其选择阅读媒体的倾向。上网阅读的读者每次待馆时间为4.57小时,明显长于阅读纸质报纸读者的每次待馆时间(3.42小时,$t=2.448$,$p<0.05$),但前者的馆龄($t=-2.806$,$p<0.05$)、年龄($t=-3.843$,$p<0.05$)偏低,表明使用新媒体的读者一般为年轻读者。

2.1.2 读者阅读媒体的偏好决定阅读量

读者每月阅读的图书册数、杂志册数、报纸种数的基本状况见表6-2。从读者的阅读媒介可知,图书最受欢迎,杂志次之,报纸处在最末位置。

表6-2 读者每月阅读图书、杂志、报纸的基本状况

	图书	杂志	报纸
平均值	3.60册	3.33册	2.17种
中位值	2.00册	2.00册	1.00种
众值	2册	1册	0种

续表

	图书	杂志	报纸
0（册/种）	4.3%	19.3%	27.8%
1（册/种）	23.3%	19.9%	26.6%
2（册/种）	31.1%	16.6%	18.1%
3（册/种）	13.0%	13.7%	12.3%
4及以上（册/种）	28.3%	30.5%	15.3%

对阅读媒介有不同偏好的读者，其每月阅读的图书册数（F=6.580，p<0.05）、杂志册数（F=4.907，p<0.05）、报纸种数（F=12.145，p<0.05）等值有显著差异。阅读偏好为纸质图书的读者每月阅读图书3.92册、杂志2.91册，阅读偏好为纸质杂志的读者每月阅读图书2.82册、杂志5.15册，两者在阅读纸质图书册数上也有差异显著（t=-2.095，p<0.05），在阅读杂志册数上也呈现出显著差异（t=3.284，p<0.05）。

阅读偏好为纸质图书的读者每月阅读报纸1.63种、图书3.92册，阅读偏好为纸质报纸的读者每月阅读报纸4.39种、图书2.51册，两者在每月阅读报纸种数上差异显著（t=-4.060，p<0.05），在每月阅读图书册数上显著差异（t=2.982，p<0.05）。阅读偏好为纸质杂志的读者每月阅读报纸2.10种，与阅读偏好为纸质报纸的读者在读报种数上差异显著（t=-2.908，p<0.05）。

偏好网络阅读的读者，其阅读纸质信息媒体的平均值整体偏低，每月阅读纸质图书2.75册、杂志2.64册、报纸1.89种，这些值与阅读纸质图书的读者差异显著（t=-2.844，p<0.05），与阅读纸质杂志的读者差异显著（t=-3.278，p<0.05），与阅读纸质报纸读者差异显著（t=-3.417，p<0.05）。

2.2　阅读范围分析

公共图书馆的馆藏不仅要有一定的学术性和科普性，还应有一定的消闲娱乐特征。读者阅读学术、科普、消闲小说类图书所占比例依次为49%、35.4%、49.6%。读者阅读图书的类型不同,他们的学历、年龄、到馆频率、每次待馆时间、馆龄等差异显著。阅读学术类图书读者的学历虚拟平均值为3.75、到馆频率虚拟平均值为2.52、每次待馆时间为5.05小时;阅读非学术类图书读者的学历虚拟平均值为3.32、到馆频率虚拟平均值为2.16、每次待馆时间为3.85小时,两者在学历($t=7.394$,$p<0.05$)、到馆频率($t=4.660$,$p<0.05$)、待馆时间($t=7.137$,$p<0.05$)等指标上差异显著。

偏好阅读科普类图书的读者的学历虚拟平均值为3.43、每次待馆时间4.14小时、馆龄3.47年,这三项指标与非阅读科普类图书的读者差异显著[学历($t=-2.655$,$p<0.05$)、馆龄($t=2.726$,$p<0.05$)、待馆时间($t=-2.594$,$p<0.05$)]。偏好阅读消闲小说类图书的读者的学历虚拟平均值为3.39、年龄段虚拟平均值为3.13、到馆频率虚拟平均值为2.16、每次待馆时间为4.22小时,上述四项指标与非阅读消闲小说类图书的读者差异显著[学历($t=-4.876$,$p<0.05$)、年龄段($t=-5.098$,$p<0.05$)、待馆时间($t=-2.427$,$p<0.05$)、到馆频率($t=-4.484$,$p<0.05$)]。

2.3 阅读方式分析

读者的阅读方式有多种,他们既可花专门时间阅读,也可利用空余时间、无聊时间和睡前时间阅读,上述阅读方式所占比例依次为26.1%、66.1%、27.3%、22.6%。利用空余时间阅读的读者所占比例最高可以解释这一现象——近68%的读者每周访问图书馆不足1.5次,这些表明读者来图书馆学习的时间非常宝贵,他们只能利用空余时间到图书馆学习充电。

2.3.1 花费专门时间阅读分析

花费专门时间阅读的读者的学历虚拟平均值为3.68(介于高中和大学之

间)、年龄虚拟平均值为3.53（介于19-24岁与25-35岁之间）、每天阅读时间虚拟平均值为2.71（介于1-2小时与3-4小时之间）、到馆频率虚拟平均值为2.75（介于每月2-6次与7-12次之间）、待馆时间为5.11小时。上述指标与未花费专门时间阅读的读者在学历（t=2.771，p<0.05）、年龄（t=1.973，p<0.05）、每天阅读时间（t=7.697，p<0.05）、到馆频率（t=5.530，p<0.05）、待馆时间（t=4.515，p<0.05）等指标上差异显著。

2.3.2 利用空余时间阅读分析

利用空余时间阅读的读者每天阅读时间虚拟平均值为2.11（介于3-4小时与1-2小时之间）、到馆频率虚拟平均值为2.24（介于2-6次/月与7-12次/月之间）、待馆时间4.27小时。与非空余时间阅读的读者相比较，两者在每天阅读时间（t=-6.165，p<0.05）、到馆频率（t=-3.596，p<0.05）、待馆时间（t=-2.563，p<0.05）等值差异显著。

2.3.3 无聊时间阅读分析

无聊时间阅读的读者的学历虚拟平均值为3.39、年龄虚拟平均值3.02、每天阅读时间虚拟平均值2.13、到馆频率的虚拟平均值为2.22、馆龄为2.71年。与非无聊时间阅读的读者相比较，两者在学历（t=-3.202，p<0.05）、年龄（t=-5.885，p<0.05）、每天阅读时间（t=-2.207，p<0.05）、到馆频率（t=-2.162，p<0.05）、馆龄（t=-2.164，p<0.05）等值上显著差异。无聊时间阅读的读者表现出低学历、低年龄、低馆龄、每天阅读时间少等特征，他们一般为青少年读者，正处于接受新知识的成长时期，需要图书馆对他们开展延伸阅读导读工作。

2.3.4 睡前时间阅读分析

睡前阅读的读者的年龄虚拟平均值为3.2，每天阅读时间的虚拟平均值为

2.18，到馆频率虚拟平均值为2.18。与非睡前阅读读者的相比较，两者在年龄（$t=-2.311$，$p<0.05$）、每天阅读时间（$t=-2.000$，$p<0.05$）、到馆频率（$t=-2.398$，$p<0.05$）等指标上差异显著。睡前阅读的读者的低年龄、少阅读时间、低到馆频率等特征与无聊时间阅读的读者群体类似，两者可能是一类青少年读者群体，他们更需要图书馆在阅读推广活动中给予更多关注。

从读者阅读频率上看，54.2%的读者每天阅读。在每天阅读的读者中，每天阅读时间超过5小时、3-4小时、1-2小时、不足1小时的分别占17.2%、49.0%、21.5%、12.4%。读者的阅读方式影响其每天的阅读时间，花费专门时间阅读的读者每天阅的读时间最长。

2.4 获取阅读资源路径分析

从读者获取所需阅读资源路径上看，找熟人借、从网上搜寻、购买、从图书馆获取等分别占65.2%、48.6%、45.1%、17.9%。图书馆处在读者获取阅读资源路径选择之最末位置，它要真正承担起文献资源中心的重任还有很长的路要走。对于大多数读者来说，他们主要利用大型公共图书馆所提供的公共学习空间。从图书馆获取阅读资源的读者是图书馆的忠实读者，他们对图书馆资源的依赖性强，平均馆龄为3.32年、待馆时间为4.27小时。从对图书馆公共学习空间的依赖程度上看，自己购买阅读资源的读者每次待馆时间为4.73小时，明显高于通过其他方式获取阅读资源读者的每次待馆时间（$t=3.111$，$p<0.05$），因此，自己购买阅读资源的读者对图书馆公共学习空间的依赖性更强。

2.5 阅读动机分析

公共图书馆读者的阅读动机包括兴趣爱好、参加考试、课余学习、工作充电、打发时间等，所占比例依次为40.0%、25.9%、15.5%、12.0%、

6.6%。读者的阅读动机与相关变量的平均值(含虚拟平均值)分布状况见表6-3。阅读动机不同的读者,在每次待馆时间(F=20.194,p<0.05)、到馆频率(F=10.204,p<0.05)、馆龄(F=3.166,p<0.05)、每天阅读时间(F=4.137,p<0.05)、每月阅读图书册数(F=4.323,p<0.05)、年龄(F=14.591,p<0.05)等指标值上差异显著。读者在图书馆的学习深度受其阅读动机的影响,参加考试的读者在待馆时间和到馆频率等方面得分最高,但其馆龄、阅读图书册数、阅读时间等值得分偏低,因此,参加考试的读者对图书馆公共学习空间的依赖性强实际上是临时性的。

表6-3 不同阅读动机的读者在各变量的平均值分布

相关变量	阅读动机	平均值	相关变量	阅读动机	平均值
待馆时间	1 课余学习	4.4	每天阅读时间	1 课余学习	2.93
	2 参加考试	5.82		2 参加考试	2.41
	3 工作充电	3.97		3 工作充电	2.79
	4 兴趣爱好	3.79		4 兴趣爱好	2.79
	5 打发时间	3.94		5 打发时间	2.93
到馆频率	1 课余学习	2.16	每月阅读图书册数	1 课余学习	3.71
	2 参加考试	2.87		2 参加考试	2.69
	3 工作充电	2.31		3 工作充电	2.96
	4 兴趣爱好	2.22		4 兴趣爱好	4.28
	5 打发时间	2.26		5 打发时间	3.07
馆龄	1 课余学习	2.15	年龄	1 课余学习	2.7
	2 参加考试	2.69		2 参加考试	3.21
	3 工作充电	2.92		3 工作充电	4.09
	4 兴趣爱好	3.34		4 兴趣爱好	3.49
	5 打发时间	3.15		5 打发时间	3.44

注:表中到馆频率、每天阅读时间、年龄三变量的各项平均值是虚拟平均值。

3 读者对图书馆阅读推广的需求分析

3.1 对阅读推广宣传的需求

图书馆要做好阅读推广活动，前期社会宣传必不可少。社会宣传是读者获取图书馆阅读推广信息的重要途径，社会宣传的途径有社会媒体、图书馆网站、朋友介绍、海报、宣传册等，所占比例依次为 39.9%、32.3%、32.1%、27.2%、16.9%。社会媒体宣传途径所占比例最大，表明图书馆要宣传阅读推广活动，首先应借助社会媒体，比如电视、广播、报纸、手机短信等传统媒体，大型门户网站、邮件推送、微博、微信等网络社交媒体。如何借助社会媒体宣传图书馆的阅读推广活动，是图书馆长期忽视的问题，有读者建议：图书馆阅读推广宣传应借助层次高、影响力大的媒体，对不同年龄层次的读者使用不同的宣传方式。

3.2 参与者的需求

图书馆阅读推广的参与者包括馆员、读者和志愿者三方面。

3.2.1 读者对图书馆员的需求

图书馆员是阅读推广活动的组织者，读者对图书馆员有较强的社会需求，71.1%的读者在获取书籍时会向图书馆员寻求帮助。读者对图书馆员提供帮助的满意状况分为非常满意、比较满意、一般、不满意、非常不满意，各选项所占比例依次为 22.4%、54.1%、21.1%、2%、0.4%。读者对图书馆员提供帮助的整体满意度达到 76.5%，表明图书馆员受读者认可度高，适合开展阅读推广活动。

读者对图书馆员的需求具有较强的主观生理特征取向性，具体表现为读者对图书馆员的性别与年龄偏好上,年轻女馆员最受读者欢迎,年老女馆员受欢迎程度排在最末。将图书馆员的性别与年龄进行混合排列,共有7种组合方式:年轻女馆员、年轻男馆员、不同性别老中青馆员搭配、中年女馆员、中年男馆员、老年男馆员、老年女馆员,7种组合方式的受欢迎程度所占比例依次为:50%、38%、37.9%、14.2%、12.3%、6%、3%。从公共图书馆的实践看,咨询台及借阅处任用年轻女性馆员值守,符合读者选择馆员的心理预期。对于大部分图书馆来说,与读者接触窗口全部任用年轻女馆员并不现实,而不同性别老中青馆员搭配使用受读者的欢迎程度也较高,这种方式更适合公共图书馆人力资源的实际情况。

3.2.2 读者群体选择的需求

读者中参与过图书馆阅读推广活动的仅占24.1%,表明图书馆阅读推广活动还有很大潜力可挖。图书馆要做好阅读推广活动,就应细分读者群体,开展差异化的阅读推广活动。从读者的视角看,需要公共图书馆开展阅读推广活动的群体有大学生读者、20-30岁的社会读者、高中读者、小学初中读者、31-40岁的社会读者、60岁以上的老年读者、41-59岁的中老年读者、学龄前读者,各群体所占比例依次为60.9%、51.2%、44.6%、39.3%、24.0%、12.6%、11.0%、5.7%。由此可知,公共图书馆阅读推广活动的定位应在青少年读者,如果财力充足,也可以对其他群体读者开展差异化的阅读推广活动。

3.2.3 志愿者的需求

图书馆要扩大阅读推广活动的影响力,增加读者参与度,就需要招募志愿者协助图书馆员开展阅读推广活动。调查表明,55.4%的读者愿意担任阅读推广活动的志愿者,可见图书馆阅读推广活动的志愿者基础还是比较强。

从读者获取图书馆宣传信息的途径可知，朋友介绍是读者获取图书馆阅读推广活动信息的重要途径，占 32.3%。因此，图书馆以招募志愿者的方式开展阅读推广活动，有利于活动的口碑宣传，吸引更多读者参与。

3.3 对阅读推广活动形式的需求

图书馆开展阅读推广活动的形式多种多样，既可以是好书展示，也可以是书目推荐、互动讨论小组、读后感征文、专家报告等方式，所占比例依次为 53.7%、47.0%、22.7%、18.6%、18.4%。总的看来，采用好书展示和书目推荐等传统方式依然最受读者欢迎，其实质是传统文献资源的展示与揭示，因此从读者角度看，阅读推广活动应与图书馆藏书相关才受欢迎。一些公共图书馆设置了新书专架，实质是一种好书展示的阅读推广活动，值得推广。在图书馆检索系统中，有些系统能根据读者输入的检索词推荐相关图书，接近于书目推荐，也是阅读推广的一种重要方式。

3.4 阅读推广活动的成功因素分析

决定图书馆阅读推广活动的成功因素有多种，比如，环境营造程度、活动创意状况、参与读者人数、采购新书状况、活动形式、持续时间、媒体报道次数、名人出席开幕式、活动声势等，读者对上述因素的选择比例依次为：54.3%、49.6%、49.4%、43.2%、35.9%、24.5%、15.8%、10.4%、6.7%。由此可知，公共图书馆要成功开展阅读推广活动，就应创造良好的阅读环境，多开展有创意的阅读推广活动，尽可能多地吸纳读者全程参与阅读推广活动。

读者对图书馆阅读环境的整体满意度已经达到 82.3%，满意度高，其中，非常满意、比较满意、一般、不满意、非常不满意所占比例依次为 32.5%、49.8%、16.2%、1.0%、0.4%。良好的阅读环境有利于图书馆吸引更多读者，它也是影响阅读推广活动成功的一项必备条件。阅读推广活动的开幕式非常重要，邀请社会名人作为嘉宾出席开幕式有利于为活动造势。图书馆可邀请的嘉宾包括：作家、知名学者、读者代表、影视明星、体育明星、赞助商、政府官员等，上述嘉宾的受欢迎程度依次为：73.7%、63.0%、52.2%、12.8%、7.2%、7.1%、6.8%。受读者欢迎的嘉宾前三位依次是：作家、知名学者、读者代表，他们的社会身份是文化人，这与图书馆的文化属性功能相符合。

决定读者参与阅读推广活动的因素非常多，比如推荐书目、讲座、距离位置、交通、主持人与嘉宾、宣传、奖品等，上述因素被读者选择比例依次为53.0%、49.0%、23.1%、21.0%、18.5%、13.4%、9.5%。推荐书目与讲座受读者选择比例最高，它们是图书馆阅读推广活动的主要决定因素，也是阅读推广活动的具体内容。上述分析结论表明：图书馆阅读推广活动需要从阅读内容上进入更深层次的知识单元层面，对知识单元进行关联式的阅读推广。

推广阅读是实现图书馆教育职能的一种方式，也是图书馆人的职业使命。在大型公共图书馆所举办的阅读推广活动中，仅24.1%的读者参与过，如何吸引读者参与阅读推广活动，让活动凝聚更多人气，是图书馆必须解决的一道难题。邀请文化名人出席开幕式、作报告是图书馆阅读推广活动凝聚人气的一种重要方式，如果再辅以好书展示和推介书目，图书馆的阅读推广活动将会大受欢迎。如果要让图书馆阅读推广活动成为图书馆的一张名片，就必须能持续深入开展下去，因此图书馆应当建立促进阅读推广活动开展的长效机制，并让这一机制制度化。

对图书馆阅读推广实践研究的成果还很少，并且研究内容不够深入，都属于探索性的研究，本研究也不例外。从调查方式上看，本研究只是在某一特定时间段对某些地区的大型公共图书馆读者进行调研，对于未在该时间段出现在图书馆的读者，本研究无法开展问卷调查。因此，要形成图书馆阅读推广的系统理论，还需要对本次研究的内容进行深入分析，萃取量化指标，制定完善的调查量表，进行验证分析。

第二节　高校图书馆读者需求调查[1]

大学生阅读现状到底怎样？是否和陈书梅女士所称的"国民的年阅读量呈下降趋势"类似[2]，或呈现出王余光教授所说的"网络阅读或电子阅读成为潮流，但在阅读力度上呈现出'浅阅读'趋势[3]。"大学生对于阅读是否像我们一般讨论的，集中在阅读的内容和类型上。为了了解大学生阅读现状，找出存在的问题和原因，我们设计了"大学生阅读问卷调查（2010版）"，并进行了大范围的问卷调查，为高校图书馆加强阅读推广活动提供参考和建议。

1　问卷调查设计

此次大学生阅读问卷的问题共26道，分为3个部分：概况（5道题）、阅读行为（7道题）、阅读心理（14道题）。如表6-4所示。

1　本节由中原工学院图书馆研究馆员岳修志博士撰写。
2　陈书梅. 从台湾阅读推广活动之现况谈公共图书馆之阅读指导服务. 图书馆建设，2006（5）：78-81
3　王余光副理事长在中图学会阅读推广委员会成立大会上的讲话. 2009-09-29. [2010-10-18]. http://www.lsc.org.cn/CN/News/2009-09/EnableSite_ReadNews1014238811254153600.html

表6-4 大学生阅读问卷（2010）设计说明

概况	阅读行为	阅读心理
问题1：性别	问题3：到图书馆的频率	问题5：阅读目的
问题2：学历	问题4：在图书馆的时间	问题7：喜欢的阅读载体
问题11：是否知道4月23日为何节日	问题6：阅读内容	问题8：喜欢的阅读方式
问题14：大学生不读书的原因	问题9：一年读几本书	问题12：设立读书节有意义吗
问题25：所在学校	问题10：是否有阅读计划	问题13：满意学校的读书节活动吗
	问题11：在图书馆能否找到书	问题15：对功利性读书的看法
	问题20：是否阅读电子资源	问题16：喜欢的阅读场所
		问题17：影响阅读的因素
		问题18：图书馆能否满足阅读需求
		问题21：传统阅读能否满足阅读需求
		问题22：网络数字阅读能否满足需求
		问题23：传统阅读还是数字阅读
		问题24：网络数字阅读 V.S. 传统阅读
		问题25：其他意见

2 问卷调查过程

此次问卷调查从2010年9月到2010年10月，为期近2个月。来自河南省外的17个图书馆、130位读者和河南省内的22个图书馆、2 409位读者，以及其他地方的139位读者参与此项问卷调查，共39所大学，总人数4 078位。

3 问卷调查结果及分析

3.1 问卷选择题的结果与分析

3.1.1 基本情况

此次问卷调查,参与的男生数量为 2 049 人,女生数量为 2 029 人,大致相当;在 4 078 位参与者中,本科生数量为 3 337 人,占大多数;在"您多长时间来图书一次"的问题中,选择"每两到三天一次"的最多,为 1 634 人;"您每次在图书馆阅读的时间是"的问题中,选择"1 小时到 2 小时"的最多,为 1 643 人。

3.1.2 阅读目的和内容

大学生的阅读目的,"普及课外知识"占据首位,在阅读内容上,"语言文学类"为第一选择。这个结果,从高校文学类图书借阅量统计上,也能得到佐证;但从阅读的目的和内容上,"专业学习"和"专业学习类"的选择人数仅次于"普及课外知识"和"语言文学类",且数量相差较小;这一结果表明"专业学习"也应该引起图书馆阅读推广的注意。如图 6-3 所示。

3.1.3 阅读载体和方式

就阅读载体而言,喜欢"纸质书刊"的人数最多,其次是"纸质书刊和电子书刊二者兼有",选择"电子书刊"的人数较少;而就阅读方式而言,喜欢"纸质书刊"的人数占一半以上,喜欢"网上阅读"和"手机阅读"的人数较少。如图 6-4 所示。

一般认为,越来越多的人喜欢网上阅读和手机阅读等电子阅读形式,而

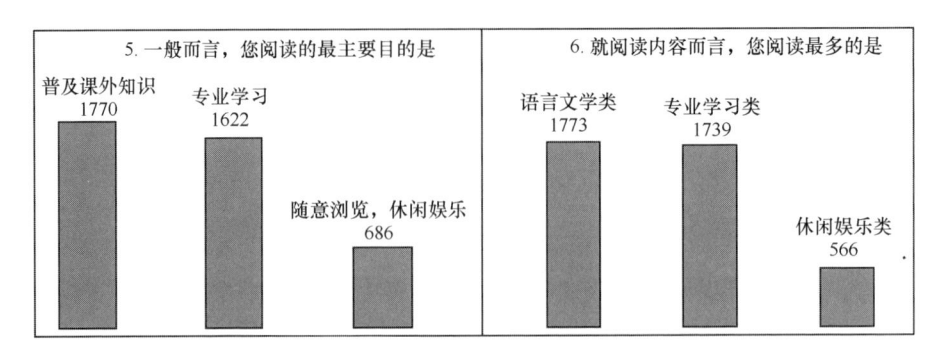

图 6-3 "阅读目的和内容"调查结果

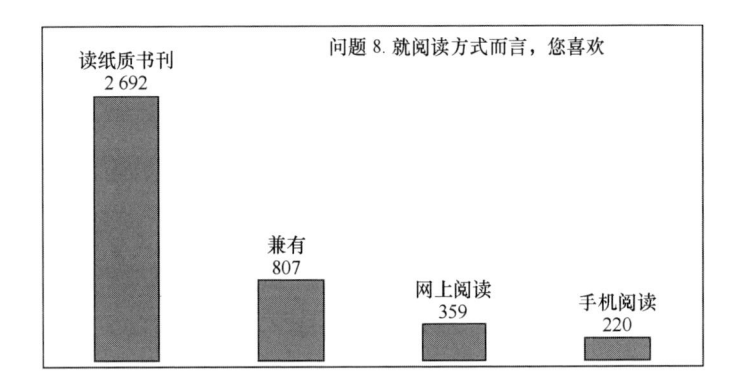

图 6-4 "阅读方式"调查结果

且大学生作为"潮流一族",应该有更多的人选择电子阅读载体和方式。这可能说明:阅读载体上,纸质书刊利用舒适,且已经形成习惯;电子读物虽然利用方便,但需要更多设备,或读者还未习惯电子阅读方式;但图书馆的资源越来越多地电子化,该项结果值得图书馆思考:是否需要考虑引导大学生适应电子阅读,或是否需要解决大学生在电子阅读方面存在的问题或障碍,甚至还要深入考虑图书馆纸质资源和数字资源的采购比例和类型等问题。

3.1.4 阅读数量和计划

关于阅读数量问题，多数人选择了"5-10 本"，甚至"10 本以上"。我们没有考究阅读图书内容的种类。根据图 1 显示的调查结果，语言文学类和专业类图书应该占据多数。但在"是否有定期的阅读计划"问题上，"有，并且能做到"的为 961 人，约占总人数的 24%，不少人即使有定期的阅读计划，"但很少能做到"，如图 6-5 所示。调查结果提示图书馆在"阅读辅导"方面需要引起注意，应该在帮助大学生制定阅读计划并有效执行方面做些工作。另外，还要分析这为什么不少大学生缺乏阅读计划，以及不能有效地执行。

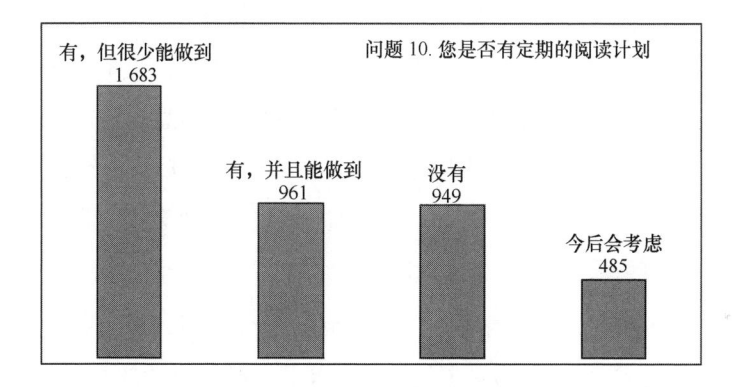

图 6-5 "阅读计划"调查结果

3.1.5 关于读书日和读书节活动

关于"世界读书日"和读书节的看法，不知道读书日的人数较多（2386 人），但大多数人（2764）认为有必要设立读书日，认为可以起到倡导读书的作用。对于学校举办的读书活动效果，大多数人认为"基本满意，需要丰富活动内容，让更多学生参与"。其实大学生不知道"世界读书日"与不喜爱读书没有必然联系，喜欢读书，未必知道有这个节日。大学生是怎么知道读书日的，倒是个有趣的话题。大概是由于图书馆阅读推广活动的宣传，因为一些图书馆在读书日会举办活动，给大学生带来了深刻印象，比如，针对一些大学生进行某种精神或物质的奖励。

问卷调查的第14题，是一个前提假设问题，即认为"大多数大学生不读书"，这是一个没有定论的假设。但从调查结果看，"社会浮躁，没有读书氛围"是"罪魁祸首"，"不知道该读些什么书"、"读书无用"和"没时间读书"成为其他原因。看来，营造读书氛围是图书馆阅读推广应该注意的问题，尽管"社会浮躁"这一现象图书馆不能直接去改变。从这项也调查再次看出，阅读辅导非常重要，包括对阅读目的的重申和引导。有451人选择了"读书费脑子，不如玩游戏轻松"，这也是一个社会现象，至少说明大学生也需要"轻松"一下，读书不可能占据大学生的所有时间。对于一些大学生来说，论"轻松"的途径，"读书"显然不如"玩游戏"。韩宇、裴雷等曾写过论文，把图书馆与游戏联系起来，看来确实应了读者对特定信息的需求[1,2]。

对于"功利性读书"，大多数人（2382人）持"默认"态度，社会就业压力显然需要功利性读书，有474人"非常赞同"功利性读书。看来对于"功利性读书"的看法，需要引起图书馆阅读推广方面的注意。还有一个问题需要考虑：大多数的"专业学习"，或者英语考级学习，或者各种考证学习，是否是功利性读书呢？与"功利性读书"相比，还有"非功利性读书"，"功利性读书"也叫"应用型读书"，此外，还有"奠基性读书"和"创造性读书"[3]。图书馆是否提倡"功利性读书"呢？那么，其他类型的阅读，图书馆如何来提倡呢？

3.1.6 关于图书馆与阅读场所

关于大学生"喜欢的阅读场所"的选项，"图书馆"占据第一，表明目

---

1 韩宇，朱伟丽. 美国大学图书馆游戏服务的调查与思考. 图书情报工作，2009，53（23）：99-102

2 裴雷. 图书馆游戏服务的相关问题探讨. 大学图书馆学报，2010（1）：14-18

3 王樊逸. 被生产出来的阅读. 中国图书评论，2010（4）：14-17

前各高校图书馆在建筑和环境上,加强了阅览体验,尤其是新的图书馆。"影响读者阅读的因素"方面,"某些读者的谈话声"、"读者手机铃声打断您的阅读思维"、"管理员的谈话声"是主要因素。表明在改善阅读环境氛围上,图书馆应该加强对读者和馆员的管理,以及提供读者、馆员专门交谈的空间,如在阅览室外的走廊里建立休闲区或交流区,把馆员办公室和工作台隔断等。

对于"图书馆藏书的能满足您的阅读需求么",大多数人选择了"基本满足","满足"和"不满足"基本相当,表明藏书的供需矛盾始终存在。图书馆在文献资源建设上任重道远。但是对"您能迅速地在阅览室书架上找到自己所需的书刊么",有2 040人表示"基本可以",1 461人觉得"不太好找"。说明图书馆在图书排架管理,或者读者利用图书馆教育上,仍需要提高水平。

3.1.7 关于传统阅读与数字阅读

对"您经常阅读图书馆馆藏的电子资源么",这个问题有2 327人选择了"偶尔",1 151人选择了"从没",如图6-6所示。

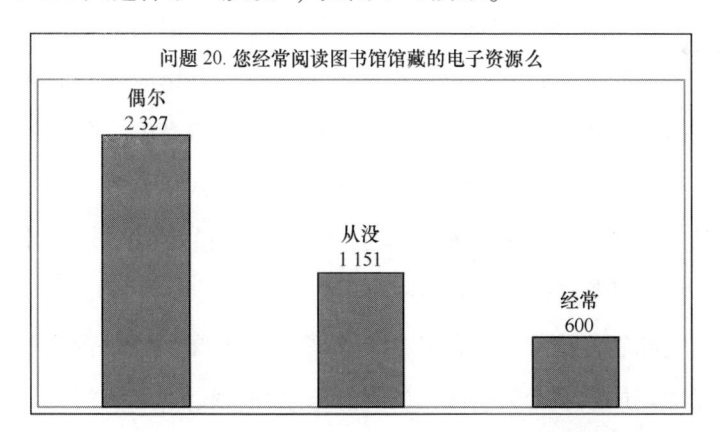

图6-6 "阅读图书馆电子资源频率"调查结果

这个结果令人深思:图书馆投入了大量财力进行电子资源建设,但是大学生阅读电子资源的频率却较小。图书馆的电子资源主要是各种数据库,尤其多的是研究型资源，主要是针对教工或高年级学生科研所用。但也购买了电子图书数据库，比如"超星数字图书馆"、"书生之家电子图书馆"等。这些电子图书以及其他电子资源的利用率如何，尤其是大学生的利用情况如何，仍需要作深入调查。调查结果和图6-4所示的情况类似，除了阅读习惯之外，在内容和形式上应该收集大学生喜欢阅读的电子资源。一些高校图书馆组织学校教师和大学生推荐好书，将其制作成电子书，设立专栏"我爱我书"，应该是好的做法之一。

对于"传统阅读"和"网络数字阅读"能否满足读者问题上，比较多的人选择了"是，基本能满足需求"，这是一个有意思的答案。也就是说，传统阅读满足了阅读需求，数字阅读也满足了阅读需求。看来大学生的阅读需求呈现出不同层次、不同类型，是否可以理解为：传统阅读基本满足了深层次的需求，而数字阅读满足了浅层次需求，或传统阅读基本满足了复杂和缓慢的需求，而数字阅读满足了简单和快速的需求？

对于影响读者选择"传统阅读"还是"数字阅读"的因素，"阅读环境和氛围"、"经济成本"、"时间因素"、"阅读内容"为选择顺序，似乎解答了大学生对于传统阅读和数字阅读的看法和做法。图书馆应该在阅读环境和氛围上，针对传统阅读和数字阅读，进行不同的管理和措施。在"您认为网络数字阅读是否会冲击或取代传统阅读"问题上，2 181人选择了"不会，我会以传统阅读方式为主"，586人选择了"会，我将以网络数字阅读为主"，111人选择了"两者兼有"，如图6-7所示。

这是否意味着传统阅读继续成为主要阅读方式呢？还是否定了网络数字阅读的前景呢？或预示着数字阅读的美好未来呢？我们拭目以待，无论如何，图书馆对于传统阅读和数字阅读应持中立态度或欢迎态度。

3.2 问卷填写结果

第26题为"您对图书馆阅读推广方面还有什么建议"。共有1 520条建

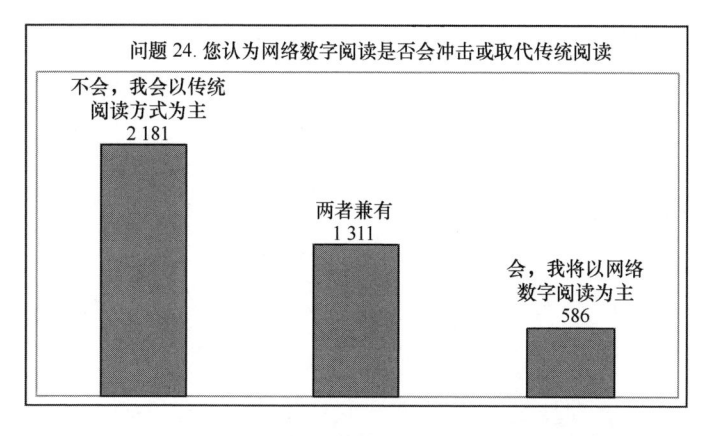

图 6-7　"数字阅读趋势"调查结果

议，整理如下：

第一，基础硬件设施方面，要求：增加阅览室和自修室、桌椅座位、书架、电子阅览室电脑、饮水机数量和开水服务；改善照明、空调设施服务。

第二，图书采编方面的问题和要求：增大藏书量，丰富图书种类；专业书籍缺乏、陈旧；采购读者推荐的优秀专业图书；经典文化书籍缺乏，版本不好；及时采购新书和畅销书；提高采购图书的质量。

第三，图书管理方面的问题和要求：图书排放混乱；很多在库可借的图书找不到；应该鲜明、详细地展示各个楼层的藏书分布和图书分类；图书太破旧，损坏严重，无法再流通，却没有作出处理；加快报刊、杂志的更新速度；加大新书宣传。

第四，读者服务方面的问题和要求：某些老师态度不好，素质差，语气强硬；延长自修室、阅览室开放时间；经常无原因闭馆；假期图书馆适当开放；延长借书期限；增加读者借书量；开展为读者推荐好书的活动，引导同学如何读书，并读好书。

第五，管理制度方面的问题和建议：制定各个《阅览室开放时间与服务内容》和《工作人员岗位职责》；值班老师串岗、聊天、接电话，上班时间不在岗等；建议制定《读者文明公约》和规范读者行为，希望老师能严格管理；建议公开《借还书制度及办法》、《书刊损坏、丢失赔偿制度及办法》。

第六，其他方面的问题和要求：多举办一些读书交流活动；电子阅览室网速太慢，上网有限制；加大宣传；定期出新书通报海报、经典推荐；多开展专家讲座和报告会，并能及时通知到同学们。

通过以上的问卷调查与分析，可以认为：大学生对于阅读是积极的，正如他们面对大学生活和未来，充满了热情和期望。但限于自身的素养和大学中的各种诱惑和压力，大学生在阅读中存在着不尽如人意的地方。高校图书馆在阅读推广中需要注意以下问题：（1）除了"语言文学类"图书，图书馆如何开展"专业学习类"图书的阅读推广。（2）图书馆如何进行电子类型的文献信息的阅读推广，哪些电子类型的文献受大学生欢迎，以及采取何种形式推荐。（3）如何进行有效的"阅读辅导"工作。（4）图书馆是否提倡"功利性阅读"，如何提倡，如果不提倡功利性阅读，如何面对这种现象呢。（5）阅读推广和图书馆的资源建设、基本服务、日常管理、教育培训等工作密切相关。管理是基础，阅读推广不是图书馆单独的活动。（6）关于网络阅读和传统阅读，图书馆应该针对两者的优缺点和大学生的实际需求，进行有针对性的阅读推广。总之，在当今的社会背景下，大学生阅读推广对于高校图书馆而言是"任重道远"。

第七章　图书馆阅读推广活动的评估及其指标体系

　　阅读推广活动要讲实效，不能停留在排场、场次、参与人数等表面指标上，有没有实效，读者说了算。需要对读者进行调研，了解读者对阅读推广活动的实际感受，了解读者需要什么样的阅读推广。目前的研究多是从图书馆的角度和立场出发，而转换研究视角，从读者角度，用实证方法来评估和重新设计阅读推广活动的研究几乎没有。阅读推广活动的评估是一个亟待研究的课题。下面我们尝试对高校图书馆的阅读推广活动进行评估，亦通过对图书馆儿童阅读推广活动各要素的分析，来构建图书馆阅读推广评估体系，以期为更大范围、更大规模的图书馆阅读推广活动的评估提供参考。

第一节　图书馆阅读推广活动评价[1]
——以高校图书馆为例

1　高校图书馆阅读推广活动评价的目的

自中国图书馆学会阅读推广委员会于2009年成立以来（其前身是中国图书馆学会科普与阅读指导委员会），阅读推广活动在全国各地更加系统和全面地开展[2]。高校图书馆的阅读推广活动也积累了不少经验，可谓蓬勃发展。但是高校图书馆的阅读推广活动仍普遍存在两类问题：第一，活动效果不够好。活动的收效较花费的人财物力来说，不尽如人意。有的活动影响面较小，甚至有的活动强拉学生参与，引起学生反感；第二，活动缺乏系统性和常规性。活动的形式虽然多种多样，但图书馆在举办活动时比较随意，系统性、常规性不够。因此有必要对现有的阅读推广活动进行梳理，探讨这些阅读推广活动的特点和关系，对每一种阅读推广活动进行评价，以及对图书馆整体的阅读推广活动进行评价，以便高校图书馆能够响应大学生的阅读需求，结合自身特点，一方面打造阅读推广活动的品牌，一方面系统地提升阅读推广活动的效果。

中国图书馆学会网站发布了《大学生阅读暨高校图书馆阅读推广问卷调查报告（2010）》，该报告由大学生阅读委员会、阅读与心理健康委员会联合完成。报告认为：高校图书馆阅读推广活动，主要采取的组织方式有14种：

---

[1]　本节由中原工学院图书馆研究馆员黄健撰写。
[2]　中国图书馆学会阅读推广委员会成立大会隆重召开［EB/QL］.2009-09-27.［2012-02-3］. http://www.lsc.org.cn/CN/News/2009-09/EnableSite_ReadNews1014238741253980800.html

读书征文比赛、图书推介、名家讲座、图书捐赠、读书有奖知识竞赛、图书漂流、精品图书展览、经典视频展播、读书箴言征集、名著影视欣赏、馆徽设计征集、名著名篇朗诵、品茗书香思辩赛、评选优秀读者[1]。经典视频展播，名著影视欣赏可以看作一种活动，馆徽设计征集基本上是一次性行为，不能算作常规活动，故排除在外。所以该报告指出的活动应该是 12 种，加上对一些高校图书馆的阅读推广活动的总结，此次评价的阅读推广活动再加上 5 种：污损图书展览、书法作品选（展览）、书签设计、校园阅读（风景）摄影比赛（展览）、读书节启动仪式和闭幕仪式，共 17 种。应该说高校阅读推广活动不限于此 17 种，名称也不尽相同，本文的评价方法对其他阅读推广活动形式同样适用。

2 高校图书馆阅读推广活动评价指标

对阅读推广活动的评价，王波认为应该"转换研究视角，从读者的角度，用实证方法来评估和重新设计阅读推广活动的研究几乎没有"[2]。他指出，应该从两方面来设计阅读推广活动的指标体系，即：一是基于图书馆的阅读推广活动评价指标，二是基于读者的阅读推广活动评价指标。杨婵谈到对阅读推广活动的评价，"还没有深入到对活动客体——读者的心理和读者的收获进行研究，没有对活动自身的运动规律进行研究"[3]。笔者认为评价阅读推广活动的效果，最终归结于读者，即读者的阅读收益和满意度。但这两个指标不易量化，仍需要扩展。阅读推广活动的主要参与者为图书馆和读者。因此初步认为：阅读推广活动的效果，与读者认可度、图书馆重视程度、馆藏以及其他因素，如图书馆内外合作程度、整体服务水平、阅读环境的净化与美化

---

1 大学生阅读委员会，阅读与心理健康委员会. 大学生阅读暨高校图书馆阅读推广问卷调查报告 [EB/QL]. 2011-12-19. [2012-02-6]. http：//www.lsc.org.cn/Attachment/Doc/1325145488.pdf

2 王波. 图书馆阅读推广亟待研究的若干问题 [J]. 图书与情报，2011（5）：32-35，45

3 杨婵. 图书馆阅读推广活动的反思与重构 [J]. 四川图书馆学报，2011（2）：58-61

等有着重要关系。

因为本文主要对17种阅读推广活动分别评价，为减少问卷调查的复杂性，提高问卷调查的可执行性，在问卷设计时，针对单一的阅读推广活动，分别面向大学生和阅读推广活动负责人，简化评价指标。面向大学生，评价指标分为三方面，即读者参与广度（读者参与的数量、读者读书的兴趣是否增加、读者到馆时间是否增加）、读者参与深度（是否需要或培养了专项知识或能力；读书的数量是否增长，读书的时间是否增加；是否增加了新的知识）、读者满意度，共8个指标。面向图书馆，评价指标为图书馆针对某一个读书活动的重视程度，即：投入的时间、投入的人力、投入的财力、投入的物力、图书馆需要与本单位其他部门合作、图书馆需要与外单位合作，共6个指标，如表7-1所示。

表7-1 基于问卷调查的单一阅读推广活动的评价指标

	读者	图书馆
参与广度	1 读者参与数量	9 投入的时间
	2 读者读书兴趣是否增加	10 投入的人力
	3 读者到馆时间是否增加	11 投入的财力
参与深度	4 是否需要（或培养了）专项知识或能力	12 投入的物力
	5 读书的数量是否增长	13 图书馆需要与本单位其他部门合作
	6 读书的时间是否增加	14 图书馆需要与外单位合作
	7 是否增加了新的知识	
满意度	8 满意程度	

3 调查问卷的内容设计

3.1 读者问卷的内容设计

问卷的问题分为三部分。第一部分为引入问题，即对大学生阅读状况的认识和存在的问题；第二部分为认可态度，即初步了解读者对影响阅读推广活动效果的主要因素的认可程度，以及对阅读推广活动的评价；第三部分为探讨内容，即了解读者对阅读推广活动有关形式和方式提出的意见和建议。问题的内容，如表7-2所示。

表2 阅读推广活动评价的读者问卷内容

问题性质	序号	问题	形式
引入问题	1	您对大学生阅读现状的评价	单选
	2	您认为大学生阅读存在的最大问题（或难题）是什么？	多选
认可态度	3	评价图书馆阅读推广整体活动的效果，有很多因素，您认为哪些更重要？	多选
	4	以下阅读推广活动具有这样的特点？或能起到这样的效果吗？	矩阵多选 （分别对17种活动的8个评价指标的认可）
探讨内容	5	您认为还有哪些更好的阅读推广活动？或您对阅读推广活动还有什么建议？	问题

3.2 图书馆问卷的内容设计

主要问题为四个。首先是图书馆对于大学生阅读存在问题的一般看法，即：您认为大学生阅读存在的最大问题（或难题）是什么（同表7-1问题2）。第二，图书馆对于评价阅读推广活动影响因素的看法（同表7-1问题3）。第三，是对17种阅读推广活动在上述6个指标的分别评价，最后是图书馆对阅读推广活动的建议。

4 基于读者问卷调查的高校图书馆阅读推广活动的评价

4.1 问卷调查过程

此次问卷调查，依托中国图书馆学会阅读推广委员会大学生阅读委员会、河南省图书馆学会阅读推广委员会，对委员所在高校的大学生进行问卷调查，中国图书馆学会阅读推广委员会阅读与心理健康委员会主任、北京大学的王波先生对问卷的编写和结果分析给予了指导。采取网络问卷形式，问卷地址为：http：//www.sojump.com/jq/1068913.aspx，开始时间为2011年11月7日，结束时间为2011年12月2日，共有24所高校的2 038位学生填写了问卷。

4.2 问卷调查结果

第一个问题，近56%的学生评价当前的大学生阅读现状为"一般"。结果如表7-3所示。

表7-3 基于读者调查的对17种阅读推广活动的投票结果

题目＼选项	参与人数多	读书兴趣增加	到图书馆时间增加	需要专项知识或技能	读书数量增多	读书时间增多	增加了新的知识	满意
读书节启动仪式和闭幕仪式	1 034	494	322	129	145	116	180	480
读书征文比赛	595	609	342	340	311	217	243	440
名家讲座	719	713	349	293	192	143	514	546
读书有奖知识竞赛	732	682	364	360	366	244	331	490
图书漂流	680	589	336	163	439	205	216	486

续表

题目\选项	参与人数多	读书兴趣增加	到图书馆时间增加	需要专项知识或技能	读书数量增多	读书时间增多	增加了新的知识	满意
精品图书展览	594	745	436	266	365	187	296	541
经典视频展播；名著影视欣赏	756	748	445	228	259	215	388	584
读书箴言征集	631	599	324	290	359	221	261	496
名著名篇朗诵	586	552	322	304	310	254	279	507
读书辩论赛	744	643	363	431	319	220	294	478
评选优秀读者	717	637	397	246	325	254	156	465
污损图书展览	679	297	338	226	152	103	166	542
书法作品选（展览）	621	587	335	385	197	122	222	511
书签设计	670	657	316	354	195	129	194	513
校园阅读（风景）摄影比赛（展览）	714	613	361	439	184	154	212	540
图书推介	656	663	394	253	432	260	304	560
图书捐赠	795	388	312	183	326	146	136	644

经过对17种活动8个指标的分析和汇总，初步得出结果如下（以下活动选取前三位）。

（1）参与人数多的活动排序：读书节启动仪式和闭幕仪式、图书捐赠、经典视频展播或名著影视欣赏；

（2）读书兴趣增加的活动排序：经典视频展播或名著影视欣赏、精品图书展览、名家讲座；

（3）到图书馆时间增加的活动排序：经典视频展播或名著影视欣赏、精品图书展览、评选优秀读者；

（4）需要专项知识或技能的活动排序：校园阅读（风景）摄影比赛（展览）、读书辩论赛、书法作品选（展览）；

（5）读书数量增多的活动排序：图书漂流、图书推介、读书有奖知识竞赛；

（6）读书时间增加的活动排序：图书推介、评选优秀读者、名著名篇朗诵；

（7）增加了新的知识的活动排序：名家讲座、经典视频展播或名著影视欣赏、读书有奖知识竞赛；

根据最满意活动的投票排序，以及对上述因素的合并，我们认为，读者参加活动的广度=参与人数多+读书兴趣增加+到图书馆时间增加，从而得出参与广度大的活动的排序（前八种）。同样，读者参加活动的深度=需要专项知识或技能+读书数量增多+读书时间增多+增加了新的知识，得出参与深度大的活动的排序（前八种）。最后，活动举办的有效度=读者参加活动的广度+读者参加活动的深度+读者满意度，得出最有效的活动排序（前八种）。如表7-4所示。

表7-4 读者评价的阅读推广活动的四类排序（前八种）

序号	参与广度大的活动	参与深度的活动	最满意的活动	最有效的活动
1	经典视频展播；名著影视欣赏	读书有奖知识竞赛	图书捐赠	读书有奖知识竞赛
2	读书节启动仪式和闭幕仪式	读书辩论赛	经典视频展播；名著影视欣赏	经典视频展播；名著影视欣赏
3	名家讲座	图书推介	图书推介	读书辩论赛
4	读书有奖知识竞赛	名著名篇朗诵	名家讲座	图书推介
5	精品图书展览	名家讲座	污损图书展览	名家讲座
6	评选优秀读者	读书箴言征集	精品图书展览	
7	读书辩论赛	精品图书展览	校园阅读（风景）摄影比赛（展览）	精品图书展览
8	图书推介	读书征文比赛	书签设计	评选优秀读者

5 基于图书馆问卷调查的高校图书馆阅读推广活动的评价

5.1 问卷调查过程

此次问卷调查，依托中国图书馆学会阅读推广委员会大学生阅读委员会、河南省图书馆学会阅读推广委员会，对委员或其所在图书馆阅读推广活动组织者进行问卷调查。采取网络问卷形式，问卷地址为：http://www.sojump.com/jq/1067139.aspx，开始时间为2011年11月4日，结束时间为2011年12月8日，共有21所高校的69位阅读推广活动负责人填写了问卷。

5.2 问卷调查结果

被调查者对17种阅读推广活动在6个方面进行分别评价，投票结果如表7-5所示。

表 7-5 对 17 种阅读推广活动 6 个方面的投票结果

题目\选项	需要投入时间多	需要投入人力多	需要投入财力多	需要投入物力多	图书馆需要与本单位其他部门合作	图书馆需要与外单位合作
读书节启动仪式和闭幕仪式	36	33	21	14	46	25
读书征文比赛	36	25	15	6	29	14
名家讲座	13	15	32	7	18	40
读书有奖知识竞赛	36	37	25	14	30	7
图书漂流	35	26	13	18	21	13
精品图书展览	2	32	19	23	20	21
经典视频展播；名著影视欣赏	33	25	16	16	13	7

续表

题目＼选项	需要投入时间多	需要投入人力多	需要投入财力多	需要投入物力多	图书馆需要与本单位其他部门合作	图书馆需要与外单位合作
读书箴言征集	45	39	6	7	23	9
名著名篇朗诵	41	41	18	14	26	13
读书辩论赛	54	47	23	18	33	24
评选优秀读者	40	36	18	8	29	3
污损图书展览	37	38	6	20	23	2
书法作品选（展览）	34	41	17	19	31	28
书签设计	32	29	25	12	24	21
校园阅读（风景）摄影比赛（展览）	32	36	28	19	30	14
图书推介	38	36	8	12	18	12
图书捐赠	24	31	9	14	24	32

经过对17种活动6个指标的分析和汇总，初步得出结果如下（以下活动排序选取前三位）。

（1）投入时间多的活动排序：读书辩论赛、读书箴言征集、名著名篇朗诵；

（2）投入人力多的活动排序：读书辩论赛、名著名篇朗诵、书法作品选（展览）；

（3）投入财力多的活动排序：名家讲座、校园阅读（风景）摄影比赛（展览）、读书有奖知识竞赛；

（4）投入物力多的活动排序：精品图书展览、污损图书展览、书法作品选（展览）；

（5）馆内部合作的活动排序：读书节启动仪式和闭幕仪式、读书辩论赛、书法作品选（展览）；

(6) 与外部合作的活动排序：名家讲座、图书捐赠、书法作品选（展览）。

在设计问卷的时候，考虑到对这六种影响因素相加，即可得出"图书馆最费力的阅读推广活动"和"图书馆最省力的阅读推广活动"。因此把上述六种因素的票数相加，即可得出：图书馆最费力的活动和最省力的活动排序。具体情况如表7-6所示。

表7-6 最费力和最省力的阅读推广活动排序（前八种）

序号	最费力的活动	最省力的活动
1	读书辩论赛	经典视频展播；名著影视欣赏
2	读书节启动仪式和闭幕仪式	图书推介
3	书法作品选（展览）	读书征文比赛
4	校园阅读（风景）摄影比赛（展览）	名家讲座
5	名著名篇朗诵	污损图书展览
6	读书有奖知识竞赛	图书漂流
7	书签设计	读书箴言征集
8	精品图书展览	评选优秀读者

6 对两种问卷调查的比较分析

6.1 对于大学生阅读存在问题的看法的比较

关于"大学生阅读存在的最大问题（或难题）"，大学生的看法是："不会选择图书"、"业余活动占用了时间"、"不想阅读图书"、"不会阅读图书"占据了前四位。可见在丰富而快捷的信息时代，尽管有不少导读书目，选择图书反而成为令大学生棘手的问题；大学生除了专业学习外，还要参加各种考证、参加各种社团或社会实践活动，阅读几乎成了专门社团（如书友会、读书会）的事情，面对这种阅读的惘然，不想读书的想法就比较多了；另外对于阅读，不少学生认为阅读经典才是阅读，而经典中的字、词、义、史则成为阅读中的"拦路虎"。即使面对现代的或是西方的经典，不少读者也是因其晦涩艰深而"妄自菲薄"。总之，丰富的信息时代和多元化发展的社会，使得一些大学生无所适从。

图书馆对于大学生阅读问题的看法，"不会选择图书"、"不善于利用电子资源"、"不想阅读图书"占据前3位。而"业余活动占用了时间、图书馆没有我想读的图书、去图书馆借还书不方便"占据了后3位。看来，图书馆把大学生的自身原因归结为主要问题，认为图书馆存在的问题是大学生阅读问题中的次要问题，或对于图书馆的问题还没有给予充分认识。

6.2 对于阅读推广活动效果影响因素的不同意见

大学生认为影响阅读推广活动效果上的因素，排在前四位的分别是："读者参与的深度"、"读者满意程度"、"读者参与的广度"、"图书馆对某一阅读活动的重视程度：投入的人、财、物力以及时间"。可见大学生评判各种阅读推广活动，首先看能为自己带来多少收益，不管是直接的效果，如参加读书征文、读书演讲比赛，或是间接的效果，如听取专家讲座；满意度则是读者对某一阅读推广活动的感受或感觉，可能曾经参加过，可能仅是从活动名称上就已决定参加与否，其实每种活动只要举办得宜，都会吸引大学生参与，这与图书馆举办阅读推广活动的方式或宣传方法有很大关系；因此参加人数的多少自然成为大学生评价某一阅读推广活动的主要因素，也是图书馆评价阅读推广活动的重要因素，但前提是学生是自愿来参加该活动的；最后，大学生还是希望图书馆能为阅读推广活动给予更多的投入，更多地举办各种活动，以给他们更多的机会参与读书活动。

图书馆员认为影响阅读推广活动效果的因素，"读者参与的深度"、"读者参与的广度"、"图书馆的整体服务水平"占据前3位。看来，图书馆把读者的参与深度和广度放在了重要位置。这种态度是中肯的，表示图书馆阅读推广活动的目的是为了激发读者的阅读兴趣和提高读者的阅读能力。但客观地说，图书馆的整体服务水平确实严重地影响着阅读推广活动的效果，无论是举办阅读推广活动的水平，还是图书馆的其他服务水平，对大学生阅读活动有着不小影响。至于图书馆内的各类文献的数量和流通率虽然也最终影响到大学生的阅读效果，但不是阅读推广活动的直接影响因素，因为有时候替代文献也会起到一定作用。由于图书馆良好的阅读环境，图书馆已成为读者阅读的重要场所。参与阅读推广活动的图书馆以外单位的数量与阅读推广活动的举办有着不小的影响，但对于阅读推广活动的整体效果影响有限。

6.3 对于阅读推广活动的评价结果的比较

根据表7-4和表7-6，可以看出：第一，图书馆阅读推广活动首先要考虑大学生的需求，尽量组织学生参与有足够广度、深度、令人满意、效果明显的活动。而满足这些条件的活动，未必都是费力的活动，如"经典视频展播；名著影视欣赏"、"图书推介"、"名家讲座"等活动，同时，尽管有些活动较为费力，如读书节启动仪式和闭幕仪式，但还是要坚持办下去，因为确实能够烘托读书节的气氛，若同时举办评价优秀读者或优秀参与者活动，还能对阅读活动起到引领作用，对于校园文化建设有潜移默化的影响；第二，图书馆认为较为费力的活动，如书法作品选（展览)，但未必是表4中的活动，类似这些活动是为有特殊才能的学生准备的，适合以小而精的规模开展；第三，图书馆认为省力的活动，不少是具有广度、深度、令学生较为满意和有效的活动，这些活动应该大力推广，但要注意应该更加重视，在运作流程上更加完善，这些活动较易成为品牌活动。

对于高校图书馆阅读推广活动的评价，一要有合理的思路，即活动的最终目标是读者满意，二要有合理的评价指标，三要有一定数量且具有代表性的调查参与者。本文归纳了17种阅读推广活动,从大学生角度,根据8种指标对17种阅读推广活动进行了评价,提出了阅读推广活动中"参与广度大的活动"、"参与深度大的活动"、"最满意的活动"、"最有效的活动"的排序。通过对图书馆阅读推广活动负责人的调查,发现图书馆应主要针对大学生不善于选择图书、不善于利用电子资源、不想阅读图书等困难进行阅读推广活动。在活动的内容上,首先要能够增长大学生的才能或知识,如培养专项技能,然后再考虑如何扩大阅读推广活动的影响面,增加大学生参与的数量,并借此提升图书馆的整体服务水平。图书馆在一定时间内,要注意根据人、财、物的情况,科学地选择开展哪些阅读推广活动。

本文提出的阅读推广活动评价指标,以及对活动进行分别评价的结果,希望能够对阅读推广活动有一定的参考价值。本次调查,共有733位大学生和32位阅读推广活动负责人对阅读推广活动提出了建议,涉及创新、规划、策略和机制四个方面,限于篇幅,不再详论。有位读者提出"图书馆的管理好坏决定读者读书的兴趣",这句话不无道理,就作为图书馆阅读推广方面的一句警言吧。

第二节 图书馆阅读推广活动评估指标体系的构建[1]
——以儿童阅读推广活动为例

1 引言

为了发展儿童早期素养,培育儿童的阅读兴趣和习惯,减少暑期带来的

---

[1] 本节由浙江大学公共管理学院信息资源管理系副教授王素芳博士撰写。

阅读技能或学习成绩下降现象（Summer Loss），国际图书馆界十分重视儿童阅读推广。目前英美等发达国家和地区面向儿童的阅读推广项目主要有两大类：针对婴幼儿的阅读项目和针对小学年龄儿童的暑期阅读项目。由于政府和图书馆投入了大量资源举办这些活动，为了彰显活动的价值、成效和影响，相应国家和地区都十分重视对各类阅读推广项目的评估。

英国面向婴幼儿的全国性阅读推广项目"阅读起跑线"计划（Bookstart），从项目开展后次年（1993年）就对参与计划的儿童及其家庭进行了近二十年的长期跟踪实验研究，调查了参与该计划的儿童和家庭在亲子共读、阅读态度和行为、图书馆利用行为、学习成效等方面的变化[1,2,3,4,5,6,7,8]。英国全国性的面向4-12岁儿童的暑期阅读挑战计划（Summer Reading Challenge）以及"图书絮语（Chatterbooks）"网络读书小组计划，从2003年以来，阅读社（the Reading Agency）委托儿童教育领域学

1　Wade, B. and Moore, M. (1993) Bookstart [R]. London: Book Trust, 1993.

2　Wade, B. & Moore, M. 1996. Children's early book behaviour [J]. Educational Review, 1996, 48 (3): 283-288.

3　Moore, M and Wade, B. Parents and children sharing Books: An observational study [J]. Signal 1997, 84 (Sept.): 203-214.

4　Wade, B and Moore, M. An early start with Books: literacy and mathematical evidence from a longitudinal study [J]. Educational Review 1998, 50 (2): 135-145.

5　Wade, B and Moore, M. 2000. A sure start with books [J]. Early Years, 2000, 20 (2): 39-46.

6　Moore, M. and Wade, B. Bookstart: a qualitative evaluation [J]. Educational Review, 2003, 55 (1): 3.

7　Collins F., Svensson C. and Mahony P. Bookstart: planting a seed for life [R/OL]. London: Roehampton University, 2005. [2013-05-20]. http://booktrustadmin.kentlyons.com/downloads/Planting.doc.

8　Booktrust. Bookstart UK national impact evaluation 2009 [R/OL]. [2013-05-20]. http://www.goethe.de/ins/pt/lis/pro/bib/les/marden.pdf.

者[1]、市场调查机构[2]和自我进行的评估研究[3,4]也有近10项。美国暑期阅读项目已有一个多世纪历史，早在20世纪50年代就有不少对暑期阅读活动的评估研究[5]。21世纪以来不少州图书馆协会委托第三方对本州图书馆暑期阅读项目进行专门研究或自评，如宾尼法尼亚州[6]、南加州地区[7]等。2006年美国博物馆与图书馆服务协会（IMLS）还委托多明尼克大学图书情报学院进行了一项为期三年的全国性评估调查[8]。在婴幼儿和学龄前儿童阅读推广方面，有专门针对"每个孩子都做好了阅读准备"[9]等项目进行的评估，也有针对图书馆某一类型活动的评估，如对西雅图地区公共图书馆面向婴幼儿及

---

1 Kennedy R. and Bearne E. Summer reading challenge 2009 impact research report [R], UKLA (the United Kingdom Literacy Association), 2009.

2 Product Percetion Ltd. Inspiring Children：the impact of the summer reading challenge. The reading maze2003 national Participant Survey [R/OL]. United Kingdom, 2003 [2013-05-20]. http：//www.docstoc.com/docs/23858306/inspiring-children-the-impact-of-the-summer-reading-challenge.

3 The reading agency. Summer Reading Challenge 2011-Circus Stars evaluation report [R/OL]. [2013-03-16]. http：//readingagency.org.uk/children/Circus%20Stars%20Evaluation%20-%20full%20report.pdf.

4 The Reading Agency. Summer reading Challenge 2012 story lab evaluation report [R/OL]. [2013-05-19]. http：//readingagency.org.uk/children/SRC%20Storylab%20report,%20February%202013%20-%20final.pdf.

5 Locke, J. The Effectiveness of Summer Reading Programs in Public Libraries in the United States [D]. United States, University of Pittsburgh, 1988.

6 Celano, D. and Neuman, S. The Role of Public Libraries in Children's Literacy Development：An Evaluation Report [R/OL]. Pennsylvania：Pennsylvania Department of Education. United States, 2001. [2013-05-20]. http：//www.ifpl.org/Junior/studies/Role%20of%20Libraries.pdf.

7 Evaluation and Training Institute. The Evaluation of the Public Library Summer Reading Program：Books and Beyond…Take Me to Your Reader. Los Angeles：Los Angeles County Public Library Foundation. United States, 2001 [R/OL]. [2013-05-20] http：//www.colapublib.org/eDocuments/EvalSRP-2001.pdf.

8 Roman. S. et. al. The Dominican study：public library summer reading programs close the reading gap, 2010 [R/OL]. [2013-05-20] http：//gslis.dom.edu/sites/default/files/documents/IMLS_finalReport.pdf

9 Neuman. S. and Celano. D. Evaluation of every children ready to read 1st edition [R/OL]. [2013-05-20]. http：//www.everychildreadytoread.org/project-history%09/executive-summary-2010-evaluation-every-child-ready-read-1st-edition

学龄前儿童的故事时间（Storytime）活动的评估[1]。在加拿大，全国性图书馆暑期阅读推广计划——TD银行暑期阅读俱乐部活动，从2005年至今，每年都在全国范围进行统一评估。加拿大图书馆和档案馆（Library and Archive）负责制作调查表格、监督协调和数据分析工作，安格斯列特公众意见调查机构（Augus Reid Public Opinion，ARPO）负责数据收集工作，各地图书馆统一在线上报相关数据。这一案例是所有国家中对暑期儿童阅读推广活动统一采集数据、每年连续跟踪调查进行评估的一个典范[2]。在亚洲，日本[3]和台湾地区图书馆界对面向婴幼儿的阅读推广运动——"阅读起跑线"也进行了较多评估研究，如台湾学者对台中县[4,5,6]、台北市[7]、新北市[8]的"阅读起跑线"活动的执行情况及对参与者影响的评估调查。但是，与欧美地区相比，还比较缺乏对用户的长期持续跟踪研究。

总的来看，发达国家和地区的儿童阅读推广项目的评估结果，主要关注了三方面问题：第一，对参与者的影响和对参与者的满意度调查。各国研究普遍发现，婴幼儿阅读推广对家长的阅读态度和行为、亲子共读的频率和技能、幼儿的早期阅读预备技能、进入学校后的学习成效以及儿童和家长利用

1　Leach C. Seattle public library storytime program evaluation. 2010［OL］.［2013-05-19］. http：//www.cortneyleach.com/uploads/3/0/3/9/3039805/storytime_ report_ final.pdf.

2　Library and Archives Canada. 2012 TD Summer Reading Club final report of program statistics［OL］.［2013-05-20］. http：//tdsummerreadingclub. ca/librarians/program-statistics.

3　刘宜佳. 龙井乡婴幼儿家长对「Bookstart阅读起步走」方案的参与及回应［D］. 台北市，国立台北教育大学，2009

4　翁秀如. 公共图书馆推行婴幼儿阅读之研究——以台中县沙鹿镇立深博图书馆Bookstart运动为例［D］. 台北市，国立台湾师范大学图书资讯学研究所，2008

5　蔡惠祝. "公共图书馆推动0-3Bookstart阅读起步走"执行成效之研究——以台中地区为例［D］. 台中市，东海大学，2011.

6　沈守真. 台中县婴幼儿阅读运动（Bookstart）的执行评估［D］. 南投县，国立暨南国际大学公共行政与政策学系研究所，2009

7　曾淑贤. 台北市立图书馆"Bookstart阅读起步走"活动绩效评估［R］. 台北市：台北市立图书馆，2009

8　沈惠珠. 新北市"阅读起步走"（Bookstart）活动经验与满意度研究［D］. 台北：国立政治大学，2012

图书馆的行为有积极的正面影响。暑期阅读项目维持和提高了参与儿童的阅读成绩和能力，儿童的阅读量、阅读时间、阅读范围变得更多更广泛，儿童成为主动、自信和有阅读激情的读者。此外，暑期阅读俱乐部还扩大、提高了儿童的社会交往和自信等。暑期阅读对于儿童和家长利用图书馆的习惯、家庭阅读氛围都有提升[1]。第二，从图书馆角度，探究了何为成功的、高效的暑期阅读推广项目，优秀案例具有哪些特点，项目执行过程中的困难和问题等。第三，从项目投资方和合作方角度，评估项目的社会经济价值回报[2]，或者对于合作方的贡献。与上述研究视角和问题相适应，在评估方法和数据收集方面，大多采用了定量和定性相结合的方法。例如，影响评估研究，多采用对儿童在参与图书馆暑期阅读活动前后的阅读成绩或能力的前测和后测，以实验方法对比参与阅读活动的实验组和未参与阅读活动的控制组儿童在阅读成绩或技能等方面的差异，对家长、教师、公共图书馆和学校图书馆馆员等相关方的问卷和访谈调查。不少项目采取了年度评估方式，采用在线调查方式，由图书馆填报数据。在评估指标方面，有的使用了图书馆投入—产出方面最小的测量集，如美国俄亥俄州的州图书馆自评[3,4]。有的则关注了投入、产出、结果和影响多个维度，例如加拿大和英国暑期阅读计划评估等。专门的影响评估则特别重视参与者如儿童和家庭等的受益度指标。尽管公共图书馆都在收集数据对暑期阅读活动进行评估，图书馆员也有兴趣更好地了解暑期阅读活动的影响，但是采取系统化评估方法的图书馆还很少。例如，

1　Library and Archives Canada. Literature review on the impact of summer reading clubs. 2006 [OL]. [2013-05-16]. http://www.collectionscanada.gc.ca/obj/009003/f2/009003-06-040-e.pdf.

2　Just Economics (2010). Bookstart 2009/10: A Social Return on Investment (SROI) Analysis. [R/OL]. [2013-05-20]. http://fileserver.booktrust.org.uk/usr/resources/543/social-return-on-investment-june2010.pdf

3　Ohio summer reading program 2011 evaluation report [OL]. [2013-5-19]. http://www.webjunction.org/content/dam/WebJunction/Documents/ohio/2011_SRP_Evaluation_Report.pdf.

4　Ohio summer reading program 2012 evaluation report [OL]. [2013-5-19]. http://www.webjunction.org/content/dam/WebJunction/Documents/ohio/2012_SRP_Evaluation_Report.pdf

美国2009年的一项研究表明，69.3%的图书馆准备了暑期阅读活动的书面评估报告。几乎所有图书馆（92.8%）都追踪登记参与暑期阅读活动的儿童数量，大多数图书馆（79.2%）追踪完成了参与暑期阅读活动的儿童数量的统计，34.5%的图书馆统计了儿童在活动中阅读的图书数量，31.9%的图书馆统计了每个参与者花费在阅读上的时间，21.6%的图书馆让父母或监护人参与到评估过程，询问暑期阅读活动对儿童及家长的影响，只有2.65%的图书馆与学校合作，采用标准化的测试测定参与暑期阅读活动对儿童阅读成绩的影响[1]。不少研究建议从图书馆投入（或资源）、产出、结果和影响等方面进行综合评估，并提出了相应的测量指标或收集指标数据。

与发达国家的图书馆界相比较，中国大陆的儿童阅读推广活动起步较晚。随着近十年图书馆界对儿童阅读推广的重视，各地涌现了不少优秀案例[2]。在评估方面，尽管一些图书馆可能进行读者满意度调查，中国图书馆学会的青少年阅读推广委员会也在征集优秀案例等，但是至今缺乏专门的、严谨的评估研究，特别是面向对读者的影响的评估研究。每四年一次的全国公共图书馆评估定级活动，在省、市、县少儿图书馆评估标准中都设置有部分儿童阅读推广方面的指标，但多以投入—产出指标为主。例如，2012年第五次评估，省、市、县少儿图书馆评估标准中，在第442和443条设置"阅读指导与推广"指标，仅包括书刊宣传、阅读指导和课外阅读兴趣辅导活动每年举办次数等分指标[3]，不以彰显影响和发现问题为主。同时，少儿图书馆评估在数据

1　Matthews. J. Evaluating summer reading programs: suggested improvements [J]. Public library, 2010, 49（4）: 34-40

2　丁文祎. 中国少儿阅读现状及公共图书馆少儿阅读推广策略研究 [J]. 图书与情报, 2011 (2): 16-22

3　省级、市级、县级少年儿童图书馆评估标准。见文化部办公厅关于开展县以上公共图书馆第五次评估定级工作的通知附件（2012-12-18）. [OL]. [2013-05-17]. http: //59.252.212.6/auto255/201212/t20121221_29410.html

统计方面也做得很不完善[1]。

对阅读推广活动进行评估可以使图书馆员和管理者理解阅读推广的价值，理解为什么要投入资源到阅读推广中，有助于员工宣传活动、彰显活动影响，以更好地吸引参与者和社会资源的支持。同时，只有明确了要达到的结果和影响，才能更好地帮助图书馆设定活动目标、明确哪些环节需要完善，知道如何成功和高效地开展阅读推广活动。鉴于目前国内外儿童阅读推广评估领域都缺乏综合性、系统性的评估指标体系研究，下面在借鉴国际图书馆界儿童阅读推广评估实践和经验的基础上，结合我国背景，尝试设计一套图书馆儿童阅读推广活动综合评估指标体系。

2　研究方法和过程

根据研究目的，我们采用德尔菲法（也称专家调查法）[2]和层次分析法来分别确定指标体系的指标构成及其权重设置。研究从 2011 年 10 月到 2012 年 5 月进行。根据对国内外相关文献的调研、对国内图书馆儿童阅读推广实践活动的分析，以及对部分图书馆的非正式访谈（访谈 2 位图书馆管理者和 1 位一线员工），我们初步设计了图书馆、参与者、社会影响三个评估维度的指标体系。在此基础上，拟定了"图书馆儿童阅读推广活动成效评估指标体系专家调查表"。专家调查表包括四部分内容：（1）填写说明。（2）指标合理性和重要性评价。采用李克特 5 等级量表模式，专家要对每一个指标的相对重要性进行评价，按照"不重要、不太重要、一般、比较重要、很重要"五个等级，分别赋值 1、2、3、4、5。同时，专家可添加自己认为重要的指标

---

[1] 胡洁，汪东波，支娟等. 公共图书馆第五次评估定级标准（少儿馆部分）释读 [J]. 中国图书馆学报，2013（2）：18-26

[2] 田军，张朋柱，王刊良等. 基于德尔菲法的专家意见集成模型研究 [J]. 系统工程理论与实践，2004（1）：57-62

或给出其他参考意见。（3）专家基本情况调查表，包括年龄、学历、职业、职称、任职年限、专业领域等。（4）专家权威程度量化表。专家权威程度是用来衡量专家小组选择是否得当的指标，一般由两个因素决定，即专家的判断系数和专家对指标的熟悉程度，一般用二者的均值表示。由于调查收集来的关于专家权威程度的数据是定性的，在统计时很难做出客观评价，因此本研究将定性数据进行量化转化，在 0 到 1 分区间赋分。其中，判断依据的量化赋分情况为：直观判断 0.2 分，根据同行了解 0.4 分，根据理论分析 0.4 分，根据实践经验判断 0.8 分。熟悉程度的量化赋分情况为：不熟悉 0.2 分，不太熟悉 0.4 分，比较熟悉 0.6 分，熟悉 0.8 分，非常熟悉 1 分。

通过联系中国图书馆学会阅读推广委员会的青少年阅读推广专业委员会，我们获得了国内儿童阅读推广领域的相关专家名单。根据所选择专家代表面应广泛、权威程度要高、且有足够的时间和耐心填写调查表、人数一般控制在 10 至 50 人之间等原则，本研究综合考虑年龄、职务、知识构成和相应成果，最终确定了 20 名专家。2012 年 3 月到 5 月，研究者通过电子邮件方式进行了两轮正式专家意见咨询。第一轮调查得到 11 位专家回应，基本符合德尔菲法对专家人数的要求。根据第一轮调查统计结果，我们调整了指标构成，删除不符合要求的指标，增加专家补充的指标，制作第二轮专家调查表并发给专家进行重新评价。由于第二轮的专家咨询意见基本一致，未再进行第三轮调查。

在专家意见基础上确定指标体系后，我们利用层次分析法确定了各层次指标的权重。

3 调查结果分析

3.1 专家的基本情况和权威程度

专家的基本情况和权威程度见表 7-7。所有专家都拥有本科以上学历，

63.6%的具有副高以上专业技术职称。专家的专业领域涉及童书编辑、图书情报、阅读推广，都与图书馆的儿童阅读推广有密切联系。专家的平均工作年限为15年，54.5%的专家有10年以上工作经验。专家的地区分布为：台湾1位，大陆10位（西北地区2位，京津地区3位，江浙地区4位，广东地区1位），基本能够涵盖发达和欠发达地区。63.6%的专家的权威程度大于或等于0.7，表明专家的权威性较好。部分专家的权威程度不符合德尔菲法的要求，但考虑到儿童阅读推广的成效涉及领域广泛，这些专家从其他领域为评估提供了新视角，故保留了其意见。

表 7-7 专家的基本情况及其权威系数

专家	E1	E2	E3	E4	E5	E6	E7	E8	E9	E10	E11
年龄	31	40	51	77	42	37	43	28	30	40	31
学历	硕士	博士	本科	硕士	硕士	博士	硕士	硕士	本科	本科	硕士
职业	编辑	馆员	馆员	馆员教授	编辑	编辑	馆员	馆员	馆员	馆员	馆员
职称	中级	副高	副高	高级	副高	其他	高级	初级	中级	高级	中级
专业领域	童书编辑	图书情报	图书情报	阅读推广	图书情报	阅读推广	图书情报	阅读推广	图书情报	阅读推广	图书情报
任职年限	4	12	32	>40	20	5	22	1	7	15	4
熟悉程度	0.6	0.6	1	0.8	0.2	0.8	0.6	0.6	0.6	0.6	0,6
判断依据	0.2	0.8	0.8	0.8	0.4	0.4	0.8	0.2	0.8	0.8	0.8
权威程度	0.4	0.7	0.9	0.8	0.3	0.6	0.7	0.4	0.7	0.7	0.7

3.2 两轮专家意见的反馈情况和评价指标的修改与确定

第一轮邀请专家20人，反馈意见的有11人，所有反馈均有效，有效响应率为55%。第一轮专家咨询结果返回后，我们分析了各指标的重要性均值、满分频率和变异系数。这三个函数是供专家筛选指标和判断专家意见收敛的重要指标。满分频率指对某项指标打满分的专家数与参加评分的专家数之比，满分频率越高表明指标的相对重要性越大。重要性均值体现专家意见的集中程度，均值越大，意味着该指标的相对重要性越高。一般认为，指标重要性均值大于3，指标才可保留[1]。变异系数指该项指标的重要性均值与该项指标评分的标准差之比。它是反映专家评分波动性大小的重要指标，表示专家意见的协调程度。其值越小，意味着专家意见越一致。一般认为变异系数大于0.25，则该指标的专家认同程度不够[2]，需要重新调研以统一意见。根据对第一轮专家意见的统计，一级指标和二级指标全部符合要求，三级指标中"组织者职称"不符合要求予以删除。通过计算变异系数发现，二级指标"经费"，三级指标"组织者人数"、"购书次数"、"参与者年龄"、"参与者职业"的变异系数大于0.25，说明这5个指标的专家认同程度不够。这些指标都在第二轮专家调查表中特别指出，请专家重新打分。

此外，在第一轮调查中，部分专家提出新增加与"社会影响"相关的3个二级指标："用户追踪"、"同行竞争"和"社会阅读氛围的培育"；新增加与"人员"相关的4个三级指标："组织者的专业能力"、"组织者的亲和力与幽默感"、"组织者的主动性与创新性"和"组织者对阅读现象的敏感程度"；新增加与"活动"相关的2个三级指标："活动的相关性"和"活动对家长和儿童的鼓励"；新增加与"其他资源整合"相关的1个三级指标："家长群的参与度"；新增加与"参与者满意度"相关的2个三级指标："成本"和"激励"；新增加与"参与者受益度"相关的2个三级指标："家庭关系"和"家长群的热度"；新增加与"媒体报道度"相关的1个三级指标："媒体报道深度"。这些指标在第二轮专家调查表中也特别指出，请专家给予意见。

第二轮邀请的专家以第一轮为基础，11名专家全部给予反馈，有效响应

---

[1] 林小美,张丽,林北生等.中国武术发展指标体系构建及评估研究［J］.体育科学,2009(6):90-96

[2] 樊长军,张馨,连宇江等.基于德尔菲法的高校图书馆公共服务能力指标体系构建［J］.情报杂志,2011(3):97-100

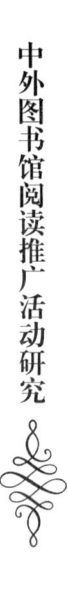

率为100%。专家咨询结果显示，一级指标的重要性均值都大于3。二级指标中只有新增加的"同行竞争"的重要性均值小于3，给予删除。三级指标的重要性均值都大于3。各级指标中满分频率超过40%的指标达33.3%，显示指标的重要性较高。所有指标中，只有新增加的二级指标"用户追踪"和原有的三级指标"购书次数"的变异系数大于0.25，显示指标体系中除了这两个指标外，大多数指标的协调程度较好。考虑到相关研究中，这两个指标与儿童阅读推广活动的效果有一定的相关性，我们仍然保留了这两个指标。

3.3 指标权重的确定

根据德尔菲法得出的指标体系递阶层次结构，通过两两比较的方式，可确定受上层元素（除底层外）支配的同层次元素之间的相对重要性比较，形成判断矩阵。据此，本研究构建一级指标、二级指标和三级指标各自的两两判断矩阵。之后，将判断矩阵转换为矩阵，利用方根法计算各级指标的权重和合成权重，并进行一致性检验，最终确立指标体系中各级指标权重（见表7-8）。

3.4 图书馆儿童阅读推广综合评估指标体系的确立

在指标和权重确定的基础上，建立了图书馆儿童阅读推广活动综合评估指标体系，包括三个一级指标、13个二级指标和50个三级指标（见表7-8）。该指标体系是一项涵盖了图书馆投入——产出、结果和影响的多维度的评估指标体系。图书馆维度是从图书馆资源投入角度评估活动成效，下设人员、活动、经费、其他资源整合4个二级指标；用户维度是从参与者满意度和受益度来衡量活动成效；社会影响维度是从活动产出及可能的社会效益角度来评估活动成效，下设活动规模、活动延续性、媒体报道度、活动公平度等二级指标。

表 7-8　图书馆儿童阅读推广活动综合评估指标体系

一级指标及权重	二级指标及权重	三级指标	权重
B1 图书馆 0.348	C1 人员 0.0912	D1 组织者人数	0.01404
		D2 组织者学历	0.01696
		D3 组织者专业能力	0.01733
		D4 组织者的亲和力、幽默感	0.01514
		D5 组织者的主动性、创新性	0.01441
		D6 组织者对阅读现象的敏感度	0.01332
	C2 活动 0.0891	D7 常规活动数量	0.01800
		D8 特色活动数量	0.01755
		D9 活动类型的丰富度	0.01916
		D10 活动的相关性	0.01524
		D11 对家长和儿童的鼓励	0.01916
	C3 经费　0.0821		
	C4 社会资源整合 0.0856	D12 政府对活动的支持度	0.01815
		D13 社会组织参与度	0.01849
		D14 专家学者参与度	0.01541
		D15 志愿者参与度	0.01507
		D16 家长群参与度	0.01849
B2 参与者 0.333	C5 参与者满意度 0.1631	D17 交通	0.01484
		D18 环境	0.01484
		D19 氛围	0.01647
		D20 内容	0.01794
		D21 形式	0.01745
		D22 互动性	0.01794
		D23 吸引力	0.01827
		D24 资源	0.01615
		D25 成本	0.01484
		D26 激励	0.01435

续表

一级指标及权重	二级指标及权重	三级指标	权重
B2 参与者 0.333	C6 参与者受益度 0.1698	D27 信息量	0.01274
		D28 参加图书馆活动次数	0.01274
		D29 借书次数	0.01240
		D30 购书次数	0.01087
		D31 阅读兴趣	0.01477
		D32 阅读习惯	0.01511
		D33 阅读时间	0.01341
		D34 阅读范围	0.01307
		D35 阅读技巧	0.01341
		D36 交际能力	0.01189
		D37 图书馆认知	0.01460
		D38 家庭关系	0.01155
		D39 家长群热度	0.01324
B3 社会影响 0.319	C7 活动规模 0.0412	D40 参与者人数	0.01125
		D41 参与者教育程度	0.01072
		D42 参与者年龄	0.01018
		D43 参与者职业	0.00906
	C8 活动持续性 0.0498		
	C9 活动宣传推广 0.0510	D44 媒体报道数量	0.01153
		D45 媒体权威性	0.01382
		D46 媒体多样性	0.01295
		D47 媒体报道深度	0.01270
	C10 活动公平度 0.0443	D48 低收入者参与比例	0.01426
		D49 残疾人参与比例	0.01426
		D50 城乡参与者比例	0.01577
	C11 后续衍生产品 0.0424		
	C12 用户追踪 0.0392		
	C13 阅读氛围的培育 0.0510		

在指标体系中，比较重要的指标有一级指标"图书馆"，二级指标"人员、活动、参与者满意度、参与者受益度"，三级指标"组织者的亲和力和幽默感、组织者的主动性和创新性、组织者对阅读现象的敏感程度、活动内容、形式、互动、吸引力、阅读习惯"，这13个指标的重要性均值超过4.5（满分5），满分频率也都超过60%。

就指标的相对重要程度看，一级指标中的"图书馆"维度相对重要，其下4个二级指标的重要性依次为：人员、活动、社会资源整合和经费。在活动方面，常规活动数量、活动类型的丰富度以及"对家长和儿童的激励"相对重要。社会资源整合中，"政府对活动的支持度"、"社会组织参与度"、"家长群参与度"相对重要。"用户维度"下，"参与者受益度"相对重要于"参与者满意度"。"社会影响"维度下"活动宣传推广"、"社会阅读氛围的培育"和"活动的持续性"相对重要。

4 讨论

4.1 指标体系的特点、科学合理性及价值导向

指标体系及其建立过程中专家的意见反馈情况，能够反映我国专业人员对于儿童阅读推广实践及其评估应重视方面的认识和争议。同时，采用什么样的评估指标，将对儿童阅读推广实践及其价值导向产生一定的引导作用。

首先，指标体系突出的特点是涵盖了图书馆投入——产出和结果——影响多维度指标，尤其重视图书馆投入指标和参与者受益度指标。这与国际图书馆界儿童阅读推广评估的趋势吻合，可以引导图书馆重视和加强阅读推广活动的影响评估。需要指出的是，专家对评估体系引入"用户维度"的意见存在分歧（如指标变异系数大），可能原因是对影响评估在实际操作方面的担忧。

其次，在图书馆投入方面，重视人员、活动及其他社会资源支持指标。在人员方面，指标体系突出了组织者的三类品质：亲和力、幽默感，主动性和创新性，以及对阅读现象的敏感度。这反映了（儿童）图书馆员的这三类品质对阅读推广成功的重要性。其他国家的评估实践也突出了人员这一要素的重要性，例如，加拿大暑期阅读俱乐部每年优秀案例评选的标准之一即员工创造性[1]。英国的研究发现，暑期阅读吸引人和完成最好的图书馆，其图书馆员多灵活且具有创新性[2]。台湾的研究发现，人员问题（人手不足、馆长和馆员认知态度等）是"阅读起跑线"活动执行中存在的突出问题[3]。

在活动方面，突出了常规和特色活动数量、活动内容、形式、互动性、吸引力以及对儿童和家长的激励。其中，竞赛这种活动形式以及"激励"，曾是国际图书馆界争论的两个主要问题。有些图书馆员认为竞赛、激励对阅读能力好的读者是奖励，但同时可能会惩罚了阅读慢或不喜欢阅读的读者，因而主张尽量减少竞争，使用小组目标，或设立更低的阅读目标（如英国暑期阅读挑战使用6本书为目标），或采用阅读协议形式，让儿童自己设立目标。使用阅读时间来测量阅读成功也是平衡暑期阅读计划中不同阅读能力儿童的措施[4]。但是，由于激励机制（比如奖品）对活动满意度的重要性[5]，当前的儿童阅读推广实践和评估，在尝试克服激励带来的问题同时，仍比较重视这一指标，例如英国暑期阅读挑战计划中多使用书签、奖章、证书等激励措施。

1　Canada Summer Reading Club Award［OL］.［2013-05-19］. http：//tdsummerreadingclub.ca/librarians/library-awards#2013

2　Kennedy R. and Bearne E. Summer reading challenge 2009 impact research report［R］.UKLA（the United Kingdom Literacy Association），2009

3　Bertin. S. A history of youth summer reading programs in public libraries［D/OL］. University of North Carolina Chapel Hill, 2004.［2013-05-16］. http：//www.ils.unc.edu/MSpapers/2977.pdf

4　Bertin. S. A history of youth summer reading programs in public libraries［D/OL］. University of North Carolina Chapel Hill, 2004.［2013-05-16］. http：//www.ils.unc.edu/MSpapers/2977.pdf

5　Adele F., Gagnon, A., Howarth L., et al. Opening Doors to Children：reading, media, and public Library use by children in six Canadian cities［R］. Regina：Regina Public Library. Canada, 2005

美国南加州的评估报告关注为儿童提供激励的措施、分发奖品的方法，以及由父母评价奖品和激励带来的影响。

在社会资源整合方面，重视政府、其他社会机构、家长群三者的支持与参与。英国、美国、加拿大等国，儿童阅读推广在20世纪末普遍发展为全国性活动，行政支持力度都比较大。儿童阅读推广活动起步较晚，行政支持力度较弱的国家普遍对行政支持提出要求，例如，台湾的研究希望当局能够整合宣传策略，统一给予宣传。与学校、教师、图书馆员和青少年服务机构等的有效合作被认为是图书馆暑期阅读计划开展成功的关键因素。英国暑期阅读评估就将社会合作作为重要指标。赢得家长群参与支持也是儿童阅读推广的关键方面。婴幼儿阅读推广活动主要目标是要影响家长的阅读态度和行为，鼓励亲子共读活动，好的讲故事活动要能调动家长和孩子的参与和互动。暑期阅读推广活动也旨在影响亲子共读、父母带孩子使用图书馆以及家庭阅读氛围改变。鉴于家长参与与支持的重要性，本指标体系中多处给予了体现。指标体系还引入了志愿者这一指标，尽管权重相对较低。英国比较重视这一指标，鼓励青年人作为志愿者参与到暑期阅读计划。

第三，在参与者受益度方面，重视从多方面测量，同时突出阅读习惯指标。从国外影响评估研究看，对参与者的影响主要表现在阅读成绩和能力（如阅读理解、词汇量等）、阅读量、范围和时间，阅读主动性、自信和激情，图书馆利用，家庭阅读氛围，自信和社会交往技能等方面。我国当前的少儿图书馆评估标准中缺乏这类影响指标，引入这些指标可以使图书馆思考采用什么样的活动内容和方式能达到这样的目标，以及需要采集什么样的数据来反映阅读推广活动对用户这些方面的影响。

第四，在活动产出和社会影响维度，突出了活动的宣传推广（包括媒体报道深度、数量、媒介使用多样性等）以及活动的持续性、用户追踪、公平性等指标。从国际经验看，这些指标设置的比较合理。加拿大和英国暑期阅读推广评估都将活动的宣传推广作为重要的评估指标,加拿大设置有图书馆员访问学校和日托机构次数、推广方法(馆内推广、学校展示、学校邀请、媒体、在夏令营或其他儿童照看机构展示等)等指标,英国则注重新的数字媒介运用。台湾研究表明民众对"阅读起跑线"的宣传满意度最低。该指标设置可以引导图书馆对各种宣传方式(如网站、社会媒体等新媒体,电视、报纸等媒介关系)的重视,彰显影响。活动持续性、用户追踪的设置则旨在促使图书馆重视后续活动和对用户的影响评估。

此外,社会影响维度还设置了活动的公平性指标(低收入、残疾人、城乡用户参与比例)。这与国际图书馆界非常重视儿童阅读活动参与者的包容性相吻合。研究表明,低收入家庭的儿童更可能在暑期中出现阅读和其他学习技能下降现象,他们通常也最缺乏图书获取[1,2],因而,英美暑期阅读项目都尽力确保所有儿童平等获取。例如,2011和2012年英国暑期阅读挑战计划都将延伸到弱势儿童作为目标,并通过与社会机构合作延伸到有特殊需求的儿童,如难民、避难所儿童、留守儿童、流浪家庭儿童、父母之一为服刑人员的儿童以及偏远地区的儿童。英国的"阅读起跑线"项目专门为视障、听障婴幼儿等制作特殊图书礼袋[3]。还有研究者建议将参与暑期阅读的儿童数占该地区儿童总数的比率作为基本评估指标,高效的项目应延伸到所在社区儿童的10%。设置这些指标可以引导我国儿童阅读推广活动对弱势儿童及其家庭的重视,吸引更多参与者,特别是那些对阅读缺乏热情的儿童。

---

1 Krashen, S. & Shin, F. (2004). Summer Reading and the Potential Contribution of the Public Library in Improving Reading for Children of Poverty [J]. Public Library Quarterly, 2004, 23 (3/4):99-109

2 Kim. J. Summer reading and the ethnic achievement gap [J]. Journal of Education for Students Placed at Risk, 2009, 9 (2):169-188

3 Bookstart packs for additional needs [OL]. [2013-05-17]. Http://www.bookstart.org.uk/bookstart-packs/Bookstart-for-all/

4.2 指标体系的实际使用及数据统计

指标体系的设置一方面应该科学、合理，符合国际发展趋势，另外一个重要方面是必须在实际中可应用、易于操作。这包含两个方面的含义：一是测量指标含义明确，在现实中易于进行数据统计和收集；二是评估方法简单合理。为了便于在实践中运用该指标体系，本研究对指标的可获取性、赋分原则或评分标准作出规定。为简化起见，本研究提出如下公式作为评估标准：某图书馆儿童阅读推广活动的总体得分 = $\Sigma \omega_i * D_i$（i 从 1 至 50）+ $\Sigma T_i * C_i$（i 为 3，8，11 至 13）。其中 D_i 为 50 个三级指标得分，ω_i 为其权重；C_i 为无三级指标的二级指标得分，T_i 为其合成权重，权重值见表 7-8。三级指标中各个指标采取平均赋值的原则，满分均为 10 分。根据我国现有的少儿图书馆评估标准，赋值标准基本分为两至三档（见表 7-9）。

从表 7-9 可以看出，很多数据需要图书馆对自身投入和产出数据进行跟踪统计和对用户进行调查。我国的公共图书馆评估（包括少儿图书馆评估），长期规范和持续的数据统计工作比较欠缺。根据国外经验，建议设定最小测量集，包括投入和产出方面的数据，每年进行统计和积累。全国性的评估活动可以借鉴加拿大暑期阅读俱乐部项目的评估和数据统计方式。例如，中国图书馆学会阅读推广委员会的青少年阅读推广专业委员会可以委托相关机构设计专门针对儿童阅读推广项目和活动的调查表格，协调各个图书馆在线填报数据，建立统计数据库，每年定期收集数据和出版年度评估报告和回溯报告。同时，在全国评选年度优秀案例或创新案例。此外，图书馆及图书馆协会可以更多地委托或与第三方机构如图书情报学院、儿童教育领域的学者或市场调查机构合作，运用更科学的方法，例如前测、后测、实验组和控制组等实验方法，评估儿童阅读推广活动对参与者和社会的影响。

表 7-9 图书馆儿童阅读推广活动评估测量指标的获取方式和赋分标准

指标编号	指标获取方式	赋分标准
C3	客观，统计数据	用于阅读推广活动的经费占图书馆总经费的比重
C8	客观，统计数据	活动持续举办3年以下0-3；3-5年4-6；5年以上7-10
C11	客观，统计数据	发行活动专刊或光盘，活动纪念品0-5；考虑衍生产品种类和发行的数量5-10
C12	客观，统计数据	是否进行调查0-5；连续多年或回溯调查5-10
C13	主观，用户问卷调查	依据是否有影响0-3分；一般影响4-6分；显著影响7-10分
D1-D2	客观，统计数据	依据组织者人数及中级职称所占比率赋分；30%及以下0-3；40-60%，4-6；60%以上7-10；
D3	客观，统计数据	依据从事图书馆行业年限或工作年限而定：0-10分
D4-6	主观，用户问卷调查	参与者评价：一般0-3；满意4-6；很满意7-10分
D7	客观，统计数据	活动数量0-10分
D8	客观，统计数据	活动数量*2，0-10分
D9	客观，统计数据	0-2个活动组合0-5分；3-4个，6-8分；超过4个10分
D10-11	主观，用户问卷调查	参与者评价：0-10分
D12	客观，统计数据	派人参加：5分；拨款：5分
D13-D16	客观，统计数据	有10分；无0分
D17-D39	主观，用户问卷调查	参与者评价：有无提升0-3；较大提升4-6；很大提升6-10
D40	客观，统计数据	参与儿童占所在地区儿童的比率8%以下0-8；8%以上9-10分
D41-43	客观，用户问卷调查	依据教育程度、年龄、职业跨度情况评分
D44	客观，统计数据	1-3篇5分；3篇以上10分
D45	客观，统计数据	传统媒体（全国：10分；省级：8分；其他：5分）；互联网（排名前十的门户转载：10分；其他网站转载：8分；举办单位官网：5分）
D46	客观，统计数据	单一媒体：5分；多样媒体：10分
D47	客观，统计数据	头版：10分；非头版但标题醒目、内容详实8分；其他5分
D48-50	客观，用户登记数据	占用户总量比率而定；5%以下0-5分；5%以上6-10分；

本研究尝试建立了图书馆儿童阅读推广活动的综合评估指标体系。该指标体系包括图书馆、用户体验和社会影响三个维度。图书馆维度反映的是图书馆在阅读推广活动方面的资源投入情况，实际评价中，图书馆应注意采集日常数据、活动档案资料或故事性资料等。用户维度涵盖参与者的主观体验指标，在实际评价时，图书馆需要通过对参与儿童、家长、学校教师、学校图书馆员等的问卷调查和访谈，以及阅读测验量表等来测评。社会影响维度反映的是图书馆阅读推广活动的产出情况，以及这些产出在社会层面的反响和影响，评价时需要图书馆积累的日常统计数据，如每次活动的参与人次、人口指标等。指标体系突出了图书馆投入和参与者受益度方面的指标，比较符合当前国际图书馆界儿童阅读推广项目评估的趋势和国内现实，对当前儿童阅读推广活动实践有一定价值导向意义。指标体系适用于综合评估活动，希望开展影响评估的图书馆，也可以借鉴参与者受益度等指标设计测评工具。

本研究的局限在于，研究带有探索性质，指标体系确立后尚没有运用到相关阅读推广活动中进行实证研究，其实际价值有待继续检验。其次，相应测量指标还有待进一步完善，如缺乏与活动相配合的馆藏建设、鼓励愉悦阅读等指标。此外，相关指标，特别是用户体验等指标，数据获取依赖于进一步调查，获取难度较大。

第八章　图书馆阅读推广活动的理论探讨

第一节　阅读推广中的"教育论"和"中立论"所对应的教育观念[1]

在图书馆的阅读推广活动中，一直存在着"教育派"和"中立派"的分歧。"教育派"强调指导、引导、灌输，认为阅读推广是一种教育活动，主张开列推荐书目，传授读书方法，判定好书劣书，培养读者的读书习惯、读书兴趣、读书品位，引导读者的读书倾向。"中立派"强调维护阅读自由，认为图书馆员并不比读者高明，图书馆的职责是提供藏书、场地、环境、气氛、图书信息和阅读建议，但不必抱教育和指导的目的。不对此分歧进行理论上的探源和融合，不利于发挥各方的积极性。而这两种理念都在教育学上有过深入探讨，需要我们取精用宏，以指导阅读推广活动。

---

[1] 本节由华侨大学图书馆馆员张彬撰写。

换句话说:"图书馆为什么、凭什么开展阅读推广,其逻辑合理性在哪里,符合哪些教育学原理?这个问题不解释清楚,就无法圆满回答资助者、合作者、读者的质疑。这个问题实际上和为什么要建设学校是类似的,十分古老,中外教育家都曾给出过精彩的解答[1]。"我们应该走进教育思想史、教育哲学等学科。在那里,我们将看到不同的视角和观点,为我们分析问题提供宽广的思想基础。下面我们先从教育哲学角度对图书馆阅读推广活动中的"教育派"和"中立派"的分歧进行溯源和探析。

1 永恒主义教育观与经典文献阅读推广

永恒主义教育观源于西方的"博雅教育"(Liberal Education)传统。博雅教育理念又源自古希腊对体力劳动者与脑力劳动者的区分,在古希腊人看来:体力劳动者依靠体力生存,与动物相近;脑力劳动者善于运用理性,更具有人的属性。因为,"人是理性的动物"(亚里士多德语),所以培养人的理性能力才是真正的教育。而对体力劳动者的工作训练不应是学校教育的任务,它应由学徒制来完成。

同时,作为奴隶社会的古希腊雅典城邦,民主只是对自由人而言的,所以教育也是对自由人而言的。亚里士多德在其著作《政治学》中说:"业务应该分为适宜于和不适宜于自由人操作的两类;授给儿童的实用知识就应该以这个分类为依据,勿使形成工匠的习性。任何职业、工技或学课,凡可影响一个自由人的身体、灵魂或心理,使之降格而不复适合于善德的操修者,都属卑陋;……人们所行或所学如果是为了自身的需要,或是为了朋友,或是为了助成善德的培养,这不能说是非自由人的作业;但相同的作业,要是依从他人的要求而一再操作,这就未免鄙贱而近乎奴性了[2]。"由此可见,古希

---

1 王波. 图书馆阅读推广亟待研究的若干问题 [J]. 图书与情报, 2011, (5): 34
2 亚里士多德. 政治学 [M]. 吴寿彭译. 北京: 商务印书馆, 1965: 408-409

腊人的教育目的是培养自由人的善德，学校教育不是为了培养奴隶，而是为了培养自由而博雅的人。这种针对少数人的教育理念与中国古代非常相似。

随着工业化进程，机器代替了劳工们"奴隶"般的劳动，劳工从重体力劳动中解放出来，成为掌握机器的技术劳动者，成为半脑力劳动者。在民主制度下，劳工阶级也获得了以前只有少数人拥有的受教育的权力。但传统教育并不适合于体力劳动者，所以，才有进步主义教育观的适合多数人的以实用为主的教育实验[1]。

然而，在永恒主义教育者看来，所谓的进步主义教育并没有对劳工阶级的子女实施教育，而只是在学校里对他们实施了职业训练。这既没有使劳工阶级的子女成为自由博雅的人，又损害了学校教育。永恒主义者认为，既然机器已经代替了人工，不再有古希腊时代统治者与奴隶的对立，每个人在民主社会中都是自由的，每个人都是统治者，所以全民都需要博雅教育[2]。这种博雅教育是一种通识教育，而不是职业教育。所以，永恒主义要求学校恢复传统的通识教育，而在基础教育中避免职业教育。赫钦斯在其著名的《美国高等教育》一书中指出："我坚持认为，永恒的学习应该是普通教育的核心，……那么什么是永恒的学习？首先，它们是那些多个世纪以来的经典名著。……如果一个人从来没有读过西方世界的任何名著，我们如何能称他是一个受过教育的人[3]？"看来，我们今天的经典阅读推广与永恒主义教育理念是一致的。

比赫钦斯的《美国高等教育》晚半个世纪出版的《走向封闭的美国精神》一书中的结论是："在人们重温柏拉图和莎士比亚的著作时，他们将比其他任何时候生活得更加充实，更加美满，因为阅读经典作品将使人置身于无限深蕴的本质存在，使人忘掉他们短暂纷杂的现实生活。永恒完整的人性不

1　乔治·奈特. 教育哲学导论 [M]. 简成熙译. 台北：台湾五南图书出版公司，2009：143-144
2　乔治·奈特. 教育哲学导论 [M]. 简成熙译. 台北：台湾五南图书出版公司，2009：144
3　赫钦斯. 美国高等教育 [M]. 汪利兵译. 杭州：浙江教育出版社，2001：43-46

仅过去存在，而且永远存在，……在那些经典著作中的客观的实在的美依然令人赏心悦目。我们必须在今日学生们心田上的那块不大友好的田野上，小心翼翼地保护和培植那些伸向这些伟大思想的幼苗[1]。"这里表明了该书作者布鲁姆是纽曼和赫钦斯在后现代主义教育观念流行时代的同道。由此可见，虽然进步主义未必是进步，但是永恒主义教育观与进步主义教育观的对立却非常恒久。

对照永恒主义教育观，我们不难发现：当前图书馆阅读推广中的"教育派"中的"经典阅读派"，可谓是永恒主义教育观在阅读推广中的投射，其主要代表人物王余光、徐雁等，均来自北京大学、南京大学等国内一流的高等学府，这些著名大学作为国内象牙塔的塔尖，一向是精英教育的大本营，历来致力于博雅教育、通识教育，对沦为职业教育的倾向始终保持高度警惕。来自这些学校的图书馆人，不遗余力地推广经典文献的阅读，希望把图书馆变成读者修身养性、追求真善美的天堂，是可以理解的，也是令人崇敬的，自有深厚的思想史根源作支撑，其合理性是毋庸赘述的。

2 进步主义教育观与实用文献阅读推广

与永恒主义教育观的价值取向相反，进步主义教育观主张教育以人为本，不以理为本。也就是说，教育应该以人的生活需要为目的，而不应该以追求真理为目的。

早在古希腊就有一些哲学家怀疑"真理"，他们就是所谓的"智者"。他们是第一批游走于希腊各城邦的教师，他们向雅典人教授辩论术，苏格拉底就曾经是他们的学生。最著名的智者普罗泰戈拉有句广为人知的名言："人是万物的尺度，是存在者存在的尺度，也是不存在者不存在的尺度。"这种真理

1　布鲁姆. 走向封闭的美国精神［M］. 缪青等译. 北京：中国社会科学出版社，1994：411-412

观意味着：一切都是真的，只是真理因人不同而已。另一个智者高尔吉亚则拒绝承认任何真理的存在[1]。

在希腊化时代出现的怀疑派应该是智者派思想的继承者，"他们不相信柏拉图和亚里士多德已经成功地发现了世界的真理[2]。"他们说："那些相信自己发现了真理的人，是独断论者"，并说怀疑论"这种哲学所采取的形式是认为真理不可知，不作任何判断[3]。"这种悬置判断的怀疑论方法在20世纪现象学哲学家胡塞尔那里起到了重要的方法论作用，也因此影响了存在主义者海德格尔及后现代主义者们，他们都应归入反本质主义者行列。

柏拉图以后教育观念的革命是由18世纪法国思想家卢梭发动的，其文学体的著作《爱弥儿》被誉为教育史上的"哥白尼式的革命"，它与柏拉图的《理想国》和杜威的《民主主义与教育》并称西方教育史上的三大里程碑。在《爱弥儿》中，卢梭系统地论述了以自然教育和自由教育为核心的教育思想，在他看来，人原本自然的天性是善良的，只因社会文明，尤其是城市文明的扭曲，人性才变得丑恶了。所以，远离城市的喧嚣，对人进行回归自然的教育，才有利于人的善良天性的保持[4]。

以往的教育观念都把受教育者适应社会作为教育的目的，卢梭教育思想对教育史的最大贡献在于使人认识到，教育不应该为适应社会而牺牲儿童的天真生活，他说："当我们看到野蛮的教育为了不可靠的将来而牺牲现在，使孩子受各种各样的束缚，它为了替他在遥远的地方准备我认为他永远也享受

1　撒穆尔·伊诺克·斯通普夫，詹姆斯·菲泽. 西方哲学史：从苏格拉底到萨特及其后（修订第8版）[M]. 匡宏、邓晓芒等译. 北京：世界图书出版公司北京公司，2009：26-28

2　撒穆尔·伊诺克·斯通普夫，詹姆斯·菲泽. 西方哲学史：从苏格拉底到萨特及其后（修订第8版）[M]. 匡宏、邓晓芒等译. 北京：世界图书出版公司北京公司，2009：100

3　北京大学哲学系外国哲学史教研室编译. 古希腊罗马哲学[M]. 北京：三联书店；1957：339-341

4　张斌贤，刘冬青. 历史上最具影响力的教育学名著19种[M]. 西安：陕西人民出版社：2007：68

不到的所谓的幸福，就先把他弄得那么可怜时，我们心里是怎样想的呢[1]？"卢梭主张自然的教育，就是要服从自然的法则，听任身心自由发展，让儿童从生活和实践的切身体会中获取他所需要的知识。他还主张劳动教育，以使学生学会谋生手段，不去依附于权贵而失去自由的生活。这些思想直接影响了后来的进步主义教育实践。

进步主义教育哲学家杜威接受了卢梭关于教育应该符合自然发展的主张，但杜威也批评了卢梭反对儿童在社会环境中受教育的观念，认为教育是生活的需要，但生活总是社会生活，所以学校生活是儿童进入社会生活的重要经历。在杜威看来，教育的本质应该是受教育者适应环境的习惯的养成和生长，而非向着某个既定目标的发展以作为未来生活职责的预备。因为把目标放在不可预见的将来，会失去当下生长的良好机会。教师应该顺应这种生长的要求和趋势而悉心指导，而非控制生长或根据"所谓一般的和终极的目的"去灌输知识，使生长的连续性发生断裂。

根据这种"生长"的教育观念，受教育者本来具有主动学习的原动力，他的生长过程中需要学什么就会去学什么，只有在他遇到问题无法解决而需要指导时，教育的作用才能够发生。如果受教育者不需要，我们勉强向他们灌输他们当下还不能或不愿意接受的知识，反而会阻断他们知识生长的连续性，造成混乱和痛苦。因此，进步主义教育观念倡导学校鼓励学生从做中学，完全放弃任何经典理论著作的直接教授和学习。

今天，这种进步主义的教育观念也正在进入中国的学校，例如，浙江省义乌工商职业技术学院，四分之一在校生创业，60%的人生活费自理，已有多名90后百万富翁，成为批量生产老板的学校。学院副院长贾少华认为，对于考不上重点大学的学生，补短不如扬长。为鼓励创业，学校专门开设了创

---

[1] 张斌贤，刘冬青. 历史上最具影响力的教育学名著19种 [M]. 西安：陕西人民出版社 2007：71-72

业班。创业班的学生上课时可以在下面接单发单，还可以不上大部分课，网上交作业，学业个别辅导，考试单独出卷。淘宝上的级别还可以代替学分，一颗钻两学分。但贾少华副院长向社会作出承诺：创业班学生毕业时人均月收入超过一万。这对眼下全国高校学生毕业时人均千元左右的收入来说，无疑是非常诱人的。杨甫刚，义乌工商学院的"创业榜样"，复读了两年才勉强考入这所学校，2009年毕业时，他开着红色凯迪拉克离开。杨甫刚认为自己走对了路，他说："就算我拼命考过英语六级，通过计算机二级考试，年年拿一等奖学金，出了校门，我能和本科名校的学生争当精英吗？"正如贾少华副院长所言：在谁都可以上大学的高等教育大众化的时代，"211工程"以外的大学延续培养精英的思想是误人子弟，不同类型的学校应有不同的培养模式[1]。

梳理了进步主义教育观的源流，我们就不难理解，为什么图书馆阅读推广中的"教育派"中还有一支"实用阅读派"，为什么一些政府部门、读者和图书馆人会质疑对经典文献阅读的推广，强调要针对读者的文化程度、职业特点、生存需要以及地方主流产业的特点，开展针对性、实用性很强的读物的阅读推广，特别是在工商业发达地区、广大农村、高职高专院校，这种呼吁就更加强烈。比如浙江、广东的一些市级以下的公共图书馆，专门开设五金、服装、化工、电子等方面的专门阅览室，主要面向地方支柱产业和打工者开展阅读推广。新闻出版总署拨付资金、广泛动员、花费很大力气在全国农村布设"农家书屋"，推广养殖、种植等农业实用技术文献的阅读，以提高农民素质，加快新农村建设。高职高专院校图书馆，根据学校的办学宗旨和任务，根据学生们的文化知识相对薄弱、急于创业和志在成为高级技术工人的特点，不盲目攀附精英教育、经典阅读，而重视采购和推广各学科实用

---

1 浙江义乌"淘宝大学"的秘密［EB/OL］.［2011-12-28］. http://chinapic.people.com.cn/frame.php?frameon=yes&referer=http%3A//chinapic.people.com.cn/viewthread.php%3Ftid%3D4214375

技术的推广，旨在提高学生们的动手能力。图书馆阅读推广中的"实用阅读派"承袭的是进步主义教育观的衣钵。

3 基于不同理论选择的图书馆阅读推广类型

现在，全世界都在倡导知识社会、书香社会，但这"知识"应该是什么样的知识？这"书香"应该是什么样的书香？这涉及知识本身的性质。知识可以分为"自由知识"和"专业知识"，前者把真理作为美来理解，后者把真理作为力量来理解。自由知识与专业知识的矛盾是理想主义与功利主义的矛盾，自由教育与专业教育的矛盾是学术精神与商业精神的矛盾[1]。永恒主义与进步主义不同的教育观念正是这种矛盾的集中反映。如果把教育观念作为图书馆的阅读推广的理论基础，就不能泛论推广阅读，而应该追问：推广什么样的阅读？向谁推广？

图书馆作为教育机关之一种，其阅读推广观念是教育观念的反映。教育观念的矛盾及其背后的哲学观念的矛盾，也必然体现为阅读推广观念的矛盾。根据永恒主义教育观和进步主义教育观的历史性对立，我们可以将图书馆阅读推广中的教育派分为两种类型：经典文献阅读推广和实用文献阅读推广。其和教育观、哲学观的对应关系见表8-1。

表8-1 图书馆阅读推广的两种类型及其和哲学观、教育观的对应关系

哲学观念	教育观念	阅读观念	阅读推广的类型
本质主义	永恒主义	智识主义（人文知识阅读）	经典文献阅读推广（爱智型阅读推广）
工具主义	进步主义	实用主义（职业知识阅读）	实用文献阅读推广（助业型阅读推广）

既然图书馆阅读推广中的教育派能够找到教育学基础和哲学基础，那么

---

1 张斌贤，刘冬青. 历史上最具影响力的教育学名著19种[M]. 西安：陕西人民出版社，2007：114

图书馆阅读推广中的"中立派"又依据什么呢？前面讨论的两种教育观念是建立在不同教育目的基础上的，进步主义的教育目的是实用，永恒主义的教育目的是求知。其实，在教育思想史上，还有第三种貌似无目的的教育目的：高尚休闲。在中国道家哲学思想中，闲暇也是高蹈之举。林泉高士（闲暇者）的读书倾向与治国治业之士（为职场备战者）的读书倾向是大相径庭的。如果说阅读推广中的"教育派"具有儒家倾向，那么阅读推广中的"中立派"便具有道家倾向，属于经典文献阅读推广和实用文献阅读推广之间的折衷派和骑墙派，它更尊重读者的主动性，主张图书馆在阅读推广中无为而治，也可以称其为"逍遥派"。"中立派"的阅读推广，是将图书馆作为消遣之所，我自备好众籍，供君自由取用，不管读者在这里取读的是实用之书还是经典名著，至少形式上是以消闲的状态发现和阅读的，图书馆并不看人推送、施加影响，读者跟着感觉走，在自然而然的状态下随机而读。中立派阅读推广，实际上只提供阅读的条件，包括图书、场所、环境、设备、气氛、服务等一切条件，至于推广哪一类的书，则不作预设。算上中立派的阅读推广，我们可以将图书馆阅读推广分为三种类型：经典文献阅读推广、实用文献阅读推广、自选文献阅读推广，其和教育观、哲学观的对应关系见表8-2。

表8-2　图书馆阅读推广的三种类型及其和哲学观、教育观的对应关系

教育目的	教育观念	教育价值	阅读推广的类型	阅读推广的派别
求知（博雅教育）	永恒主义	知识具有开发智力、提升精神的价值	经典文献阅读推广	教育派
实用（实用教育）	进步主义	知识具有劳动工具的价值	实用文献阅读推广	教育派
休闲（自由教育）	逍遥主义	知识具有操持闲暇的价值	自选文献阅读推广	中立派

那么，为什么在几种阅读推广的辩论和实践中，经典文献阅读推广总是

在总体上更受欢迎和影响最大，而其他两种阅读推广只是在某些地域和单位更有效果和受到拥护呢？哲学家们其实也早就给出了解释，亚里士多德的"闲暇需要教育"的观点、马克思的"批判也是休闲"的观点，认为最高级的休闲是从事"爱智"的理性活动，其主要表现就是阅读经典。由此我们可以得知，经典文献阅读推广具有"跨界性"，它虽然主要定位在博雅教育，但因为哲学对实业、休闲的广泛启发和指导作用，使得这种阅读推广又穿越了实用文献阅读推广和自选文献阅读推广，造就了其在图书馆阅读推广中位居龙头的地位。

亚里士多德在其《政治学》一书中谈到音乐课程时写道："我们全部生活的目的应是操持闲暇。勤劳和闲暇的确都是必需的；但这也是确实的，闲暇比勤劳更为高尚，而人生所以不惜繁忙，其目的正是在获致闲暇。……对于与幸福相和谐的快乐的本质，各人的认识各不相同。人们各以自己的品格估量快乐的本质，只有善德最大的人，感应最高尚的本源，才能有最高尚的快乐。于是，显然，这里须有某些课目专以教授和学习操持闲暇的理性活动[1]。"

可见，亚里士多德认为闲暇是需要教育的，教育可以使人获得操修闲暇的本事。过去的几十年里，我们一直像杜威一样称赞勤劳而鄙视闲暇，但在这里我们却看到了亚里士多德公开地赞美闲暇，说："闲暇比勤劳高尚，而人生所以不惜繁忙，其目的正是在获致闲暇。"其实，这是大实话，只是因为在生产力水平低下的年代，我们没有能力获得闲暇，我们不得不勤劳，才赞美勤劳。今天，随着科学技术——生产力水平的大大提高，人类在非奴隶制条件下也逐渐有闲暇了。但如何操持闲暇，并不是每一个有闲暇者所能得心应手的，倒是奴隶制条件下的古希腊自由人比我们更懂得如何操持闲暇。亚里士多德就指出，娱乐不是闲暇，我们不应该靠娱乐消遣我们的闲暇。自由人

---

[1] 亚里士多德. 政治学 [M]. 吴寿彭译. 北京：商务印书馆；1965：410-411

的闲暇应该是高尚的理性活动。

马克思和恩格斯曾经在其合作的《德意志意识形态》一书中写道:"在共产主义社会里,任何人都没有特殊的活动范围,而是都可以在任何部门内发展,社会调节着整个生产,因而使我有可能随自己的兴趣今天干这事,明天干那事,上午打猎,下午捕鱼,傍晚从事畜牧,晚饭后从事批判,这样就不会使我老是一个猎人、渔夫、牧人或批判者"。这里所谓"从事批判",也就是亚里士多德所谓"操持闲暇的理性活动"。因为在马克思看来,在理想社会(共产主义)中是不存在异化劳动的,所谓工作是"随自己的兴趣"而干的,工作不是目的,自由的闲暇生活才是人生的终极目的。

问题是:我们如何操持闲暇?当然,打猎、钓鱼不失为有效的操持闲暇方式,但这都有些近于娱乐。亚里士多德认为娱乐只是"消遣我们的闲暇",而不是真正"操持闲暇的理性活动"。我们都知道,短暂的娱乐并不能让我们得到真正的快乐,它最多只能充当紧张劳动后的放松机制而对快乐有效。疯狂娱乐过后,随之而来的必是空虚的情绪。那么,什么是可以使我们得到"最高尚的快乐"的东西呢?柏拉图在《法律篇》中说道:"智慧、真理和卓见,一个人如果能够获得它们,即使在垂暮之年,也是愉快的。凡是能够掌握这些,并且因此而产生了各种幸福,那便是一个完人[1]。"这里是在说,学习如果不抱有任何功利目的,只要获得智慧、真理和卓见,就已经是真正的幸福了。马克思和恩格斯所说的"批判"也应该属于此类得到"最高尚的快乐"的活动,因为批判属于哲学,哲学就是"爱智",爱智本身就是幸福的。正如孔子所言:"朝闻道,夕死可矣。"当然是指幸福的死去,而不是悲惨地死去。这说明,人类的闲暇可以在思想、情感和精神方面的满足中得到幸福,而不仅仅在感官的享受中得到快乐。

---

1 华东师范大学教育系、杭州大学教育系.西方古代教育论著选[M].北京:人民教育出版社,1985:70

要在闲暇中得到思想、情感和精神方面的满足，最重要的途径就是"可靠性"的阅读和欣赏。"可靠性"与"实用性"不同，在自由的基础上，实用性阅读满足外在需要，可靠性阅读满足内在需要。阅读那些历史上积淀下来的永恒的人类精神遗产，我们就可以得到智慧、真理和卓见，也就得到心灵的满足；欣赏那些载道的传世佳作，我们就可以闻道近道，心灵就得到精神依靠。所以，当我们从闲暇阅读的角度来思考阅读推广的问题时，我们会发现一个更广阔的空间，一个有效推动人类精神幸福的事业。正如《联合国教科文组织公共图书馆宣言（1994年）》所指出的："本宣言声明：联合国教科文组织坚信公共图书馆是传播教育、文化和信息的有生力量，是通过人们的心灵培养和平和精神幸福的基本力量。"

第二节　数字时代的图书馆阅读推广[1]

到了数字时代，知识的载体类型和人们的阅读方式正在发生巨大变化，人们的阅读行为主要在阅读方式、阅读对象、阅读结构和阅读规模等四个方面发生了重大改变（见表8-3），移动阅读、全媒体阅读、碎片化阅读和社会化阅读正在成为一种趋势。同时人们还越来越注重阅读体验。图书馆随之转型，一方面维持着人类有史以来的所有文字遗产，成为传统阅读的保留地；另一方面又要成为数字阅读新疆域的开拓者。目前正在兴起的各类与网络阅读、移动阅读、社会性阅读有关的阅读模式，让我们看到了图书馆在数字时代依然丰饶、依然厚重、不可或缺和大有可为，图书馆正在使阅读变得无比精彩。

1　本节由上海对外经贸大学图书馆副研究馆员谢蓉撰写。

表 8-3　数字时代读者阅读行为的四个变化

阅读方式	从固定场所阅读向随时随地移动阅读转变
阅读对象	从以纸载体为主的阅读向海量的数字资源和多媒体阅读转变
阅读结构	从整本图书、期刊的阅读向碎片化、流媒体阅读转变
阅读规模	从个人化的阅读向社会化阅读转变，在虚拟的网络社区中分享信息、交流感受

1　图书馆阅读推广活动的要素和模型

任何阅读推广活动，不外是对推广主体、阅读者、阅读对象以及推广媒介等要素在一定时空范围内进行一定的设计、组合、组织和配置的结果，通过它们之间的相互作用，达成诸如"促进知识分享、提升精神层次、获得有用信息以及愉悦身心"等阅读目的。

阅读推广主体回答的是"谁来进行阅读推广"的问题，它可以是任何社会组织或个人，如政府机构、出版社、读者俱乐部、民间团体、名家名人等，本文主要探讨图书馆的阅读推广活动，因此主要以图书馆作为主体进行研究阐释。

阅读者解决"向谁推广阅读"的问题，是图书馆等主体希望施加影响产生效果或达到目的的对象，例如普通市民、少年儿童、残障人士或其他任何特定人群。他们虽然是阅读推广活动的客体，但却是阅读的主体以及阅读活动最重要的参与者，他们是图书馆赖以生存的基础。正由于图书馆面临着读者在数字时代不断流失的危险，阅读推广才显得尤为重要。

阅读对象主要是指阅读的客体，解决的是"推广什么"的问题。阅读对象通常是各类文献，例如经典图书是最典型的文献形式，是各类推广活动经常首先想到的阅读对象。而以数字媒体形式出现的各类知识载体，当然也属于文献，只不过其形式更加丰富多样。近年来还出现了把"人"作为"阅读对象"（如真人图书馆）的活动形式，这些都可以作为阅读的对象。

明确了主体、客体和对象之后，还需要通过一定的方式、方法实施阅读推广活动。图书馆阅读推广活动的理论虽然不多，但历史悠久，实践中产生过大量的活动形式，见诸报纸或期刊报道的如读书节、读书会、征文比赛、知识竞赛、阅读论坛、推介展览、名家解读、立体阅读、图书漂流、评选阅读达人、举办晒书会等等，丰富多彩、不一而足。而所有这些活动都可能涉及两类实体：（1）推广媒介。即用以开展推广活动的文案、工具、平台、媒体等，常用的如推荐书目、书评书摘、导读文章、新书推介、电视节目、媒体报道、网络短片等，近年来还兴起了通过网站、QQ群、圈子（社会网络）、微博等载体进行推广；（2）推广设施。即与阅读推广活动密切相关的物质条件或硬件系统等。对于图书馆来说，有许多设施设备在阅读推广中发挥了良好作用，如流动图书馆、ATM自助借还设备、社区阅读情报站、图书银行、书报亭等等。

总之，图书馆阅读推广活动是图书馆作为推广主体，通过一定的推广媒介，利用特定的设施设备，选择适当的阅读内容并对活动形式进行一定的设计，从而对阅读推广的客体对象（特定的读者群体）施加影响的所有工作，是"图书馆为培养读者阅读习惯，激发读者阅读兴趣，提升读者阅读水平，进而促进全民阅读所从事的一切工作的总称"[1]。图8-1对于图书馆阅读推广所涉及的各类要素及其关系进行了图示，这些内容构成了阅读推广工作的基本模型。

2 图书馆阅读推广的模式

模型是对真实世界的抽象和简化，而模式是在认识事物的基础上，对其

---

[1] 万行明.阅读推广，助推图书馆腾飞的另一只翅膀[J].今日阅读，2011（6）：76-81.

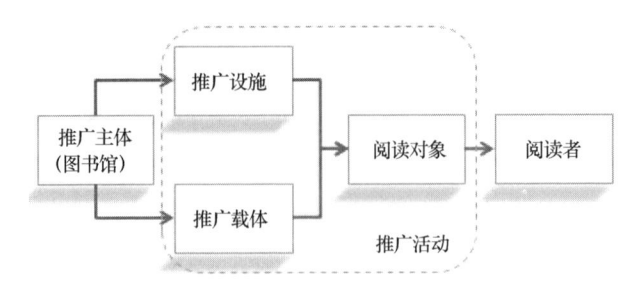

图 8-1　图书馆阅读推广活动模型

进行的规律性总结。对于图书馆的阅读推广工作而言，如果能将目前零散、自发和被动的方式方法上升为符合规律、具有理论指导和组织保障的模式，将有助于图书馆阅读推广工作的制度化、规范化，大大提升阅读推广的效果。

上述对阅读推广模型的总结就是尝试进行模式归纳的第一步。阅读推广活动是一项十分复杂的社会活动，涉及众多要素，如前文谈到的"推广主体、阅读者、阅读对象和推广媒介"等四类要素，推广设施和由多个要素共同作用的推广活动等，这些都提供了一个基本的"阅读推广模型"。任何一种能够固定下来、被推广且反复"重用"的阅读推广活动都可以是一种模式。例如，"经典阅读模式"通常指以指导性的经典书目作为载体，通过名家导读或读书会、读书节形式推广阅读，它与"儿童阅读推广模式"在很多方面很相似，如邀请一些知名作家，开列一定的推荐书目，甚至结合一些图书捐赠、促销活动一起进行。这些形式也能形成一定的推广范式。我们有时也会看到"图书馆服务宣传周"、"晒书会"或"漂流亭"等活动，也是很好的阅读推广形式，它们的命名是以推广主体和推广媒介为特征的。由此可见，阅读推介活动的任何一个特征都有可能被用来命名阅读推广模式。

下面将通过对阅读推广相关要素（包括主体、客体、对象和载体等）以及经过这些要素的不同组合、组织和设计而形成的活动进行分析，试图对数字时代图书馆阅读推广的实践总结出一些规律性的东西，其中重点提炼和总结了几种初露端倪的模式，以期对图书馆未来的阅读推广工作提供一定的借鉴和参考。

3 数字时代图书馆阅读推广的模式及典型案例

数字时代，阅读推广活动相比以前更为丰富多彩，新的阅读推广模式正在崭露头角。因为数字阅读还是非常年轻的新生事物，笔者选取了三个有代表性的角度——以网络为平台、以电子设备为载体和以数字资源为对象来分析，进而总结出了数字时代三个有代表性的阅读推广模式：社会化媒体推广模式、电子阅读器借阅模式和移动图书馆推广模式。总结这些模式并不是说传统的阅读推广不重要，相反，在这些案例中都能看到传统阅读的影子：第一个案例推广的目标就是图书（图书交换大集），第二个案例推广的对象是电子文件形态的"书"，第三个案例涉及满足和改变读者的阅读习惯。本文的重点在数字时代的阅读推广，因而不再详述传统阅读推广的模式和案例。

3.1 模式一：社会化媒体推广模式

人们一般将基于社会性网络（SNS）的Web2.0应用称为社会化媒体，典型的如博客、微博、播客、维基、社交网络和内容社区（如豆瓣、优酷）等。近年来随着图书馆2.0的发展，越来越多的图书馆开始应用社会性网络进行阅读推广，如清华大学图书馆在人人网上成立的图书馆俱乐部——清华大学图书馆书友会，及让读者在人人网内也能方便地搜索清华大学图书馆的图书。我们可以把利用社会化媒体进行阅读推广的模式都统称为"社会化媒体推广模式"。作为一种新颖、前沿的探索，社会化媒体推广模式目前还不是很成熟，但从其效果和受欢迎的程度来看，预示着强大的生命力。下面我们以首都图书馆利用微博的实践为例，了解图书馆如何借力社会化媒体开展阅读推广。

案例1：首都图书馆利用微博参与"图书交换大集"

今年的世界读书日——4月23日，首都图书馆推出了"分享阅读"系列阅读推广活动，包括"换书=换快乐"图书交换大集、"书的乐趣"在线图书推介展、图书馆体验日、阅读分享讲座、"环保身心"环保互动等活动。其中，"图书交换大集"是为了在全社会倡导优质阅读的理念，在全社会倡导"盘活"手中藏书、让好书"走"起来，让交换大集成为读书人相聚和交流的平台，让阅读充盈人们的休闲生活。

首都图书馆将"图书交换大集"这一活动搬上了微博平台。首都图书馆的官方微博从发布活动预告到即时发布现场情况，再到参与者"晒"换书成果，以最快的速度将整个活动的情况真实、完整地记录在案，并且在新浪微博中创建了"首都图书馆图书交换大集"的"微活动"。这当中，许多活动现场的参与者也都通过微博平台成为了活动的报道者，通过手机迅速发布与上传文字、图像、视频到微博上。来自现场鲜活的报道，大大促进了活动的影响力和民众参与热情。根据对新浪微博的统计，有关"图书交换大集"总共发出了238条微博。"图书交换大集"的活动消息和跟进报道在微博上发出后，首图微博的"粉丝"也从不到1000人迅速飙升到2000多人[1]。除利用新浪微博宣传外，活动消息也在首都图书馆官方网站和豆瓣网同步推出，受到了读者和网友追捧。截至4月22日，共有350余名读者交换书刊3000余册。23日当天，收到的交换图书总量共6000余册，全程累计1000余名读者参与其中[2]。《人民日报》、《北京日报》、《北京晚报》、《新京报》、《北京晨报》、京报网及《中华读书报》等等媒体也都对此次活动予以了专题报道，取得了超出预料的良好效果。

---

1 图书馆借力微博提升服务［EB/OL］.［2011-06-02］. http://www.ccdy.cn/zgwhb/content/2011-05/17/content_897812.htm

2 去首图赶一场图书交换大集［EB/OL］.［2011-06-02］. http://news.163.com/11/0425/04/72F95EPP00014AED.html

首都图书馆宣传策划部的负责人对这一活动总结道[1]："长期以来，图书馆给人们的印象是故纸堆、老旧、边缘化、退休闲散人员的去处。我们不遗余力地利用微博等新手段、新渠道来扩大图书馆的影响力，就是要改变人们的这种印象，吸引更多人尤其是年轻一代走进图书馆、利用图书馆。当代图书馆已经不能坐等读者来馆，而是要增加自身吸引力，充分展示自身优势，并及时获知读者想要什么才行。"

首都图书馆"图书交换大集"的成功举办，是图书馆运用微博等社会化媒体进行阅读推广的经典案例。近年来，微博的应用在图书馆界迅速普及，国家图书馆、杭州图书馆、深圳图书馆等公共图书馆，清华大学图书馆、复旦大学图书馆等高校图书馆，立人图书馆等民间图书馆均纷纷开通了微博。在新浪微博上，输入"图书馆"，以"图书馆"为名称的微博用户已达千家，除去少数个人微博用户外，大多数为实体图书馆，或以"图书馆"为称谓的相关组织或网络实体。以杭州图书馆为例，2010年12月开通新浪微博之后，截至次年8月底，共发送微博信息3356条，平均每日发微博十几条，拥有了9400多位粉丝。图书馆微博中粉丝最多的可能是北京东城区图书馆，数量超2.7万人，民间机构"立人乡村图书馆"的粉丝近万人，清华大学图书馆的粉丝5800多人，上海图书馆信使、首都图书馆的粉丝都超过3000人。此外，不少图书馆的馆长们也加入了使用微博的行列，如复旦大学图书馆馆长葛剑雄教授，利用微博与读者频繁互动，开通新浪微博一年半的时间发博800余条，粉丝数已超过10万人。这些微博的影响力已不亚于一般的专业平面媒体。

社会化媒体推广模式严格说来还没有形成固定的模式，除微博外，开设

---

[1] 图书馆借力微博提升服务 [EB/OL]. [2011-06-02]. http://www.ccdy.cn/zgwhb/content/2011-05/17/content_ 897812.htm

博客、维基，在人人网、Facebook、土豆、豆瓣或第二人生里开设账号等，很多图书馆都进行过不少尝试，但目前效果最好的可能还是微博。这类模式中，图书馆工作人员一般作为推广主体，网民是客体，社会性网络工具作为媒介平台，但目前的实践尚缺乏明确的目的，推广对象也只限于某个特定平台的订阅者，因此目前一般还只能作为推广活动的辅助手段。无论如何，这一模式正在受到年轻读者的普遍欢迎，值得积极探索。

3.2　模式二：电子阅读器借阅模式

据 2011 年 4 月"第八次全国国民阅读调查"揭示[1]，传统纸质媒介阅读率稳健增长，数字阅读接触率强劲增长。在各类数字化阅读方式中，电子阅读器的接触率增长幅度达到了 200%，增幅最大。而 2010 年，我国国民人均阅读电子书 0.73 本，共阅读过电子书 6.13 亿本。伴随着强劲的数字阅读潮流，一种新的阅读方式——电子书或电纸书阅读应运而生成为潮流，图书馆作为阅读推广的最重要的阵地，当然不能缺席。

案例 2：上海图书馆电子阅读器外借服务

2009 年 2 月，上海图书馆正式推出数字移动阅读器即电子阅读器外借服务，成为全国首家提供此类高端服务的图书馆。仅相当于一本较薄的传统图书大小的电子阅读器，而且重量更轻些，然而它们却能够下载和储存数千种"电子读物"，可供选择的图书为 24 万册、10 万种，这项业务突破了传统借阅图书的载体限制，并完全改变了以往的阅读方式。

无论是满足读者尝鲜的愿望，或者是比较不同阅读器的使用方法，还是解决一些弱势群体读电子书的需求，电子阅读器外借举措的推出，不失为一种新型借阅方式和阅读推广方式，直接推动了电子图书的阅读，有效提高了

1　"第八次全国国民阅读调查"十大结论［EB/OL］.［2011-06-10］. http://www.chinanews.com/cul/2011/04-22/2992686.shtml

图书馆文献的使用率。如上海图书馆在未推出阅读器外借前的 2009 年 1 月，中文电子图书的点击次数近 3.46 万次、下载次数为 810 次；而实行阅读器外借的 2009 年 2 月，点击次数上升为近 4.8 万次，下载次数为 1007 次；3 月，点击次数为 6.17 万次，下载次数为 1033 次[1]。

目前，上海图书馆可外借的电子阅读器是 360 台，除了阅读器内存的上千本书籍，读者还能从上海图书馆的数据库下载 10 本读物，除须拥有上海图书馆的参考外借卡外，不需要额外的押金。一旦超过借阅期限，这些电子读物会自动消失，无需"人工"还书。阅读器的外借供不应求，外借率甚至一度达到 100%[2]，每台汉王阅读器都有人在排队等候，有的读者宁愿付逾期费也不愿意及时归还。正如上海图书馆副馆长周德明所言，推出数字移动阅读器外借服务，"主要是让读者多读书、读好书"，让读者足不出户借阅图书。上海图书馆的电子阅读器外借模式将进一步推广到其部分区县图书馆，并计划把 ipad 等平板电脑等也陆续纳入可借阅的"图书"之中。

虽然外借电子阅读器业务在图书馆界曾经有过一些争论，但目前电子阅读器的外借服务已经成为很多图书馆的通行做法，使得这种模式具有了一定的普遍意义。据美国的《图书馆杂志》和《学校图书馆杂志》于 2010 年 8 月针对电子书在图书馆的使用做的一个调查[3]，流通电子阅读器设备（预装内容）的图书馆，大学图书馆为 12%，另有 26% 正在考虑；学校图书馆为 6%，另有 36% 正在考虑；公共图书馆为 5%，另有 24% 正在考虑。他们使用的阅读器多为 Kindle、Sony、iPad 和 Nook 等。而国内，继上海图书馆之后，另有国

---

1 金红亚，周德明. 电子阅读器应用与图书馆借阅业务的变革 [J]. 图书馆杂志，2010（4）：30-31，50

2 图书馆阅读器外借喜忧参半 [EB/OL]. [2011-08-11]. http：//www.ce.cn/culture/whcyk/gundong/201108/10/t20110810_ 22602581. shtml

3 美国图书馆电子书调查报告 [EB/OL]. [2011-06-12]. http：//www.360doc.com/content/11/0227/17/3930_ 96624330. shtml

家图书馆、广州图书馆、首都图书馆等公共图书馆，北京大学图书馆等高校图书馆也纷纷开展了电子阅读器的外借服务。上海交通大学图书馆目前正考虑批量提供 iPad 外借业务。

目前这种电子阅读器借阅模式正受到读者的普遍欢迎，但由于还属于新生事物，许多图书馆的这项服务还处在实验阶段，所提供的电子阅读器数量极为有限，因而存在不论品牌型号都供不应求的现象。碍于有关部门的管理规定，图书馆常常无法将电子阅读器当成信息资源进行采购，也是阻碍其推广的重要原因。此外，还有损坏的赔偿问题、内容的数字版权管理的限制问题、电子书平台的互操作问题等，相信这些问题一旦得到一定程度的解决，该模式应该能成为数字时代图书馆阅读推广的主要模式，从而极大地提高图书馆的服务能级，更大程度地满足读者的阅读需求。

3.3 模式三：移动图书馆推广模式

移动图书馆是指所有通过智能手机、Kindle、IPad、Mp3/Mp4、PSP 等移动终端设备（手持设备）访问图书馆资源、进行阅读和业务查询的一种服务方式[1]。电子阅读器外借服务是图书馆突破传统外借文献载体和形式的制约，满足不同人群的阅读需求而进行的阅读推广活动。但是电子阅读器只是一种媒介，其负载的数字化内容才是推广的最终目标。移动图书馆建设，能够整合不同平台，打破内容瓶颈，提供不竭资源，释放阅读潜能，真正使阅读无所不在。因此移动图书馆服务将是未来数字图书馆阅读推广的主要模式。

案例 3：西安交通大学图书馆开通移动图书馆服务

2011 年 7 月 19 日，西安交通大学移动图书馆正式开通，用户通过各种手持移动设备，如手机、iPad、PSP 等，即可登录图书馆网页，在任何地方、任

---

1 高春玲. 解读美国移动图书馆发展的昨天、今天和明天 [J]. 数字图书馆论坛，2010（11）：25-30

何时候，能够查询、浏览、阅读和获取服务，方便地利用图书馆的资源和服务，包括：个人借阅信息查询、在线各种资源信息查阅、全文阅读、图书馆最新消息、短信提醒（包括图书到期催还、讲座通知等）等。

通过移动图书馆，可以方便地查检并阅读数字图书馆内上百万种图书，查阅 CNKI 等期刊全文数据库也易如反掌。据对西安交通大学利用移动图书馆的读者进行调查，其中教师占 14%，研究生占 40%，本科生占 46%，有 92% 的读者几乎每天使用移动设备上网，72% 的读者表示经常使用移动图书馆，通过手持设备阅读图书馆电子资源全文的占 74%。

参加使用调查的师生认为，"方便在手机上阅读电子书。感觉最好的两个功能是书目推荐和电子书阅读"，"移动图书馆非常有用，可以有效利用好平时的片段时间进行阅读了。"对移动图书馆现有的移动阅读功能，读者提出了希望有图书评价栏目，阅读后可以进行评价和推荐；有好书导读、图书分类功能，比如小说类、散文类；有读者交流的平台，以空间的形式，供大家交流讨论；能根据图书借阅频率进行推荐排序等。

上述西安交通大学图书馆的案例只是移动图书馆的最新实践，北京大学、清华大学、复旦大学、四川大学等高校的图书馆也都在这一两年内陆续开展了移动图书馆服务。北京大学图书馆于 2010 年 9 月对"移动图书馆"进行了测试，据称这是首个实现了基于各类手持终端设备对各类数据库资源进行统一检索和全文阅读的移动图书馆；清华大学图书馆于 2011 年 4 月和 6 月对能通过便携设备浏览摘要和全文的移动图书馆进行了测试；国家图书馆的"掌上国图"也提供了大量的国家图书馆的特色资源[1]，包括千余种公开版权的图书，500 余小时的音频讲座，将近 10 万篇学位论文数据，32 000 张特色资

1　国图新版 WAP 网站上线 "掌上国图" 极大方便读者 [EB/OL]. [2011-06-10]. http://news.163.com/10/0909/16/6G5CIGMN00014JB5.html

源图片等。

值得说明的是，目前的移动图书馆在功能、性能、稳定性、支持的设备上和用户体验上与数年前推出的同名服务已不可同日而语。当年的移动图书馆主要是通过短信平台向读者推送借书到期、预约借书等提醒服务和信息公告等内容，或者是极其简单、用户体验不是很好的 WAP 网关访问，而目前是在手持设备上检索（甚至跨库检索）和查看图书馆内的各类数字化资源，包括中外文图书、期刊及学位论文全文等，真正实现了移动阅读。目前的移动图书馆与各类网络应用双向融合，在结合 Web2.0 的交互式功能和用户创建内容方面，还有一定的改进空间。

在移动阅读方面，一些以营利为目的的内容提供商觊觎已久甚至捷足先登，如亚马逊网上书店、"Google Editions"电子服务、新浪"读书"、盛大"云中书城"以及不可胜数的各类频道和 Apps 应用等，带来了各种商务模式。而图书馆作为保障知识公平获取、提供普遍均等服务的公益性组织，与这些服务并没有利益上的冲突，因此完全可以与之开展全方位合作。

凯文.凯利说，数字时代图书并没有死，只是换了一种活法，关键看我们如何定义图书。阅读也是同样。阅读的对象是人类理性的固化和智慧的积淀，载体只是它的外形。这样看来，数字时代带来的绝不是阅读的末日，而是使阅读拥得了更为自由的翅膀。阅读是图书馆存在的理由，也是其永恒的价值所在。我们研究数字时代图书馆的阅读推广模式，就是在打造飞翔的翅膀，让读者更自由地在阅读的天空里翱翔。

第三节　读图时代的图书馆阅读推广[1]

随着照相机、个人电脑和网络的普及，随着彩色印刷、彩色打印和彩色复印技术的发达，图像信息占个人所接收信息的比例越来越大，视觉文化的冲击力越来越强悍，人类已经进入了读图时代。

读图算不算阅读？上个世纪末，绘本书和图文书开始大量行销市场，它们不仅成为儿童读物的宠儿，许多成年人也开始喜欢读这种快餐式的书籍。加上电视和各种图像媒体的冲击，使能够耐心阅读文字原典的人越来越少了。2009年来自东方网的一则新闻说：中智上海联合大众书局发布了一项对上海市大型商圈白领青年阅读习惯的调研，结果显示，仅有2.1%的人表示能接受"纯文字"的书，其余97.9%的白领都倾向读图为主[2]。这必然引起各方人士的重视，学者们开始对读图的功能和效益发出质疑之声。许多学者认为，只有读字才是阅读，读图不算阅读。这样看问题，也许有失公允。

其实，人类最早的阅读就是从读图开始的，在文字还没有被发明出来以前，人类就有了绘画和雕刻，西班牙的阿尔塔米拉洞窟壁画（图8-2）和法国的拉斯科洞窟壁画（图8-3）距今已有1万年以上的历史，中国红山文化玉器雕刻距今也有8千多年的历史，而最早的文字却只有五千多年的历史。也就是说，人们读图比读字的时间要早得多，文字诞生以前的人类"书籍"是画在洞窟的岩壁上。

---

[1] 本节由华侨大学图书馆员张彬撰写。
[2] 李星言，王瑶. 沪上白领阅读习惯调查昨天公布［EB/OL］. 2009-12-15.［2011-05-02］. http：//www.ciicsh.com/ciicsh/contents/193/6899.html

图 8-2 拉斯科洞窟壁画

图 8-3 阿尔塔米拉洞窟壁画

在中世纪时，识字的人很少，所以西方的教会常常以图画来传播圣经，罗马式教堂里的壁画（图 8-4）和哥特式教堂里的彩色玻璃画（图 8-5）都是为教育教徒而创作并流传至今的。"1461 年，法国诗人弗朗索瓦·维永在其《妇女祷告歌》中描述了他母亲的一段话：我是一个可怜的老妇人，一无所知，一字不识。教堂墙上绘一幅天堂之画，画中人弹琴鼓瑟。还有一幅地狱之图，只见恶人被沸水蒸煮。天堂之画使我欢喜快乐，地狱之画令我充满恐惧[1]。"中国古代也有许多以教育为目的的绘画作品，如描绘佛经故事的《割肉贸鸽图》（图 8-6）、《舍身饲虎图》、《五百罗汉图》、《九色鹿图》（图 8-7）等都是传播宗教教育的图画。而《孟母教子图》、《二十四孝图》（图 8-8、8-9、

1　史蒂文·罗杰·费希尔. 阅读的历史［M］. 北京：商务印书馆，2009：182-183

8-10、8-11)、《男十忙图》(图 8-12)、《女十忙图》(图 8-13) 等,则是传播道德教育的图画。正是这些图画才使宗教和道德观念得到更广泛的传播。

图 8-4　罗马式教堂里的壁画

图 8-5　哥特式教堂里的彩色玻璃画

图 8-6　割肉贸鸽图

图 8-7　九色鹿图

图 8-8　二十四孝图之《恣蚊饱血》

图 8-9　二十四孝图之《卧冰求鲤》

图 8-10　二十四孝图之《卖身葬父》 　　　图 8-11　二十四孝图之《埋儿奉母》

图 8-12　男十忙图 　　　图 8-13　女十忙图

文字是抽象符号，是理性构造的产物。而多数图像是具象的视觉对象，似乎只需要用感觉来把握。所以，人们普遍认为阅读文字需要理性思考，而读图不需要思考。其实这是一种误解，视觉把握到的图像还只是表象，要去理解图像的内涵也必须有思想的把握。同样，阅读文字也不只是读懂每一个字的字义就万事大吉了，读者还要去感受文字所描述的事情，体验文字所传达的感情，接受文字所传递的价值观。这一切不可能仅仅靠逻辑思考就能够解决。所以，在人文领域，无论是阅读图像还是阅读文字，都既需要思考，也需要感受和体验。差别只是：读图时的感受来得更直接一些，读字时的思考来得更直接一些。

每一种事物的出现和流行都是社会需要的结果，绘本书和图文书的畅销说明了读者对快餐文化的需要，这是不以人的意志为转移的。现在社会生活节奏快，工作竞争残酷，工作压力大得让人喘不过气来，还怎能静下心来读书？再说各种书籍的产量越来越多，而其中的精品毕竟是少数，想要在书海中读到一本有价值的书，就要同时阅读很多没价值的书。这样，如果一本一本地读文字书，就不如先读图文书来得快捷，所以图文书就成了泛读的首选。

精读总是建立在泛读的基础上才能读得更深入，没有过广泛阅读的人，眼界会狭窄，最容易钻牛角尖，就像夜郎国的人。所以，为了精读，我们还是需要泛读。但快节奏的信息社会，没有条件让我们像19世纪的读书人那样悠闲地泛读文字书，我们只能选择读图文书，甚至是图画书。

另外，正如文字书籍有不同的读者需要，知识水平较高的专家学者需要读深层次的书，知识水平较低的普通读者需要读浅层次的书。所以，读图文书和图画书也是一种读者需要的书，对于知识水平更低的读者来说，读图文书和图画书更容易被理解和接受。

1　视觉经典也是经典

有人把读字叫作好阅读，把读图叫作坏阅读，这也许是一种偏见。如果说看电视是一种被动的阅读方式，读者只能跟着电视制作人的指挥棒转，还没来得及思考，这个画面已经过去，紧接着无数画面又冲进读者的视觉，一切只能被动接受；那么，阅读一幅绘画或摄影作品就完全不同了，读者可以反复观看，甚至可以倒过来看。著名画家康定斯基就是因为倒过来看自己的画而发现了纯粹的色彩美，进而发明了抽象绘画的。阅读图像虽然不能刺激左脑发达，却能刺右激脑发达，这对创新人格的形成一样很重要。

另外，读图也是一种享受，在享受中度过愉快的时光，人在阅读享受中增加的智慧是一种高级的智慧。鲁迅儿童时代就酷爱读图文书，他曾把古代图文书《山海经》（图8-14、图8-15）称为自己"最为心爱的宝书"。他还用节省下来的压岁钱买了许多图画书。然而，鲁迅并没有因为爱读图而影响自己读字的功课，他之所以能够成为大文豪，也许正是因为读图与读字的相互促进，也未可知。所以，我们应该对读图与读字平等看待，对图像经典与文字经典平等看待。

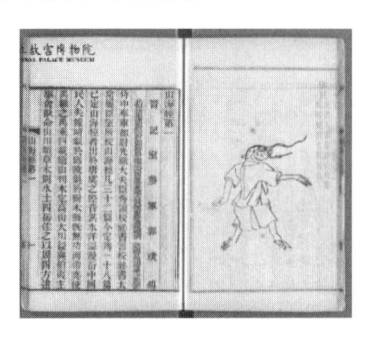

图 8-14　《山海经》 　　　　图 8-15　《山海经》

　　经典是什么？经典是那些在历史上有深刻价值而且至今仍然有深刻价值的读物。这样的读物主要集中在哲学、历史、文学、艺术领域，而在自然科学领域几乎没有这样的经典。为什么？因为自然科学是在不断进步的，是后来者不断取代先行者的过程。伽利略的落体定律取代了亚里士多德的落体定律，爱因斯坦的相对论力学可以涵盖牛顿力学。而当年的亚里士多德的落体定律被看作永恒真理，牛顿力学也曾被看成是科学大厦的最后完成。欧几里德不可能想象《非欧几何》，托勒密也无法预见哥白尼的《天体运行论》。然而，曾经是人类重要学术成果的自然科学理论，今天除了研究历史的学者，大多数人已经没有必要再读了。

　　与自然科学论断不同，人文精神则是一种积淀，它是由少积多，然后沉淀的结果，而不是后来者不断取代先行者的过程。古希腊时代的哲学、文学和艺术，今天依然是人们可以从中吸取精神营养的经典读物。卢浮宫里的《断臂维纳斯》（图 8-16、图 8-17）是希腊化时期的雕刻佳作，至今也没有什么艺术品能够取代它，它已经成为人们心目中的经典。

　　经典是有深刻价值的读物，深刻价值一定来自于思想性和精神性。而思想性和精神性的东西并不计较用什么载体来传递，只要能够传达出深刻而永

图 8-16、图 8-17　卢浮宫里的《维纳斯》

恒的思想性和精神性的作品，无论文字还是图像都可以成为经典。柏拉图和亚里士多德的哲学著作是经典，古希腊雕刻和建筑也是经典。在古代中国，孔孟老庄的著作是经典，顾恺之和吴道子的画也是经典，滕王阁和黄鹤楼也是经典。如果我们认真去阅读，在这些经典中我们都能够读出古代文化精神的深邃和高远。

经典总是历久弥新的，无论何时，只要我们翻开经典读物，我们都会觉着它们不只是说古人的事，而且是在说我们的事。《论语》中有："学而不思则罔，思而不学则殆。"今天的人读之，还是会认为切中学习的要害，这就是经典。20世纪美国设计大师赖特曾在读到老子"凿户牖以为室，当其无，有室之用"的章句时感慨道：原以为是自己发现了新的设计思想，没想到中国人早在两千多年前就已经讲过了。经典就是这样，你没有读过它，你会以为自己有许多高见，一旦你读了它，就会发现自己的高见已经在经典里了。

2　视觉经典体现视觉文化的核心价值

现在我们常常讨论核心价值，其实文化经典就是文化核心价值的体现。比较中西文化经典，我们会发现中西文化核心价值观的差异。同样，视觉经典应该体现视觉文化的核心价值，不同的视觉文化体系有不同的核心价值。

比较中西视觉经典，我们也会发现中西视觉文化核心价值观的差异。例如，比较中西古典建筑，我们会发现，从古希腊神殿到哥特式教堂（图 8-18），都给我们留下一种高大耸立的印象，有一种美学上的崇高感；而中国古代的大屋顶建筑（图 8-19），包括皇家宫殿，给我们的印象都不是"高"，而是"广"，无法用"崇高感"这个西方美学范畴来衡量。但在我们的文化里，"广厦"是比"高楼"更有价值的东西。杜甫有诗句："安得广厦千万间，大庇天下寒士俱欢颜。"充分说明了"广厦"与"高楼"两种建筑文化价值观的差别：作为神殿和教堂的"高楼"是人与天神的联系，是基督徒的精神庇护所；而作为民居的"广厦"则是人与大地的联系，是"寒士"的身体庇护所。虽然同是庇护所，但其价值却并不相同。一个是宗教价值观，一个是道德价值观。

图 8-18　科隆大教堂

图 8-19 故宫

　　这种核心价值观的差别会体现在每一种视觉文化形象上，再例如绘画，比较南宋画家马麟的绘画作品《静听松风图》（图 8-20）与法国画家柯罗的绘画作品《宁芙与丘比特》（图 8-21），我们可以看到这两幅作品中，画的都是山石树木和两个人——一个大人一个小孩。

图 8-20 《静听松风图》　　　　图 8-21 《宁芙与丘比特》

不同的是：一幅被称为山水画，一幅被称为风景画。这幅"山水"与这幅"风景"的差别究竟是什么呢？纯粹就描绘对象来说，应该没有什么差别。对于画家来说，有画法上的差别：一个是以勾线和墨色为主，一个是以体块和光影作为造型手段。对于一般观众来说，有视觉效果上的差别：一个色彩单一，人物、静物的体积感弱，三维空间不够明确；另一个色彩丰富，人物、静物的体积感强，三维空间明确。就主题来说，一个是着衣高士与伺童在静听松风，一个是裸体女神与小爱神在嬉闹玩耍。就境界来说，一个是写意，意境深远，境界高妙；一个是写真，趣味优雅，但境界平平。这里就显露出中西文化价值观的差异：中国文化追求境界，西方文化追求真实。

可见，由于中西文化价值观的不同，中西艺术经典就会呈现出不同的形象和意境。所以，读艺术经典不但可以提高艺术修养，培育人文关怀，还可以通过艺术经典直观地了解不同文化的价值观，增进我们对自己传统文化的热爱，并激起我们学习和借鉴西方文化来更好地继承和发展我们传统文化的兴趣。

比较不同地域的视觉经典，我们会发现不同地域视觉文化的差异。同样，比较不同时代的视觉经典，我们也会发现不同时代视觉文化的差异。这里就不再赘述。

3　图书馆、博物馆和美术馆应联合开展视觉经典阅读推广活动

既然视觉经典也是文化经典，阅读视觉经典也能够使读者掌握文化核心价值，那么，图书馆就应该像倡导文字经典阅读那样倡导视觉经典阅读。进一步的问题就是，图书馆应该怎样开展视觉经典阅读活动？

首先，图书馆员应该建立"读图也是阅读"的观念，不去轻视图文书和图画书，就像图书馆员不应该轻视那些走进图书馆的农民工一样。只有把读

图与读字摆在平等的地位，视觉经典阅读才能被真正重视起来。为了能够引导读者的视觉经典阅读，图书馆员也应该经常参与有关艺术和文物的鉴赏活动，提高自身的艺术修养。其实这也是图书馆员个人提高精神生活质量，完善精神生活方式的最佳选择。

其次，图书馆应该大力增加视觉经典的馆藏，开辟专门的空间建立视觉经典书库和阅览室，为喜欢读图的读者提供良好的阅读条件。做好视觉经典导读工作，帮助读者选择更好的视觉读物，引导他们去阅读高品位的视觉经典。古代视觉经典可分为书法、绘画、雕塑、建筑、园林、石刻、青铜器、陶瓷、玉器、民间工艺美术等几种类型，今天的图像则增加了摄影、录像和大量的设计作品，其中许多作品也已经成为视觉经典。

适合图书馆推广阅读的应该是基础性、权威性的出版物。如：《中国美术全集》、《中国建筑艺术全集》、《中国书画典库》、《中国绘画全集》、《中国书法全集》、《中国传统工艺全集》、《中国十大书法家墨宝全集》、《中国出土玉器全集》、《中国传世玉器全集》、《中国出土瓷器全集》、《中国画像石全集》、《中国文物大系》、《中国文物精华大全》、《中国文化精华全集·艺术卷》等，都是中国古代到近代关于艺术观念的文献，内容全面，从先秦直到现代，涉及中国书画、音乐、园林等各方面的经典图像。

针对大学生的视觉经典阅读推广更应该注重系统性，所以，如《中国传世名画》、《中国传世人物画》、《中国传世山水画》、《中国传世花鸟画》、《中国陶瓷名品珍赏丛书》、《中国瓷器收藏与鉴赏全书》、《中国青铜器收藏与鉴赏全书》、《中国玉器收藏与鉴赏全书》、《中国古玩收藏与鉴赏全书》、《中国美术辞典》、《中国工艺美术大辞典》、《中国书画鉴赏辞典》等也都应是大学生视觉经典阅读的应读书目。而《世界美术全集》等图像出版物则是大学生感受其他文化核心价值的视觉经典读物。

第三，图书馆应该联合博物馆和美术馆，联合构建视觉经典阅读平台，在网上建立视觉经典数字图库。把博物馆和美术馆中的经典藏品数字化后，链接到图书馆的网站，使数字图书馆与数字博物馆、数字美术馆联合成为一个数字文化共同体，方便图书馆读者进入数字博物馆和数字美术馆，把图书馆的读者与博物馆、美术馆的观众融为一体。

图书馆还应该联合博物馆和美术馆开展视觉经典阅读活动。例如，在图书馆举办艺术展或文物展，让图书馆空间成为博物馆和美术馆空间的延伸，实现图书馆与博物馆和美术馆一体化。同时，请博物馆和美术馆的专家到图书馆来举办讲座，在读者、观众、馆员和专家的互动中促进视觉经典的阅读。

第四，应该加强农村图书馆（农家书屋）的视觉经典馆藏建设，进一步实现获取平等的图书馆价值观。

对于文化知识水平偏低的农民读者，更适宜他们的读物并不是视觉文化经典，而是道德性、通俗性的图像文本。正如前面提到的《孟母教子图》、《二十四孝图》、《男十忙图》、《女十忙图》，都能够对某些半文盲的农民起到教育作用。像这样的传统图像还有很多，例如《太平有象图》、《福禄寿图》、《喜鹊蹬梅图》、《三羊图》、《负薪读书图》、《挂角读书图》、《五子登科图》、《鲤鱼龙门图》、《仙猴捧寿图》、《松竹梅图》、《四君子图》、《荷花图》等，都是读图就能识别意义的。这样的经典图像已经是人们耳熟能详的故事的视觉载体，它们承载着传统文化和传统道德人文，表达着人民群众对生活的理解和希望，是传统社会教育的组成部分。

农村读者是图书馆最应该关怀的群体，没有涉及农民的"全民阅读"是不完整的。由于农村读者的阅读水平所限，他们可能更需要读图。然而，图文书和图画书价格更高，农村图书馆经费更少，所以图书馆应该从道义上呼吁各界大力支持农村图书馆的视觉经典馆藏建设。还应倡导城市图书馆下乡活动，以车载流动书屋的方式为农民提供视觉经典的临时阅览，刺激农民的阅读欲望，提高他们的阅读兴趣，最终实现完整的全民阅读。

图书馆事业是高尚的，因为它始终在为全民阅读素质的提高而做出不懈努力。图书馆事业是永恒的，因为它始终让人类沐浴着知识和智慧之光。

全民阅读活动重在"全民"二字。如果我们倡导的只是精英阅读活动，那么我们就可以不必强调视觉经典阅读。但是，"全民"必定包括那些因知识水平所限而需要和喜欢读图的人，所以图书馆不应该抛弃"全民"中这一部分读者，而应该努力为他们的阅读创造条件，使"全民"阅读活动成为名副其实的全民阅读活动。

第四节　图书馆阅读推广活动的基本类型与方法[1]

划分类型是研究问题的常用方法，有助于加深对研究对象的层次化、体系化认识。比如研究阅读疗法，首先要给它一个分类。阅读疗法通常分为两类，第一类是发展阅读疗法，即阅读保健。只要我们承认人无完人，每个人性格上都有缺陷，那么阅读疗法就适用于所有人。读一读跟自己性格缺陷互补的书，对性格的发展、优化和完善会有帮助，性格好了，凡事理性面对、心平气和，乐观常在，忧戚不生，就会百病不侵。所谓养正则吉、大德必寿，讲的就是这一类阅读疗法的道理。第二类是临床阅读疗法，即阅读治疗。就是当真患病了，医生在治病的过程中，配合药物和手术治疗，推荐一些书，辅助治疗和康复，那就叫临床阅读疗法。像阅读疗法这样一分类，大家就一目了然，对其内容和范围的认识很清晰。

但是迄今为止，关于图书馆阅读推广活动的类型，还没有学者拿出令人信服的划分，已有的划分要么类目繁多，达几十种甚至上百种，不便于记忆、理解和应用，要么划分标准不统一，如何把图书馆阅读推广活动的类型划分

---

[1] 本节由北京大学图书馆研究馆员王波博士撰写。

得更加简洁、更加实用，是一个值得探讨的理论问题。

1　划分图书馆阅读推广活动类型的意义

划分图书馆阅读推广活动的类型，意义何在呢？至少有以下几点。

一，汇集案例。要研究图书馆阅读推广活动的类型，就得调研以往举办的活动。将以往的案例全部或大部分收集到一起，就相当于是对已有成果的一次大检阅。检阅本身就会给我们带来很多思考、启发和灵感。

二，寻找方法。类型即方法，找到多少种类型就是发现了多少种方法。连环的方法就构成套路，套路是一组方法的定型化、集成化、制度化。比如，朱军的节目"艺术人生"每次都能把嘉宾弄哭，说明这个节目已形成了套路。同理，要想保证我们的阅读推广活动每次都能成功，就得通过划分类型的方法，寻找有效活动背后的套路。

三，扩展思路。类型划分周全了，说明活动的调研完备了。在筹划阅读推广活动的时候，如果一筹莫展，苦苦找不到新的活动形式，就可以拿来类型表对照一下，什么类型的活动本馆开展过了，什么类型的活动本馆没有开展过，便会一目了然，如此便可以扩展策划的思路，提高策划的效率。

2　图书馆阅读推广活动的基本类型

关于图书馆阅读推广活动的类型，曾有一些同行探讨过，大部分发表在《大学图书馆学报》。下面介绍几家具有代表性的成果。

第一个是张怀涛分类法。张怀涛老师长期担任中原工学院图书馆馆长，这几年在阅读推广的理论和实践方面表现突出，成果累累，出版了专著《读书有方》。他认为阅读推广活动包括读者、读物和环境三个要素，在这三个要素下分化出若干小要素，小要素下分化出各种活动，共分三级，见表8-4。

表 8-4 张怀涛对图书馆阅读推广活动类型的划分 [1]

一级要素	二级要素	活动类型
读者	读者特征	行业型推广 学科型推广 层级型推广 年龄型推广 性别型推广 时间型推广 地域型推广
	读者水平	养成型推广 训练型推广 帮助型推广 服务型推广
	读者需求	导向型推广 导读型推广 导用型推广
	读者群集	个别型推广 群体型推广 普适型推广
读物	媒介形式	人媒式推广 物媒式推广 纸媒式推广 视媒式推广 数媒式推广 多媒式推广
	运作形式	对话式推广 沙龙式推广 授课式推广 参与式推广 展示式推广 集会式推广 参观式推广 评介式推广 游戏式推广
	组织形式	直接式推广 间接式推广 联动式推广
	过程形式	正向式推广 反向式推广 多向式推广
环境	推广力度	指令性推广 倡导性推广 感染性推广 疗愈性推广
	活动周期	常态性推广 策划性推广 随机性推广
	启动机制	主动性推广 被动性推广 互动性推广
	效果范围	单项性推广 系列性推广 氛围性推广

在读者要素下，张老师列举了许多推广形式，这里挑几类比较新颖的，略作介绍。比如读者特征类下的行业型推广，指的是公共图书馆面向出租车司机、美容师、按摩师等各行各业人士开展的阅读推广。层级型推广，指的是面向一个行业里的不同阶层的人开展的阅读推广，如高校图书馆面向教师、研究生、本科生和公共图书馆面向领导干部、一般科员等搞的阅读推广。时间型阅读推广，比较典型的是高校图书馆已形成的以"两季两日"为中心的阅读推广活动，"两季两日"指的是毕业季、迎新季、校庆日、世界读书日。地域型阅读推广，比如南阳师范学院图书馆经常举办的"南阳作家群"著作

---

1 张怀涛. 阅读推广方式的维度观察. 大学图书馆学报，2016（6）：59-65

的阅读推广，二月河、周大新等经常成为讲座嘉宾。在读者水平层面，有养成型推广，比如苏州图书馆加入了英国发起的"阅读起跑线"活动，本地居民的孩子一出生，苏州图书馆就会送上一个礼包，里面都是精心选择出来的幼儿图书，目的是帮助孩子养成阅读习惯。有训练型推广，比如高校图书馆推荐如何写论文的书和关于学术规范的书。有帮助型推广，比如华南师范大学束漫教授针对自闭症儿童等阅读障碍者的阅读推广研究及实践，还有泰山医学院图书馆面向大学生的网瘾和失恋抑郁症等心理困扰的阅读疗法等。有服务型推广，比如高校图书馆盛行的学科服务。根据读者需求来划分，有导向型推广，比如中国人喜欢将经济发展和文化优势关联起来，当"亚洲四小龙"腾飞的时候，将其归功于儒家文化的引领，如今大陆经济崛起了，文化自信也空前提高，明代王阳明的知行合一思想受到推崇，顺应这个形势，图书馆就应该适时地推广王阳明的"王学"或者"心学"，这就是一个社会在一个时期的导向性推广。从阅读推广面向的读者群体看，有个别型推广，比如说阅读疗法，有时候就是一对一的服务，或面向一类人的服务。有群体型推广，比如杭州图书馆的阅读疗愈服务，主要面向四类人：职场受挫者、亲子不和者、婚姻破裂者、轻度抑郁者。有普适型的推广，比如南京图书馆面向所有读者，一年推广一部经典，从《老子》、《庄子》到《水浒传》、《红楼梦》……，如此排下来，看似较慢，但久久为功，坚持几十年，就形成一个庞大的体系。

在读物要素方面，张老师从媒介形式、运作形式、组织形式、过程形式等角度进行细分。媒介形式类下，包括人媒式推广，比如上海交通大学图书馆等开展的真人图书馆；物媒式推广，比如现在国家图书馆等推出的文创产品；视媒式推广，比如北京大学图书馆开展的以摄影为亮点的阅读推广，在2014年组织30位学生模仿西洋油画里边的女士拍摄读书图，和原画进行对照展示，搭配需要推荐的书；2015年又开展"书脸"阅读推广活动，即把图书封面上的人脸或虚构人物的脸、动物的脸，和现实中的人的肢体相嫁接，以此来推荐那些"有脸面"的书，希望读者"知书知面也知心"。这两种推广形式都对读者产生很大吸引力，效果很好，在社会上也引起广泛反响。运作形式类下，大家一般会想到对话式、沙龙式、授课式等，比较多，不一一列举。值得一讲的是游戏式推广，大家接触可能不多，比如说"搜索大赛"，北京大学图书馆每年都举办，形式是出一批题，看谁能从数据库中最快找到。北京邮电大学图书馆也举办过，但形式类似于浙江电视台的节目"奔跑的兄弟"，是在馆外的小树林里发线索，看谁能最先跑到图书馆并找到线索指向的图书。还有一种比较新颖的形式是"阅读马拉松"，北京化工大学联合北京尚善基金会举办过，形式是指定一间阅览室，让参加活动的读者在门口存好手机，然后进去看书，看谁读书的时间最长，期间可以享用图书馆提供的简餐，坚持时间最长的获胜，全程时间设定为6小时。组织形式类下，有一个联动式推广，也是不常见的，比较典型的是湖南省高校图工委模仿美国的"一书，一城"活动，联合全省高校举办了"一校一书"活动，即各校老师和学生都推荐一本书，推荐次数最高的，作为当年推荐给该校全体读者读的书。在过程形式类下，张老师认为有正向式推广，即先推广图书再推广与书有关的电影，也有反向式推广，即先推荐电影再推荐与电影有关的书。

在环境要素方面，张老师从推广力度、活动周期、启动机制、效果范围四个方面进行细分。

张怀涛老师对阅读推广类型的划分，显著优点是"大而全"，囊括了如今出现过的绝大多数图书馆阅读推广活动，第一级划分为读者、读物、环境这三个要素也是合适的，但是不足也是明显的：一是推广类型平行铺展得过多，看起来眼花缭乱，不易把握重点，得到的规律层面的启发就少，反而弱化了指导价值。二是二级要素的名称有些不妥当，比如环境通常包括政策环境、时间环境、空间环境，阅读推广的机制和力度取决于政策环境，周期取决于时间环境，范围取决于空间环境，不如变4类为3类，直接划分为政策环境、时间环境、空间环境。三是二、三级类目的归类不当，出现误归、交叉、重复等现象。比如读物之下，应首先划分为"文"和"献"，"文"就是载体，"献"就是贤人，古代的"文献"二字就这么得来的，所以说如今流行的"真人图书馆"并不是一个新现象，我国古代就很重视贤人的交流价值。载体之下，可分为纸质载体、数字载体、富媒载体，再加上人物载体，就构成4个类名。至于阅读推广的运作、过程、组织等形式，是基于各种因素统筹考虑的结果，归于读者类下是不够合适的，属于误归。"物媒式推广"和"纸媒式推广"则属于交叉，运作形式和组织形式则在字面上和内容上都有所重复。

第二个是岳修志分类法。岳修志是张怀涛老师的继任者，现任中原工学院图书馆的馆长。中原图书馆素有开展和研究阅读推广的传统，所以他也写了很多关于阅读推广的论文，并参与了我的项目。他把图书馆阅读推广分为21类，见表8-5。但他没有再作细分，所以有些杂乱，其中将"污损图书展览"作为一种阅读推广类型，值得推广。"污损图书展览"的作用，一是警示读者，不要破坏公物。另一方面，凡是污损的图书实际上都是好书，只有读者翻得多，才会带来污损，"污损图书展览"实际上是一个变相的好书展览。另外，岳老师还把图书馆阅读推广中最费力的活动和最省力的活动都通过调查，进行排序，对图书馆开展阅读推广很有参考价值，见表8-6。如果图书馆某年的阅读推广活动操作晚了，或者经费不足、人力不够，那就找一个最省力的来开展，如果某年计划得早，经费足、队伍强，那就开展最费力的活动。

表 8-5　岳修志对图书馆阅读推广类型的划分 [1]

读书征文比赛	图书推介	名家讲座
图书捐赠	读书有奖知识竞赛	图书漂流
精品图书展览	经典视频展播	读书箴言征集
名著影视欣赏	馆徽设计征集	名著名篇朗诵
品著书香思辨赛	评选优秀读者	污损图书展览
书法作品选	书签设计	校园风景摄影比赛
读书节启动仪式	读书节闭幕仪式	读书节口号征集

表 8-6　最"费力"和最"省力"的图书馆阅读推广活动

最"费力"的活动	最"省力"的活动
读书辩论赛	经典视频展播；名著影视欣赏
读书节启动仪式和闭幕仪式	图书推介
书法作品选（展览）	读书征文比赛
校园阅读（风景）摄影比赛（展览）	名家讲座
名著名篇朗诵	污损图书展览
读书有奖知识竞赛	图书漂流
书签设计	读书箴言征集
精品图书展览	评选优秀读者

第三个是张彬分类法。张彬是华侨大学图书馆的馆员，也是我的项目的参与者。她拿出了一个分类法，将调研到的所有图书馆阅读推广活动分为 23 对、46 种类型。有些类型是别的分类法所没有的，比如仪式型和日常型、财政拨款型和社会捐助型、阅读关怀型和阅读疗法实践型，都是比较有特色的。

---

[1] 岳修志. 基于问卷调查的高校阅读推广活动评价. 大学图书馆学报，2012（5）：101-106

表 8-7　张彬对图书馆阅读推广类型的划分

仪式型和日常型	理念型和实施型	政策型和法规型
财政拨款和社会捐助型	有纸型和无纸型	低碳型和共享型
网络型和实体型	展示型和推荐型	快速阅读型和深度阅读型
儿童阅读型和成人阅读型	亲子阅读型和故事会型	班级读书会和图书馆读书会型
分级阅读指导型和生日书包型	文本阅读型和绘本阅读型	科普型和人文型
互动型和反馈型	有奖竞赛型和趣味型	主角型和主题型
一托多型和多托一型	汉民族语言型和少数民族语言型	讲坛型、论坛型和沙龙型
阅读关怀型和阅读疗法实践型	阅读推广人型和阅读大使型	

第四个是胡陈冲分类法。胡陈冲是天津美术学院图书馆的馆员，他在《大学图书馆学报》发表了一篇题为《推-拉理论视角下高校大学生参加阅读推广活动的动因分析》的文章。他的研究的理论灵感来自人口迁移理论，比如说长江三峡移民，外有拉的力量，国家能源发展、防洪抗灾的规划需要把原住民往外拉，内有推的力量，原住民也有向往外面的精彩世界、走出荒山僻壤的梦想，需要克服的障碍则是时间和空间，即何时移，移往哪里？同样的，以学生读者为例，决定他们是否参加阅读推广活动的因素，一是内部推力因素，包括心理特征和发展需求。从心理特征角度看，如果一项阅读推广活动能够满足读者的好奇心，符合读者的兴趣爱好，而且读者对图书馆有认同感，加上从众心理的作用，读者就会积极参加。从发展需求角度看，如果读者有阅读能力，增长知识和进步发展的愿望强烈，内在就会生成积极参加阅读推广活动的强大推力。至于影响参加阅读推广活动的外部拉力因素，则有主体因素和环境因素，主体因素包括活动的属性，比如阅读推广活动是否纳入必修课、选修课？是强制性的、指定性的还是自愿性的？这是读者考虑是否参加阅读推广活动的一个因素。主体因素还包括活动的组织因素，比如阅读推广活动的主办单位是图书馆、院系、学工部、团委、学生会还是社团？

有的学生比较功利，可能倾向于服从院系，院系组织的他就愿意参加，有的学生比较超脱，可能倾向于服从社团，因为自发性更强。现在高校图书馆的阅读推广呈现出多家联动的趋势，就是联合院系、学生会、团委、社团等校内各类组织共同举办，这是有道理的，因为如此一来，无论是喜欢服从哪种组织因素的同学，都会被拉动到活动中来。影响主体因素的还有奖励制度，阅读推广活动设置的奖励是精神奖励还是物质奖励？是大奖还是小奖？也是一个影响因素。环境因素包括学校环境、人际环境和政策环境，以学校环境为例，比如说综合型院校，像北京大学这样的，推广文史哲类书籍可能大有"市场"，但是对纯粹的专科性院校，比如说林业院校、农业院校、医学院校，或许就没有太多人感兴趣。另外，胡陈冲的分类法，把中间障碍作为影响因素，再细分为时间障碍和空间障碍，这就提醒我们，在搞阅读推广的时候，一定要避开节日、考试期、上课时间、运动会、国际重要赛事直播等学生繁忙的时段，在空间安排上，要离学生比较近，注意保障学生方便到达、安全返回。

  胡陈冲的分类法是对学生参加阅读推广活动的动因的分析，不是关于阅读推广的分类，但是用于划分阅读推广的类型也是可以的。这个分类法的最大优点是从读者参加阅读推广活动的心理动力的角度来划分，因而实用性更强。将心理动力根据施力的方向划分为推、拉两类，也足够简洁，令人印象深刻，便于记忆和理解。由于是基于调研并借鉴比较成熟的人口迁移理论，小类之间的并列互补关系明显，没有交叉重复现象。所以这个分类法是迄今为止比较好的划分阅读推广活动可以借鉴的基础。

表 8-8　胡陈冲对影响大学生参加图书馆阅读推广活动因素的划分[1]

读者类型	影响因素	二级因素	三级因素
学生读者	内在推力	心理特征	好奇心
			兴趣爱好
			图书馆认同感
			从众心理
		发展需求	阅读能力
			增长知识
			今后发展
	中间障碍	时间	
		空间	
	外部拉力	主体因素	活动属性
			组织因素
			奖励制度
		环境因素	学校环境
			人际环境
			政策环境

前面讲了那么多，实际上都是在为推出更好的分类法作铺垫。关于图书馆阅读推广活动类型的划分，前面各家讲的都有道理，但是如果追求一个更简明的、大家一看就明白的、更容易记忆的、更容易使用的分类表，这些还都不是特别理想。在此，我们提出一个新的分类表，见表 8-9。这样的类型划分，强调的是指导性和实用性。

---

[1] 胡陈冲. 推-拉理论视角下高校大学生参加阅读推广活动的动因分析. 大学图书馆学报，2017（1）：79-84

表 8-9　图书馆阅读推广活动的类型

划分标准	阅读推广活动的类型	备注
活动频率	随机性推广 常态性推广 策划性推广	
活动性质	直接推广	
	间接推广	存取共享服务
		格式转换服务
活动角色	主角推广 配角推广 媒角推广	
活动方法	拉法推广	有需求、大需求文献：热点文献、荐购文献、经典文献
	推法推广	小需求、无需求文献：新进文献、陌生文献、睡眠文献
	撞法推广	需求不明、需求混合文献
活动手段	借图	
	借声	
	借影	
	借演	

按照活动的频率，我们认同张怀涛老师的看法，阅读推广活动可以分为常态性推广、策划性推广和随机性推广。

按照活动的性质，阅读推广活动可以分为直接推广和间接推广。图书馆平时开展的阅读推广活动基本上都是直接推广，常常忽略间接推广，其实间接推广的作用不亚于直接推广，应该引起我们的充分重视，特别是格式转换服务和存取共享服务。我们知道，现在读者用 kindle 等各种电子阅读器时，需要把搜集到的各种各样的文本文件转化成字体大小适合阅读的、自己习惯的格式文件，但是校园里却鲜有机构提供便捷的格式转换服务，读者只能自学格式转换技能，但是由于版权、审核等原因，网上的在线格式转换服务很难完全支持学术研究，图书馆有责任把格式转换服务承担起来，在网站上提供限于校内人员使用的格式转换服务。另外，新浪爱问知识人、百度网盘、金山快盘等这样的网站，曾给高校师生科研资料的上传、下载和分享带来很大方便，但是随着网盘监管的收紧，大多数网盘类服务不再提供，这给读者的资料分享带来很大困难。图书馆提供的机构知识库等服务，只保存师生已发表的论著，却不允许师生上传希望云存储以便阅读、交流的文献。如此就构成一种奇怪的现象：我们的数字图书馆号称先进，但是师生学习、科研过程中的一项最基本需求——阅读对象的上传、赋链、分享和格式转换，却从来没有图书馆给予重视，希望从间接阅读推广这个角度，能够引起数字图书馆建设者的反思，从而尽快解决这个问题。

  按照图书馆在活动中的角色，图书馆阅读推广呈现出图书馆从主角到配角再到媒角的发展趋势。最初，图书馆喜欢在校园阅读推广活动中担任主角。后来经过三年、五年的阅读推广实践，感觉创新乏力，转而会发动学生社团开展阅读推广，自己转当配角，有的图书馆感觉学生自发组建的读书社团用着不顺手，还会组建挂靠图书馆的学生社团，比如北京大学图书馆、东北师范大学图书馆、华侨大学图书馆，都有馆属学生读书社团。下一步，图书馆的阅读推广活动将陆续遇到创意瓶颈，阅读推广活动逐步进入常态化，单纯依靠一个或几个社团已经无法给读者带来新鲜的阅读推广形式，解决读者的参与疲劳，此刻图书馆在图书馆阅读推广中的角色会继续向幕后退，由"垂帘听政"的配角变为媒角，即成为沟通图书馆空间、资源、舞台和学生社团之间的媒婆，把阅读推广活动完全交给学生。在媒角阅读推广时代，图书馆承担的是动员、审核、竞评、服务等工作，而不再承担最难的也是吃力不讨好的策划工作。这个时期，图书馆就像是一个包含诸多小剧场的大剧院，在这个空间，法学院的学霸刚出版了一本书，正在开一个小型的新书发布会；

在那个空间，艺术学院的学生刚欣赏完一部新电影，正在争论与原著孰优孰劣；在另外一个空间，信息管理系的学生正在讨论国内外书籍史的不同结构和叙述方式，力图把握最前沿的视角和研究方法……。在同一个图书馆、同一个时刻，同时有多个学生社团在图书馆的不同空间举办阅读推广活动，这才是图书馆阅读推广活动应有的模样。当然，这里的学生社团也可以替换为教工社团及高校的所有相关组织。

从方法论的角度，我们认为所有阅读推广活动，包括图书馆的阅读推广活动，其方法简化到极致，可划分为三种：

第一种是拉法阅读推广。

拉法阅读推广适用于读者需求旺盛的文献，比如热点文献——那些上了各种好书榜的佳作；经典文献——从《诗经》、《论语》到前四史、四大名著……；读者荐购文献——读者基于学习和研究需要，迫切希望图书馆采购的文献。这些文献读者或有耳闻、或耳熟不能详、或无缘相见、或无资相购，图书馆将这些"自带吸引力"的书采购到馆，并通过展览等途径通知读者来馆借阅，这就是拉法阅读推广。

拉法阅读推广是一种最基本、最容易、最常规的阅读推广，策划的色彩最淡，只需把公认的好书推荐给读者即可。盛行于英美的"一书，一城"阅读推广活动，因为所用书目都是民众投票选出的，属于公认的好书，所以属于拉法阅读推广。另外，把历史悠久的"镇馆之宝"锁在玻璃柜里，常年展示出来，也是一种拉法阅读推广，例如1454年古登堡印刷的圣经初版，全世界目前只剩11个羊皮纸全本，拥有这些珍本的欧美图书馆大多数将其在玻璃柜里常年展示，引以为傲，如美国国会图书馆、耶鲁大学图书馆。

第二种是推法阅读推广。

推法阅读推广适用于需求不旺的新文献、陌生文献、睡眠文献。比如说，图书馆为适应国家的"一带一路"建设和研究，新采进了一批涉及丝绸之路的首次从中亚文字翻译过来的图书,那这批图书对相关研究者而言就是新文献、陌生文献,如果图书馆不推广,因为信息不对称的原因,可能就没有需求或需求很小。还有一种是睡眠文献,比如有一本对论证钓鱼岛自古属于中国非常有力的图书,长期夹杂在一套冷僻的古籍丛书中不为人所知,直到某一天被一位图书馆员或一位学者突然发现,就像一位"睡美人"被"王子"发现,终于大放异彩。对这两类图书,图书馆就需要通过阅读推广,大张旗鼓地将其广而告之,全力推进读者乃至全社会的视野,发挥文献应有的社会效益。基于这种文献的阅读推广就叫推法阅读推广,因为其基本方法不是吸引而是推送。

推法阅读推广的难度高于拉法阅读推广,策划的色彩较浓,因为这类文献的吸引力不是天然的、自带的,需要图书馆员去发现、去论证、去创造。比如前面提到的中亚图书,能否推广成功,就在于图书馆员能否对其在研究"一带一路"方面的价值进行成功揭示,再如关于钓鱼岛的睡眠文献,能否推广成功,也需要图书馆员深入了解钓鱼岛研究的现状,对文献的价值进行准确判断和宣传。

推法阅读推广之前国内图书馆做得比较少,今后要适当加强。比如美国国会图书馆把因为难懂而长期无人问津的图书摆在醒目的地方,并且提示这些书很深奥,只有学问渊博的人才能读懂,从而挑起读者的征服欲,将其借阅一空。同样,大学里一些同学也在追逐这些艰涩的书,比如吉林大学的网络论坛上,就有同学列举了十本最艰涩难懂的书,如《资本论》、《周易》、《形而上学》、《小逻辑》等。这些书单独放着的时候,一般人不会去看,但是当图书馆将这些这最难懂的书集中展示,并极力宣扬其难懂程度的时候,就会有同学会为挑战自己的智商而去看这些书。图书馆可以学一学美国国会图书馆的做法,以"谁是惊动睡美人的王子?"为标题,推出一批长期无人问津的书。

第三种是撞法阅读推广。

撞法阅读推广适用于需求不明或需求混合的文献。通过物理形式或气质特征筛选出来一批混合主题的图书进行推广，可称为撞法阅读推广。这里的"撞"的意思是图书馆员并不十分清楚哪些读者喜欢这类书，而是出于"感觉有人感兴趣"、"或许有人感兴趣"的判断，抱着"撞着谁是谁"的态度，将一批具有某种独特的物理形式和气质特征的书推广出去。撞法阅读推广类似于 QQ 中的"漂流瓶"和微信中的"摇一摇"。撞法阅读推广因为效果具有偶然性——有可能成功，也有可能失败，成功与否取决于图书馆员的"第六感"，所以起步时更有策划感，落幕时倘若成功，也会有极大的成就感。撞法阅读推广的策划性最强，比较好开展，但是也容易被忽视。

撞法阅读推广的手法之一是按物理形式推荐图书，比如可以基于颜色推荐图书，在妇女节，把封面为粉红色的书集中起来展示，在植树节，把封面为绿色的书都集中起来展示。可以基于颜值、身材推荐图书，把最美的书、最丑的书、最小的书、最大的书、最厚的书、人皮书、毛边本等各种形式奇特的书都分别选出来集中展示，给读者先是带来形式上的冲击感，吸引读者走近、浏览，或许读者还会喜欢上其内容。还可以基于标题，把标题最差、标题最怪的书集中展示，也有一定的吸引力。图书漂流也是撞法的一种，在地铁的座位上留一本书，究竟下一个读者是谁，这本书将飘向何方，书的命运完全靠撞。对图书馆来说，撞法阅读推广是最好操作，效果可能还比较好的一种方法，值得好好想一想该怎么应用。

从具体手段的角度，阅读推广可借用的主要是艺术手段：一是借图，即图书展搭配摄影展，比如北京大学"以腹有诗书气自华"为主题，以女生仿拍古典油画读书图，来配合好书展。二是借声，即借助语言艺术来推广图书，比如北京大学图书馆以扫描二维码播放全国各省学生乡音短书评的方式，来吸引新生参加阅读推广活动；泰山医学院图书馆以音乐疗法配合阅读疗法。

三是借影，即把电影和剧本原著以及相关图书组合推广，如东北师范大学的"书影随行"活动。四是借演，比如天津财经大学举办"图书里的话剧"竞赛，通过对名著片段进行话剧演绎，提高读者对名著的热爱程度和理解深度。盛行于高校图书馆的"真人图书馆"，某种程度上也可以理解为"借演"，即通过达人对自身经历的生动阐述，来传播某方面的显性知识和隐性知识。

3 有待加强的图书馆阅读推广方法

对图书馆阅读推广活动类型的执着探索，目的是查漏补缺，有的放矢地为今后的图书馆阅读推广提供指导。对照前面列举的阅读推广活动的类型，我们不难发现一些以往短缺或薄弱的类型，有待加强。

第一是设伏法。

通俗地说，就是预案法。之所以称其为设伏法，是因为其提前做好方案、尔后不动声色、届时突然引爆的特点犹如伏击战。当前图书馆的设伏法阅读推广做得还不够，应该重视。比如春节过后，将近"三八妇女节"，图书馆就可以提前策划、提前行动，把馆里封面和书脊为粉色的书籍全部挑出来，到节日那天，在显眼位置，将这些书列专架齐刷刷展示，一定会给读者带来极大的惊喜和震撼。大多数粉色的书籍之所以被设计成粉色，也是因为其内容更适合女性阅读，所以无论形式还是内容，这批书都会吸引读者走近、合影、浏览、借阅。再如在11月11日这样的新型光棍节，图书馆可以提前"打埋伏"，把历史上知名的男光棍和女光棍写的名著，或描写对象为男光棍和女光棍的名著，都挑出来，在节日当天隆重推出。还可以推广一些"撒狗粮"的书，比如钱钟书、杨绛等才子佳人回忆完美校园恋爱的书，来虐一虐"单身汪"。也可以推广一些安慰单身者的书，如俞敏宏在上大学时没谈过恋爱，曾一厢情愿地为美女同学打开水，后来得知，人家之所以默许他打开水，目的只是让自己的男友省点力，把这类成功人士回忆大学生活的书搬出来，对单身同学会有很好的励志作用。总之，所谓设伏法，就是掐着日子提前做好预案和充分准备的阅读推广。例如，茅盾奖、安徒生奖、诺贝尔奖等国内外奖项，都是定期定日子颁发的，图书馆可以提前把重点候选人的著作信息准备好，在颁奖日静等揭晓，一俟揭晓，就可以在第一时间推广获奖人的著作，无疑会受到读者的欢迎。再如，我们当今的国家领导人在阅读推广方面率先垂范，讲话的规律一是善于用典，二是重视推广名家名著，每到一国一地，总会谈到那方山水孕育的人杰佳作。掌握了这个规律，我们就可以提前把领导人将要出访的地方产生的经典著作汇集起来，在出访那天，根据实际讲话再调整一下，就可以及时推广出去，按照"人民日报"网站的说法，这就叫作"跟着习大大来读书"。另外，习总书记在治国理政的著作中，用了大量典故，图书馆员倘能逐一考证，推出相关引用图书，也是一个不错的阅读推广好方法。

第二是机变法。

机变法也叫随机法，就是迅速响应新闻事件而实时开展的阅读推广，这种阅读推广的阵地通常是微博和微信。因为大多数新闻事件是突发的，针对突发新闻事件的阅读推广是无法提前做准备的，全靠图书馆员平时的知识积累，所以更能看出图书馆员阅读推广的水平，更能看出图书馆员有没有时刻开展阅读推广的意识。比如2016年8月初，王宝强离婚事件发生，湖南省图书馆的微信公众号反应神速，很快以《婚内出轨的人都没有好下场》为题推出《失乐园》、《查特莱夫人的情人》、《廊桥遗梦》等7本书的内容简介。这些书的选择是有水平的，说明图书馆员博览群书，遇到一个新闻事件便能够将相关的书籍信手拈来。但是这篇推文的标题是有缺陷的，倾向性太强，等于诅咒全体婚内出轨的读者，这类读者看到这篇文章，便肯定不会转发，就会影响阅读推广内容的接受和再传播。图书馆作为相对中立的辅助教育机构，其对不道德现象可以谴责，但不应诅咒，要有团结所有读者、建设读者统一战线的意识。一段时间后，当我们回头再找湖南图书馆的这条微信推文，发现其标题已经改为《这七部经典小说告诉你，婚外情看上去很美，实则很危险》，这说明该图书馆的馆员已经意识到了这条推文原标题的不妥。将"下场"改成"危险"可谓绝妙，"危险"是一个道德上的中性词，浪子回头、悬崖勒马就能转危为安，一意孤行则会粉身碎骨，选哪条路请读者自己决定吧，图书馆只是尽到提醒的职责。可见，标题一改，这就是一条很好的阅读推广文章，即便是真有出轨行为的读者也有可能收藏和转发，并会到图书馆找找所推荐的书，反思一下何去何从。所以，机变性阅读推广是有难度的，不光考图书馆员的知识储备，还考图书馆员对推广文章的立场、价值观、出发点的拿捏，要使推文符合图书馆的定位、符合图书馆员的身份，才能真正为读者所欢迎、所接受。

第三是本土法。

本土法也可以叫作地方性格法，指的是不同地方的图书馆的阅读推广应该是不一样的，应具有本地特色。比如美国图书馆阅读推广的基本方法是"一书，一城"，不同城市阅读推广的书之所以不一样，就在于考虑到了本地特点。《杀死一只知更鸟》这本书旨在化解种族误解，消除种族隔阂和种族矛盾，所以像芝加哥、西雅图这些种族分歧比较大的城市就共同阅读《杀死一只知更鸟》。同理，在上海的大学图书馆，就应该宣传推广一下海派作家的书，比如余秋雨、王安忆、六六、金宇澄、韩寒等上海作家的书；在武汉的大学图书馆，就应该宣传推广一下方方、池莉的书；在贵州的大学图书馆，就可以推荐一下王阳明的书和传记，因为王阳明就是在贵阳的龙场悟道，创造了心学；洛阳师范学院就坐落在邵雍旧居安乐窝附近，离两程故里也不远，那么该校图书馆就应该推荐关于易经和程朱理学的书。

第四是阅读关怀和阅读援助法。

这种方法以前用得也不够。阅读关怀指的是针对特殊人群开展的阅读推广。比如我们到高校图书馆工作，一般学校会要求你参加一个月的上岗培训，但是退休的时候就没有这样的培训。其实退休的头五年是非常危险的，因为无用感、失落感会非常强烈。图书馆可以填补起退休无培训的空白，联系工会开展一些阅读推广活动，给临退休者推荐一些怎么面对退休的书，一些长寿老人写的书，这是一件非常积德的事。阅读援助指的是针对信息贫困人群的阅读推广。比如郑州的富士康工人经常发生连环跳，这跟他们的工作特别劳累有关系，也跟他们的业余生活太单调有关系，在郑州的图书馆就可以考虑跟企业的工会、群众组织联系，把一些适合青年工友读的书送过去，丰富他们的业余精神文化生活，或许可以减少跳楼这样的极端现象。同样，高校里面生存着各种各样的劳动者，比如说厨师、保洁员、保安员、修自行车师傅等，他们为我们服务，我们也可以对他们进行阅读关怀和阅读援助。再比如说出租车司机，在工作期间常常开着收音机，那么公共图书馆通过APP，或通过租用的无限电频道，给他们播放有声书，也是一种阅读援助，武汉图书馆就通过无线电，推出了"武图之声"阅读推广节目。

第五是返祖法。

也可以说是全媒体法。古代之所以发明文字，是因为没有办法传播原始信息，所以具有压缩信息性质的文字就成了主要的传播载体。现在信息技术高速发展，通讯手段非常发达，把所有的信息都保存下来并迅速传播变得非常方便，比如说我今天的演讲，可以录个像，通过网络，把现场原汁原味地分享、传播给感兴趣的人。相对于文字，视频或者说多媒体的传播方式更原始，所以上海图书馆的刘炜副馆长将多媒体的传播方式称为文化上的一种返祖现象，借用刘老师的概念，利用多媒体的阅读推广，可称为返祖法阅读推广。

比如说在推荐《了不起的盖茨比》这本书时，可以同时推荐同名的电影和有声书。图书馆可以打造专门的有声书阅览室，每个座位上方垂下来一个耳机，好像耳机的森林，更酷一点，座位还可以换成跑步机，读者可以边跑步边听书。图书馆还可以与银行、理发店等需要等待叫号的地方合作，由图书馆提供有声书资源，由商家提供耳机，在顾客无聊等待的时候，听一段书。随着手环等自我测量工具的出现，现在喜欢走路健身的人越来越多，花在走路上的时间多了，佩戴耳机听书的时间就多，图书馆在资源建设上应该增加有声书的采购，还可以动员学生上传一批自己录的有声书，每天上传一节，既推动了学生的阅读，又为图书馆贡献了资源，方便更多的读者听书。另外，正在露出面纱的可穿戴设备、读书机器人等，也是返祖法阅读推广的利器，图书馆应该关注这些新技术、新工具，及时将它们用于阅读推广。

第六是学分法。

这是一种简单、直接但十分有效的阅读推广方法，也是阅读推广的一个趋势。2001年，韩国的江源大学就采用了这种阅读推广方法：在本科新生的入学通知书上指定暑假必读书，到校后有个小测验，检测过了，拿到学分，才能正式报到。国内高校采用学分制推广阅读的，起初主要是高职高专院校，因为考上高职高专的学生，在高中时期大都不是尖子生，阅读习惯不是太好，不靠强制性的学分制，阅读推广的效果不佳，学生的人文素养难以提升。比如黑龙江东方学院，就设有阅读必修课，采用学分制。但是现在，学分制阅读推广有向重点大学蔓延的趋势，据武汉大学图书馆调查发现，有13所211大学实施了阅读学分制，包括浙江大学、东南大学、东北大学、北京邮电大学、西安电子科技大学等。武汉大学图书馆也正在考虑申请开设学分制阅读推广课[1]。各个图书馆应该关注这个趋势，如果认为有必要、有条件，可以向已经开课的高校图书馆取经，基于以往的阅读推广活动编写教材，及时地把图书馆的阅读推广活动升级为一门计算学分的公共课。

---

[1] 王新才，谢鑫. 阅读行为视角下高校图书馆实施阅读学分制的动力研究. 大学图书馆学报，2017（1）：72-78

从理论上讲，阅读推广不是图书馆的新使命。阮冈纳赞的图书馆学五定律：书是为了用的；每本书有其读者；每个读者有其书；节约读者时间；图书馆是一个发展着的有机体。其中前四条都与阅读推广有明确而直接的关系，应该说阅读推广就是这四条定律推导出来的，它是图书馆的天然使命，其在图书馆建设中具有高度重要性。这四条定律还是指导图书馆阅读推广的根本大法和图书馆阅读推广努力实现的目标。如今我们重视阅读推广，无非是图书馆创办初心的一次回归，或者说是一次复兴，让我们不忘初心，继续前进。

第九章　对促进图书馆阅读推广活动的建议[1]

前面各章的分项调查研究，在每项的结论部分实际上已经为改进图书馆的阅读推广活动从不同角度提出了建议，兹再综括总体调研情况，从更高的角度提出10项全局性的建议，希望引起各方面的重视。

1　优化全民阅读的领导主体

"全民阅读"由谁领导，决定着这项社会事业的性质及其发展方向，是需要顶层设计的大问题，图书馆界应给予重视。

回顾"全民阅读"在中国的发展历史，可以发现，"全民阅读"在中国最早是以"知识工程"的名义出现的。1997年1月2日，《关于在全国组织实施"知识工程"的通知》（以下简称《通知》）印发。印发这个通知的国际背景是：1995年10月25日-11月16日召开的联合国教科文组织第28次大会通过28C/3.18号决议，正式确定每年的4月23日为"世界图书与版权日"

---

[1] 本节由北京大学图书馆研究馆员王波博士撰写。

（World Book and Copyright Day）。《通知》的印发是对联合国教科文组织 1995 年决议的响应，标志着全民阅读推广活动在中国的启动。《通知》印发后不久，1997 年 3 月 5 日，联合国教科文组织总干事和埃及文化部长签署了关于发起国际"全民阅读"（Reading for All）项目的备忘录，同年 7 月 24 至 25 日，第一届国际"全民阅读"专门委员会会议在埃及城市阿斯旺举行，正式发出了国际社会推动"全民阅读"的讯号。由此可见，《通知》的印发不仅正当其时，甚而有先见之明。

在《通知》的附件——《全国"知识工程"实施方案》的第四条"组织管理"中，明确了"知识工程"的领导主体："由中宣部和文化部牵头，国家教委、国家科委、广播电影电视部、新闻出版署、全国总工会、共青团中央、全国妇联共同组成全国'知识工程'领导小组，负责实施过程中的组织、协调工作。全国'知识工程'领导小组办公室设在文化部图书馆司，负责日常工作。"《通知》中公布了全国"知识工程"领导小组名单，组长是中宣部副部长、文化部部长刘忠德，常务副组长是文化部副部长徐文伯和艾青春，其他部委各出一位副部级干部担任副组长。由《通知》的安排可见，共有 9 家部委成为"知识工程"的领导机构，中宣部是指导机构，核心领导机构是文化部。《通知》开宗明义提出："'知识工程'是以发展图书馆事业为手段，以倡导读书、传播知识、推动社会文明与进步为目的的一项社会文化系统工程。"可见，"知识工程"是主要依靠图书馆事业来推动全民阅读的。2004 年，"全国知识工程领导小组"将每年的"全民读书月"活动交由中国图书馆学会承办，更加明确了对图书馆行业的依赖。然而比较遗憾的是，"知识工程"领导小组一直没有将"知识工程"与"全民阅读"进行正式桥接和转换，虽然中国图书馆学会在承办"全民读书月"之后，在国内首次使用了"全民阅读"的概念，但毕竟局限在行业范围内，影响有限。

2006 年是"全民阅读"领导主体发生变化的转折之年。新闻出版总署在借鉴国际经验时渐渐发现,"全民阅读"作为联合国教科文组织倡导的国际项目,对国民素质和国家软实力的提高,对文化、教育的发展相当重要,而我国尚未有部委出面,从国家层面对这个项目进行明确而正式的回应。于是在4月5日,新闻出版总署会同中宣部、中央文明办、文化部、教育部、解放军总政治部宣传部、中华全国总工会、共青团中央、中华全国妇女联合会、中国科学技术协会、中国作家协会等10家部委,联合发出《关于开展全民阅读活动的倡议书》(新出联〔2006〕2号,以下简称《倡议书》)。《倡议书》连年发布,持续至今,全民阅读渐成燎原之势,呈现可喜局面。从《倡议书》开始,"全民阅读"取代了"知识工程",阅读推广的范围更大,主体更多,不再局限于图书馆行业。当然,领导主体也发生了变化,牵头领导机构由文化部变成了新闻出版总署,相应地,"全民阅读"的主要执行机构也由图书馆界变成了新闻出版界,图书馆界由主角变成了配角。

2011年10月,《中共中央关于深化文化体制改革、推动社会主义文化大发展大繁荣若干重大问题的决定》的第5章第4节提出"深入开展全民阅读、全民健身活动";2012年2月,《国家"十二五"时期文化改革发展规划纲要》的第3章第4节提出"深入开展全民阅读、全民健身活动"。2012年11月,党的十八大报告的第6章第3节历史性地写入"开展全民阅读活动"。"全民阅读"在这一系列大政方针中的陆续"亮相",标志着其被国家重视的程度越来越高,逐渐被提升到了国策的层面。

在这样的形势下,为落实党和国家的部署,进一步推进全民阅读。已经连续7年主导全民阅读活动的新闻出版总署计划启动全民阅读立法,于2013年1月24日邀请人大常委朱永新和政协委员苏士澍、聂震宁、黄书元等专家学者召开征求意见座谈会。专家们普遍认为设立国家级的全民阅读促进条例来规范和保障各类阅读活动非常必要。会后,新闻出版总署立即组织中国新闻出版研究院的研究人员进行调研,为形成全民阅读立法的提案准备材料。

2013年3月两会期间，全民阅读立法作为文化界的重要提案内容引起媒体和社会各界的热烈关注与反响。

2013年3月31日，新闻出版广电总局（2013年3月14日国务院将新闻出版总署、广电总局的职责整合，组建国家新闻出版广电总局）成立全民阅读立法工作组及起草工作办公室，由法规司司长王自强担任组长，出版管理司司长吴尚之、中国新闻出版研究院院长郝振省担任副组长，出版管理司副司长王然担任起草工作办公室主任，办公室成员包括法规司副巡视员高思、中国新闻出版研究院出版研究所所长徐升国等。至5月20日，全民阅读立法工作已完成前期资料整理工作，搜集翻译了美国、日本、俄罗斯、韩国、英国、德国等国的有关促进阅读的法律法规等相关材料，以及国内文化方面立法的相关案例，在广泛借鉴的基础上，结合对我国全民阅读情况的考察，主要仿照已经实施的《全民健身条例》，草拟了《全民阅读促进条例》。之后，分别在2013年的5月22日、6月2日、6月26日、8月1日召开专家座谈会，广泛听取阅读、出版、法学、财税、图书馆、教育、媒体等各方面专家的意见，并对江苏、湖南、湖北、上海、陕西、广东、重庆、北京等省（直辖市）的全民阅读情况进行调研，召开了数次内部研讨会，拿出了第二稿至第四稿。

2014年11月，经过精心修改的《全民阅读促进条例》又再次广泛征求各界意见。在这一版中，第一章总则的第五条规定了全民阅读的领导体系：

国务院新闻出版广播影视行政部门负责全国的全民阅读工作，制定全民阅读规划及实施方案。国务院教育、文化、发展改革、财政、税务、民政、国土资源、住房城乡建设等有关部门，在各自职责范围内负责有关的全民阅读工作。

县级以上地方人民政府新闻出版广播影视行政部门负责本行政区域内的全民阅读工作，制定本行政区域的全民阅读规划和实施方案。县级以上地方人民政府其他有关部门在各自职责范围内负责有关的全民阅读工作。

工会、共青团、妇联、残联、科协、文联、作协、社科联及其他社会团体应当结合自身特点开展全民阅读工作。

第一章总则的第六条设计了全民阅读的协调机制：

国家建立全国全民阅读工作协调机制，负责统筹各部门、各单位、各社会团体和各种社会力量的协调合作，共同促进全民阅读工作。

县级以上地方人民政府应当建立本级全民阅读工作协调机制，统筹协调本行政区域内的全民阅读工作。

通过上述回顾，显而易见，在由谁来领导全民阅读的问题上，国家的态度一直是谁主动、谁倡导、谁领导。在此基础上，由中宣部行使指导权和监督权。2006年以前，文化部主动，便由文化部牵头，自2006年起，新闻出版总署主动，便由新闻出版总署牵头。其他相关部委发挥配合作用。新闻出版总署因为连年发布关于全民阅读的倡议，渐渐形成了在这项事业上的领导地位，于是顺势而为，领衔制定《全民阅读促进条例》，进一步强化了自己的主导地位。

这样的全民阅读领导体制，在全民阅读不太受重视的萌芽时期是无可厚非的。为调动大家的积极性，自然是谁主动、谁领导。但当实现全民阅读已经成为社会共识、写入国家大政方针的时候，由谁来领导便成为一项需要慎重进行顶层设计的问题，靠积极性来决定领导体制的方式显然不具备科学性、合法性。一些推动全民阅读的主力军，比如各类型图书馆和大中小学校不禁要问：为什么要由新闻出版广电总局领导全民阅读？而不是由文化部、教育部来领导？领导体制关乎全民阅读的性质及其发展方向，需要慎重决策。

其他部委暂且不论，单论新闻出版广电总局、文化部、教育部，就各有领导全民阅读的优势，也各有不足。就舆论造势、社会动员、资金保障而言，新闻出版广电总局无疑具有优势，因其掌握着既有传播威力又有营利条件的媒体。不足是其领导的是传媒企业群体，是一个商业性行业，即便是在社会主义市场经济的环境下，追逐利润的本质也很难保证电视台、出版社、报刊社、网站等能以纯粹、客观、公正、中立的公益态度来从事全民阅读的推广工作，以全民阅读之名来推销产品的行为很难杜绝，从而导致公信力不足，即便完全没有商业行为，推广对象也会怀疑其有商业动机。然而在以经济建设为中心的大环境下，国家或许主要是抱着既推广阅读又借势发展文化产业的思路来开展全民阅读，目标是达到文化的传播和经营的双丰收，于是由新闻出版广电总局主导全民阅读的格局更受支持。

若是就阅读推广的效果而言，面向各类学生的教育部则为上选，因为学生的天职就是阅读，全民阅读的各项措施在学校里通常能得到最为认真、严格、有效的落实，并通过学生影响家长，既有定点、定向的效果，也有以点带面的效果，就对读物的吸收消化和对人生的影响程度而言，也是以学生对象为最佳，不足是范围毕竟有限，难以辐射到全社会的各个角落。若是就阅读推广的条件和辐射的广度而言，文化部领导的公共图书馆的优势显然更大，公共图书馆既有经过历史积累的全面系统的文献资源优势，又有庞大的空间和人员队伍优势，还有推荐文献、指导读书的专业优势，而且推广阅读是其社会分工所赋予的神圣职责。

基于以上原因，比较理想的全民阅读领导体制的方案应该是：效仿国家在互联网监管方面探索的体制，成立一个统摄各个部委、各个行业的协调机构，以民主集中的形式共同制定全民阅读的规划，决策有关全民阅读的重大事项，以避免因行业壁垒、条块分割所造成的统筹推进不到位、综合效能打折扣等问题。

据有关研究，自1994年以来，共有58个主体参与到了对互联网的监管，信息产业部、公安部、文化部分别在不同时期和不同任务中发挥核心作用，只有9个主体发布的政策数量多于10条，有多达28个主体从来没有单独发布过监管政策，说明监管主体中有一半都是以配合的形式参与网络监管的。有

12 个主体在全部的监管历史中仅仅出现过一次。随着国家行政体制的变革，互联网监管主体的变化表现出精简规模、提高重要部门的行政级别、合并职能接近的主体等趋势。直到 2014 年 2 月 27 日，中央网络安全与信息化领导小组办公室正式成立，和国家互联网信息化办公室合并为一套机构两个牌子，成为既隶属于党中央又隶属于国务院的"双跨制"协调机构[1]，标志着互联网监管从大量主体多头重复监管的状态发展为由专门机构协调组织、多部门分类主导并有机合作的格局[2]。专家在解读成立"双跨制"协调机构的原因时说，主要是为了解决四大问题：主体缺乏权威，难以统揽全局；协调机制不力，统筹推进困难；部门各自为政，重复建设严重；条块矛盾突出，综合效能低下[3]。阅读推广的现实紧迫性虽不及互联网监管，但其统筹推进所遇到的问题和互联网监管是一样的，应该积极吸收互联网监管体制变革的经验。

文化部、教育部要从阅读和文化、阅读和教育的密切关系的角度出发，深刻认识推进全民阅读对本领域事业发展的重要意义，不能甘当配角，而要积极争取在全民阅读方面的更大主导权。全国人大常委会和国务院一方面要充分肯定新闻出版广电总局在全民阅读推广方面的历史贡献和对《全民阅读促进条例》的发起之功，以及由新闻出版广电总局领导全民阅读对文化产业发展的推动。另一方面也要从更高的角度通盘设计全民阅读的领导体制问题，借鉴国家在互联网监管方面的经验，研判在新闻出版广电总局之外或之上，是否还有更好的领导主体，或决策成立新的协调机构。

从美国的经验看，全国性的传媒集团只是基于社会责任和新闻敏感，参与宣传全民阅读，通过新闻报道为全民阅读推波助澜，同时也是全民阅读寻

1　汪玉凯. 中央网络安全与信息化领导小组的由来及其影响 [EB/OL]. [2015-09-10]. http：//theory. people. com. cn/n/2014/0303/c40531-24510897-2. html

2　马费成，李小宇. 中国互联网内容监管主体结构与演化研究 [J]. 情报学报，2014（5）：462-463

3　汪玉凯. 中央网络安全与信息化领导小组的由来及其影响 [EB/OL]. [2015-09-10]. http：//theory. people. com. cn/n/2014/0303/c40531-24510897-2. html

求赞助的对象，故而发挥的是宣传者和赞助者的作用，但因其企业属性而根本没有资格担当领导者。美国全民阅读的领导体制是：政府部委不直接领导全民阅读，本来也没有主管文化和新闻出版的专门部委，全民阅读的领导权下放给国会图书馆、国家教育协会这样的事业单位或行业组织，政府只给予宣传支持、形象支持，经费支持则来自于社会募捐。比如"美国国家图书节"（National Book Festival）由总统直接任命馆长和工作委员会的国会图书馆来举办，"全美读书日"（Read Across America Day）则由国家教育协会来举办，谁举办谁就是实际执行的领导机构。但"美国国家图书节"名义上是由前第一夫人劳拉·布什发起的，现任第一夫人米歇尔·奥巴马则和教育部部长一同参加"全美读书日"的活动，这就是代表国家对全民阅读给予支持。

我国的一些文化发达省份，借鉴正在酝酿的《全民阅读促进条例》，提前出台了一些促进全民阅读的法规。在确定全民阅读的领导体制方面，已经发现了由新闻出版行政部门领导全民阅读的不足，对《全民阅读促进条例》中的方案进行了不同程度的修改。

如江苏省人民代表大会常务委员会颁发的自2015年1月1日起施行的《关于促进全民阅读的决定》，其确定的全民阅读领导体制有两个亮点，一是成立了联合指挥的全民阅读活动领导小组。领导小组负责指导协调本行政区域内的全民阅读促进工作，其办公室虽然设在本级新闻出版行政主管部门，负责日常具体工作，但这个领导小组实际上是一个高于相关厅局的虚体组织，行政上并不归新闻出版行政主管部门领导，领导小组办公室更像是挂靠在新闻出版行政主管部门的秘书处。这个小组的成立，打破了全民阅读由新闻出版行政部门为核心的领导体制，有益于调动与全民阅读有关的各个行政部门的积极性。二是建立"官民合作"的领导体制。在全民阅读活动领导小组之外，依法成立全民阅读促进会，在全民阅读活动领导小组指导下开展工作，引导专业阅读研究推广机构、阅读社团和社会力量设立的阅读服务场所等共同参与全民阅读活动。成立全民阅读促进会，等于搭起了与社会团体的对接渠道，调动了各专业、各行业组织参与全民阅读的积极性，符合当前国家倡导的"小政府、大社会"，建设服务型政府，加强社会治理和社会服务的新趋势。

另外，全国首部关于全民阅读的地方政府规章——《湖北省全民阅读促进办法》（湖北省人民政府令第376号，以下简称"《办法》"）于2015年3月1日起正式实施。《办法》在全民阅读领导主体的确定上，采取了类似于江苏省的方案，设立了全民阅读活动指导委员会，组织、指导全省的全民阅读工作，将委员会的办公室设在省新闻出版广电主管部门。为了更好地调动各个方面的积极性，还专门设立条款对教育、图书馆、工会等各个相关机构在全民阅读方面的责任、义务都一一作了规定。

综上所论，在全民阅读的领导体制问题上，一方面，新闻出版广电部门基于历史贡献，希望通过《全民阅读推进条例》的出台，将自己在全民阅读方面的领导地位合法化、扩大化，以便在这项社会事业上发挥更大作用。《全民阅读推进条例》虽未出台，但已经发挥了很好的示范作用，一些文化大省已经借鉴条例草案，率先出台了本省的全民阅读法规。随着各省全民阅读法规的陆续出台，将形成一种声势，对《全民阅读促进条例》的出台十分有利。另一方面，地方政府、相关部门和行业也认识到，《全民阅读促进条例》草案规定"国务院新闻出版广播影视行政部门负责全国的全民阅读工作，制定全民阅读规划及实施方案"，有其不合理性，不利于调动各方面的积极性，因此大多对全民阅读的领导体制进行了重新设计，采取了以领导小组或指导委员会的方式领导全民阅读。

全国的图书馆主要分为公共图书馆、学校图书馆和专业图书馆，绝大部分归属文化部、教育部、科技部管理。目前图书馆界的阅读推广处于基层热火朝天、顶层设计薄弱的阶段，各个图书馆的阅读推广创新层出不穷，全国性的图书馆阅读推广项目则比较稀少。究其原因，和全民阅读在部委层次的授权不均、责权不明有很大关系。图书馆界不要认为全民阅读的领导体制和自身没有关系，在各项事业受红头文件影响甚大的国情下，不授权则无为的现象十分普遍，如果图书馆界的上级主管部门文化部、教育部和科技部在全民阅读的领导方面成为配角，则图书馆界的阅读推广就会缺乏强大的行政驱动力，各项资源调动不充分，就没有广阔的发展空间。因此，图书馆界一方面要积极参与到对《全民阅读促进条例》草案的研讨，努力推动其出台，为全民阅读争取立法保障，另一方面要注意到《全民阅读促进条例》草案有授权新闻出版广电行政部门主导全民阅读的倾向，这是不利于全民阅读在各个行业齐头推进的，因此出于事业心和责任感，要注意利用各种场合和机会呼吁上级行政主管部门——文化部、教育部、科技部踊跃参与和扩大对全民阅读的领导，以便为图书馆界的阅读推广创造更大的可能性。

  2014年3月，国务院政府工作报告提出"倡导全民阅读"。2015年的国务院政府工作报告再次提出"倡导全民阅读，建设书香社会"。2015年3月15日，国务院总理李克强在会见采访十二届全国人大三次会议的中外记者时表示，书籍是人类文明传承的主要载体，希望全民阅读能够形成一种氛围，无处不在，他认为："阅读作为一种生活方式，把它与工作方式相结合，不仅会增加发展的创新力量，而且会增强社会的道德力量。"[1] 在政府工作报告发布和总理讲话之后，文化部、教育部很快强化了对全民阅读的重视程度。2015年3月23日，文化部公共文化司在国家图书馆召开"图书馆与全民阅读研讨会"，邀请来自国家图书馆、中国图书馆学会、高校、基层文化单位、新闻媒体、文化企业的20余位专家学者就新形势下各级各类图书馆如何更好地参与全民阅读进行研讨[2]。2015年5月20日，教育部联合文化部、新闻出版

---

1 李克强：希望全民阅读形成一种氛围 [EB/OL].[2015-09-13]. http://news.xinhuanet.com/newmedia/2015-03/16/c_134071091.htm

2 张妮. 文化部邀专家研讨图书馆与全民阅读 [N]. 中国文化报，2015-03-25（001）

广电总局发布了《关于加强新时期中小学图书馆建设与应用工作的意见》(教基一[2015]2号,以下简称《意见》)[1],着力推动中小学图书馆的阅读推广工作。这份文件在开头就说,《意见》出台的目的之一是为了"形成书香校园,带动全民阅读,助推学习型社会和书香社会建设。"《意见》提出了六项重要任务,第六项是"带动书香社会建设",要求在每年4月23日"世界读书日"和9月9日"国家图书馆日"积极开展形式多样、丰富多彩的中小学生读书专题活动。提倡小学生每天课外阅读半小时、中学生每天课外阅读1小时。丰富学生课后生活,特别要为家庭贫困学生、寄宿制学校学生、农村留守儿童提供便利读书条件。鼓励中小学图书馆设立家长定期开放日,提倡学生和家长共同读书、读同一本书,营造良好阅读氛围。在这样的形势下,图书馆界更应该抓住一切机遇,充分表达关于优化全民阅读领导主体的意见,推动全民阅读领导体制的改革。

2 动员杰出女性支持、参与全民阅读

阅读是一种安静、温馨、柔美、娴雅的行为,和战争、暴力恰好相反,是和平、甜蜜、幸福生活的象征,天然地和女性的特质相吻合,所以欧美发达国家常常通过女性读书的形象来推动全民阅读,尤其是美国,在全民阅读推广活动中十分重视第一夫人和州长夫人的作用。第一夫人是全民阅读的当然倡导者和代言人。例如,美国国会图书馆的阅读推广活动得到了历任第一夫人的大力支持,前第一夫人芭芭拉·布什担任了1989—1992年阅读推广活动的荣誉主席,前第一夫人劳拉·布什发起了"国家图书节"(National Book Festival),担任了2001-2003年的阅读推广活动——"讲述美国故事"的荣

---

1 关于加强新时期中小学图书馆建设与应用工作的意见[EB/OL].[2015-09-13]. http://www.moe.edu.cn/publicfiles/business/htmlfiles/moe/moe_1793/201505/188172.html

誉主席[1]。

美国全民阅读活动的高潮是两大节日，更是离不开第一夫人的支持。

第一个节日是"全美读书日"（Read Across America）。这是全国性的读书活动，时间定在苏斯博士的生日。苏斯博士是美国著名的儿童文学大师，对许多美国人而言，他们所能记起的读过的第一本书，基本上都是出自苏斯博士之手。苏斯博士于1991年9月逝世，为纪念其杰出贡献，1997年5月，美国教育协会阅读工作小组提出了一个大胆建议：让我们创建一天来赞美阅读！理由是：我们会成立啦啦队让孩子们为足球兴奋，我们会记得哪个明星得了多少分，为什么我们不能做一些事情让孩子们为阅读着迷呢？我们将之称为国家教育协会的全美读书日，我们将在这一天庆祝苏斯博士的生日。于是，美国教育协会于此年决定将苏斯博士的生日3月2日定为"全美读书日"[2]。1998年3月2日，也就是联合国教科文组织倡导"全民阅读"的第二年，第一个"全美读书日"诞生了，这是美国有史以来鼓励阅读的最大事件。此后每年在这一天，人们互相诵读苏斯博士的作品，并将之作为一项有趣的公民义务，全美各地成千上万的学校、图书馆、社区中心都动员少年儿童踊跃参加读书活动。

"全美读书日"通常是以美国第一夫人亮相国会图书馆作为启动标志，只要没有重要的外事安排，第一夫人这天就会出现在国会图书馆。比如2010年3月2日，在联邦教育部长阿恩·邓肯和国家教育协会主席丹尼斯·范洛可的陪同下，美国第一夫人米歇尔·奥巴马来到美国国会图书馆，为200多位小学生大声朗读苏斯博士系列儿童作品中的代表作——《帽中猫》（*The Cat in the Hat*，或被译为《戴高帽子的猫》），拉开了第13届全美读书日活动的序

1　吴蜀红. 美国国会图书馆阅读推广活动考察分析［J］. 图书与情报，2011（5）：41

2　赵俊玲，栾晓红. 读遍美国（Read Across America）阅读推广项目考察分析［J］. 图书馆杂志，2012年（12）：108

幕。为激发孩子们的读书热情，米歇尔·奥巴马对到场的来自华盛顿特区和阿灵顿的 200 多位小学生"披露"道："你们知道美国总统一直都在读书吗？"还说："我们的女儿每天晚上在家都会读书。"为了表示对女儿们读书的支持，她说如果两个女儿晚上正在阅读，她会特别允许她们推迟半个小时睡觉。

教育部部长阿恩·邓肯则为孩子们朗读了苏斯博士的书《霍顿奇遇记》。国家教育协会主席丹尼斯·范洛可领着孩子们举手发誓要每天读书，他们在誓言中说："我保证每天读书、每晚读书。我知道这是成长道路中的关键[1]。"

2011 年，第一夫人米歇尔·奥巴马再次来到国会图书馆，和教育部长邓肯、国会图书馆馆长詹姆士·比灵顿、美国教育协会主席丹尼斯·范洛可，面对到场的 400 位中小学生和名人读者，朗读苏斯博士的经典作品《绿鸡蛋和火腿》（Green Eggs and Ham），为读书日开幕。

"全美读书日"以《帽中猫》一书中红白条纹相间的高帽子作为节日盛装，每到这一天，全国的中小学生统一佩戴此帽，像圣诞节戴上圣诞帽一样欢乐，营造出浓浓的节日气氛，孩子们的开心程度不亚于参加国庆巡游和圣诞派对。主办者美国教育协会通常还将读书日与其他的有益儿童成长的活动结合起来进行，如 2015 年将与鼓励儿童及时刷牙的活动相结合，凡在读书方面表现优秀的孩子都能得到赞助商提供的牙刷奖品。"全美读书日"还发展成为一个旅游项目，美国教育协会鼓励各地的中小学生到其他地方的中小学校欢度读书日，体验别的学校读书日的特色活动，和那里的同学交朋友。

第二个节日是"美国国家图书节"（National Book Festival）。这个节日创办于 2001 年，由图书馆员出身的第一夫人劳拉·布什发起，由美国国会图书馆主办，每年 9 月或 10 月初在首都华盛顿特区的国家广场（National Mall）举办，已成为美国阅读、出版、文学界的盛事，乃至"真正的美国习俗"。劳拉·布什是前 8 届的荣誉主持人，此后奥巴马总统及夫人接替成为"美国国

---

[1] 王丹红. 全美读书日 每天都读书 [N]. 科学时报，2010-03-26（A3）

家图书节"的荣誉主持人[1]。由于美国"国家图书节"充分发挥、调动了社会力量，集中体现了美国的软实力，已逐步发展为美国最受欢迎、最有影响力的图书节，赢得了极高的世界声誉。俄罗斯总统普京的夫人柳德米拉·普京娜曾专程参加第二届美国"国家图书节"，大受启发，于2003年在俄罗斯倡议发起了国际图书教育节[2]。

"美国国家图书节"的表现形式是一个"书的嘉年华"，主办者在国会山前的国家广场搭建众多巨大的白色帐篷并安装音箱设备，每个帐篷都是一个标明名称的主题展馆，可容纳三四百人。展馆的主题是根据图书的题材划分的，分成历史、传记、惊悚、科幻、儿童文学等主题，每届的主题分类略有不同，公众根据兴趣选择主题展馆，参加演讲、访谈、朗读等活动，和这个主题的作者见面。活动所有的资金都由国会图书馆自筹，每年大概需要150到175万美元，邀请的作者都是国家奖项的获奖者或提名作家，由出版商付费。所有活动均配手语翻译。除了主题展馆，还设有美国各州展馆、国会图书馆展馆、推广家庭阅读展馆等[3]。

"全美读书日"和"美国国家图书节"各有侧重，前者主要面向中小学学生和教师，是全美中小学校园的盛会，突出了全民阅读推广的重点人群，后者则面向全体民众，体现了全民阅读推广的广泛性。第一夫人在两大阅读推广的节日中扮演的角色都不是实际领导者，前者的实际组织者和执行机构是美国教育协会，活动的主要内容安排都发布在该协会的网站上，活动的开幕式背景通常也是关于该协会网站的宣传画，后者的实际组织和执行机构是美国国会图书馆，第一夫人参与其中，主要是以自身影响，发挥发起者、倡导者、代言者的作用，并代表总统和政府，表达国家对全民阅读的支持。第

---

[1] 吴蜀红. 美国"国家图书节"考察分析 [J]. 图书与情报，2013 (4)：24
[2] 吴蜀红. 美国"国家图书节"考察分析 [J]. 图书与情报，2013 (4)：25
[3] 吴蜀红. 美国"国家图书节"考察分析 [J]. 图书与情报，2013 (4)：23

一夫人不一定年年都参与此类活动，但是只要有时间，一定会争取参加。

俄罗斯总统普京的夫人柳德米拉·普京娜受劳拉·布什发起的美国国家图书节启发，在俄罗斯倡议发起了国际图书教育节，亲自担任组委会主席，于2003年首次举行，旨在发展各国中小学校图书馆事业，培养青少年的阅读和学习兴趣。柳德米拉·普京娜的倡议得到了多国第一夫人的响应和支持。据报道，第三届国际图书教育节于2017年10月9日在莫斯科红场旁的马涅什展览中心开幕，俄罗斯、阿塞拜疆和亚美尼亚等国的第一夫人同时亮相，各国驻俄大使夫人也参加了开幕式。此届国际图书教育节共吸引了包括中国在内的22个国家参加，这些国家均在展厅内布置了青少年读物展台。图书教育节期间，还举办了讲座和研讨会等活动。"开幕式上，第一夫人们纷纷登台发表讲话，勉励青少年加强阅读，不断学习。柳德米拉·普京娜说，打开书本，如同打开心扉。阅读不仅能消除国际分歧，也能弥合家庭矛盾。阿塞拜疆总统夫人梅赫利班表示，读书学习能够帮助人们理解和尊重他人，举办图书教育节能帮助青少年读者获得他们所需图书，有利于拓展俄语文化空间。亚美尼亚总统夫人贝拉表示希望国际图书教育节能继续举办[1]。"从新闻报道透露的信息看，柳德米拉·普京娜比劳拉·布什的气魄更大，劳拉·布什发起的只是一个国家的图书节，而柳德米拉·普京娜虽然是从劳拉·布什那儿取的经，但她发起的却是面向全世界的国际教育图书节，国际教育图书节在很多方面都能看到美国国家图书节的影子，比如都把时间定在天高气爽的秋天，即9月底或10月初，都以第一夫人唱主角，柳德米拉·普京娜不但自任组委会主席，还请来了邻国的第一夫人和各国驻俄大使夫人，有所不同的是，国际教育图书节不是每年一届，否则2003年为第一届，到了2007年应该为第四届，可是2007年却是第三届，说明期间曾有一年没有举办。

---

1 刘洋. 多国第一夫人助阵俄国际图书教育节［N］.中国新闻出版报，2007-10-11.［2015-08-16］.http：//www.chinaxwcb.com/xwcbpaper/html/2007-10/11/content_ 12524. htm

在美国，不仅第一夫人热情投入阅读推广，州长夫人也是阅读推广的积极支持者。为了应对青少年暑假贪玩而疏于阅读，导致秋季开学后阅读能力下滑的普遍现象，2007年以来，设在纽约的全球儿童教育出版和媒体公司——学乐集团，每年暑期都会在全美举办"学乐暑期阅读挑战活动"。从2009年起，主办方开始邀请各州的州长夫人们出任活动的"阅读大使"。到2011年5月，已有44位州长夫人签约成为"阅读大使"。"阅读大使"的任务是引导各州的孩子、家长、老师及图书馆员提高对暑期阅读重要性的认识。学乐集团向由每位州长夫人选定的一所学校捐赠500本图书，孩子们可以将书带回家，利用假期进行阅读。44位州长夫人，共赠出图书2.2万本，受益面还是相当广的。绝大多数"阅读大使"还在各州的学校或图书馆内举办暑期阅读活动的启动仪式。州长夫人们以她们的影响力和魅力，激励孩子们坚持阅读，对帮助孩子们在放假期间保持原有阅读习惯和阅读水平非常有效[1]。

历史上中外都有第一夫人参与文化建设的先例，比如前苏联的列宁夫人克鲁普斯卡娅对图书馆事业热情而有效的支持，也在很大程度上推动了前苏联图书馆事业的发展。特别是鉴于美国和俄国第一夫人在全民阅读推广方面所成功发挥的积极作用，建议在中国的全民阅读推广活动中，图书馆和社会各界应当通过各种渠道，呼吁和邀请我国的国家主席夫人参与。推而延之，也要积极邀请总理夫人、女国务委员、女部长、来访的其他国家领导人夫人、各国驻华大使夫人、各级女性领导、各级政要夫人、各界成功女性参与全民阅读活动。我们知道，当今的国家主席夫人是全国著名的歌唱艺术家，国务院总理夫人是英语专业的大学教授，她们都有足够的能力和美好的形象推广阅读，如果她们能够成为全民阅读的倡导者和代言人，将会大大提高全民阅读的社会影响，带动更多的国民热爱阅读。如果我们的女性官员也层层行动

1　44位美国州长配偶成为学乐"阅读大使"　[EB/OL]．[2012-12-25]．http：//www.scholastic.com.cn/xuele/aboutus/newsshow.asp?id=166

起来，上行下效，纷纷担负起阅读推广的责任，形成一种风气，那么将会成为全民阅读推广的一个重要的方面军。国家领导人夫人、各级女性官员、各级政要夫人参与全民阅读，是她们自身应该担当的社会责任，既提高了全民阅读活动的亲和力、知名度，又体现了各级政府对全民阅读的支持，有利于引导全社会的母亲、妻子、姐妹重视家庭阅读，打开全民阅读推广的新局面。

环境优雅的各类型图书馆应该多邀请国家领导人夫人、女国务委员、女部长、来访的其他国家领导人夫人、各国驻华大使夫人、各级女性领导、各级政要夫人、各界成功女性等各方面的杰出女性莅临图书馆，请她们指导、参与图书馆的阅读推广活动，如果她们能够成为图书馆的常客，图书馆的阅读推广活动一定会更有吸引力和影响力。

3 改革阅读推广的投资模式、合作模式

目前国家虽然倡导全民阅读，但在阅读推广方面并未明确划拨专项经费，阅读推广的支出通常靠活动举办单位自支或自筹。新闻出版广电部门因为是营利机构，可以拿出一部分利润开展阅读推广，对它们而言，阅读推广既是一种公益活动，也有一定的广告作用，通过明植和暗植广告甚至可以收回投入。对图书馆这类纯粹的公益机构而言，开展阅读推广活动，就只能占用事业经费，或者从家具、设备、软件、数据库等方面的图书馆服务商那里拉来部分赞助。中小学校的阅读推广，则只能通过签名售书，吸引作家进校园，吸引出版社拨赞助。由于我国的全民阅读推广，缺少像美国的"国家图书节"、"大阅读"那样的举国皆知的能够吸引跨国公司赞助的大项目，都是各个行业、各个单位的中小型活动，所以很难连年拿到赞助，更不能指望赞助费用充足。如此就造成不良循环，阅读推广活动只能保持现有规模，甚至更趋小型和简陋，很难进一步上规模、上层次。

长期从事阅读推广的人士都认识到了这个问题，希望国家设立专项基金

支持全民阅读。据调研，全民阅读推广做得好的发达国家，都有相应的基金支持全民阅读。如英国1992年成立图书信托基金会，每年由国家财政投入资金并吸纳社会慈善资金，开展以"阅读起跑线"（Bookstart）为核心的全民阅读活动；德国在1988年成立德国促进阅读基金会，其历任名誉主席都由德国总统担任；美国国家艺术基金会设立于1965年，为独立的联邦机构，是美国政府赞助艺术家和学者的最大公共资金来源，自2006年以来连续赞助"大阅读"（The Big Read）活动。美国国家艺术基金会对"大阅读"项目的资助总额不超过所需经费的50%，另外一半要申请机构出资或筹资，截至2013年，美国国家艺术基金为"大阅读"活动总共资助了1400多万美元，但参与承办"大阅读"活动的社区组织通过其他渠道获得了超过2700万美元的资金[1]。俄罗斯也在1994年建立俄罗斯读书基金会。此外，保加利亚、日本、韩国、泰国等不少国家和我国的台湾地区也都设立有各类阅读基金会扶持全民阅读。

全国政协委员朱永新在呼吁设立国家阅读基金方面态度最为积极，设想也最为具体，曾以提案的形式直接向政府申述建议。他认为目前虽然中央和地方政府都在大力倡导全民阅读并举行各种活动，但由于经费严重不足，力量非常有限，与国外相比尚有较大差距。为此，他呼吁由国家财政出资设立国家阅读基金，推动全民阅读工作，提高国民文化素质。他建议国家采取设立种子基金的办法，吸引民间资金投入。考虑到全民阅读的巨大社会价值，他建议每年由国家财政提供1—2亿元的阅读专项基金，再吸收民间资金2—3亿元，专门用于全民阅读推广活动和国民阅读扶持项目，包括开展全民阅读活动、推动儿童与青少年阅读、满足弱势群体阅读需求、开展阅读研究与指导。同时，建议设立基金管理机构，进行基金管理与效益评估[2]。

其实仅仅呼吁设立国家阅读基金还不够，还要呼吁借鉴发达国家阅读基

---

[1] 吴蜀红. 美国大阅读活动组织模式探析［J］.图书馆杂志，2014（1）：77

[2] 朱永新. 关于设立"国家阅读基金"的建议［EB/OL］.［2015－02－05］.http：//blog.sina.com.cn/s/blog_ 4aeb7d930100heyl.html

金的使用程序和方式。以美国国家艺术基金为例,它对"大阅读"活动的资助,就有严格的投入原则和操作流程。

投入的首要原则是必须配套,即每向文化组织拨款1美元,该组织就必须从政府以外的渠道争取7—8倍于拨款的配套资金或捐款,如此1美元才能真正到位。由于国家艺术基金拨款相当于从国家层面认可了受资助活动的正当性、重要性,所以很容易形成巨大的乘数效应,得到配套资金或捐款就容易多了。

基金的使用有严格的操作流程,分为"公布—申请—评选—开展—评估"五个阶段。首先美国国家艺术基金会提前公布活动书目、补助总额、拟资助机构数;然后各地机构展开申请,提供申报材料;接着组成专家委员会进行审核,遴选出受资助的机构,这些机构须在规定的时间里开展阅读推广活动,原则上需持续一个月,活动结束后提交评估报告。美国国家艺术基金会制定了详细的指南规定每一流程的实施步骤和要求。

申请"大阅读"活动项目资助的机构必须满足下列条件:一、符合美国税法501(c)(3)条款所定义的非营利组织或州、地方、部族政府的部门以及免税的公共图书馆。符合条件的申请机构包括文学中心、图书馆、博物馆、大专院校、艺术中心、历史学会、艺术委员会、部族政府、人文科学理事会、艺术团体等;二、如果申请机构不是图书馆,必须和一家图书馆合作;三、从公布书目中选择其中一本作为活动书目;四、具有全球通用的企业身份证——邓氏编码(DUNS number)并在联邦政府资金管理系统注册。无论是公立还是私立的K-12(即12岁以胶孩子的教育机构,幼儿园、小学和中学教育合在一起的统称)学校、社区学校都不符合申请资格,但可以成为合作伙伴。

申请材料包括:一、阐述活动计划、合作机构、活动内容、如何运用指南性材料;二、机构介绍:含机构使命、服务对象、主要开展的活动、策划和管理能力的经验证明；三、承诺书；四、参与人员的资历和分工；五、主要合作机构的支持函；六、两页的方案预算；七、联邦免税机构的证明。

遴选程序和标准：每个机构每期可申请一项资助。由文学艺术专家和"大阅读"活动委员会成员组成的评审小组对申请机构进行评议，为保证公正性，评审小组的人员每年都会改变。申请机构将基于以下标准评估：一、计划的整体情况、活动的数量、类型多样性和创造性；二、地方合作机构的参与深度；三、宣传力度和地方各类媒体参与程度；四、活动的管理和执行力、提供的配套资金、活动材料、经费运用的有效性[1]。

"大阅读"活动的这些严格的申报资格、申报程序、遴选标准、评估标准的制定，有很强的合理性：第一，基金属于种子基金，其配套拨付的原则能够引发乘数效应，很好地解决阅读推广的资金来源问题；第二，排除了营利性机构、中小学申请基金的资格，将申报者锁定为公益性机构，特别倾向于图书馆、学术团体、大专院校，确保了活动的纯粹公益性质和高规格、社会性；第三，将图书馆绑定为必须合作伙伴，使阅读推广有了最基本的场地、人员保障，便于有效落实，进一步确保其公益性，充分利用现有社会资源；第四，在资格具备的前提下，以活动的策划水准作为最高的遴选原则，而不是以机构的知名度、层次、大小为遴选标准，这样就打破了层级结构，使所有创意走心的中小型机构都有争取到国家项目、引领本地区阅读推广的机会，有益于鼓励图书馆等公益组织在阅读推广创新方面展开竞争。

反观我国的全民阅读推广活动，一没有国家级的种子基金，基本上靠各单位自筹，资金捉襟见肘，活动难以上规模、上层次；二没有限制营利性机构申请阅读推广项目，因为经费优势，既营利又掌握话语权的传媒企业反而成了阅读推广的主力，掌管传媒企业的新闻出版广电总局成了全民阅读推广的领导者；三没有激励机制，活动的规模基本上是大单位大动作、小单位小

---

[1] 吴蜀红. 美国大阅读活动组织模式探析 [J]. 图书馆杂志，2014（1）：75

举措，上级领导下级，上级单位的策划再不好，下级单位也要跟着走，下级单位的创意再高明，也没有资金和授权扩大规模、扩大范围。

设立国家阅读基金是促进全民阅读的一项重要的关键举措，不但参与阅读推广的各个方面应该全力推动，也应该发动全体国民支持。如果朱永新等政协委员关于设立国家阅读基金的提案能够通过，关于国家阅读基金的使用我们建议借鉴美国国家艺术基金的使用方式，仿照"大阅读"活动这套经过检验的比较成熟的审查、申请、遴选、拨款、评估制度，更有效、更公正地调动全社会参与阅读推广的积极性和活力，切实提高阅读推广活动的创造性、多样性、丰富性、持久性、规模化。

4 构建层次均衡的阅读推广体系

考察美国图书馆界的阅读推广，给人留下深刻印象的是其所处的层次分明的阅读推广体系，见表9-1。各大图书馆里既有各呈异彩的自创项目，更有随处可见的落实全国性阅读推广活动的印记，如与国家图书节、"大阅读"活动、暑期阅读计划等有关的统一标识、招贴画、横幅、小礼物等，感觉这个国家图书馆界的阅读推广活动有很强的全国一盘棋的特点，每个图书馆的阅读推广活动都是顶层恒常项目和基层创新项目的有机结合。

第一层：国际阅读推广政策。全世界"全民阅读"活动的政策源头主要有两个，一是1995年联合国教科文组织确定每年的4月23日为"世界图书与版权日"。二是1997年联合国教科文组织在埃及城市阿斯旺举行第一届国际"全民阅读"专门委员会会议，倡导国际社会开展阅读推广。当前世界各国的全民阅读推广活动，追根溯源都是对联合国教科文组织上述两项倡议的积极落实。

表 9-1　美国和中国的图书馆所处的阅读推广活动体系之比较

层级	名称	美国	中国
第一层	国际阅读推广政策	联合国教科文组织的阅读推广计划：世界图书与版权日（World Book and Copyright Day，1995）；全民阅读（Reading for All，1997）。	
第二层	国家阅读推广政策	1997年克林顿总统掀起"阅读挑战"运动；1998年美国国会通过《阅读卓越法》。	《中共中央关于深化文化体制改革、推动社会主义文化大发展大繁荣若干重大问题的决定》（2011年10月）；《国家"十二五"时期文化改革发展规划纲要》（2012年2月）；《坚定不移沿着中国特色社会主义道路前进 为全面建成小康社会而奋斗》（2012年11月，党的十八大报告）；《政府工作报告》（2014年3月、2015年3月）。
第三层	全国阅读节	全美读书日（Read Across America，1998）、国家图书节（National Book Festival，2001）。	无
第四层	全国性活动	"大阅读"活动（"共同阅读"活动、"一书，一城"活动）、暑期阅读计划。	新闻出版广电总局提出"全民阅读"、"书香中国"，布设农家书屋。2009年中国图书馆学会阅读推广委员会成立，下设15个专业委员会。
第五层	基层活动	各图书馆的阅读推广活动。	

第二层：国家阅读推广政策。1997年美国克林顿总统掀起"阅读挑战"运动，1998年美国国会通过《阅读卓越法》。相较于中国最早对联合国教科文组织倡议的呼应——1997年1月2日9个部委共同印发《关于在全国组织实施"知识工程"的通知》，显然美国的重视程度更高，不但总统亲自表态，发起全国性的读书活动，而且由国会出台阅读推广法案。

第三层：全美读书日、国家图书节。这两个节日分别设立于 1998 年和 2001 年，皆在联合国教科文组织的倡议之后，显然也是落实倡议的行动的一部分。两个节日面向的对象各有侧重，前者主要推广童书，面向少年儿童，后者面向所有民众，但在活动形式上，都特别强调对家庭的吸引，全家出动甚至带着宠物参加图书节的现象十分普遍。设立节日的一大好处是：设置了全年阅读推广的源点、辐射点和高潮点，以点带面，更容易推动阅读推广，提高参与者的活跃度和积极性。

第四层：风行全美的阅读推广活动。美国的全民阅读推广活动经过基层首创、地区推行、全国整合，基本上形成四大活动："共同阅读"活动、"一书，一城"活动、"大阅读"活动、暑期阅读挑战计划。因为"共同阅读"活动、"一书，一城"活动最后都融合进"大阅读"活动，成为其旗帜下具体的活动形式，所以严格来说，只有两大阅读推广活动："大阅读"活动和暑期阅读挑战计划。

"共同阅读"活动起源于 1997 年，由阿巴拉契亚州立大学第一次开展。2000 年以后，开展"共同阅读"活动的美国大学越来越多，而且多为连年开展，活动的名称也呈现多样化，但都离不开"共同（Common）"这个核心词，主要有共同阅读项目（Common Reading Program）、共同的书（Book in Common）、新生共同阅读（Freshman Common Reading）等，根据活动面向的对象而灵活调整[1]。

"一书，一城"活动起源于 1998 年，由西雅图的华盛顿图书中心主任南希·珀尔（Nancy Pearl）发起，最初叫作"如果所有西雅图人同读一本书"（If All of Seattle Read the Same Book），即由西雅图市民票选年度最佳图书，结果年度票房电影《意外的春天》的原著 *The Sweet Hereafter*（亦被译为《甜蜜的来世》）当选，随后华盛顿图书中心动员西雅图各地的图书馆和读书会全

---

[1] 鄂丽君. 美国大学的"共同阅读"活动考察分析. 大学图书馆学报，2014（6）：18

力推荐这本书，成功地将整个西雅图变成了一个大读书会，引起广泛反响。此后美国各地群起效尤，逐渐将此活动的名称简化，延伸出"一书，一城"（One Book，One City）、"一书，一社区"（One Book，One Community）、"一书，一校"（One Book，One College）等。此类活动的内容，除选书外，还搭配讨论会、讲座、征文、学校推广等形式。南希·珀尔因为是"一书，一城"活动的首倡者，而成为全美阅读推广人的偶像，美国图书馆协会为了表彰她，将她善良、慈祥的形象做成了人偶，经常作为奖品或礼品送给读者和国内外的图书馆员。

因为"共同阅读"活动和"一书，一城"活动具有相同点，即都是动员某一个地理范围内的民众共读一本书，相比而言，"一书，一城"比"共同阅读"听起来更加直观和形象，所以"一书，一城"这个概念出现后，基本上替代了"共同阅读"，使用的范围更广、频次更多，成了美国全民阅读推广的一项经典活动。2006年以来，美国国家艺术基金将推动本国全民阅读的项目定名为"大阅读"（The Big Read），其主要内容便是在全国推广"一书，一城"这种形式，如此一来，"大阅读"就成了"一书，一城"的上位概念，但其实质是一样的。如今在美国的各级各类图书馆，经常可以看到"大阅读"与"一书，一城"这两个口号单用、并用或混用的现象，这包含两种情况，一是该图书馆受到了"大阅读"项目的资助，"一书，一城"活动是"大阅读"项目的一部分，两者是一回事，所以并用或混用两个口号。二是该图书馆没有申请到"大阅读"项目的资助，只用"一书，一城"这个口号，参与的是州一级图书馆或美国图书馆协会发起的"一书，一城"活动，和"大阅读"没有直接关系。

暑期阅读计划是为了培养儿童的阅读兴趣和习惯，减少青少年因暑假荒于学习而带来的阅读技能或学习成绩下降现象而采取的阅读推广活动。美国的暑期阅读项目已有一个多世纪的历史，面向4-12岁儿童的暑期阅读项目通常模仿英国的称谓，叫作暑期阅读挑战计划（Summer Reading Challenge），也有其他类似的名称，而且自 20 世纪 50 年代以来，出现了许多针对暑期阅读活动的评估研究[1]。暑期阅读计划的基本形式是公共图书馆在暑假公布推荐书目，与企业合作，以积分有奖的方式吸引儿童到馆阅读或借书回家阅读，凡能在下次到馆时复述书中内容的儿童，以复述的章节数量多少换取相应的积分，再以积分换取奖品，积分可以累计，分数越高奖品越大。儿童们勤读一夏，可以拿到心仪的奖品，非常有成就感，所以暑期阅读计划在全美各地的社区颇受欢迎，孩子们参加踊跃。

我国图书馆所处的阅读推广活动体系，和美国同行相比，有几点不足，见表 1。

一是在国家政策层面，虽然日渐重视，但实际在各项政策文件中关于全民阅读只有只言片语，还没有国家元首牵头的专项行动，也没有出台促进阅读的专项法案。

二是虽然有人大代表、政协委员连年提出设立国家读书节的提案，但迟迟没有实现。

三是由新闻出版广电总局连年倡导的全民阅读，虽然提出了"全民阅读"、"书香中国"这两个响亮的口号，但是没有提出统一、规范的活动内容，没有下发过具体的活动指南。与美国的"大阅读"活动相比，显得指导性不够。新闻出版广电总局在图书馆体系之外另设"农家书屋"，以向基层推广阅读，此举没有利用好现有的图书馆等基础设施，其做法和效益受到质疑。

四是中国图书馆学会阅读推广委员会的工作方式比较单一，主要是推动、督促各个专业委员会和基层图书馆创新阅读推广的方式，鼓励以"八仙过海、各显神通"的方式开展阅读推广，但没有从委员会层面从顶层设计全国图书

---

[1] 王素芳，孙云倩，王波. 图书馆儿童阅读推广活动评估指标体系构建研究［J］.中国图书馆学报，2013（6）：41

馆统一开展的大项目，导致全国的各个图书馆每年都陷于"创新"的压力之中，绞尽脑汁策划新的阅读推广项目，"沉迷"于阅读推广自选动作的"编排"，而没有来自阅读推广委员会的常规项目和"规定动作"可以执行，因而既有成就感又相当苦恼。相比于中国同行，美国的图书馆就要"幸福"得多，如果有创意，就多搞点"自选动作"，如果没有创意，就老老实实地按照全美读书日、国家图书节、"大阅读"活动、暑期阅读活动的指南和惯例，执行"常规动作"。

在中国的阅读推广活动体系中，第五层十分活跃，也就是说各个图书馆的阅读推广活动堪称创意丰富、多姿多彩，堪称世界一流。2014年9月，中国图书馆学会举办高校图书馆阅读推广活动优秀案例竞赛，收到来自全国57所高校图书馆、2个联合组织提交的优秀案例71份，北京大学、清华大学、武汉大学等9所高校的图书馆获得一等奖[1]。2015年，教育部高等学校图书情报工作指导委员会举办全国高校图书馆阅读推广案例大赛暨研讨会，分省内、大区、全国三级竞赛，经层层选拔，在10月16日于华中师范大学举办的总决赛上，38个案例参加角逐，7个案例获得一等奖，156个优秀案例参加决赛现场的海报展示[2]。再以北京大学图书馆为例，2012年以来，该馆分别以"读书读书读出好心情"、"人间四月读书天"、"书读花间人博雅"、"读书最宜燕园春"为主题，在每年4月的"世界图书与版权日"前后，开展好书展览、读书讲座、电影展播、主题摄影等系列活动。尤其是2014年举办的以表现"书读花间人博雅、腹有诗书气自华"这一内涵的女生模仿西方名画中的读书人物，而拍摄的30张手捧上一年度好书的读书照，以及2015年度举办的"书脸"摄影展，以人书嫁接的方式，表现"书是最生动的脸"，鼓励

---

[1] 关于"高校阅读推广活动优秀案例"征集获奖名单的通报[EB/OL].[2015-09-11] http://www.lsc.org.cn/c/cn/news/2014-10/01/news_7490.html

[2] 俞俭.全国高校图书馆阅读推广案例大赛举办.[2015-10-20].http://news.xinhuanet.com/newmedia/2015-10/18/c_134724155.htm

学生与心爱的书合影，从而亲近图书，并通过深阅读活动，"知书知脸也知心"，充分吸收书中的知识和养分。这两项活动引起了新华社、《北京青年报》、《中国大学生》、《图书馆报》等媒体的关注，在社会上产生了广泛的反响。

和美国的阅读推广体系相比，中国的阅读推广体系的第二层、第三层、第四层则比较薄弱。因此建议：

第一，负责立法的全国人大和政府相关部门应尽快推动《全民阅读促进条例》出台，填补我国缺少专门的阅读促进法案的空白。

第二，政府应重视人大代表、政协委员关于设立国家阅读节的提案，顺应民意，及时依法设立阅读节。从美国、俄罗斯的经验看，设立一个关于阅读的节日没有必要经过那么慎重、那么漫长的决策，这两个国家都是由第一夫人提议，很快设定了阅读节，对阅读推广产生了很大促进作用。我国在此问题上长期谋而不断，不利于推动全民阅读。如果在民主调研的基础上，认为从国家层面设立阅读节没有必要，那么应该鼓励各地以及专业组织、社会团体自行设立与阅读推广有关的节日，如"全美读书日"就是美国教育协会为纪念童书作家苏斯博士，而将他的生日设为节日。我国的各级政府、教育协会、出版协会、图书馆学会等，也应该有权利通过相应程序，以本地或本行业历史上公认的教育家、作家、图书馆学家等知名人士的生日或其他纪念日，来设立与阅读有关的适用于本地、本行业的节日。事实上，有的省份等不及全国阅读节的出台，已经设置了本省的阅读节，例如辽宁省十二届人大常委会第十六次会议于2015年3月31日审议通过"辽宁省人民代表大会常务委员会关于促进全民阅读的决定"，将每年的4月23日设立为全民阅读日[1]。那些被多地、多个行业所选为阅读节的时间和理由，可作为将来设立全

---

1 辽宁省人民代表大会常务委员会关于促进全民阅读的决定［EB/OL］.［2015-09-14］. http://www.lnrd.gov.cn/contents/3/11759.html

国阅读节的参考。假如各地、各行业所设立的阅读节重合率最高的是孔子的生日，那么就说明以孔子的生日作为阅读节具有最大的民意基础，应该给予重点考虑。

第三，领导全民阅读的政府相关部委、中国图书馆学会等行业组织，在组织阅读推广时，除了发出倡议和口号，鼓励基层创新，也要从顶层整体设计阅读推广的方式方法。比如制定一个统一的活动名称，在这个活动的名义下，列出项目指南，每个项目都详述操作指南和目标效果，面向全国达到某种标准的图书馆招标，具备资格、申报理由充分的图书馆如果中标，可以获得相应的资金支持，并在项目结束后接受统一的评估。这种方法借鉴自美国的"大阅读"活动，"大阅读"活动通过公民投票的方法，决定某地某年全民重点阅读的图书，有时候一下子选出 50 种经典图书，理论上可以使用 50 年。50 年内，图书馆只需按照这个票选的书单，每年动员全城读者同读一本书即可。这种做法使阅读推广活动常规化、持久化、去浮躁化，便于经典著作的整体化、系统化传播，有助于避免节日式、运动化、过关式、形象工程式的阅读推广，减轻了基层图书馆的创新压力，和图书馆的即兴创意活动相得益彰，必定会受到图书馆等阅读推广具体执行单位的欢迎。

第四，中国图书馆应根据行政区划、地理位置、性质、任务等，自发组成各种联盟，开展统一的阅读推广活动，为探索全国性的阅读推广活动打下基础。比如京津冀图书馆、各大政区图书馆、珠三角和长三角图书馆，大学里的师范大学图书馆、艺术院校图书馆、北约七校图书馆（北京大学牵头的自主选拔联合考试的大学联盟的图书馆）、华约七校图书馆、（清华大学牵头的自主选拔联合考试的大学联盟的图书馆）等，都可以联合开展统一的阅读推广活动。哪个联盟的阅读推广效果好，活动内容易于大规模推广，中国图书馆学会可组织专家，在这个联盟的活动的基础上，对其进行再优化、细化、定型化、标准化，形成操作指南和执行规范，作为全国性的阅读推广方法和模式在下一年度推行。这样就改变了顶层只提供口号，如全民阅读、书香中国，但不规划实质项目和"规定动作"，把创新压力全部下放，导致各馆每年都要为寻找创新亮点、设计"自选动作"而忙乱不已。"自选动作"太多易于带来热闹场面、小众满足，但也容易陷入浮躁庸俗和哗众取宠。全国图书馆界的阅读推广若都靠"自选动作"来支撑，表面上看创新活跃、丰富多彩，但也可以评价为各行其是、一盘散沙、杂乱无章，缺乏全国一盘棋的整体感。所以领导全民阅读的各个部委、各行业的国家级协会、学会，要注意比较、筛选各地区、各系统、各联盟的阅读推广活动，从中选拔有全国推广价值的活动方式，及时地将其上升为全国性的阅读推广活动，尽快改变顶层无实招、创新靠基层的阅读推广局面。

第五，把"点俗为雅"作为开展阅读推广的基本方法。阅读是一种审美活动，在审美问题上，雅和俗是两个最基本的层面，进入俗这个层面无需任何门槛，只需要本能即可，而进入雅的层面，则需要付出更多的专注，甚至要学习专业知识，比较费力。所以大多数人在"省力原则"和"快乐原则"的无形指引下，会首先选择接近俗文化，这是人的本能所决定的。比如和读书比较起来，看电视剧、看文艺演出更省心、感官享受更多，所以很多人选择了后者而不是读书。但是人有好奇心，在看了电视剧《红楼梦》之后，会油然而生一些问题：曹雪芹到底是一个什么样的人？他为什么要写《红楼梦》？什么经历使他写得这么好？《红楼梦》全本是不是都是他写的？后四十回真的是高鹗续写的吗？等等。在看了电视剧《天龙八部》之后，心下会问：金庸懂佛教吗？"天龙八部"到底是什么意思？这部剧的历史背景有根据吗？萧峰的原型是谁？等等。在看了电影《梅兰芳》之后，会琢磨：齐如山真是梅兰芳的伯乐吗？他有什么经历？孟小冬是谁？真有那么美吗？……正是这些人人都有的好奇心，为阅读推广提供了最佳抓手和广阔空间。试想平白无故地向读者推荐《红楼梦》、《天龙八部》、《梅兰芳》这些书，请专家开这方面的讲座，会有人看、有人听吗？当然也许会有一些读者和听众，但是在没有热播的电视剧、电影与这些书发生关联的时候，能够发动起来的读者和听众一定是不多的。然而在影视的带动下，当与热门影视有关的一切问题都成为社会话题的时候，再来推广与影视有关的书就要容易得多、顺利得多，因为契合了大众的需要。

阅读推广的宗旨和目标是提升人的素质，本质上是化俗为雅的。但是直接入雅，往往出力不讨好，效果欠佳。阅读推广最基本的工作方法或者说工作窍门，是"由俗入雅"、"点俗成雅"。所以，阅读推广人的最基本素质是要有一颗敏感的心，一颗及时感应时代大俗的心，只有发现了大俗，才能发现"点俗为雅"的入口。在这些年的图书馆阅读推广中，有很多事例已经证实了"点俗成雅"的威力，比如在文案写作中，"淘宝体"、"甄嬛体"、"舌尖体"等的应用，极大地拉近了图书馆与社会、图书馆员与读者的距离。如南京图书馆在《水浒传》新拍电视剧热播时组织专家讲解《水浒传》的版本流变和内容赏析，陕西科技大学图书馆在《平凡的世界》热播时组织专家领读和赏析《平凡的世界》。这些都是以大众文化为抓手，继而带领读者深入经典的阅读推广案例，值得大力推广和借鉴。

第六，用统一的标识、招贴画等凝聚共识、营造气氛。以美国图书馆的阅读推广为例，他们非常重视标识的统一性，如全美读书日的开幕式上，出席的小学生统一戴上苏斯博士的代表作《戴高帽子的猫》中那种红白相间的高帽子，一下子提升了节日气氛。美国国家图书节每年都根据主题设计一幅精美招贴画，在节日之前大量散发，让美国民众家喻户晓。开展"大阅读"项目、暑期阅读挑战项目的图书馆，把"大阅读"、"暑期阅读挑战"几个字及其图案标识，不但印成横幅、条幅悬挂在馆外醒目处，还张贴在馆内，甚至印在了手环、环保袋、杯子、铅笔等小礼品上，奖励给读者，或赠送给来访的国内外图书馆员。美国图书馆协会动员好莱坞演员、体育明星以及社会各界不同肤色、不同年龄、不同职业的普通人，甚至采用绘本和电影中的经典真人形象和动画形象，拍摄了大量的手捧书本、宣传阅读的统一尺寸的招贴画，以统一的成本价卖给各家图书馆，所以在美国的绝大多数图书馆，尤其是公共图书馆，经常能够看到这样的招贴画。大量使用与阅读有关的统一性标识，构成了美国图书馆文化的鲜明特点和重要组成部分，给到访的读者和国外图书馆员带来了强烈的视觉冲击和深刻印象。我们应该学习美国图书馆充分利用统一标识宣传阅读推广的方法，尤其是中国图书馆学会等图书馆界的行业性组织，要抓紧开发一套适合中国图书馆阅读推广的统一标识系统，在标识的创意、发行方面下一番工夫，争取使国内外读者和同行一进入中国的图书馆，就能感受到铺面而来的浓浓的阅读推广气息。

第七，推出、宣传图书馆界阅读推广的榜样人物。美国西雅图华盛顿图书中心主任、女图书馆员南希·珀尔（Nancy Pearl），因为在1998年创造了"一书，一城"这样的阅读推广模式，后来风行欧美，成为"大阅读"活动的固定模式，而成为美国阅读推广领域的偶像，美国图书馆协会以她的形象制造了人偶，作为奖品或礼品，送给那些在阅读推广方面表现突出的图书馆员。这样的举措，不论对南希·珀尔还是对从事阅读推广的图书馆员，无疑都是很大的精神激励。中国图书馆学会、教育部高等学校图书情报工作指导委员会等图书馆行业组织，注重表彰在阅读推广方面作出突出贡献的图书馆，授予其先进组织奖、阅读推广基地奖、最佳创意奖等荣誉，但是忽视了对阅读推广先进个人的激励，我们应该学习美国图书馆界的做法，对公认的杰出的图书馆界的阅读推广人，比如两届阅读推广委员会的主任——王余光、吴晞，被誉为阅读推广领域的"南徐北王"的徐雁、王余光，给予一定的荣誉奖励，当然也可以把南希·珀尔的特别待遇授予他们，为他们制作人偶，让他们的事迹和形象传遍图书馆界，吸引更多的图书馆员参与阅读推广这项光荣的事业。

5 各级图书馆应设立阅读推广部门

在对国外图书馆阅读推广的考察中我们发现，美国图书馆界的阅读推广如火如荼、形式丰富、创意无限，尤其值得我们学习。在领导体制方面，在国家图书馆内设立专门的阅读推广部门是值得借鉴的经验之一。

美国全民阅读的最大活动或者说是辐射点和震源点是"国家图书节"，其他活动都是围绕着这个节日扩大、生发而来。"国家图书节"采用项目管理模式，设立董事会，董事会主席一直由国会图书馆馆长担任。以 2011 年为例，董事会共有 12 名成员，包括赞助者大卫·鲁宾斯坦（David M Rubenstein）和《华盛顿邮报》总裁，其他均为知名作家。

活动的组织主要由国会图书馆的工作人员承担，美国图书馆协会主席、国会图书馆推广项目与合作伙伴办公室主任罗伯塔·A·史蒂文斯（Roberta A. Stevens）长期担任项目主管，国会图书馆新闻处的珍妮弗·盖雯（Jennifer Gavin）是项目经理。美国国家图书节的筹办是国会图书馆专门负责推动全民阅读的图书中心的年度中心工作之一，长期负责各项具体工作的执行，筹划活动内容，起草活动文件；邀请、安排与会作家；制作网站、宣传材料；安排活动的部分展馆等。图书中心主任约翰·Y·科尔（John Y. Cole）是国家图书节作家协调人，具体负责与会作家的相关事宜。

仔细分析美国"国家图书节"的领导体制，不难发现其组织十分精密，动员了个各层次、各方面的力量。首先，任命国会图书馆馆长为董事会主席，主要发挥馆长的号召力、凝聚力。美国国会图书馆馆长由总统直接任命，而且是终身制，德高望重，登高一呼，应者云集，便于吸纳各方资源，是推动全民阅读、扩大其社会影响的最佳人选。其次，邀请知名作家任董事会成员，打通了与大众文化、粉丝文化沟通的渠道。重视作家，这也是美国全民阅读最为成功的一个方面，恰恰也是我国全民阅读活动的薄弱之处。我们知道作家是离大众最近、最受大众欢迎、爱戴和好奇的知识分子，在社交网站中，一个畅销书作家的粉丝通常超过百万、千万，将知名作家纳入图书节的董事会，就等于保障了图书节的人气。第三，任命美国图书馆协会主席为项目主管，这又为发动整个图书馆行业支持图书节、推动全民阅读创造了条件。美国各项社会文化事业的推动，主要模式是政府倡导、企业出资、行业执行。而政府的倡导程度、企业的出资程度，又和行业的动员能力、执行效果紧密相关，如果行业的活动做得好、社会影响大、民众满意度高，自然会吸引政府和企业的更大支持和持续资助。美国图书馆界的阅读推广之所以受到全世界同行的广泛关注和借鉴，美国图书馆协会发挥了积极的动员和组织作用，功不可没。第四，以国会图书馆的新闻负责人为项目经理，方便发动媒体支持和报道阅读推广活动。第五，图书中心是真正的第一线的国家图书节的操办者，其主任约翰·Y·科尔能力很强，尤其善于和作家打交道，他不负众望，领导着这个部门，每年都将国家图书节举办得隆重热烈。

借鉴美国的成功经验，建议在国家图书馆也设立一个指导全国图书馆开展阅读推广的常设机构——阅读推广中心。这个机构也采用项目管理制，理事长由国家图书馆馆长担任，项目主管由中国图书馆学会阅读推广委员会主任担任，项目经理由国家图书馆负责新闻宣传的负责人担任，阅读推广中心是具体办事机构。阅读推广中心的任务：一是策划国家图书馆的全民阅读推广活动；二是配合中国图书馆学会，特别是阅读推广委员会的活动，顶层设计整个图书馆行业的阅读推广规划，发动全国图书馆执行。三是在全民阅读推广方面，加强与其他行业的沟通、交流和合作；四是以阅读推广的名义募集资金，合理分配于国家图书馆的阅读推广和全行业的阅读推广。五是广泛联络媒体，扩大对图书馆界阅读推广活动的宣传。

我国的各级、各类型图书馆，虽然彼此之间没有行政上的领导和被领导的关系，但在机构设置和活动开展上，已经形成了相互借鉴、见贤思齐的良好风气，小馆看大馆、大馆看兄弟馆的现象十分普遍，尤其是公共图书馆，行政区划上的上一级图书馆对下一级图书馆有明确的业务指导关系。只要国家图书馆设置了阅读推广的常设机构，在当前的图书馆业态下，肯定会起到上行下效的效果，不用行政推广，一级做给一级看，阅读推广中心的设置很快就能在全国公共图书馆铺开，也会逐渐影响到其他各类型图书馆的机构设置。当全国的大多数图书馆设置了负责阅读推广的常设机构，无疑会壮大图书馆界阅读推广的力量，扩大阅读推广的规模和成效。

设置阅读推广常设机构的优势是成员固定，便于积累经验，形成关于阅读推广的系统知识和运作范式，培养图书馆界的阅读推广专家，提高效率，节省人力、财力、物力。当前的阅读推广，因为不设常设机构，每年的阅读推广都是当作年度紧急任务来完成，临时搭台、仓促筹资、现想主题，人员不固定，经验不梳理，操作不定型，不像传统业务、基础业务那样有丰富的前例可参，有已经总结的规律可循，往往给人带来很大的压力。设立常设机构，将阅读推广工作常规化，无疑是一劳永逸地解决阅读推广工作难做的一个办法。据笔者所知，目前公共图书馆中的宁波图书馆、高校图书馆中的沈阳师范大学图书馆都设立了专门的阅读推广部门，今后进行类似设置的图书馆肯定会越来越多。

6　多阶层选择阅读推广大使

为推进阅读推广，很多图书馆聘请了阅读推广大使，比如2011年广西壮族自治区图书馆庆祝建馆80周年，聘请本区10位文化名人担任"广西阅读推广大使"[1]。2014年陕西省图书馆聘请朱永新担任第二届陕西省阅读文化节

---

[1] 甘宁. 广西图书馆迎80诞辰"阅读推广大使"邀您共享书香［EB/OL］.［2015-08-27］. http：//news.gxnews.com.cn/staticpages/20111119/newgx4ec6f305-4346759.shtml

阅读推广形象大使[1]。2014 年，佛山市图书馆庆祝新馆启用，聘请珠江形象大使余文欣担任 2015 年阅读推广大使[2]。2015 年福建省图书馆参与的以"读吧！福建"为主题的 2015 年世界读书日阅读推广系列活动，聘请了省内 23 位文化名人为首批阅读推广大使[3]。

如果分析一下各家图书馆聘请的阅读推广大使的身份，会发现绝大多数都是文化名人，以作家、学者居多。上面提到的阅读推广大使，唯一与其他阅读推广大使有所区别的是余文欣女士，她是以暨南大学在校学生身份参加 2014 年珠江形象大使竞选大赛，凭借得体的言行、抢眼的外形与高水平的才艺，一举夺得桂冠，或许佛山市图书馆正是看中了其秀外慧中的特点。那么为什么绝大多数图书馆都选聘文化名人当阅读推广大使呢？如此选择的逻辑无非是：文化名人靠阅读取得事业上的成功，是读书人的榜样，他们更有资格推广阅读。

但是我们知道，阅读推广有三个目标：使不爱阅读的人爱上阅读；使不会阅读的人学会阅读；使阅读有困难的人跨越阅读的障碍[4]。文化名人作为阅读推广大使，最大的作用是传授阅读经验，使不会阅读的人学会阅读，但在使不爱阅读的人爱上阅读、使阅读有困难的人跨越阅读的障碍这两个方面，很难起到比较大的作用。那么什么人担当阅读推广大使，才能使不爱阅读的人爱上阅读，使阅读有困难的人跨越阅读的障碍呢？这是值得我们思考的问题。

有目共睹，当前的社会是一个粉丝社会，大家经常可以看到，一个电影明星、一个电视主持人的粉丝数动辄超过国家级名报、名刊的订阅数，一个自媒体的影响力在某些话题上甚至超过国家级新闻社，粉丝对偶像的崇拜经

---

1 陕西省阅读推广形象大使朱永新谈"读者是最美丽的身份"[EB/OL].[2015-08-27].http://www.sxlib.org.cn/stdt/xinwen/201409/t20140930_195821.htm

2 佛山市图书馆新馆开放 上千市民体验[EB/OL].[2015-08-27].http://leaders.people.com.cn/n/2014/1211/c389818-26190136.html

3 李挺."读吧！福建"2015 年世界读书日阅读推广系列活动启动[EB/OL].[2015-08-27].http://culture.people.com.cn/n/2015/0420/c22219-26874537.html

4 范并思.阅读推广与图书馆学：基础理论问题分析[J].中国图书馆学报，2014（5）：4

常是无条件的，痴狂到对其血型、爱好甚至大大小小的八卦都如数家珍，显然选择一个粉丝数达百万级、千万级的偶像作阅读推广大使，无疑能够起到使不爱阅读的人爱上阅读的作用。

在明星级偶像中，又以请电视主持人出任阅读推广大使为最佳。因为和电影明星比较起来，电视主持人是长期定时出现，比电影明星更容易保持影响力，很多电影明星则往往是昙花一现，影响力随作品的热冷而忽大忽小。电视主持人虽然也拼颜值，但要保证节目长盛不衰，靠得更多的是内涵、才华，是业余读书充电的自觉性。在电视主持人中，又以对阅读稍有成见的主持人为最佳。原因是，经常表态赞美阅读的电视主持人，他们已经在主动发挥着阅读推广大使的作用，何必再为其增加负担。

如湖南电视台的汪涵，因为学历不够耀眼，从最底层的场工做起，干过杂务、灯光、音控、摄影、现场导演等，通过自己的努力，逐步成长为睿智、幽默、博学的才子型著名主持人，谈吐富有诗意和内涵。汪涵把自己的成功归功于博览群书，经常利用一切场合宣传开卷有益，业余还开办自己的书店——培荣书屋。对于汪涵这样的主持人，他已经在阅读推广方面发挥着积极作用，和图书馆站到了同一条战线，图书馆只需赞美他，就不必再打扰他。

然而，某电视台的一位主持人，和汪涵一样，也是因为学历低、起点低，而从搬运工、送水工、保安干起，慢慢成长为知名主持人。这位主持人通过自学拿到大学文凭，曾到哈佛商学院学习，还被河海大学聘为兼职教授，可见其求知欲强，专业水平亦得到认可。从其自述看，他并不排斥读书，只是有些偏科，在文学方面还是读了大量名著，但是在归结自己的成功原因方面，他和汪涵就有较大差别，他更多地认为成功源于情商，而淡化自己在读书方面的努力，对那些学霸们也带有成见。

他的认识也反映到他的节目中，在其主持的相亲节目中，那些不论学历勇敢创业的大小业主，常常得到他的由衷赞美，而那些来自海内外名牌大学的师生，因为长期读书而表现出来的一些缺点，则总是被他自觉不自觉地放大，也许他自己没有认识到，他的节目给人的一个整体印象是：创业者的秀场，学霸们出洋相的地方，在找对象方面，读书人完败于小老板。

这个相亲节目常以传播正能量自居，其正能量表现在对基层劳动者、创业者能力的肯定，但也有小小的负能量，那就是对读书的轻微嘲讽。因为该节目影响巨大，其节目倾向的一个小小偏差，就会把众多阅读推广大使的努力付之东流。其实，这个节目完全可以抱一种更加公正的态度，那就是既赞美情商，又赞美智商，从而在阅读推广方面发挥更加积极的作用。像这样的对阅读略有偏见，或者说不够积极的主持人，正是图书馆应该积极争取的对象，图书馆应该联合新闻出版广电部门，聘请其为阅读推广大使，将其团结到阅读推广的队伍中，一来可以纠正其认识，释放其热爱读书的一面，二来可以纠正其节目的小小偏差，使节目更加充满正能量。

基于上述理由，在阅读推广大使的遴选方面，除了顺理成章地选择文化名人，还应该遵循偶像原则、统战原则。偶像原则指的是尽量聘请那些在社会上媒体上粉丝多、影响大的名人，尤其是电视主持人，在平面媒体、声音媒体、网络媒体和电视媒体的较量中，电视媒体的影响力还是牢固地占据着霸主地位。统战原则指的是既要选择已经不遗余力地宣传阅读的人做阅读推广大使，还要选择那些应该支持阅读但却不够积极的人做阅读推广大使，起到团结和壮大阅读推广力量的作用。

统战原则更有力度的表现是反向原则、张力原则，就是专门选择自称不爱读书或人们印象中不爱读书的人做阅读推广大使，通过鼓动这样的人阅读，或发现这样的人私底下其实很爱阅读，来激励不爱阅读的人爱上阅读。

在新中国成立初期，但凡扫盲和鼓动群众读书，通常通过反向抓典型的方法进行阅读推广。有个著名的案例是毛泽东劝许世友读《红楼梦》。毛泽东酷爱读书，一生竭力倡导干部和群众多读书，尤其爱读《资治通鉴》和《红楼梦》，前者自称读过17遍，后者自称读过5遍。但是他器重和厚爱的猛将许世友却在南京军区的一次干部会议上鄙薄起《红楼梦》，说它"写的是吊膀子的事"，会把思想看坏。这让毛泽东意识到将官读书的必要性。1973年12月12日，中央军委根据毛泽东建议，对八大军区司令员实行对调，毛泽东在接见各大军区负责人时，借机问许世友看过《红楼梦》没有，许回答说看过。毛泽东说：《红楼梦》看五遍才有发言权，你要坚持看五遍。并指出：中国古典小说写得最好的是《红楼梦》，《红楼梦》里有政治，你们要读点文学，文武结合嘛！[1] 许世友一向以忠于毛主席著称，对毛泽东的教导由衷重视，然而怵于《红楼梦》70余万字的篇幅，于是令南京军区政治部找到南京大学中文系的青年教师吴新雷，编了一个5万字的《红楼梦》删节版，果真读了5遍[2]。因为许世友文化程度不高，经常自称粗人，社会各界也都知道他是粗中有细的张飞式的猛将，读书不是他的强项。这个不善读书的将军听毛主席的话，居然读了5遍《红楼梦》，一时传为佳话，产生了巨大的社会示范效应。很多不爱读书的战士、学生、工人、农民听了许世友读《红楼梦》的故事，都开始认识到读书的重要性，慢慢地由不爱阅读转变为爱上阅读，即便是阅读有困难，也想尽办法跨越阅读的障碍。

"文革"期间，为动员群众学习《毛泽东选集》（简称《毛选》），曾推出过"四个老汉学《毛选》"的曲艺节目，雷锋学《毛选》的照片也广为印发。许世友、雷锋、四个老汉实际上扮演的都是阅读推广大使的角色，他们原本是文化水平相对较低、读书意识相对薄弱的将军、战士和农民，在国家号召下发生转变，成为热爱读书的积极分子，对同阶层、同类型的人起到了巨大的感召作用，展示了毛泽东时代阅读推广的智慧。这个时期，读书为政

---

[1] 骆玉明. 许世友读《红楼梦》 [EB/OL]. [2015-08-28]. http：//focus.news.163.com/11/0412/17/71F3Q97Q00011SM9.html

[2] 王春南. 许世友读《红楼梦》 [EB/OL]. [2015-08-28]. http：//www.rmzxb.com.cn/jrmzxbwsj/wh/ws/2012/03/01/243732.shtml

治服务，阅读推广选取的图书范围极为狭小，无非是"红宝书"和一些划定的红色经典，从这个意义上讲，此时的阅读推广绝对不能算是正常的阅读推广。但是在选择阅读推广大使方面，那个时代所创造的从不擅长读书的干群中选、从干群中找典型的方法还是非常值得今天借鉴的。

如今，我们习惯单一地从文化名人中选择阅读推广大使，这是一种和平年代的简单的直线思维，缺乏那种刚从战争年代走过来的人们的思维的机动灵活性和面向最广大民众的阅读推广意识。

当前，各行各业都涌现了很多偶像级人物，其实都可以作为阅读推广大使的候选人，比如纵横互联网的李彦宏和马云、体育界的姚明、电影界的高圆圆等，这些成功人士被赋予的标签通常是创新家、富豪、演说家、明星等，一提到他们，人们不会像一提到王蒙、余秋雨这样的文化名人那样联想到阅读，但是任何人完全离开阅读而取得成功都是不可能的，如果仔细分析，这几位都有热爱读书的一面。比如高圆圆就是在王府井书店读书时被星探发现的，让我们不由地感叹，高圆圆和梦露一样，拼颜值就可以了，可人家却在拼内涵。我们要善于激发这些貌似与阅读无关或关系不大的成功人士讲述其成功之路上的阅读要素，这样才能构成一种反差，让崇拜他们的人们有"原来如此"的感叹，来激励他们也通过阅读迈向成功。

前述的是职业上的反差，形象和内涵上的反差也会带来一种异趣，比如张飞会画仕女、李逵母前至孝，都是人们单看他们的形象时所想象不到的，一旦我们发现他们还有和他们形象格格不入的一面，往往会给我们带来特别大的震撼和启发。美国图书馆的阅读推广就特别善于运用这一招，在它们推广阅读的宣传画上经常可以看到形象粗犷的黑人篮球明星、现役大兵、消防队员等在认真读书，这就给人一种感觉，没有任何一个行业只需要四肢发达、头脑简单的人，即便是那些传统的需要强壮体力的职业，其从业者也要读书，各行业都需要"文武"兼备的人才。美国同行的做法是值得学习的，我们应该努力发现那些本来从事着偏向体力活的职业，但偏偏有一颗爱读书的心，从而在工作中取得一定成就的人来担当阅读推广大使，这样的阅读推广大使才更有说服力，更为人们所欢迎。比如高校图书馆可以请那些在学校从事保安、厨师行业，因业余勤奋读书而考上研究生的有志青年来当阅读推广大使，效果不一定比单纯请文化名人差。公共图书馆可以请爱读书的体育健将、武术名家、选美冠军等来当阅读推广大使，以彰显智与体、文与武、才与美的辩证关系，将更能触动读者，启发他们热爱读书。

阅读推广大使制度看似容易落实，但是如何机动灵活地选聘阅读推广大使则是需要认真研究的，谁都不会反对聘请文化名人担当阅读推广大使，但只聘这一类人显然是不妥当的，需要考虑如何从更多的角度选择阅读推广大使，让他们的榜样作用覆盖到各个阶层、各个行业、各个族群，以更好地启发不爱阅读的人爱上阅读，启发不会阅读的人学会阅读，启发阅读有困难的人跨越阅读的障碍。

7　以多学科理论指导阅读推广

在图书馆的阅读推广活动中，一直存在着"经典教育派"、"实用阅读派"和"中立派"的分歧。"经典教育派"强调指导、引导、灌输，认为阅读推广是一种教育活动，主张开列推荐书目，传授读书方法，判定好书劣书，培养读者的读书习惯、读书兴趣、读书品位，引导读者的读书倾向。"实用阅读派"认为经典是变动不居的，没有永恒的经典，也没有人有绝对的资格以绝对的标准划定经典，故而推广经典是荒诞的，应该完全按照读者的需求推广文献。"中立派"则强调维护阅读自由，认为图书馆员并不比读者高明，图书馆的职责是提供藏书、场地、环境、气氛、图书信息和阅读建议，但不必抱教育和指导的目的。这个分歧也经常发生在阅读推广的资助者、合作者及读者之间。

此分歧所蕴含的问题和为什么要建学校这样的问题十分类似,是个相当古老的问题,中外教育家都曾给出过精彩的解答。图书馆到底是应该担负起主动教育读者的责任,还是中立地提供自由阅读的环境,应该吸收教育学的精华,选择令各方面信服的理论解释,才有助于统一思想,增强图书馆员推广阅读的决心、信心和使命感。

我们课题组的张彬在《图书馆阅读推广活动的理论支撑》一文中,梳理了教育哲学的主要流派,对图书馆阅读推广活动中的"经典教育派"、"实用阅读派"和"中立派"的分歧进行了溯源和探析。发现当前图书馆阅读推广中的"经典教育派",可谓是永恒主义教育观,即博雅教育观,在阅读推广中的投射,其主要代表人物王余光、徐雁等,均来自北京大学、南京大学等国内一流的高等学府,这些著名大学作为国内象牙塔的塔尖,一向是精英教育的大本营,历来致力于博雅教育、通识教育,对大学沦为职业教育的倾向始终保持高度警惕,故而对经典的阅读推广情有独钟。图书馆阅读推广中的"实用阅读派"则承袭的是进步主义教育观的衣钵,他们的特点是常常质疑何为经典,反对推广所谓的经典文献,强调要针对读者的文化程度、职业特点、生存需要以及地方主流产业的特点,开展针对性、实用性很强的读物的阅读推广。比如浙江、广东的一些公共图书馆,专门开设五金、服装、化工、电子等方面的专门阅览室,主要面向地方支柱产业和打工者开展阅读推广。高职高专院校图书馆根据学校的办学宗旨和任务,根据学生们文化知识相对薄弱、急于创业和志在成为高级技术工人的特点,不盲目攀附精英教育、经典阅读,而重视采购和推广各学科实用技术的推广,旨在提高学生们的动手能力。图书馆阅读推广中的"中立派"则取自西方的闲暇思想和中国的道家思想,更尊重读者的主动性,主张图书馆在阅读推广中无为而治,也可以称其为"逍遥派"。"中立派"的阅读推广,是将图书馆作为消遣之所,我自备好众籍,供君自由取用,不管读者在这里取读的是实用之书还是经典名著,至少形式上是以消闲的状态发现和阅读的，图书馆并不看人推送、施加影响，读者跟着感觉走，在自然而然的状态下随机而读。中立派阅读推广，实际上只提供阅读的条件，包括图书、场所、环境、设备、气氛、服务等一切条件，至于推广那一类的书，则不作预设。

　　张彬还根据教育哲学理论，解释了为什么在三种阅读推广模式中，经典文献阅读推广在总体上更受欢迎和影响最大，而其他两种阅读推广模式只是在某些地域和单位更有效果和受到拥护。原来哲学家们早就给出了解释，亚里士多德的"闲暇需要教育"的观点、马克思的"批判也是休闲"的观点，认为最高级的休闲是从事"爱智"的理性活动，其主要表现就是阅读经典。由此我们可以得知，经典文献阅读推广具有"跨界性"，它虽然主要定位在博雅教育，但因为哲学对实业、休闲的广泛启发和指导作用，使得这种阅读推广穿越了实用文献阅读推广和自选文献阅读推广，造就了其在图书馆阅读推广中位居龙头的地位。

　　受时间和能力所限，课题组只是从教育哲学的角度解释了三种阅读推广流派之间的分歧，相信对平息争论，帮助图书馆根据不同的馆情和时期、对象等选择阅读推广方式会有廓清迷惑的效果。除教育学之外，关于阅读推广的研究还可以从传播学、社会学、管理学、经济学等很多学科的角度来切入，这些学科的成熟理论对图书馆阅读推广都会起到某种程度的促进作用，值得我们去取精用宏。

8　正确看待和改革广场阅读推广活动

　　中外图书馆界的阅读推广，在形式上的显著差别之一是中国十分重视开幕式的设计和安排，而国外在这方面则显得相对简单、随意。中国的图书馆阅读推广通常有一个盛大的开幕式，多选择在图书馆前的广场进行，常邀请各方面的嘉宾出席，主席台上的嘉宾座次（或站位）和发言顺序的安排十分讲究，严格按照官阶大小、影响大小依序进行。

比如，市级公共图书馆启动阅读推广活动，通常的惯例是首先争取邀请到地方最高行政长官出席，书记、市长最好，至少要邀请到主管副市长，其次要邀请到宣传部部长、文化局局长、新闻出版广播电视局局长、教育局局长等相关局领导，来得越全越好，此外还要邀请业内专家、赞助商代表、媒体代表、读者代表等。如何巧妙地按照官阶、影响、支持力度将这些人排好座次、令各方满意，就颇费脑筋。讲话顺序也要精心设计好，万一安排不当，不合礼仪，都会令主办者感到不安。高校图书馆开展阅读推广也是如此，校领导，与阅读推广有关系的学工部、团委、教务处、社科处的负责人，教师代表、学生代表、媒体代表等，都要尽力请到，也要对座位或站位、发言排好次序。广场上的参与开幕式的读者通常也是事先选择好的，对于公共图书馆而言，那些穿制服的易于组织的行业的读者最受青睐，比如学生、护士、战士等，常常成为广场阅读推广活动的主要参与者，一排排列队整齐。对于高校图书馆而言，那些文科院系、学生社团的学生更容易动员。

相比起来，美国的阅读推广活动的启动就显得简单得多，比如美国国家图书节的开幕，是当日早上在白宫举办一个作家的欢迎早餐，便宣布节日开始。全美读书日的开幕式，台上坐的一般只有四个人——第一夫人、国会图书馆馆长、教育部长、教育协会会长，有些年第一夫人还缺席，台下则只有临近学校来的200多名小学生。

这样的比较通常会让人觉得中国图书馆的阅读推广启动仪式是不是太过铺张和夸张？是不是形式大于内容？是不是没有必要？导致一些经常参与阅读推广启动仪式的图书馆专家也受到了嘲讽和压力，同事会在其出差的时候以一种奇怪的口吻问他：又去参加广场活动了？那么中国式的阅读推广启动仪式到底是一种需要摒弃的"中国陈规"还是一种需要弘扬的"中国经验"，这是一个不能简单判断而要深入思考的问题。

出于对发达国家的盲目崇拜，很多国人会武断地将广场阅读推广活动归结为应该批判和抛弃的"中国陈规"。但是如果冷静分析广场阅读推广活动，便会发现其固然有某些不足，但也有其优点，甚至也可以说，广场阅读推广活动或许正是其他国家在某种程度上应该学习的中国经验。

首先，广场阅读推广活动有利于盘活资源。广场阅读推广活动在表面上反映的是对权力的崇拜，是"官本位"意识在阅读推广方面的投射，官员们在一个与政治无关的活动上按职权大小讲话，显得有些可笑。但其实质，也可以理解为图书馆为了寻求各方面的支持，而把所有掌握资源的利益相关者邀请到一起，借助一个仪式，鼓动其表态，彰显其功绩，感谢其支持，从而最大程度地盘活资源、保障活动圆满成功。从政治制度的角度考虑，也可以理解为是社会主义制度的优越性，各相关机构通盘谋划、协调一致地支持阅读推广，符合系统论的原理，更容易做出成效。

其次，广场阅读推广活动有利于扩大声势。广场阅读推广活动整合了人际传播、组织传播和大众传播。走过路过者的口耳相传，构成了人际传播；参加开幕的各界代表回去后在行业内的宣传，构成了组织传播；一批被邀的和自发前来的记者的报道，构成了大众传播。这三种传播方式的合力可以迅速使阅读推广活动成为热点新闻、深入到千家万户。而西方式的阅读推广开局属于"派对式"的，三种传播方式的爆发力都相对较弱。

其三，广场阅读推广活动更符合中国人的文化心理和既有经验。中国地广人稠，自古以来，政治、文化、市场等各方面的活动便有依靠广场的传统，广场活动能够起到昭告天下、动员民众、信达四方的作用。五四运动以来，广场活动作为历次政治运动的中心，所发挥的巨大威力更是牢牢地写入了中国人的脑海，成为华夏民族的特殊记忆。在长期的意识形态建设过程中，广场活动还被应用为政治运动、思想改造的利器。可以说，独特的文化史、革命史已经使中国人形成了广场崇拜，至今中国还有世界上最大的广场，各行各业的广场活动此起彼伏，连老年人健身也偏爱广场舞，热衷于广场活动已经成为中国人的生活习惯和心理定势。阅读推广活动关乎人的精神建设、思想塑造，自然而然地容易使中国人与经验库存中的广场功用相关联，故而以广场活动的方式启动阅读推广也就屡见不鲜。

可见，广场活动本身并不值得指责，关键在于要根据相关条件灵活运用，用之得当就是优势，用之不当就是陋习。美国的国家图书节虽然启动仪式很低调，但是整个节日都是在国家广场上进行，可谓世界上最大的广场阅读推广活动。中美的阅读推广开幕活动，与其说存在形式上的优劣，不如说存在风格上的差异。

让中国的阅读推广完全摒弃广场活动是不现实的，也是不理智的，改进的方向在于以下几点：

一是丰富启动方式的风格。目前的方式之所以受到诟病，主要在于形式过于单一，官员、主席台、讲话构成了开幕式不变的元素，千篇一律，令人厌倦。那些预算少、规模小的活动是否可以换一种虽然简单但更亲民的方式。

二是改变嘉宾的构成。目前的阅读推广开幕式，主席台嘉宾的选择主要考虑官员、名人，而不怎么考虑从具有不同属性的自然人中选择代表，比如男人、女人、儿童、老人、残疾人、少数民族，也不怎么考虑从不同职业中选择代表，比如消防员、演员、清洁工、保安、运动员等。而西方文化活动的一个显著优点就是非常照顾种族、文化、职业、年龄、身体状况等各方面的覆盖面，阅读推广活动也是如此，客观上给人以公正、公平的印象。试想一想，阅读推广的本来目的就是推动全民阅读，如果把真正来自民众的代表请上台，是不是能起到更好的效果？

三是要认识到低调和简单常常是高调和丰富的替身，需要付出更多的智慧来创造。西方的一些阅读推广活动从形式上看是低调和简单的，但其传播的价值观却是高级的和丰富的。比如重视地方作者，反映的是对地方文化、多元文化的重视；把黑人、体育明星、好莱坞演员、消防员、政治家、胖子、瘦子、老人、小孩等来自不同种族、文化、职业、年龄、身体状况的人都请上阅读推广的招贴画，反映了民主、亲民、公正等精神；以早餐会、拉家常、宣誓等简单形式作为开幕式，则树立了平易、清廉的形象。应该说，西方阅读推广活动的一些低调和简单的做法不是随心所欲的，也是经过精心的策划，低调而不低级，简单而不简陋，很好地传达了国家意图，树立了国家形象。我们在学习西方发达国家的阅读推广活动时，要把重点放在如何以简单的形式表达丰富的价值观，而不是简单地追求简单。化繁为简容易，而以简驭繁则是一种智慧。

9 积极应用阅读推广评估指标体系

评估有利于有的放矢地调整图书馆的工作，有利于向读者、主管部门、拨款部门、合作者、利益相关者等交代图书馆的功用，说服各方面继续支持图书馆事业，同时符合信息公开的潮流，所以国内外图书馆都很重视评估工作。评估图书馆的全面质量管理有 ISO9000 评估体系，评估读者满意度有 LIBQUAL+评估体系，评估图书馆工作氛围和内部文化有 ClimateQUAL（TM）评估体系。然而，对图书馆阅读推广活动的评估尚未引起足够重视，很多图书馆关于阅读推广活动的自我评估只能停留在一些粗放的指标上，比如统计参加开幕式的领导的人数和级别、支出金额、读者参与人数、发放材料数量、媒体记者人数、报道媒体数量、见报新闻篇数、转载新闻篇数等。

为改变这个现状，我们课题组决定设计一套科学的、多点观测的评价指标体系，来立体、全息地考量图书馆阅读推广活动的得失，为图书馆如何开展下一步的阅读推广活动找到改进的依据。从 2011 年 10 月到 2012 年 5 月，课题组以国内外阅读推广活动中最活跃的儿童阅读推广活动为切入点，采用德尔菲法（也称专家调查法）和层次分析法来确定评估体系的指标构成及其权重设置，最后形成了包括图书馆、参与者、社会影响三个评估维度的指标体系，见表9-2。此表虽然是根据儿童阅读推广活动研制的，但大部分指标是通用的，如果把对家长和儿童的鼓励、家长群参与度、家庭关系、家长群热度等这些专门针对儿童阅读的指标拿掉，就成了通用的图书馆阅读推广评估指标体系。

表9-2 图书馆儿童阅读推广活动综合评估指标体系[1]

一级指标及权重	二级指标及权重	三级指标	权重
B1 图书馆 0.348	C1 人员 0.0912	D1 组织者人数	0.01404
		D2 组织者学历	0.01696
		D3 组织者专业能力	0.01733
		D4 组织者的亲和力、幽默感	0.01514
		D5 组织者的主动性、创新性	0.01441
		D6 组织者对阅读现象的敏感度	0.01332
	C2 活动 0.0891	D7 常规活动数量	0.01800
		D8 特色活动数量	0.01755
		D9 活动类型的丰富度	0.01916
		D10 活动的相关性	0.01524
		D11 对家长和儿童的鼓励	0.01916
	C3 经费 0.0821		
	C4 社会资源整合 0.0856	D12 政府对活动的支持度	0.01815
		D13 社会组织参与度	0.01849
		D14 专家学者参与度	0.01541
		D15 志愿者参与度	0.01507
		D16 家长群参与度	0.01849

---

[1] 孙云倩，王素芳，王波．图书馆儿童阅读推广活动评估指标体系构建：一项基于德尔菲法的探索性研究［J］．中国图书馆学报，2013（6），45-46

续表

一级指标及权重	二级指标及权重	三级指标	权重
B2 参与者 0.333	C5 参与者满意度 0.1631	D17 交通	0.01484
		D18 环境	0.01484
		D19 氛围	0.01647
		D20 内容	0.01794
		D21 形式	0.01745
		D22 互动性	0.01794
		D23 吸引力	0.01827
		D24 资源	0.01615
		D25 成本	0.01484
		D26 激励	0.01435
	C6 参与者受益度 0.1698	D27 信息量	0.01274
		D28 参加图书馆活动次数	0.01274
		D29 借书次数	0.01240
		D30 购书次数	0.01087
		D31 阅读兴趣	0.01477
		D32 阅读习惯	0.01511
		D33 阅读时间	0.01341
		D34 阅读范围	0.01307
		D35 阅读技巧	0.01341
		D36 交际能力	0.01189
		D37 图书馆认知	0.01460
		D38 家庭关系	0.01155
		D39 家长群热度	0.01324

续表

一级指标及权重	二级指标及权重	三级指标	权重
B3 社会影响 0.319	C7 活动规模 0.0412	D40 参与者人数	0.01125
		D41 参与者教育程度	0.01072
		D42 参与者年龄	0.01018
		D43 参与者职业	0.00906
	C8 活动持续性 0.0498		
	C9 活动宣传推广 0.0510	D44 媒体报道数量	0.01153
		D45 媒体权威性	0.01382
		D46 媒体多样性	0.01295
		D47 媒体报道深度	0.01270
	C10 活动公平度 0.0443	D48 低收入者参与比例	0.01426
		D49 残疾人参与比例	0.01426
		D50 城乡参与者比例	0.01577
	C11 后续衍生产品 0.0424		
	C12 用户追踪 0.0392		
	C13 阅读氛围的培育 0.0510		

除了这个评价指标体系，一些城市也制定了全民阅读评价指标体系，典型的如 2012 年江苏省张家港市发布全国第一个城市评估指标体系——"'书香城市'建设指标评估体系"，包括阅读设施、阅读资源、阅读组织、阅读活动、阅读环境、阅读成效及保障条件等 7 个一级指标[1]。2013 年传闻北京市将出台"北京市全民阅读综合评估指标体系"，包含阅读条件、阅读理念、阅读行为、阅读服务这 4 个一级指标，但一直没有正式公布[2]。2015 年 4 月

---

1 晋学仁. 城市，因阅读而更加美丽——序《张家港市"书香城市"建设指标体系（试行）解析》[J]. 出版发行研究，2014（4）：85-86

2 王坤宁. 北京将出台全民阅读综合评估指标体系 [EB/OL]. [2015-09-02.] http://news.xinhuanet.com/newmedia/2013-10/18/c_125560913.htm

8日,"武汉市全民阅读综合评估指标体系(试行版)"正式发布,含基础建设、服务系统、阅读活动、阅读绩效及保障措施等5个一级指标[1]。这些面向城市的阅读推广评价指标体系,因为要覆盖到图书馆、书店、媒体、学校、机关、军营、社区、企业等方方面面的阅读推广,所以与图书馆相关的指标只是其中的一小部分。

因为阅读推广是一个复杂的系统工程,不管是我们从学术角度推演的图书馆阅读推广评估指标体系,还是一些城市出台的阅读推广评估指标体系,都存在着可操作性如何、是否实用的问题,需要接受实践的检验。其中的可计量指标,可操作性虽强,但如何收集准确的数据也是挑战。其中的主观感受指标,则需要通过另外的调查来获得,增加了评估的难度。如果完全不设主观感受指标,又很难对阅读推广的效果进行评估。

我们认为,评估指标体系只能在评估实践中不断发现问题,然后经过不断修正而臻于完善。然而遗憾的是,不少图书馆和图书馆员对待评估的态度堪称"叶公好龙",当没有评估指标体系的时候,凡是在专业会议上介绍阅读推广案例,必有人质疑是否经过评估的检验,呼吁建立评估指标体系,当有学者真的研制出了评估指标体系,又总是停留在纸面上,久久没有图书馆去使用。因此我们呼吁,图书馆界对阅读推广评估指标体系要真呼唤、真研究、真应用,希望我们研制的图书馆阅读推广评估指标体系能够早日在真正的评估中派上用场。

10 抓紧申报"世界图书之都"

2001年,联合国教科文组织发起"世界图书之都"(World Book Capital)计划,这是该组织部署的全球阅读推广计划的重要组成部分。联合国教科文

---

[1] 夏立新、李成龙、孙晶琼. 全民阅读综合评价指标体系构建的探索——以《武汉市全民阅读综合评估指标体系(试行版)为例》[J]. 图书情报知识, 2015 (4): 107

组织每年与国际出版商联合会（IPA）、国际书商联合会（IBF）和国际图书馆协会和机构联合会（IFLA）共同评选出一个城市，以"世界图书之都"的名义庆祝和传扬人类的图书事业和阅读活动。因为"世界图书之都"（World Book Capital）计划是在"世界图书与版权日"（每年的4月23日）的框架下，所以任期始于当年的4月23日，终于翌年的4月23日。

自2001年以来，获得"世界图书之都"称号的城市见表9-3，唯一有两个城市当选的年份是2006年，当年意大利的都灵和罗马联合申请，共同当选。目前，有人定居的大洲，除大洋洲外，其他各州都有城市获得"世界图书之都"称号。亚洲有印度的新德里、黎巴嫩的贝鲁特、亚美尼亚的埃里温、泰国的曼谷、韩国的仁川先后当选。

表9-3 历年当选"世界图书之都"的城市[1]

年度	城市	国家	大洲
2001	马德里	西班牙	欧洲
2002	亚历山大	埃及	非洲
2003	新德里	印度	亚洲
2004	安特卫普	比利时	欧洲
2005	蒙特利尔	加拿大	北美洲
2006	都灵、罗马	意大利	欧洲
2007	波哥大	哥伦比亚	南美洲
2008	阿姆斯特丹	荷兰	欧洲
2009	贝鲁特	黎巴嫩	亚洲
2010	卢布尔雅那	斯洛文尼亚	欧洲
2011	布宜诺斯艾利斯	阿根廷	南美洲
2012	埃里温	亚美尼亚	亚洲（政治上欧洲国家）
2013	曼谷	泰国	亚洲
2014	哈科特港城	尼日利亚	非洲
2015	仁川	韩国	亚洲

---

[1] 唐建华. 世界图书之都与成功申办城市之主要原因分析[J]. 内蒙古科技与经济，2011 (12)：143-146

我国的青岛和深圳都表示过要申选"世界图书之都",尤其以深圳最为积极。2008年,深圳被联合国教科文组织授予"设计之都"后,大受鼓舞,基于连续11年打造"深圳读书月",连年创办"图书馆之城"和"书香之城"的骄人业绩,决定申选"世界图书之都"。2010年,深圳出台了《深圳读书月发展规划(2011~2020年)》和《关于深入开展全民阅读活动加快推进学习型城市建设的若干意见》两个重要文件,明确了未来10年的战略目标:到2020年,市民阅读率由2009年的64.1%提高到75%,每届读书月的总参与人数达到1200万人次,实现市民"每人每天阅读1小时",争取成功当选"世界图书之都"[1]。2011年1月,深圳市政协针对文化强市战略提出建议案,进一步建议市政府统筹推进向联合国教科文组织申选"世界图书之都"工作[2]。深圳市政府非常重视市政协的这份提案,当年便邀请联合国教科文组织总干事伊琳娜·博科娃到深圳考察,表达深圳市申选"世界图书之都"的愿望。巴黎时间2012年10月11日上午,应联合国教科文组织邀请,深圳市委宣传部长王京生率深圳代表团到访位于法国巴黎的联合国教科文组织总部,会见了教科文组织总干事伊琳娜·博科娃。在众多议题中,王京生特别表示,深圳将在教科文组织的支持下,申选2015年"世界图书之都"。伊琳娜·博科娃回忆起2011年在深圳中心书城参观时,看到许多家庭、许多孩子、许多年轻人,这让她感觉到阅读的确在深圳占有非常重要的位置,深圳创造了许多条件让更多人读书,让市民充分享受获取知识的平等权利。她说:"深圳推广全民阅读已经为世界树立了一个范例。"[3]

2013年3月1日,深圳市长许勤会见了参加图书和知识产权深圳会议的联合国教科文组织战略规划部门的总干事助理汉斯·道维勒一行,表达了深

---

1 深圳"1+1"打造"世界图书之都"[J].领导决策信息,2010(46):20-21
2 彭琰.市政协就文化强市提出建议案向联合国申报"世界图书之都"[N].深圳商报,2011-01-15(A06)
3 唐莉.深圳将申请"世界图书之都".深圳晚报,2012-10-15(A04)

圳申请"2015世界图书之都"称号的愿望。在向客人简要介绍深圳的经济社会发展情况之后，他重点陈述了深圳是一座热爱阅读的城市，市政府非常重视图书馆建设，全市目前有643个公共图书馆、200台24小时的自助图书馆，这些加起来将近有1000个图书馆，通过信息系统可以实现自助借还图书。深圳的三大书城，规模和体积总量加起来位于中国所有大城市之首，其中深圳中心书城是现在世界上单体面积最大的书城。深圳的书城不仅是销售书籍的场所，也成为人们阅读的场所。同时，深圳还是中国内地首个制定公共图书馆条例、首个提出建设"图书馆之城"、首个向公众免费开放公共文化场所的城市，读书已经成为这个城市的文化自觉[1]。许勤市长在图书和知识产权深圳会议召开前，也向来自世界各地的参会代表透露了深圳将向联合国教科文组织申请2015年"世界图书之都"的消息，阐述了参选的理由。

应该说，申选"世界图书之都"的程序并不复杂：申请城市用联合国教科文组织的官方语言（法语、英语、西班牙语、俄罗斯语、阿拉伯语或中文）起草一份市长支持的用A4型号纸张打印的申请资料，最多不超过25页，在指定日之前，将5份原件邮寄到联合国教科文组织的指定地址，或通过电子邮件以PDF格式发送到指定邮箱。申请资料必须提供一个联系人，注明名称、职务、邮政地址、电话和电子邮件地址，负责在提名前和提名后代表候选城市与评选委员会之间的联络[2]。评选的标准也很简明：首先，候选城市必须提出旨在促进当选期间两届"世界图书和版权日"的活动方案，包括获胜及落选两种情况下的方案，并说明城市参与本地区、本国和国际社会的阅读推广活动的程度及潜在影响。此外，候选城市还须说明该城市及所在国家过去及申请时正在举办的阅读推广活动。

---

1 彭琰.许勤会见联合国教科文组织官员 深圳将申请"世界图书之都"[N].深圳商报，2013-03-02（A03）

2 唐建华.世界图书之都与成功申办城市之主要原因分析[J].内蒙古科技与经济，2011（12）：143-146

深圳从2010年决定申选"世界图书之都"后，做了卓有成效的工作，表现在：一、当年就将联合国教科文组织总干事伊琳娜·博科娃请到深圳，在请其现场感受深圳的文化创意产业和阅读推广气氛的基础上，表达申选"世界图书之都"的意愿。二、2012年派遣宣传部长王京生到联合国教科文组织巴黎总部拜会总干事伊琳娜·博科娃，再次就申选"世界图书之都"寻求支持。三、在2013年主办图书和知识产权深圳会议，以"全球化世界中的图书产业所面临的挑战"为主题，不但邀请到了的联合国教科文组织的战略规划部门的总干事助理汉斯·道维勒一行，还邀请了德国、泰国、埃及、尼日利亚等国的嘉宾参加，郑重向全世界宣布申选2015年"世界图书之都"。

然而在作了如此充分准备的情况下，为什么是韩国的仁川而不是中国的深圳当选2015年"世界图书之都"呢？我们认为主要有两个原因：

一是深圳没有国际书展，拉票不到位。我们知道，一个城市能否当选"世界图书之都"，其实有4票，分别来自组成评委会的联合国教科文组织、国际出版商联合会、国际书商联合会、国际图书馆协会和机构联合会。深圳作为"图书馆之城"，先进的图书馆体系在国内外影响较大，最有把握拿到国际图书馆协会和机构联合会这一票。与联合国教科文组织有过多次接触，给对方留下了良好、深刻的印象，教科文组织这一票也不难得到。凭借三大书城，国际书商联合会这一票也有一定说服力。对于国际出版商联合会，深圳主要希望通过2013年主办的图书和知识产权深圳会议来打动之。然而这个会议是个"一举四得"的会议，与四个评委机构都有关系，而非重点面向某一个评委机构，尤其是对于国际出版商联合会而言，显得说服力不足。深圳的出版社与杂志社相加不到10家，又不像北京、上海、广州、香港那样举办书展，故而很难进入国际出版商联合会的视野。深圳市民对本市不举办书展也早有微词，每年夏季香港举办书展，都有8万左右的内地人前往参加，其中大部分是毗邻的深圳人。至于为什么深圳市民购书数量居全国之首，深圳却不举办书展，市政府的考虑主要有二：一是深圳的三大书城已经全国领先，相当于天天都是书展，没必要再专门举办书展。二是本地出版资源薄弱，出版机构偏少，即便举办也难以形成特色[1]。然而这个思路对于申选"世界图书之都"是不利的，让国际出版商联合会很难发现深圳在出版方面的亮点，深圳应该重新考量申选"世界图书之都"的目标和本市文化人的呼声，以举办书展来弥补本地出版规模小、影响不够大的不足。

二是仁川善打"政治牌"，巧妙当选。仁川在2015年申办"世界图书之都"的方案中，精明地植入了促进朝韩和解的内容，表示如果仁川当选"世界图书之都"，不但将向亚洲国家提供各种图书，还会向朝鲜儿童赠送图书，并且举行图书推荐会、图书音乐会等丰富多彩的活动。此外，还将举行与朝鲜文学家见面、与国际图书馆协会和机构联合会代表研讨、与各国大学生一起阅读图书等国际交流活动。"世界图书之都"评选专家委员会一致认为，仁川提交的方案"让仁川乃至朝鲜半岛的市民能够获取各种格式的文本，将从整体上为普及图书和阅读带来积极的影响[2]。"可见，仁川之所以当选，很大程度上得益于其方案所包含的促进民族统一的政治意义。

自1997年以来，我国的阅读推广工作逐年升温，涌现出了许多阅读推广活动卓有成效的城市，如北京、上海、深圳、苏州、青岛等，这些城市都有资格当选"世界图书之都"，既然深圳先行一步、最为积极，为减少内耗，国内其他城市可暂不与其竞争，并力助其申选成功。从深圳市的实力、已当选的城市分布及不允许同一国家和地区的城市连续当选的规则看，深圳市离成功当选"世界图书之都"的日子应该不会太远，希望深圳继续努力。深圳在优化申选方案方面，建议考虑举办书展，或许将迎来柳暗花明。如果深圳成功当选"世界图书之都"，这既是对中国过去阅读推广活动成就的最大肯定，

1　林燕德，米燕，王睦广，王烨. 购书量居首深圳书展为何还没戏 官方认为暂不适合办展[EB/OL].［2015-09-05］. http：//www.sznews.com/news/content/2014-07/22/content_9845416_4.htm

2　任立. 韩国仁川以何当选"世界图书之都"［N］.中国文化报，2013-08-06（10）

也是对进一步开展阅读推广活动的极大鼓舞。

  总之,中国图书馆的阅读推广活动硕果累累、成效显著。就丰富多彩的活动形式而言,既有对海外先进经验的引进、借鉴和改良,也有基于国情的原创。如何通过广泛调研,充分比较中外图书馆阅读推广活动的异同,来判断哪些优秀的海外经验还没有被引进或借鉴到位,哪些本土经验需要扬弃,是我们研究的目标,也是科学推进未来的图书馆阅读推广的基础。本文提出的十大建议,基于对国内外图书馆阅读推广活动的广泛调研,尽量做到既不拔高国外图书馆阅读推广的做法,也不贬低国内图书馆阅读推广的特有形式,旨在公正遴选出优秀经验,找到我国图书馆阅读推广活动的发展方向,以推动海内外图书馆在阅读推广方面取长补短、互相借鉴,共同把这一美好的事业推向前进。

参考文献

一、中文文献

1. "2010首都大学生读书节"隆重开幕[EB/OL].[2012-12-25].http://news.xinhuanet.com/book/2010-10/27/c_12706604.htm

2. "第八次全国国民阅读调查"十大结论[EB/OL].[2011-06-10].http://www.chinanews.com/cul/2011/04-22/2992686.shtml

3. "国家"图书馆.中华民国图书馆年鉴民国九十四年[M].台北:"国家"图书馆,2005:38

4. "99终身学习行动年331-全民乐阅读"活动简介[EB/OL].[2011-10-23].http://www.edu.tw/files/news/

5. "行政院"新闻局.中华民国年鉴(2006)[M].台北:台北市新闻局,2008:891

6. "行政院"新闻局.中华民国年鉴(中华民国九十六年)[M].台北:台北市新闻局,2008:1042

7. "行政院"新闻局.中华民国年鉴(中华民国九十六年)[M].台北:台北市新闻局,2008:1047

8. "行政院"新闻局.中华民国年鉴(中华民国九十六年)[M].台北:台北市新闻局,2008:387

9. "行政院"新闻局.中华民国年鉴(中华民国九十六年)[M].台北:台北市新闻局,2008:992

10. "行政院"新闻局.中华民国年鉴(中华民国九十四年)[M].台北:台北市新闻局,2006:1008

11. "书香中国"上海周塑造城市气质[EB/OL].[2012-12-25].http://www.wenming.cn/book/

pdjj/201208/t20120823_820934.shtml

12. 10 YEARS OF BOOKS[EB/OL].[2012-01-22].http://www.washingtonpost.com/wp-dyn/content/graphic/2010/09/17/GR2010091705731.html

13. 2009 年全民阅读调研报告：推动全民阅读 营造书香社会[EB/OL].[2012-12-25].http://archive.wenming.cn/zt/2010-04/30/content_19665880_9.htm

14. 2011 大学生读书节在京开幕[EB/OL].[2012-12-25].http://book.sina.com.cn/news/c/2011-05-18/1821286590.shtml

15. 2011 中国大学生读书节活动方案[EB/OL].[2012-12-25].http://www.docin.com/p-343419862.html

16. 2012 年全国大学生读书节全新启动[EB/OL].[2012-12-25].http://ucwap.ifeng.com/city/cskx/news?aid=32405799

17. 2012 全国两会代表委员议案提案（2012 national representative of NPC and CPPCC proposal motion）.[EB/OL].[2011-10-22].http://epaper.gmw.cn/zhdsb/html/2012-03/07/nw.D110000zhdsb_20120307_2-01.htm

18. 44 位美国州长配偶成为学乐"阅读大使"[EB/OL].[2012-12-25].http://www.scholastic.com.cn/xuele/aboutus/newsshow.asp?id=166

19. 阿西剧社[EB/OL].[2012-12-25].http://baike.baidu.com/view/1283547.htm

20. 包平,周丽.ClimateQUAL（TM）图书馆服务质量评价新体系[J].大学图书馆学报,2010(5):96

21. 北京大学哲学系外国哲学史教研室编译.古希腊罗马哲学[M].北京:三联书店:1957:339-341

22. 北京启动首届阅读季 周国平白岩松等为形象大使[EB/OL]..[2012-12-25].http://news.qq.com/a/20110413/000996.htm

23. 编辑部汇编.2008 推动阅读系列活动报导[J].台湾图书馆管理季刊,2008,(3):1-8

24. 布鲁姆.走向封闭的美国精神[M].缪青等译.北京:中国社会科学出版社,1994:411-412

25. 蔡惠祝."公共图书馆推动 0-3Bookstart 阅读起跑线"执行成效之研究——以台中地区为例[D].台中市,东海大学,2011

26. 曹宝艳.天津市空港数字社区 打造"云端"生活［EB/OL］.［2012-12-25］.http://www.022net.com/2012/8-10/467118202939279.html

27. 曹桂平.公共图书馆开展读书会活动的探讨［J］.图书馆论坛,2010(4):152-154

28. 曹桂平.关于台湾地区阅读推广活动的思考［J］.图书馆建设,2010,(3):82

29. 曾淑贤.读书会的组织与运作［EB/OL］.［2013-03-20］.http://www.ouk.edu.tw/Executive13/downloads/4-4.pdf

30. 曾淑贤.国内外公共图书馆建筑及空间改善之探讨［J］.台湾图书馆管理季刊,2010,(10):19-20

31. 曾淑贤.台北市立图书馆"Bookstart阅读起跑线"活动绩效评估［R］.台北市:台北市立图书馆,2009

32. 曾毅.长春:书香扮美城市 "文化民生"凝聚城市精神［EB/OL］.［2012-12-25］.http://archive.wenming.cn/zt/2010-07/09/content_20288729.htm

33. 陈书梅.从台湾阅读推广活动之现况谈公共图书馆之阅读指导服务.图书馆建设,2006(5):78-81

34. 陈永娴.阅读,从娃娃抓起——英国"阅读起跑线"(Bookstart)计划［J］.图书馆理论与实践,2008(1):101

35. 大学生阅读委员会,阅读与心理健康委员会.大学生阅读暨高校图书馆阅读推广问卷调查报告［EB/QL］.2011-12-19.［2012-02-6］.http://www.lsc.org.cn/Attachment/Doc/1325145488.pdf

36. 戴欢婷."微博好书评"评选大赛本月25日截止［EB/OL］.［2012-12-25］.http://www.citygf.com/FSNews/FS_002006/201208/t20120815_3613467.html

37. 电子报小组、社教司.一书,一城 全民乐阅读［EB/OL］.［2011-10-21］.http://epaper.edu.tw/print.aspx?print_type=topical&print_sn=465&print_num=417

38. 丁文祎.中国少儿阅读现状及公共图书馆少儿阅读推广策略研究［J］.图书与情报,2011(2):16-22

39. 东莞第八届读书节百项活动吸引百万人参与［EB/OL］.［2012-12-25］.http://book.sun0769.com/dsj/201210/t20121023_1677690.shtml

40. 鄂丽君.美国大学的"共同阅读"活动考察分析.大学图书馆学报,2014(6):18

41. 儿童分级阅读有必要吗?[EB/OL].[2012-12-25].http://book.ifeng.com/psl/sh/200906/0609_3556_1194301.shtml

42. 樊长军,张馨,连宇江等.基于德尔菲法的高校图书馆公共服务能力指标体系构建[J].情报杂志,2011(3):97-100

43. 范并思.阅读推广与图书馆学:基础理论问题分析[J].中国图书馆学报,2014(5):4-13

44. 冯佳."十分钟文化圈"建设研究:纽约开放空间"十分钟可达性"的启示[J].上海文化,2013(10):120-127

45. 冯文礼.总署携手中国联通推进数字出版产业发展[EB/OL].[2012-12-25].http://news.xinhuanet.com/newmedia/2012-07-03/c_131691802.htm

46. 冯媛.我国公共图书馆的阅读推广活动研究[J].江西图书馆与学刊,2010(4):60-62

47. 佛山市图书馆新馆开放 上千市民体验[EB/OL].[2015-08-27].http://leaders.people.com.cn/n/2014/1211/c389818-26190136.html

48. 甘宁.广西图书馆迎80诞辰"阅读推广大使"邀您共享书香[EB/OL].[2015-08-27].http://news.gxnews.com.cn/staticpages/20111119/newgx4ec6f305-4346759.shtml

49. 高春玲.解读美国移动图书馆发展的昨天、今天和明天[J].数字图书馆论坛,2010(11):25-30

50. 高鼎壹.一书,一推特 世界性读书会从尼尔·盖曼的《美国众神》展开[EB/OL].[2011-10-21]

51. 宫梅玲,丛中.大学生抑郁症阅读治疗典型案例及对症文献配伍[EB/OL]..[2012-12-25].http://blog.sina.com.cn/s/blog_4b016faf01017smz.html

52. 宫梅玲,王连云,丛中等.阅读疗法治疗大学生心理疾病的研究[J].医学与社会,2001(5):54-56

53. 关于"高校阅读推广活动优秀案例"征集获奖名单的通报[EB/OL].[2015-09-11]http://www.lsc.org.cn/c/cn/news/2014-10/01/news_7490.html

54. 关于加强新时期中小学图书馆建设与应用工作的意见[EB/OL].[2015-09-13].http://www.moe.edu.cn/publicfiles/business/htmlfiles/moe/moe_1793/201505/188172.html

55.广东省委书记汪洋省长黄华华分别谈最近的读书体会[EB/OL].[2012-12-25].http://news.eastday.com/c/20100606/u1a5246243.html

56.郭丽君.新青年掌上读书计划启动[N].光明日报.2011-0-06(09)

57.郭莉,舒组伟.南国书香节:免费成政府推动全民阅读有力助手[EB/OL].[2012-12-25].http://www.gd.chinanews.com/2010/2010-08-15/2/54017.shtml

58.国内首个儿童福利院绘本阅读馆在京落成[EB/OL].[2012-12-25].http://www.cnreading.org/cdjg/201204/t20120416_105109.html

59.国图新版WAP网站上线"掌上国图"极大方便读者[EB/OL].[2011-06-10].http://news.163.com/10/0909/16/6G5CIGMN00014JB5.html

60.海南大学图书馆全面质量管理体系[EB/OL].[2011-08-21].http://210.37.32.30/zlgl_qmzlgl_gltx_2.html

61.韩东."双推计划"书香校园活动倡导图书漂流[EB/OL].[2012-12-25].http://www.chinaxwcb.com/2011-10-20/content_231379.htm

62.韩双娇."中国式功利心"考验真人图书馆http://www.kaixian.tv/roll/n2752534c7.shtml

63.韩文嘉.民间阅读机构盼政法企业支持[N].深圳特区报,2013-08-01

64.韩亚栋.北京首个农村数字文化社区落户房山[EB/OL].[2012-12-25].http://www.bookdao.com/article/43644/

65.韩宇,朱伟丽.美国大学图书馆游戏服务的调查与思考.图书情报工作,2009,53(23):99-102

66.郝振省、陈威.中国阅读:全民阅读蓝皮书(第二卷)[M].北京:中国书籍出版社,2011

67.郝振省、陈威.中国阅读:全民阅读蓝皮书(第一卷)[M].北京:中国书籍出版社,2009

68.和颖.科学普及出版社"科学家科普大讲堂"启动[EB/OL].[2012-12-25].http://www.chinaxwcb.com/2011-11-01/content_232104.htm

69.贺丛笑.第一站:请你来做爱心阅读大使给孩子送绘本[EB/OL].[2012-12-25].http://news.ifeng.com/gundong/detail_2012_12/05/19841584_0.shtml

70.赫钦斯.美国高等教育[M].汪利兵译.杭州:浙江教育出版社,2001:43-46

71.胡洁,汪东波,支娟等.公共图书馆第五次评估定级标准(少儿馆部分)释读[J].中国图书

馆学报,2013(2):18-26

72.华东师范大学教育系、杭州大学教育系.西方古代教育论著选[M].北京:人民教育出版社,1985:70

73.黄丹彤,曾卫康.南国书香节开幕 汪洋鼓励小学生多读书[EB/OL].[2012-12-25]. http://www.wenming.cn/book/pdjj/201208/t20120820_812646.shtml

74.黄小玲.绘本阅读的理念与实践——以深圳南山后海小学为例[J].重庆文理学院学报,2007(4):106-110

75.黄晓燕.美国公共图书馆读书会对少儿阅读的影响[J].图书馆学研究,2010(15):83-88,77

76.家庭读书会简介[EB/OL].[2011-09-10].http://iclassroom.hkedcity.net/webpage/index.phtml?iroom_id=1409&tool_id=1265

77.蒋一心.生意不只是生意[N].电脑报,201-10-03

78.金红亚,周德明.电子阅读器应用与图书馆借阅业务的变革[J].图书馆杂志,2010(4):30-31,50

79.金硕.北京现"真人图书馆"可"借阅"人生体验[EB/OL]..[2012-12-25].http://union.china.com.cn/pic/txt/2012-09/10/content_5321133.htm

80.晋学仁.城市,因阅读而更加美丽——序《张家港市"书香城市"建设指标体系(试行)解析》[J].出版发行研究,2014(4):85-86

81.鞠英杰.英国公共图书馆事业[J].图书馆建设,2004(6):77

82.昆明第二届全民阅读月引导公众阅读[EB/OL].[2012-12-25].http://www.dongnanyanet.com/Html/?1287.html

83.来真人图书馆 跟"图书"对个话[EB/OL].[2012-12-25].http://news.chengdu.cn/content/2012-03/18/content_912714.htm?node=583

84.赖鑫琳.上海书屋老板开"真人图书馆"[EB/OL].[2012-12-25].http://news.xinhuanet.com/photo/2012-04/15/c_122980582.htm

85.郎杰斌,吴蜀红.美国国会图书馆开展阅读推广活动的考察分析.图书与情报,2011(5)

86.郎杰斌,吴蜀红.美国国会图书馆开展阅读推广活动的考察分析[J].图书与情报,2011(5)

87. 李东来.书香社会[M].北京:北京图书馆出版社,2008

88. 李东来.书香社会[M].北京:北京图书馆出版社,2008:142-147

89. 李东来.书香社会[M].北京:北京图书馆出版社,2008:187-188

90. 李东来.书香社会[M].北京:北京图书馆出版社,2008:50

91. 李东来.书香社会[M].北京:北京图书馆出版社,2008:81-88

92. 李国新.东京的公共图书馆这样提供服务[N].中国文化报,2010-07-01(7)

93. 李婧璇.卫星数字农家书屋设备捐赠仪式在京举行[EB/OL].[2012-12-25].http://www.dajianet.com/digital/2012/0723/190906.shtml

94. 李克强:希望全民阅读形成一种氛围[EB/OL].[2015-09-13].http://news.xinhuanet.com/newmedia/2015-03/16/c_134071091.htm

95. 李利,宋鸢姣.国外远程教育中的移动学习及移动图书馆服务——以印度甘地国家开放大学为例[J].图书馆学研究,2012(7):97-100

96. 李萍,周艳.Living Library 为高校开展阅读疗法提供新契机[J].大学图书馆学报,2011(5):89-92

97. 李瑞音.台闽地区各类型图书馆数量统计表(民国93年)[A]."国家"图书馆编.中华民国图书馆年鉴(民国九十四年)[M].台北:"国家"图书馆,2005:444

98. 李挺."读吧！福建"2015年世界读书日阅读推广系列活动启动[EB/OL].[2015-08-27].http://culture.people.com.cn/n/2015/0420/c22219-26874537.html

99. 李拓(编译).英国各界携手阻击中小学生阅读下滑[N].中国图书商报,2010-11-12(12版)

100. 李协芳.美国成人阅读小说人口逆势成长.[EB/OL].[2013-01-02].http://hermes.hrc.ntu.edu.tw/showart.asp? LAN_ID=35

101. 李星言,王瑶.沪上白领阅读习惯调查昨天公布[EB/OL].2009-12-15.[2011-05-02].http://www.ciicsh.com/ciicsh/contents/193/6899.html

102. 联合国教科文组织英文网站[EB/OL].[2011-05-10].Anatomy of an International Year Book Year 1972 [EB/OL].1974.http://unesdoc.unesco.org/images/0001/000122/012250eo.pdf

103.联合国教科文组织英文网站[EB/OL].[2011-05-10].Towards a Reading Society:Targets for the 1980s[EB/OL].1982.http://unesdoc.unesco.org/images/0004/000483/048351eb.pdf

104.联合国教科文组织英文网站[EB/OL].[2011-05-16].Distinguished Egyptian Achievements[EB/OL].2000

105.联合国教科文组织英文网站[EB/OL].[2011-05-16].Anatomy of an International Year Book Year 1972[EB/OL].1974.http://unesdoc.unesco.org/images/0001/000122/012250eo.pdf

106.联合国教科文组织英文网站[EB/OL].[2011-05-19].COMMENTS BY THE DIRECTOR-GENERAL ON THE EXTERNAL EVALUATION REPORTS SUBMITTED IN THE 2000-2001 AND THE 2002-2003 BIENNIA[EB/OL].2003.http://unesdoc.unesco.org/images/0012/001297/129747E.pdf#page=12

107.联合国教科文组织英文网站[EB/OL].[2011-05-22].INFORMATION & INFORMATICS ACTIVITIES[EB/OL].http://www.unesco.org/webworld/publications/25_2/News252.htm

108.联合国教科文组织英文网站[EB/OL].[2011-05-22].World Book Capital City[EB/OL].2011

109.联合国教科文组织英文网站[EB/OL].[2011-05-22].联合国教科文组织总干事给2006年"世界读书日"的致词[EB/OL].2006.http://news.xinhuanet.com/book/2006-04/21/content_4457291.htm

110.联合国教科文组织中文网站[EB/OL].[2011-04-28].介绍教科文组织:何为教科文组织[EB/OL].http://www.unesco.org/new/zh/unesco/about-us/who-we-are/introducing-unesco/

111.辽宁省人民代表大会常务委员会关于促进全民阅读的决定[EB/OL].[2015-09-14].http://www.lnrd.gov.cn/contents/3/11759.html

112.林静娴.台推"新阅读文化运动"[EB/OL].[2010-10-13].http://epaper.taihainet.com/html/20101013/hxdb279273.html

113.林小美,张丽,林北生等.中国武术发展指标体系构建及评估研究[J].体育科学,2009(6):90-96

114. 林燕德,米燕,王睦广,王烨.购书量居首深圳书展为何还没戏 官方认为暂不适合办展[EB/OL].[2015-09-05].http://www.sznews.com/news/content/2014-07-22/content_9845416_4.htm

115. 刘道捷.印度图书出版业概况[J].出版参考,2007(8下旬刊):39

116. 刘健芝.印度的乡村图书馆——¬ ¬ 公共生活空间的开拓[J].中国改革,2002(11):55-57

117. 刘冕.公交车天天跑出专用道速度[EB/OL].(2014-11-13).[2014-11-19].http://jtcx.beijing.cn/bus/gjdt/n214191798.shtml

118. 刘泰山,李刚.广东省委书记汪洋等分享读书体会:人才改变世界[EB/OL].[2012-12-25].http://book.people.com.cn/GB/69360/11793750.html

119. 刘洋.多国第一夫人助阵俄国际图书教育节[N].中国新闻出版报,2007-10-11.[2015-08-16].http://www.chinaxwcb.com/xwcbpaper/html/2007-10/11/content_12524.htm

120. 刘宜佳.龙井乡婴幼儿家长对「Bookstart阅读起跑线」方案的参与及回应[D].台北市,国立台北教育大学,2009

121. 刘盈盈.阅读一书,共享思想——美国"一城一书"活动及其启示//郝振省、陈威.中国阅读:全民阅读蓝皮书(第二卷)[M].北京:中国书籍出版社,2011:490-499

122. 刘悠扬.阅读推广——我们持之以恒[EB/OL].[2012-12-25].http://www.bookdao.com/article/30063/

123. 刘长征.郑州将推行儿童图书分级制[EB/OL].[2012-12-25].http://www.bookdao.com/article/40673/

124. 罗坪 刘艳盲人阅读推广会 广东已有三家[EB/OL]..[2012-12-25].http://www.chinadaily.com.cn/hqgj/jryw/2012-11-03/content_7419633.html

125. 骆玉明.许世友读《红楼梦》[EB/OL].[2015-08-28].http://focus.news.163.com/11/0412/17/71F3Q97Q00011SM9.html

126. 马费成,李小宇.中国互联网内容监管主体结构与演化研究[J].情报学报,2014(5):462-463

127. 美国图书馆电子书调查报告[EB/OL].[2011-06-12].http://www.360doc.com/content/

11/0227/17/3930_96624330.shtml

128.明东社区:"阅读大使"引领读书热[EB/OL]..[2012-12-25].http://jdnews.cnnb.com.cn/system/2012/09/13/010381585.shtml

129.聂灿.深圳首批阅读推广人诞生 计划5年内培养800位[EB/OL].[2012-12-25].http://www.iszed.com/content/2012-10/11/content_7275463_2.htm

130.聂灿.首批34位阅读推广人诞生[EB/OL].[2012-12-25].http://roll.sohu.com/20121011/n354622533.shtml

131.欧俊麟.世界年鉴2009[M].台北:台北中央通讯社出版,2008:507

132.欧俊麟.世界年鉴2009[M].台北:台北中央通讯社出版,2008:512

133.潘园园.盲人阅读推广委员会成立[EB/OL].[2012-12-25].http://news.timedg.com/2012-08/25/11768350.shtml

134.裴雷.图书馆游戏服务的相关问题探讨.大学图书馆学报,2010(1):14-18

135.彭琰.市政协就文化强市提出建议案向联合国申报"世界图书之都"[N].深圳商报,2011-01-15(A06)

136.彭琰.许勤会见联合国教科文组织官员 深圳将申请"世界图书之都"[N].深圳商报,2013-03-02(A03)

137.齐翔.武汉建世界首条书香地铁 21座车站内设图书馆[EB/OL].[2012-12-25].http://news.cnhubei.com/whcsq/201206/t2114431.shtml

138.钱理群.《越读者》试读:序言[EB/OL].[2008-10-13].http://book.douban.com/reading/10602535/

139.乔治·奈特.教育哲学导论[M].简成熙译.台北:台湾五南图书出版公司,2009:143-144

140.秦鸿.英国的阅读推广活动考察[J].图书与情报,2012(5):46-50,55

141.秦鸿.英国的阅读推广活动考察[J].图书与情报,2012(5):46-50,55

142.青少年读书会简介[EB/OL].[2011-09-10].http://iclassroom.hkedcity.net/webpage/index.phtml?iroom_id=1409&tool_id=1264

143.邱天助.国内外读书会的传统与理念[EB/OL].[2013-03-20].http://cc.shu.edu.tw/~mcp/word/07-01.doc

144. 邱天助.什么是读书会[EB/OL].[2013-03-20].http://blog.sina.com.cn/s/blog_8abd00fc0100wrd6.html

145. 邱维.香港特区儿童和青少年阅读服务的发展对内地的启示[EB/OL].[2012-12-25].http://www.publiclib.org.cn/library/periodical_show/1594.html

146. 去首图赶一场图书交换大集[EB/OL].[2011-06-02].http://news.163.com/11/0425/04/72F95EPP00014AED.html

147. 全国残疾人文化活动周启动仪式在长春文化广场隆重举行.[2012-12-25].http://www.cc.jl.gov.cn/wcss/cczf/info/2010-08-31/1086/121918.html

148. 全国农家书屋工程建设总结大会27日在天津举行[EB/OL].[2012-12-25].http://www.gov.cn/ldhd/2012-09-27/content_2234587.htm

149. 任立.韩国仁川以何当选"世界图书之都"[N].中国文化报,2013-08-06(10)

150. 任彦.印度人为何爱读书[N].环球时报,2005-09-09(22)

151. 撒穆尔·伊诺克·斯通普夫,詹姆斯·菲泽.西方哲学史:从苏格拉底到萨特及其后(修订第8版)[M].匡宏、邓晓芒等译.北京:世界图书出版公司北京公司,2009:26-28

152. 撒穆尔·伊诺克·斯通普夫,詹姆斯·菲泽.西方哲学史:从苏格拉底到萨特及其后(修订第8版)[M].匡宏、邓晓芒等译.北京:世界图书出版公司北京公司,2009:100

153. 陕西省阅读推广形象大使朱永新谈"读者是最美丽的身份"[EB/OL].[2015-08-27].http://www.sxlib.org.cn/stdt/xinwen/201409/t20140930_195821.htm

154. 绍兴市开展"全民读书月"活动回眸[EB/OL].[2012-12-25].http://www.zjwh.gov.cn/dtxx/zjwh/2011-04-22/100267.htm

155. 深圳"1+1"打造"世界图书之都"[J].领导决策信息,2010(46):20-21

156. 沈惠珠.新北市"阅读起跑线"(Bookstart)活动经验与满意度研究[D].台北:国立政治大学,2012

157. 沈守真.台中县婴幼儿阅读运动(Bookstart)的执行评估[D].南投县,国立暨南国际大学公共行政与政策学系研究所,2009

158. 沈阳首开读书"微博大赛"[EB/OL].[2012-12-25].http://news.163.com/10/0420/12/64NCK3BD00014AED.html

159. 省级、市级、县级少年儿童图书馆评估标准.见文化部办公厅关于开展县以上公共图书馆第五次评估定级工作的通知附件（2012-12-18）.［OL］.［2013-05-17］.http://59.252.212.6/auto255/201212/t20121221_29410.html

160. 史迪文.美国正在"大阅读"［EB/OL］.［2012-09-25］.http://blog.sina.com.cn/s/blog_537937210100069p.html

161. 史蒂文·罗杰·费希尔.阅读的历史［M］.北京:商务印书馆,2009:182-183

162. 师丽娟.港澳地区阅读推广活动介绍及启示［J］.图书馆杂志,2007(5):61-63

163. 施清真.一书,一城 —美国推动全民阅读风气的经验.全国新书资讯月刊,2002,(4):56-57

164. 施清真.一书,一城 书香社会 —美国推动城市阅读的经验.全国新书资讯月刊,2003,(4):41-44

165. 首届北京亲子·绘本节名家论坛纪实［EB/OL］.［2012-12-25］.http://www.uniluv.org/picbookfestival/news016.php

166. 四川大学图书馆.读者之窗,2012(21):8-9

167. 苏妮."阅读推广人"走出深圳"讲故事"［EB/OL］.［2012-12-25］.http:/epaper.southcn.com/nfdaily/html/2012-11/06/content_7139592.htm

168. 孙云倩,王素芳,王波.图书馆儿童阅读推广活动评估指标体系构建:一项基于德尔菲法的探索性研究［J］.中国图书馆学报,2013(6),45-46

169. 台北国际书展［EB/OL］.［2012-04-22］.http://zh.wikipedia.org/wiki/%E5%8F%B0E5%8C%97%E5%9C%8B%E9%9A%9B%E6%9B%B8%E5%B1%95

170. 台湾颁发2008年度绩优公共图书馆奖［EB/OL］.［2009-03-19］.http://www.publishing.com.hk/pubnews/NewsDetail.asp?NewsID=20090319004

171. 台湾各乡镇地名之由来［EB/OL］.［2012-05-30］.http://home.educities.edu.tw/nkhs9323005/AAAA2000.html

172. 台湾图书馆法［EB/OL］.［2012-05-08］.http://www.chinabaike.com/law/got/tw/1379295.html

173. 唐建华.世界图书之都与成功申办城市之主要原因分析［J］.内蒙古科技与经济,2011

(12):143-146

174.唐莉.深圳将申请"世界图书之都".深圳晚报,2012-10-15(A04)

175.天河区教育局.悦读·分享·成长——华成小学阅读大使、故事爸爸妈妈进课堂活动[EB/OL].[2012-12-25].http://www.tianhe.org.cn/contents/20/8542.html

176.田军,张朋柱,王刊良等.基于德尔菲法的专家意见集成模型研究[J].系统工程理论与实践,2004(1):57-62

177.图书馆借力微博提升服务[EB/OL].[2011-06-02].http://www.ccdy.cn/zgwhb/content/2011-05/17/content_897812.htm

178.图书馆借力微博提升服务[EB/OL].[2011-06-02].http://www.ccdy.cn/zgwhb/content/2011-05/17/content_897812.htm

179.图书馆阅读器外借喜忧参半[EB/OL].[2011-08-11].http://www.ce.cn/culture/whcyk/gundong/201108/10/t20110810_22602581.shtml

180.推动全民阅读 建设书香社会[EB/OL].[2012-12-25].http://www.gapp.gov.cn/news/1839/113974.shtml

181.汪亮.日本的"联合读书会"[J].图书馆理论与实践,2003(4):71-72

182.汪玉凯.中央网络安全与信息化领导小组的由来及其影响[EB/OL].[2015-09-10].http://theory.people.com.cn/n/2014/0303/c40531-24510897-2.html

183.王波.图书馆阅读推广亟待研究的若干问题[J].图书与情报,2011(5):32-35,45

184.王波.阅读疗法[M].北京:海洋出版社 2007:208

185.王波.阅读疗法理论和实践的新进展[J].图书馆杂志,2010(10):25-32

186.王春南.许世友读《红楼梦》[EB/OL].[2015-08-28].http://www.rmzxb.com.cn/jrmzxbwsj/wh/ws/2012/03/01/243732.shtml

187.王丹红.全美读书日 每天都读书[N].科学时报,2010-03-26(A3)

188.王樊逸.被生产出来的阅读.中国图书评论,2010(4):14-17

189.王怀玉.班级语文阅读推广之我见[EB/OL].[2012-12-25].http://www.xiexingcun.com/wenxuejiaoyu/wxjy2007/wxjy20070924.html

190.王俊.德国阅读推广从青少年抓起[EB/OL].[2012-12-25].www.publishingtoday.com.cn/

2008-05-05

191. 王俊.德国阅读推广从青少年抓起[EB/OL].[2012-12-25].www.publishingtoday.com.cn/2008-05-05

192. 王坤宁.北京将出台全民阅读综合评估指标体系[EB/OL].[2015-09-02.]http://news.xinhuanet.com/newmedia/2013-10/18/c_125560913.htm

193. 王坤宁.新闻出版总署与中国电信集团公司签署战略合作备忘录[EB/OL].[2012-12-25].http://www.gov.cn/gzdt/2010-07/22/content_1661602.htm

194. 王如.借力移动互联优势"悦读中国"推开放互动阅读模式[EB/OL]..[2012-12-25].http://it.southcn.com/9/2012-08/15/content_52902841.htm

195. 王素芳,孙云倩,王波.图书馆儿童阅读推广活动评估指标体系构建研究[J].中国图书馆学报,2013(6):41

196. 王岫.推动美国全民阅读的原动力[EB/OL].[2011-04-02].http://www.tobebooks.net/Article_Show.asp? ArticleID = 175

197. 王姚琴.《朗读手册》读后感[EB/OL].[2012-12-25].http://www.bhxx.net/jspd/ShowArticle.asp? ArticleID = 13767

198. 王宜燕.美全城同读 发起人担心走样[EB/OL].[2011-10-22].http://culture.163.com/editor/020226/020226_59392.html

199. 王余光副理事长在中图学会阅读推广委员会成立大会上的讲话.2009-09-29.[2010-10-18].http://www.lsc.org.cn/CN/News/2009-09/EnableSite_ReadNews1014238811254153600.html

200. 文波.文学与艺术之都爱丁堡[EB/OL].[2011-10-21].http://blog.sina.com.cn/s/blog_539524f40100osf6.html

201. 文讯杂志社.文讯大事记 2006 - 2010 [EB/OL].[2011-07-29].http://www.wenhsun.com.tw/

202. 翁秀如.公共图书馆推行婴幼儿阅读之研究——以台中县沙鹿镇立深博图书馆Bookstart运动为例[D].台北市,国立台湾师范大学图书资讯学研究所,2008

203. 吴汉华.公共图书馆焦虑的调查研究[J].图书情报知识,2007(5):50-55

204.吴建中.21世纪图书馆新论[M].上海:上海科学技术出版社,2003:142

205.吴庆捷等荣任"阅读大使"[EB/OL].[2012-12-25].http://roll.sohu.com/20120821/n351157823.shtml

206.吴尚之.建设书香社会 总署总结2010年全民阅读活动[EB/OL].[2012-12-25].http://book.people.com.cn/GB/108221/13634312.html

207.吴蜀红.美国"国家图书节"考察分析[J].图书与情报,2013(4):23

208.吴蜀红.美国大阅读活动组织模式探析[J].图书馆杂志,2014(1):75

209.吴蜀红.美国国会图书馆阅读推广活动考察分析[J].图书与情报,2011(5):41

210.吴晓丹.省委书记荐书赢官民热捧 汪洋五年推荐书目一览[EB/OL].[2012-12-25].http://www.china.com.cn/news/politics/2012-08/24/content_26322633_3.htm

211.吴重生."党员干部书柜"引领浙江基层读书潮[EB/OL].[2012-12-25].http://hxd.wenming.cn/xwcb/2010-07/08/content_148488.htm

212.西藏自治区"数字图书馆推广工程"正式启动[EB/OL].[2012-12-25].http://news.china.com.cn/txt/2012-08/09/content_26181881.htm

213.夏立新,李成龙,孙晶琼.全民阅读综合评价指标体系构建的探索——以《武汉市全民阅读综合评估指标体系(试行版)为例》[J].图书情报知识,2015(4):107

214.肖永英.英国公共图书馆的管理、服务与发展趋势[J].图书与情报,2009(4):6-7

215.谢春枝.LibQUAL+(R)图书馆服务质量调查的实证分析——以武汉大学图书馆为例[J].大学图书馆学报,2009(5):24-28

216.辛轩文.新疆民族文学原创和民汉互译作品工程首批图书赠送基层[EB/OL].[2012-12-25].http://news.ts.cn/content/2012-06/27/content_6965313.htm

217.新华网.国民阅读率下降 建议将全民阅读上升为国家战略[EB/OL].[2010-2-25].http://news.xinhuanet.com/book/2010-02/25/content_13042682.htm // 徐升国.中国阅读——全民阅读蓝皮书(第一卷)

218.新华网福建频道[EB/OL].[2012-12-25].http://www.fj.xinhuanet.com/nwh/2010-09/19/content_20943832.htm

219.新华文轩打造人文书店 成都年内将达到10家[EB/OL].[2012-12-25].http://news.xinhuanet.com/book/2012-08/14/c_123580908.htm

220. 新京报:"挑战 8 小时"确定三名爱心大使[EB/OL].[2012-12-25].http://news.gmw.cn/newspaper/2012/07/31/content_974480.htm

221. 新闻出版总署.全民阅读活动简报[Z].2010 年(3)

222. 新闻出版总署.全民阅读活动简报[Z].2010 年(2-3)

223. 新闻出版总署.全民阅读活动简报[Z].2010 年(7)

224. 新闻出版总署.全民阅读活动简报[Z].2010(6)

225. 新闻出版总署副署长谈儿童阅读:家长要带头读书[EB/OL].[2012-12-25].http://www.chinanews.com/cul/2012/06-02/3933709.shtml

226. 新闻联手网络电视 读者能在电视上看书[EB/OL].[2012-12-25].http://tv.ea3w.com/21/210405.html

227. 徐晶晶.中国成为高自杀率国家 每年约有 25 万人死于自杀[EB/OL].[2012-12-25].http://news.sohu.com/20110909/n318826191.shtml

228. 徐雁,陈亮.全民阅读参考读本[M].深圳:海天出版社 2011:140

229. 徐雁.全民阅读推广手册[M].深圳:海天出版社,2011:133-136

230. 亚里士多德.政治学[M].吴寿彭译.北京:商务印书馆,1965:408-409

231. 亚马逊为学生推租借教科书服务[EB/OL].[2012-12-25].http://news.xinhuanet.com/book/2012/08/08/c_123548826.htm

232. 杨婵.图书馆阅读推广活动的反思与重构[J].四川图书馆学报,2011(2):58-61

233. 杨帆计划捐赠平台[EB/OL].[2012-12-25].http://yangfanbook.sina.com.cn/about

234. 叶辉.浙江"党员爱学习"渐成风气[EB/OL].[2012-12-25].http://www.gmw.cn/01gmrb/2010-04/12/content_1090725.htm

235. 一书一桃园征文比赛得奖人喜阅[EB/OL].[2010-12-12].http://tw.sports.yahoo.com/article/aurl/d/a/101212/35/66m2.html

236. 一书一校园书香满校园[EB/OL].[2010-12-29].http://www.ncu.edu.tw/ch/clip/9326

237. 易运文."全民阅读网"深圳开通运行[N].光明日报,2010-0-11(04)

238. 英国:与时俱进共促阅读[EB/OL].[2011-04-21].http://www.shundecity.com/html/zt1/

423yd/dushuzhinan/gwjc/2011/0421/73114.html

239. 应妮.王蒙张悦然等担任第22届全国书博会阅读大使[EB/OL].[2012-12-25].http://www.chinanews.com/cul/2011/12-02/3505226.shtml

240. 优秀全民阅读推广人(10名)[EB/OL].[2012-12-25].http://news.sina.com.cn/o/2011-11-03/071023406618.shtml

241. 游淑静.读书会召集人领导功能之研究[D].台北:国立政治大学,2002

242. 于丹:家教最重要的是教孩子一种态度[EB/OL].[2012-12-25].http://www.chinaydtx.com/news_del.asp?Class_Fid=21&Class_ID=22&ID=1012

243. 于良芝.图书馆阅读推广——循证图书馆学的典型领域[J].国家图书馆学刊,2014(6):9

244. 余政峰.读书会的团体动力因素之研究[J/OL].台北市立图书馆馆讯,1989,17(4).[2000-01-18].http://www.doc88.com/p-032714151957.html

245. 余政峰.读书会的团体动力因素之研究[J/OL].台北市立图书馆馆讯,1989,17(4).[2000-01-18].http://www.doc88.com/p-032714151957.html

246. 俞俭.全国高校图书馆阅读推广案例大赛举办.[2015-10-20].http://news.xinhuanet.com/newmedia/2015-10/18/c_134724155.htm

247. 羽离子.对英国"阅读是基础"运动的考察[J].图书馆,2002(1):81

248. 岳修志.基于问卷调查的高校阅读推广活动评价[J].大学图书馆学报,2012(5):101-106

249. 阅读推广活动标语辑录[EB/OL].[2012-12-25].http://blog.sciencenet.cn/blog-213646-270454.html

250. 臧其梅、李迎丰.英国图书馆的发展与现状[J].欧洲,1998(1):86

251. 詹莉波,尤建中.儿童图书"分级阅读"在我国的生存现状与问题研究[J].中国图书评论,2010(6):114-118

252. 张斌贤、刘冬青.历史上最具影响力的教育学名著19种[M].西安:陕西人民出版社,2007:114

253. 张斌贤、刘冬青.历史上最具影响力的教育学名著19种[M].西安:陕西人民出版社2007:71-72

254. 张春丽,金岳晴.EDUSAT对印度阅读推广事业产生的影响[J].四川图书馆学报,2013

(1):95-97

255.张红岩,胡婷,杨以明.介绍一种读书征文可获学分的创新举措[J].大学图书馆学报, 2012(3):93

256.张怀涛.阅读推广的概念与实施[J].河南图书馆学刊,2015(1):2-3

257.张妮.文化部邀专家研讨图书馆与全民阅读[N].中国文化报,2015-03-25(001)

258.章红雨.世界各国的推广儿童阅读运动[EB/OL].[2012-12-25].http://www.chinanews.com/cul/news/2009/06-01/1714867.shtml

259.章红雨.中少社为盲童举办公益读书活动[EB/OL].[2012-12-25].http://www.chinaxwcb.com/2010-09/07/content_206559.htm

260.赵超.中国盲文图书馆建成开馆[EB/OL].[2012-12-25].http://news.xinhuanet.com/2011-06/28/c_121596889.htm

261.赵镜中.阅读教学的新形态——班级读书会的经营[J].小学语文教学,2007(3):26-28

262.赵俊玲,栾晓红.读遍美国(Read Across America)阅读推广项目考察分析[J].图书馆杂志,2012年(12):108

263.浙江义乌"淘宝大学"的秘密[EB/OL].[2011-12-28].http://chinapic.people.com.cn/frame.php?frameon=yes&referer=http%3A//chinapic.people.com.cn/viewthread.php%3Ftid%3D4214375

264.真人图书馆@南师大第二季活动圆满结束[EB/OL].[2012-12-25].http://sun.njnu.edu.cn/news/2012-11/142753_660267.html

265.中国官员以书施政 阅读成整饬官风特殊工具[EB/OL].[2012-12-25].http://news.eastday.com/c/20090528/u1a4401598.html

266.中国全民阅读网[EB/OL].[2012-12-25].http://www.cnreading.org/jgds/

267.中国图书馆学会阅读推广委员会成立大会隆重召开[EB/QL].2009-09-27.[2012-02-3].http://www.lsc.org.cn/CN/News/2009-09/EnableSite_ReadNews1014238741253980800.html

268.中央政府门户网站[EB/OL].[2012-12-25].http://www.gov.cn/jrzg/2010-02/08/content_1531011.htm

269.周益民.班级读书会:自由欢愉的精神家园[J].语文教学通讯,2007(9):22-40

270.朱永新.关于设立"国家阅读基金"的建议[EB/OL].[2015-02-05].http://blog.sina.com.cn/s/blog_4aeb7d930100heyl.html

二、外文文献

1.A Decade of One Book,One Chicago[EB/OL].[2011-10-21].http://www.chipublib.org/eventsprog/programs/onebook_onechgo.php

2.A Decade of Words & Wonder.[EB/OL].[2012-01-22].http://www.loc.gov/loc/lcib/1006/bookfest.html

3.About The Big Read[EB/OL].[2013-01-02].http://neabigread.org/about.php

4.About The Big Read[EB/OL].[2012-09-25].http://www.dailyrecord.co.uk/special-features/the-big-read/about

5.Adele F.,Gagnon,A.,Howarth L.,et al.Opening Doors to Children:reading,media,and public Library use by children in six Canadian cities[R].Regina:Regina Public Library.Canada,2005

6.Anne Spelman.Reading Groups for Young People[J].APLIS,2001,14(2):46

7.Anne Spelman.Reading groups for young people[J].APLIS,2001,14(2):46

8.Anup Kumar Das,Banwari Lal.Information literacy and public libraries in india[EB/OL].[2013-08-05].http://eprints.rclis.org/7247/1/Information_Literacy_Public_Libraries_India.pdf

9.Author Webcasts[EB/OL].[2011-05-05].http://www.read.gov/webcasts/

10.Bertin.S.A history of youth summer reading programs in public libraries[D/OL].University of North Carolina Chapel Hill,2004[2013-05-16].http://www.ils.unc.edu/MSpapers/2977.pdf

11.Bertin.S.A history of youth summer reading programs in public libraries[D/OL].University of North Carolina Chapel Hill,2004[2013-05-16].http://www.ils.unc.edu/MSpapers/2977.pdf

12.Beth Dempsey.The Evolving Book Group[J].Library Journal,2011,136(14):24-26

13.Beth Dempsey.The Evolving Book Group[J].Library Journal,2011,136(14):24-26

14.Book discussion club[EB/OL].[2013-03-20].http://en.wikipedia.org/wiki/Book_discussion_club

15. Book discussion club[EB/OL].[2013-3-20].http://en.wikipedia.org/wiki/Book_discussion_club

16. Book DiscussionGroups[EB/OL].[2013-03-20].http://www.ala.org/tools/book-discussion-groups

17. Book DiscussionGroups[EB/OL].[2013-03-20].http://www.ala.org/tools/book-discussion-groups

18. Book of the Month Club[EB/OL].[2013-03-20].http://en.wikipedia.org/wiki/Book_of_the_Month_Club

19. Book of the Month Club[EB/OL].[2013-03-20].http://en.wikipedia.org/wiki/Book_of_the_Month_Club

20. Book sales club[EB/OL].[2013-03-20].http://en.wikipedia.org/wiki/Book_sales_club

21. Book sales club[EB/OL].[2013-03-20].http://en.wikipedia.org/wiki/Book_sales_club

22. Bookstart packs for additional needs[OL].[2013-05-17].Http://www.bookstart.org.uk/bookstart-packs/Bookstart-for-all/

23. Booktrust.Bookstart UK national impact evaluation 2009[R/OL].[2013-05-20].http://www.goethe.de/ins/pt/lis/pro/bib/les/marden.pdf

24. Briony Train,Judith Elkin.Effecting change:reader development projects in public libraries[J].Library Management,vol 22,2001(8/9)

25. Canada Summer Reading Club Award[OL].[2013-05-19].http://tdsummerreadingclub.ca/librarians/library-awards#2013

26. Celano,D.and Neuman,S.The Role of Public Libraries in Children's Literacy Development:An Evaluation Report[R/OL].Pennsylvania:Pennsylvania Department of Education.United States,2001.[2013-05-20].http://www.ifpl.org/Junior/studies/Role%20of%20Libraries.pdf

27. Choose your own adventure .[EB/OL].[2012-01-22].http://www.washingtonpost.com/wp-dyn/content/article/2010/09/23/AR2010092305492.html

28. Choose your own adventure .[EB/OL].[2012-01-22].http://www.washingtonpost.com/wp-dyn/content/article/2010/09/23/AR2010092305492.html

29. Collins F., Svensson C. and Mahony P. Bookstart: planting a seed for life[R/OL]. London: Roehampton University, 2005.[2013-05-20]. http://booktrustadmin.kentlyons.com/downloads/Planting.doc

30. Contests: Letters About Literature and More[EB/OL].[2011-04-27]. http://www.read.gov/contests/

31. Creating a nation of readers[EB/OL].[2012-09-25]. http://www.neabigread.org/

32. DCMS. Framework for the Future-Libraries, learning and information in the next decade[EB/OL].[2011-09-10]. http://www.healthlinklibraries.co.uk/pdf/Framework_for_the_Futures.pdf

33. DCMS. Framework for the future-libraries, learning and information in the next decade[EB/OL].[2011-09-10]. http://www.healthlinklibraries.co.uk/pdf/Framework_for_the_Futures.pdf

34. Debra Wilcox Johnson. Cultural Programs for Adults in Public Libraries: A Survery Report. ALA PPO Lila Wallace-Reader's Digest Fund, 1999.[R/OL].[2013-3-20]. http://www.programminglibrarian.org/assets/files/survey_parta.pdf

35. Debra Wilcox Johnson. Cultural Programs for Adults in Public Libraries: A Survery Report. ALA PPO Lila Wallace-Reader's Digest Fund, 1999.[R/OL].[2013-03-20]. http://www.programminglibrarian.org/assets/files/survey_parta.pdf

36. DeNel Rehberg Sedo. Readers in reading groups: an online survey of face-to-face and virtual book clubs[J]. Convergence, 2003, 9(1):66

37. DeNel Rehberg Sedo. Readers in Reading Groups: An Online Survey of Face-to-Face and Virtual Book Clubs[J]. Convergence, 2003, 9(1):66

38. Dennis Loy Johnson. ALL TOGETHER NOW[EB/OL]. http://www.mobylives.com/One_book.html

39. Department of Higher Education. Annual Report(2011-2012)[EB/OL].[2013-08-05]. http://mhrd.gov.in/sites/upload_files/mhrd/files/AR2011-12.pdf

40. Evaluation and Training Institute. The Evaluation of the Public Library Summer Reading

Program;Books and Beyond…Take Me to Your Reader.Los Angeles:Los Angeles County Public Library Foundation.United States,2001[R/OL].[2013-05-20] http://www.colapublib.org/eDocuments/EvalSRP-2001.pdf

41. Frequently Asked Questions[EB/OL].[2012-09-25].http://www.neabigread.org/faq.php

42. Gitte Balling, Lise Alsted Henrichsen, Laura Skouvig. Digital reading groups: renewing the librarian image[J].New Library World,2008,109(1/2):56-64

43. Guidelines for Establishing State Centers and Suggested Activities[EB/OL].[2011-04-27].http://www.read.gov/cfb/guidelines.html

44. History/Overview of The Big Read[EB/OL].[2012-09-25].http://www.neabigread.org/program_history

45. Jana Sheardown.Reader Development as a Core Library Function[J].Library Student Journal, 2007(5)

46. John Y.Cole,Director[EB/OL].[2011-05-02].http://www.read.gov/cfb/staff.html

47. Just Economics (2010).Bookstart 2009/10:A Social Return on Investment (SROI) Analysis. [R/OL].[2013-05-20].http://fileserver.booktrust.org.uk/usr/resources/543/social-return-on-investment-june2010.pdf

48. Kennedy R.and Bearne E.Summer reading challenge 2009 impact research report[R], UKLA (the United Kingdom Literacy Association),2009

49. Kennedy R.and Bearne E.Summer reading challenge 2009 impact research report[R], UKLA (the United Kingdom Literacy Association),2009

50. Kim.J.Summer reading and the ethnic achievement gap[J].Journal of Education for Students Placed at Risk,2009,9(2):169-188

51. Krashen,S.& Shin,F.(2004).Summer Reading and the Potential Contribution of the Public Library in Improving Reading for Children of Poverty[J].Public Library Quarterly,2004,23 (3/4):99-109

52. Leach C.Seattle public library storytime program evaluation.2010[OL].[2013-05-19].http://www.cortneyleach.com/uploads/3/0/3/9/3039805/storytime_report_final.pdf

53. let's talk about it[EB/OL].[2013-03-20].http://www.ala.org/programming/ltai/letstalk-aboutit

54. Library and Archives Canada.2012 TD Summer Reading Club final report of program statistics[OL].[2013-05-20].http://tdsummerreadingclub.ca/librarians/program-statistics

55. Library and Archives Canada.Literature review on the impact of summer reading clubs.2006[OL].[2013-05-16].http://www.collectionscanada.gc.ca/obj/009003/f2/009003-06-040-e.pdf

56. Library of Congress Young Readers Center[EB/OL].[2011-05-02].http://www.read.gov/yrc/

57. LISU.Libraries,Archives,Museums and Publishing Online Statistics Tables-Libraries[EB/OL].[2011-9-10].http://www.lboro.ac.uk/departments/ls/lisu/lampost.html#lib

58. Local/Community Resources[EB/OL].[2011-10-21].http://www.read.gov/resources/state.php

59. Locke,J.The Effectiveness of Summer Reading Programs in Public Libraries in the United States[D].United States,University of Pittsburgh,1988

60. Matthews.J.Evaluating summer reading programs:suggested improvements[J].Public library,2010,49(4):34-40

61. Melanie Remy.Reading Group Guides.com[J].Reference Reviews,2002,16(6):24-25

62. Moore,M and Wade,B.Parents and children sharing Books:An observational study[J].Signal 1997,84(Sept.):203-214

63. Moore,M.and Wade,B.Bookstart:a qualitative evaluation[J].Educational Review,2003,55(1):3

64. Mrs.Bush's Remarks at the 2007 National Book Festival Authors' Breakfast.[EB/OL].[2011-09-23].http://georgewbush-whitehouse.archives.gov/firstlady/

65. Mrs.Bush's Remarks at the 2007 National Book Festival Authors' Breakfast.[EB/OL].[2011-09-23].http://georgewbush-whitehouse.archives.gov/firstlady/

66. National Book Festival.[EB/OL].[2012-02-20].http://www.loc.gov/bookfest/

67. National Book Festival 2011.[EB/OL].[2012-01-22].http://www.loc.gov/bookfest/images/NatBookFest2011-prog.pdf

68. National Endowment for the Arts and Library of Congress Host Washington Celebration of the Big Read[EB/OL].[2013-02-12].http://www.nea.gov/news/news06/BRloc.html

69. National Endowment for the Arts Announces 2008 Plans for the Big Read National Reading Program[EB/OL].[2013-02-21].http://www.arts.gov/news/news07/bigread2008.html

70. National Endowment for the Arts Announces Grants to Four U.S.Organizations for The Big Read Egypt/U.S.[EB/OL].[2013-02-21].http://www.nea.gov/news/news08/Egypt.html

71. National Literacy Trust .National Year of Reading 1998-1999 and 2008[EB/OL].[2011-09-10].http://www.literacytrust.org.uk/resources/practical_resources_info/751_national_year_of_reading_1998_1999_and_2008

72. National Literacy Trust.National Year of Reading 1998-1999[EB/OL].[2011-09-10].http://www.literacytrust.org.uk/resources/749_national_year_of_reading_1998_1999

73. National Reading Group Month[EB/OL].[2013-03-20].http://www.nationalreadinggroupmonth.com/about_history.html

74. Neuman.S.and Celano.D.Evaluation of every children ready to read 1st edition[R/OL].[2013-05-20].http://www.everychildreadytoread.org/project-history%09/executive-summary-2010-evaluation-every-child-ready-read-1st-edition

75. Ohio summer reading program 2011 evaluation report[OL].[2013-5-19].http://www.webjunction.org/content/dam/WebJunction/Documents/ohio/2011_SRP_Evaluation_Report.pdf

76. Ohio summer reading program 2012 evaluation report[OL].[2013-5-19].http://www.webjunction.org/content/dam/WebJunction/Documents/ohio/2012_SRP_Evaluation_Report.pdf

77. One Book Projects[EB/OL].[2011-04-22].http://www.read.gov/resources/

78. Open scholarship.[EB/OL].[2013-08-05] http://www.arl.org/focus-areas/open-scholarship

79. Opening the Book.Definition of reader development[EB/OL].[2011-9-10].http://www.openingthebook.com/library-resources/reader-centered/definition/default.aspx

80. Press Releases[EB/OL].[2013-02-12].http://neabigread.org/pressreleases.php

81. Product Percetion Ltd. Inspiring Children:the impact of the summer reading challenge. The reading maze2003 national Participant Survey[R/OL].United Kingdom,2003[2013-05-20]. http://www.docstoc.com/docs/23858306/inspiring-children-the-impact-of-the-summer-reading-challenge

82. Reading Agency.A national public library development programme for reading groups,2004.4[R/OL].[2013-03-10].http://readingagency.org.uk/about/Programme_for_reading_groups.pdf

83. Reading Agency.A national public library development programme for reading groups,2004.4[R/OL].[2013-03-10].http://readingagency.org.uk/about/Programme_for_reading_groups.pdf

84. Reading groups leading 'cultural wave'[J].The Bookseller,2008,5354(10):7

85. Reading Promotion Themes and Projects[EB/OL].[2011-03-22].http://www.loc.gov/loc/lcib/0202/cfb.html

86. Regarding Publication Availability[EB/OL].[2011-05-02].http://www.read.gov/cfb/publications.html

87. Richard Beach,Steven Yussen.Practices of Productive Adult Book Clubs.Journal of Adolescent & Adult Literacy,2011,55(2):121

88. Richard Beach, Steven Yussen. Practices of productive adult book clubs [J]. Journal of Adolescent & Adult Literacy,2011,55(2):121

89. River ofWords[EB/OL].[2011-04-27].http://www.riverofwords.org/

90. Roman.S.et.al.The Dominican study:public library summer reading programs close the reading gap,2010[R/OL].[2013-05-20] http://gslis.dom.edu/sites/default/files/documents/IMLS_finalReport.pdf

91. Seattle Reads[EB/OL].[2011-09-02].http://www.spl.org/audiences/adults/seattle-reads

92. S.P.Singh. Library and information science education in india:issues and trends.[EB/OL].[2013-08-05].http://majlis.fsktm.um.edu.my/document.aspx?FileName=262.pdf

93. Shirley Prescott. Reader Development in the UK: an Australian Perspective[J]. Aplis, 2007, 20(1)

94. State Center Affiliates[EB/OL].[2011-05-02].http://www.read.gov/cfb/affiliates.html

95. Stella Thebridge, Briony Train. Promoting reading through partnerships: a ten-year literature overview[J]. New library world, 2002, 103(1175/1176)

96. The Big Read-Wichita[EB/OL].[2012-09-25].http://www.bigreadwichita.org

97. The Big Read[EB/OL].[2012-09-25].http://bigread.cbca.org.au/

98. The Big Read Becomes The Largest Federal Literature Program Since The W.P.A.[EB/OL].[2013-02-12].http://www.nea.gov/news/news07/bigreadCycle2.html

99. The Big Read[EB/OL].[2012-09-25].http://en.wikipedia.org/wiki/The_Big_Read

100. The Center for the Book in the Library of Congress[EB/OL].[2011-03-22].http://www.read.gov/cfb/

101. The Exquisite Corpse Adventure[EB/OL].[2011-05-02].http://www.read.gov/exquisite-corpse/

102. The Great Books Foundation[EB/OL].[2013-03-20].http://www.greatbooks.org/

103. The little guide to big read[EB/OL].[2012-09-25].http://www.bbc.co.uk/arts/bigread/br_reading_grp_pck.pdf

104. The Mission of the Library of Congress[EB/OL].[2011-05-02].http://www.loc.gov/about/mission/

105. The Reading Agency. Impact results-Results from 2010[EB/OL].[2011-9-10].http://www.readingagency.org.uk/media/06-impact-results/

106. The reading agency. Summer Reading Challenge 2011-Circus Stars evaluation report[R/OL].[2013-03-16].http://readingagency.org.uk/children/Circus%20Stars%20Evaluation%20-%20full%20report.pdf

107. The Reading Agency. Summer reading Challenge 2012 story lab evaluation report[R/OL].[2013-05-19].http://readingagency.org.uk/children/SRC%20Storylab%20report,%20February%202013%20-%20final.pdf

108.The Reading Agency[EB/OL].[2011-9-10].http://www.readingagency.org.uk

109.Time to Read[EB/OL].[2011-09-10].http://www.time-to-read.co.uk/read/

110.Wade,B and Moore,M.2000.A sure start with books[J].Early Years,2000,20(2):39-46

111.Wade,B and Moore,M.An early start with Books:literacy and mathematical evidence from a longitudinal study[J].Educational Review 1998,50(2):135-145

112.Wade,B.& Moore,M.1996.Children's early book behaviour[J].Educational Review,1996,48(3):283-288

113.Wade,B.and Moore,M.(1993) Bookstart[R].London:Book Trust,1993

114.Welcome[EB/OL].[2011-9-10].http://www.summerreadingchallenge.org.uk/

115.Writers Connect With 130,000 Readers[EB/OL].[2011-11-20].http://www.loc.gov/loc/lcib/0911/bookfest.html

116.Writers Connect With 130,000 Readers[EB/OL].[2011-11-20].http://www.loc.gov/loc/lcib/0911/bookfest.html

117.Writers Connect With 130,000 Readers[EB/OL].[2011-11-20].http://www.loc.gov/loc/lcib/0911/bookfest.html

118.Writers Connect With 130,000 Readers[EB/OL].[2011-11-20].http://www.loc.gov/loc/lcib/0911/bookfest.html

附录 1

按：《一书，一社区》是美国图书馆界最主要、最经典的阅读推广活动的指南性文件，这里的"社区"是个大概念，泛指州、城市、大学、居民区等，世界知名的"一书，一城"活动就是"一书，一社区"活动的表现形式之一。此指南由美国图书馆协会的公共项目办公室编写，内容翔实、具体，供美国各地图书馆开展阅读推广活动的主管参考。从这份指南可以看出美国同行开展阅读推广活动的高度计划性、周密性和规范性。为了向国内同行介绍美国这种最重要的、最主流的阅读推广形式，提高我国图书馆阅读推广活动的顶层设计和整体化设计水准，提升我国图书馆开展阅读推广活动的效率和效果，中国图书馆学会阅读推广委员会旗下的阅读与心理健康专业委员会组织同道全文翻译了这份指南，希望对国内图书馆界开展阅读推广活动有所启发。

——阅读与心理健康专业委员会主任　王波

一书，一社区

规划全社区阅读

美国图书馆协会公共项目办公室编写

吴蜀红　赵冬梅　雷菊霞　张欣琪　译[1]

吴蜀红　审校

阅读　思考　交流　倾听　成长

---

[1] 吴蜀红，五邑大学图书馆。赵冬梅，山西大学图书馆。雷菊霞，北京师范大学图书馆。张欣琪，天津大学仁爱学院图书馆。

目　　录

引言

什么是全社区阅读

制定活动目标

设置时间表

寻求合作伙伴

财务合作

编制预算

选择图书

作者确认

活动项目伙伴

相关活动项目的开发

阅读和讨论指南

宣传推广

活动周/月

委员会/志愿者

活动备忘录

标识

活动记录

评估

总结/汇总活动清单

引 言

本指南由美国图书馆协会的公共项目办公室编写,供各地图书馆员参考。

无论你是已经组织完成了多次全社区阅读活动的经验丰富的专家,还是正在考虑采取第一步,为你的城镇、县或图书馆系统规划一次全社区阅读活动的新人,本指南都是宝贵的资源。

感谢全国各地的图书馆员和活动项目主管为我们提供材料并共同探讨活动。特别致谢西雅图的华盛顿图书中心的主任南希·珀尔（Nancy Pearl）、芝加哥公共图书馆的玛丽·丹姆斯（Mary Dempsey）和艾米·埃舍尔曼（Amy Eshelman）、格林斯博罗公共图书馆的史提夫·萨默福德（Steve Sumerford）、华莱士读者文摘基金的希拉·墨菲（Sheila Murphy）以及国会图书馆图书中心主任约翰 Y·科尔（ John Y. Cole）。

有关美国图书馆协会公共项目办公室的更多信息,请访问 www.ala.org/publicprograms。

——美国图书馆协会公共项目办公室

全社区阅读活动

无论是将活动命名为全市读书俱乐部、全州阅读活动、"如果全西雅图共读一本书"还是被称为"一书，一城"，形态各异的社区都采用了西雅图华盛顿图书中心提出的理念：人们通过阅读和讨论同一本书聚集到一起。

自从1998年华盛顿图书中心举办了四天讨论罗素·班克斯（Russell Banks）的《意外的春天》的阅读推广活动，全美各地的社区逐步接受了通过阅读文学作品团结公民的理念。如今在全世界有覆盖全州、全市、全县乃至全国范围的各种阅读活动。

本指南为全程指导活动的项目主管设计，提供了多种模式以及大量资源。

什么是全社区阅读

"它的理念是翻开同一本书的城市能更加和谐地关闭它"

——玛丽·麦格罗里（Mary McGrory），《华盛顿邮报》，2002年3月17日

"人们可以在一段时间内不与任何直系亲属以外的人交谈。不同种族、年龄、经济状况的人们鲜有机会坐在一起探讨重要观点，而这个活动提供了珍贵的机会。"

——南希·珀尔（Nancy Pearl），华盛顿图书中心主任

"这个活动通过共享阅读经历将个人融入社区之中，丰富了参与者的生活。"

——比尔·博加德先生（Bill Bogaard），加利福尼亚州帕萨迪纳市市长

"我希望社区的人们能互相联系，希望有一种方式可作为社区人们交谈的基础，社区阅读是好的开端。"

——德克萨斯州奥斯汀市市长格斯加西亚（Gus Garcia）在奥斯汀公共

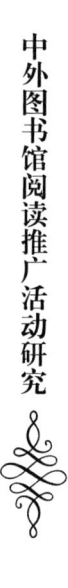

图书馆举办的"市长图书俱乐部"上的讲话

所有这些阅读倡议都具备一些共同点：吸引公众的理念、阅读和讨论模式的新方法以及在公众中创建共享阅读体验的能力。

制定活动目标

制定目标，不仅有助于阐明计划、预测援助需求并明确活动将对社区产生的影响，同时可向支持者、同事、赞助商、合作伙伴和公众传达活动愿景。

活动目标示例

"联合我们阅读"，密苏里州堪萨斯城

图书：《单声圣歌》，肯特·哈罗夫（Kent Haruf）著

"活动目标是让我们的社区成员彼此交谈和沟通"

"城市阅读"，加利福尼亚州圣莫尼卡

图书：《巴尔扎克和小裁缝》，戴思杰著

"促进扫盲；以书为中心的代际沟通；通过文学将人们聚集在一起，培养社区意识。"

"市长图书俱乐部"，德克萨斯州奥斯汀市

图书：《奥蒂莫，保佑我》，鲁道夫·安娜亚（Rudolfo Anaya）著

"促进扫盲、培育社区、推动讨论"

"我们阅读2002"，华盛顿特区

图书：《我们说了算：德拉尼姐妹的第一个100年》，莎拉·德拉尼（Sarah Delany），伊丽莎白·德拉尼（Elizabeth Delany）著

"促进阅读、扫盲、加强团结"

"一个城市，一个故事"，加利福尼亚州帕萨迪纳

图书：《独奏者》，马克·萨尔兹曼（Mark Salzman）

"该活动不但旨在扩大和加深对阅读的欣赏，促使朋友、家人和邻居在阅读同一本书时彼此分享经验，同时致力于促进社区对话，通过对不同观点的宽容和理解，使帕萨迪纳社区团结在一起。"

以下是你在制定全社区阅读活动目标时可能需要考虑的问题。

制定目标

根据以下问题来制定项目的四个目标。

活动目标

活动希望主动完成什么？

图书馆如何受益？

活动能够持续和保持主动性吗？

受众目标*

谁是活动对象（年龄、人口特征、图书馆使用情况）？

多少（目标人口的百分比）？

为什么是受众？

受众的利益是什么？

这些受众的需求是什么？他们将如何从中受益？

主题/馆藏目标

主题与图书馆或社区问题相关吗？

是希望着重强调的馆藏领域吗？

社区目标

什么问题/议程与所在社区相关？

哪些社区组织会分享某些活动目标？

*有关目标受众的更多信息，请参阅营销和推广部分

目标工作表

考虑上述问题的答案，为社区阅读活动制定四个目标。

1.

2.

3.

4.

好的活动与目标密不可分。

设置时间表

　　制定目标之后，设置一份实用的工作时间表，有助于更好地完成全社区阅读活动。

创建合适的时间表

建议至少提前六个月开始筹备全社区阅读活动，许多社区甚至提前一年。如果该活动已发展为年度或半年度项目，制定时间表将简单、高效。下面的时间表示例，以10月为起点，列出了具体计划和实施过程。使用下面的表格创建合适的时间表，作为活动规划的起点，在执行过程中必须根据情况进行调整。

9月：初步规划/制定目标；拟定可能成为合作伙伴和委员会成员的名单；列出潜在的赞助商和资助者名单；联系当地政府、艺术和人文委员会、基金会；建立活动书目；开始预算编制。

10月：发出委员会邀请；向合作伙伴、赞助商和资助者发出询问信。

11月：选择图书；邀请作者；告知出版商图书订单数量。

12月：作者确认；会见网站设计团队；会见合作伙伴、书店。

1月：分配阅读指南任务；开发赞助；开发相关活动；通知学校和图书馆员。

2-3月：丰富阅读指南；开发赞助；具体活动日程安排；联系其他发言人。

4-5月：设计印刷材料；确认有关活动的发言人；规划宣传推广；发布公告。

6-7月：与作者、出版商确认详细信息；安排行程。

8月：派发宣传材料；培训阅读和讨论小组负责人。

9月：与作者、出版商进行最终确认；派发宣传材料；举行全体工作人员会议。

10月：全社区阅读活动启动、实施；评估；总结报告

寻求合作伙伴

像这种涉及整个社区的项目寻求合作伙伴，即意味着在社区不同部门之间创造战略伙伴关系。

合作可以采取财务赞助、共同主办、物品捐赠、提供服务、宣传营销、活动咨询、统计分析和反馈信息等多种形式。

成功的合作必须是双方都能从中获益，甄别曾经的合作伙伴并确认未来希望继续合作的团体。既要尝试"跳出框框"思维，也不要忘记既定目标。要考虑是否将活动深入到新的群体？社区中的哪个机构直接为该群体服务？与潜在合作伙伴分享活动计划，看看活动目标是否与他们的使命、兴趣或社区拓展的目的契合。

"阅读活动给大学提供了与更广泛的奥斯汀社区结成联盟的机会。我们正在通过阅读建立一个社区，它超越了40英亩的空间，在思想上形成碰撞。"德克萨斯大学人文学院院长埃文·卡顿（Evan Carton）说，"我们正在打破大学的围墙，每位学者都是公民，而每个公民也都可以成为学者。"

——"《奥蒂莫，保佑我》：全城成功阅读的故事"
德克萨斯州奥斯汀市《德州日报》，2002年9月5日

财务合作

市政支持

在与市、县和州政府的领导联系的过程中，图书馆不仅提升了形象，并以新的方式参与了对城市图书馆的领导。将崭新的、富有活力的亲民化倡议

作为活动愿景呈现给他们,从象征意义和经济上向他们解释赞助和支持活动的价值。捐赠的市政经费可以补偿活动成本,一旦获得市政支持,可从州和地区的艺术和人文委员会获得配套资金。

州和地区的艺术和人文委员会

大多数州和地区的艺术和人文委员会在小额捐赠、短期捐赠、资源捐赠或特别项目的条件下接受图书馆的活动提案。

基金会

研究所在社区的基金会、图书馆捐赠者名单以及其他非营利赞助商名单,从而确定响应社区阅读倡议的潜在支持者。相关资源可在网上获得,比如,可通过在线指南查找众多赞助者的信息。

企业赞助

全社区阅读活动非常适合由本地区的企业和公司赞助,没有什么更好的方式能将社区这么多的人汇聚在一起。了解当地公司的慈善捐赠情况,研究他们的企业使命,并从中发现那些使命和/或利益可能与活动目标契合的公司。即使是小公司也经常通过赞助青年运动队、学校演出和社区基金来支持他们的社区。考察公司是否有社区关系经理或其首席执行官是否是图书馆赞助人,寻找可能的赞助人;也可通过图书馆受托人、董事会成员和主要支持者与企业的关系,获得资助。

书店

本地书店是实物捐赠和活动合作的天然伙伴,它们的参与方式通常包括主持图书讨论组和相关活动、协调图书、销售商品以及提供营销支持。书店是书签、徽章和宣传材料的最佳派发点，其橱窗和店内展示是卓有成效的宣传，增强了推广的直观性。

社会组织

对于许多社会组织而言，社区服务和慈善事业是它们使命的一部分。比如扶轮社、基瓦尼斯俱乐部、青年团、地方商业协会、商会以及男女艺术、体育和公民俱乐部这些组织，都是全社区阅读活动财务合作的好的候选者。

编制预算

根据时间表、活动目标和活动经验与董事或董事会开会，确定图书馆将如何为全社区阅读融资。

合理计算商品和服务的捐赠以及现金预算项目。列出所有费用，将清楚活动需要筹集的资金数目以及哪些社区企业、组织和机构可提供资金、物品和服务。使用预算表编制预算。

预算表

费用	现金支出	实物
图书		
精装本	☐☐☐☐☐	☐☐☐☐☐
平装本	☐☐☐☐☐	☐☐☐☐☐
翻译本	☐☐☐☐☐	☐☐☐☐☐
运输和加工	☐☐☐☐☐	☐☐☐☐☐
总计	☐☐☐☐☐	☐☐☐☐☐
作者费用		
酬金	☐☐☐☐☐	☐☐☐☐☐
住宿/餐饮	☐☐☐☐☐	☐☐☐☐☐
飞机票	☐☐☐☐☐	☐☐☐☐☐
花费	☐☐☐☐☐	☐☐☐☐☐
总计	☐☐☐☐☐	☐☐☐☐☐
其他活动发言者		
酬金	☐☐☐☐☐	☐☐☐☐☐
其他	☐☐☐☐☐	☐☐☐☐☐
总计	☐☐☐☐☐	☐☐☐☐☐
相关费用		
节目录制	☐☐☐☐☐	☐☐☐☐☐
邮费	☐☐☐☐☐	☐☐☐☐☐
电话费	☐☐☐☐☐	☐☐☐☐☐
会议费	☐☐☐☐☐	☐☐☐☐☐
总计	☐☐☐☐☐	☐☐☐☐☐
员工时间		
管理费	☐☐☐☐☐	☐☐☐☐☐
筹款工作	☐☐☐☐☐	☐☐☐☐☐

材料编写	□□□□□	□□□□□
总计	□□□□□	□□□□□

宣传推广

宣传材料编写	□□□□□	□□□□□
新闻宣传	□□□□□	□□□□□
社区拓展	□□□□□	□□□□□
网页制作	□□□□□	□□□□□
总计	□□□□□	□□□□□

印刷

阅读和讨论指南	□□□□□	□□□□□
书签、明信片、徽章	□□□□□	□□□□□
总计	□□□□□	□□□□□

现金支出总额

实物费用总额

项目合计

预算表

收入	现金收入	实物
图书馆	☐☐☐☐☐	☐☐☐☐☐
图书馆之友	☐☐☐☐☐	☐☐☐☐☐
图书馆基金会	☐☐☐☐☐	☐☐☐☐☐
市政府	☐☐☐☐☐	☐☐☐☐☐
州/地方艺术委员会捐赠	☐☐☐☐☐	☐☐☐☐☐
州/地方人文委员会捐赠	☐☐☐☐☐	☐☐☐☐☐
基金会捐赠	☐☐☐☐☐	☐☐☐☐☐
其他	☐☐☐☐☐	☐☐☐☐☐
总计	☐☐☐☐☐	☐☐☐☐☐

赞助	现金收入	实物
酒店	☐☐☐☐☐	☐☐☐☐☐
航空公司	☐☐☐☐☐	☐☐☐☐☐
餐馆	☐☐☐☐☐	☐☐☐☐☐
书店	☐☐☐☐☐	☐☐☐☐☐
出版商	☐☐☐☐☐	☐☐☐☐☐
印刷商	☐☐☐☐☐	☐☐☐☐☐
电台或电视台	☐☐☐☐☐	☐☐☐☐☐
地方企业	☐☐☐☐☐	☐☐☐☐☐
艺术团体	☐☐☐☐☐	☐☐☐☐☐
其他	☐☐☐☐☐	☐☐☐☐☐
总计	☐☐☐☐☐	☐☐☐☐☐

现金收入总额

实物收入总额

项目合计

- 现金支出不应超过现金收入
- 实物收入总额应匹配实物费用
- 如果社区阅读有学校拓展、写作研讨会等其他活动,费用也要计入

选择图书

图书是全社区阅读活动项目的核心，从浩如烟海的精彩著作中进行选择看似是一项艰巨的任务。选择图书首先要考虑的是活动目标，是希望鼓励讨论特定主题、提出社区问题、检视价值观还是希望新的受众能被一部著名的新作品或是经典著作吸引呢？这是活动决策者在开始选择图书时要考虑的重要问题。

"选择一本阐述各种问题的著作，活动中进一步鼓励人们探讨书中的主题和思想。《我们说了算》这部作品值得注意的主题包括教育、家庭、种族、移民、独立和寿命。"——华盛顿特区"我们阅读2002"

谁决定

选择图书有多种方法，既可由图书馆召集委员会和咨询小组，也可听取公众建议，或者采用其他城市的活动模式（包括图书），甚至可以全城票决。必须衡量什么著作适合你的社区，迈阿密2002年的"一书一社区"活动选择了桑德拉·希斯内罗斯的《芒果街上的小屋》，但并不意味对你的社区这也是一个成功的选择。一些图书馆在内部进行咨询后简单地选择一本书，大多数社区会召集甄选或咨询委员会开会，根据活动期望、目标以及期限做出决定。委员会代表非常重要，应保证活动的目标受众都有代表并在会议中有发言权。

通常，在活动项目开展一年后，社区的想象力被激发，公众热情高涨而纷纷建言，导致难以抉择。

哪类书

许多社区发现，选择具有国家或地区知名度的著名作家的作品能激发最广泛的参与，同时作品本身必须含有值得讨论的问题、角色和主题。

图书选择问题

图书选择应在活动目标中获得启发，既要与目标相一致，也应该考虑试图吸引的对象。例如，许多城市试图吸引具有高中及以上阅读水平的人，以确保最广泛的讨论。

比如北卡罗来纳州的格林斯博罗，为了促进讨论当前的问题而选择图书：

"一城一书活动不仅是简单将人们聚集在一起讨论文学，更重要的是，一起探讨那些影响我们所有人的问题。选择欧内斯特·盖恩斯（Ernest Gaines）的小说《垂死的教训》，是相信它可以作为一个很好的切入点，来讨论死亡、教育、宗教、种族、正义、爱情、家庭和信仰等普遍问题。"

——格林斯博罗（北卡罗来纳州）公共图书馆网站

某些社区，根据目标受众的年龄，选择"成人"或"青少年"主题。西雅图分别针对青少年和成年同时开展了全社区阅读活动，选择路易斯·萨查尔（Louis Sachar）的《别有洞天》作为青少年阅读图书，选择莫利·格罗斯（Molly Gloss）的《野生动物》作为成人阅读图书。如果考虑将社区阅读确定在青少年主题，许多成年人可能会认为活动针对学生，并不适合他们。

许多社区为了吸引非英语背景人群而选择多语种人群感兴趣并可利用的书籍。德克萨斯州奥斯汀市为"市长读书俱乐部"选择了《奥蒂莫，保佑我》，它讲述了城市多元文化融合的故事，有现成的西班牙语和英语版。

小说与非小说作品

关于小说与非小说类文学作品对于全社区阅读和讨论的适用性存在不同观点。关于小说和非小说作为文学形式的吸引力，存在一些许多先入为主的偏见。一个常见的但未经证实的刻板印象是"男人喜欢非小说类，女人喜欢小说"，此外，人们通常认为小说更容易解读、讨论，而非小说则易受限制。

非小说类作品尤其是回忆录，如 2002 年春季的"一书，一芝加哥"选择埃利·维瑟尔（Elie Wiesel）的《夜》，能够用真实事件抓住公众的想象力。通常创作型或叙述型的非小说类作品，如回忆录，能够使读者如身临其境。

地区的意义

许多社区选择本市、本州或本地区作者的作品来庆祝他们的文学遗产。2001 年的"如果阿肯色州共读一本书"活动选择了阿肯色州作家德瑞·凯（Terry Kay）的作品《白狗的华尔兹》。带有当地色彩或本地作者的作品有可能立即引起公众的共鸣。

古典或现代文学

可在古典或现代文学之间选择图书。许多社区通过选择《愤怒的葡萄》和《华氏 451 度》之类的作品向经典致敬，借此有的读者得以重温高中后再没读过的作品，而有的读者则是首次阅读。选择经典图书也许利于读者衔接高中和大学课程甚至有助于其获取奖学金，但存在作者已故而无法参加活动的缺点。

许多社区为了扩大受众范围，选择了尚未成为经典的文学作品。西雅图华盛顿图书中心的首次活动选择了罗素·班克斯（Russell Banks）的《意外的春天》，一年后则选择了欧内斯特·盖恩斯（Ernest Gaines）的《垂死的教训》，两部作品既非畅销书，也未入选学校教材，均是通过虚构故事探讨争议问题的挑战性读物。许多人认为，这种图书选择方法提升了整个社区民众的文学品位和消费。如果在五十年内，这些作品成为经典，全社区的阅读活动无疑会因其长久性而获得部分信誉。

需要考虑的重要因素

缩小选择范围之后，在讨论图书的内容、问题和活动之前，先考虑图书的以下问题：

- 印刷出版（活动需要的图书数量）
- 现成的翻译版本、盲文版、音频格式
- 平装版
- 合理的价格

作者访问

在选择图书之前，需明确作者访问社区的重要程度。确定作者访问是否纳入活动计划，将极大地影响图书选择。大多数图书馆的活动计划会围绕作者在社区的活动而设计，但是，也有不少作者没有出席现场而活动照样成功的先例。以下因素可能会影响决定：

- 选择的图书是仍在世的作者的著作吗？
- 活动计划是否含有资助作者访问的预算？
- 作者是否乐意且方便访问社区？
- 作者是否有过公开演讲的良好记录？

如果决定邀请作者，需要考虑作者的演讲技巧、与观众的互动性以及他主持或参与的活动类型等因素。在向公众宣布图书选择之前，必须确认作者到访的可能性。不止一家图书馆宣布了选择的图书，才意识到作者不便参与或要求的费用超出预算。

从根本上而言，活动图书的正确选择将取决于社区的兴趣、人口结构和活动目标。查看其他社区的活动图书，见美国国会图书馆图书中心的"一州，一书"活动网站（http：//www.loc.gov/loc/cfbook/）。

作者确认

选择图书后，如果是仍健在作家的作品，请联系该书的出版商来邀请作者（除非另有联系方法）。大多数图书馆会联系出版商的宣传部主管或图书馆营销代表，联系方式可查询出版商网站或作者网站。准备好邀请函，内容包括作者出席和时间承诺的所有细节，也可能会被要求提供有关酬金、旅行和费用的信息。之后出版商会咨询作者，并在合理的时间内给予回复。出版商同时需要明确活动启动日的图书需求数量，以加快供应图书订单。

良好的作者关系对活动的成功至关重要。做好功课，通过作者的工作了解作者。

作为活动项目主管，必须能够阐明活动愿景并向作者明确提出参与活动的期望。事情不可能完全按照计划进行，需灵活做好准备，可能你设想将作者的主旨演讲作为活动高潮，但作者可能感觉会谈的方式更舒服，并要求你找到适当的人。只要沟通是敞开的，意外就会减少。

不要指望每个问题都能与作者直接交流，大多数作者需通过出版商或代理沟通，一般出版社由宣传部门处理作者关系。从一开始与作者联系，就要明确期望、计划、时间表、最后期限以及希望与作者直接讨论的细节。

如果你太忙，不能亲自处理作者关系，请指定一个信任的人作为作者联络人，身为贵宾的作者往往不熟悉社区。妥善安排作者从到达到离开的整个行程（可能要指定作者的陪同人员）。

> **作者确认清单**
>
> □ 发送邀请函给作者（通过出版商或代理人）
> □ 电话沟通讨论作者参与的细节
> □ 磋商关于作者出席、参与活动的协议书或合同
>   协议书、合同和/或行程可包括以下项目：
> - 酬金金额
> - 阅读会、讲座、签书活动的次数
> - 作者将出席的招待会、职能会、筹款活动、社交聚会
> - 膳食、交通、招待费的规定
> - 出场的排他性规定
>
> □ 要求的宣传材料（照片、简历、图书封面的电子图像）
> □ 订购图书
> □ 做旅行安排
> □ 确定酒店/住宿
> □ 确认作者的行程
> □ 确定作者联络人

活动项目伙伴

寻找和培养项目伙伴不仅会减少工作量，而且还会增加活动的多样性，拓宽它的广度和深度。

向艺术人文团体、大学、博物馆以及其他组织征求活动建议，让它们参与到项目中，不仅会获得更多团体捐赠，个人捐赠也会增长。

潜在的伙伴和活动项目的数量可能会让你大吃一惊。律师协会组织模拟法庭，戏剧公司制作戏剧，餐馆主办特色图书菜单的晚餐，电影院放映同时

期的纪录片和图书的电影版,艺术家创作与所选图书有关的作品,电台播出朗读节目。尤其是电台节目,让活动图书深入人心。

所有这些都会吸引读者,增加活动图书的影响力,营造热烈的活动氛围。

潜在的活动伙伴

戏剧公司	文化机构
乐团	文学杂志
爵士乐队	诗歌协会
大乐队	兄弟会组织
艺术画廊	当地商会
历史学会	老龄委员会/美国退休人员协会
博物馆	艺术和人文委员会
专业协会	少数群体团体
社区学院	会
大学	基瓦尼斯俱乐部
当地学校	区教堂、犹太会堂、清真寺(及其他宗教组织)
舞蹈团	读者剧团

国家组织的地方分会(例如:美国公民自由联盟,全国有色人种协进会,全国妇女组织)

故事公会　　　　　民间艺术家 等等

相关活动项目的开发

这些活动如此成功的原因之一,是它们能够跨越社会鸿沟。通过各种富有创造性的、令人深思的且容易参与的活动形式,达到社会各阶层广泛参与的效果。一个成功的社区阅读活动绝不仅限于邀请人们来阅读同一本书,更是提供讨论书籍的平台，公众可通过它获取相关的艺术体验（如：电影和戏剧）。活动倡议要深思熟虑才能产生影响，必须仔细研究活动希望吸引的目标受众，咨询其中的成员，与他们分享活动理念并寻求意见反馈。

全社区的阅读倡议提供广泛的人文和艺术活动，形式诸如：

图书讨论会

从本质上讲，全社区阅读活动是图书馆数十年来一直倡导的图书讨论模式的扩展。为了提高活动图书的阅读量，请联系现有的图书讨论组并邀请他们参加活动。确定讨论活动的负责人，以便在图书馆和社区中召集新的讨论小组，每次讨论侧重于探讨本书的某一方面。与学校和社区中心合作举办图书讨论会，作为它们参与整个活动项目的一部分。制作阅读和讨论指南并提供给那些自己组建讨论小组的普通大众。

来自西雅图华盛顿图书中心的南希·珀尔（Nancy Pearl）的报告称：自从"如果全西雅图共读一本书"的活动开始，图书讨论小组的数量明显增加，随后几年中增长更快。

学术讲座

学术讲座或专家讨论可增加公众交流的深度。如果活动图书的作者已过世，学术活动更显得尤为重要。例如，当汤普金斯县公共图书馆（纽约州伊萨卡市）于2002年的秋天主办全社区阅读活动时，就邀请了康奈尔大学的工程、计算机科学、教育技术的教授们主持人工智能及应用的专题讨论。

作者活动

作者活动通常是整个项目的高潮。如果作者到访或作者居住在当地，这将成为活动的亮点。要考虑如何介绍作者，使其被公众接受和欣赏。作者活动包括朗读和演讲、讨论、访谈、研讨会等形式。已阅读图书并渴望参与讨论的读者数量往往会超出预期，因此有必要制定一些限制场地和读者规模的措施。

展览

如果说一张图片胜过千言万语，那么包含了图像和信息的展览的价值更是不可估量。可视化的显示是将细节和问题形象化地呈现给公众的有效方式。

艺术项目

除了作家访问之外，还有各种各样的艺术节目。例如：与活动图书同时期、地区或主题的音乐会；活动图书的电影版或是同时代、时期或类型的电影。当加利福尼亚州举办阅读斯坦贝克的《愤怒的葡萄》的活动时，放映了有关大萧条的纪录片以及电影《人鼠之间》、《愤怒的葡萄》和其他经典影片。2002年西雅图举办"如果全西雅图共读一本书"活动时，推出了活动图书《别有洞天》的舞台剧。

学校项目

鼓励当地中小学和大学的老师在课程上使用活动图书。联络本地区的老师并赞助一个图书讨论会，同时向教师和学生发送参加活动的特别邀请。

相关活动项目的示例

相关活动的创意几乎与图书选择同样丰富。以下是从全国各城市的阅读活动中精选的活动项目示例。

"亚利桑那州的一书阅读"

图书：《动物梦想》芭芭拉·金索沃尔（Barbara Kingsolver）著

活动项目："梦的解释"。由心理学家苏珊·施瓦兹（Susan Schwartz）主持专题研讨会。围绕《动物梦想》一书探索心理学和文学如何揭示梦的含义以及如何解释梦的象征意义。

"亚利桑那州的一书阅读"

图书：《动物梦想》芭芭拉·金索沃尔（Barbara Kingsolver）著

活动项目：西南艺术家芭芭拉·纳托利（Barbara Natoli）和芭芭拉·安斯宾塞（Barbara Ann Spencer Jump）将分享他们的工作，探讨《动物梦想》一书以及艺术、自然和文学在亚利桑那州生活中的作用。4月1日-15日在图书馆举行纳托利的作品展。

"联合我们阅读"，密苏里州堪萨斯城

图书：《单声圣歌》肯特　哈鲁夫（Kent Haruf）著

活动项目："《单声圣歌》之后……涌现出更多描写大草原的当代文学"。今天，草原文学正在复兴。由琼森社区大学英语教授举办讨论会，探讨近期草原文学特色作品、获奖作品以及本土作家。

"哈特福德的一书活动"，康涅狄格州哈特福德市

图书：《呼吸、眼睛、记忆》爱德薇芝·丹蒂凯特（Edwidge Danticat）著

活动项目："图书讨论抽奖"。图书讨论组参与抽奖可获得9月21日与《呼吸、眼睛、记忆》作者会面并进行讨论的机会。

"一个城市，一个故事"，加利福尼亚州帕萨迪纳

图书：《独奏者》，马克·萨尔兹曼（Mark Salzman）著

活动项目："粉笔涂色"。为世纪广场上的"一个城市，一个故事"活动壁画上色。

"一书，一城"，明尼苏达州奥瓦通纳

图书：《男孩吉姆》，托尼·厄尔利（Tony Earley）著

活动项目："代际沟通"。青年和老年人一起开图书讨论会，以此搭建沟通桥梁。通过分享不同的文学观点，寻求他们之间相似的见解。

"一书，一城"，明尼苏达州奥瓦通纳

图书：《男孩吉姆》，托尼·厄尔利（Tony Earley）著

活动项目："吉姆的压力"。一个艺术家分享他们对小说的诠释的论坛。作品含视觉艺术、三维作品、口头解释以及多种媒介的融合。工作范围可以从视觉艺术和三维艺术到口头的解读，或各种媒体的折中融合。

"一书，一城"，北卡罗来纳州格林斯博罗

图书：《垂死的教训》欧内斯特·盖恩斯（Ernest Gaines）著

活动项目："40年代的爵士乐、蓝调、乡村音乐"。在《垂死的教训》中，杰佛森的收音机带给他快乐和安慰。这个活动通过播放音乐，探讨音乐与故事的联系。

"一书，一城"，北卡罗来纳州格林斯博罗

图书：《垂死的教训》欧内斯特·盖恩斯（Ernest Gaines）著

活动项目：" '一书，一城' 庆典"。

救赎主教堂举办开放的"一书，一城"庆典活动，结束之后，由康复理

疗中心的帕特·贝利（Pat Bailey）博士和迪欧文（Dee Irwin）博士主持讨论会，希望能通过一些具体的方法持续"一书，一城"引发的话题。

阅读和讨论指南

阅读和讨论指南是读者了解这本书及相关问题和阅读活动的关键。馆员团队齐心协力研发材料来帮助读者组织讨论，为讨论负责人筹划安排培训课程计划。在打印之前，请与讨论负责人分享指南草案并征求他们的反馈意见。

阅读和讨论指南可包括以下元素：

- 活动概况
- 活动项目日程表
- 作者简介
- 本书历史背景
- 讨论问题和活动
- 本书的重要评论文章
- 本书的书评，重要引述
- 赞助商鸣谢和致谢
- 推荐及相关资源。要着眼于馆藏发展来汇集相关资源列表。这本书可能在历史上的一个特定时期会引发大家对一种写作风格或相关话题产生兴趣，相应地来评估你的馆藏资源和计划。

除了馆员汇集的研究和材料之外，许多出版商有现成的有关本书的讨论指南，征得出版商许可，也可以使用。

资料分发和可获取性

尽管大多数社区印刷了讨论指南，但需求很难衡量，尤其是第一年。经济、有效的方式就是提供在线下载。一旦活动方案宣布，立即将方案放在本馆的全社区阅读网站并设法推广。

要对合作伙伴进行调查，请他们提前备好一定数量用于分发的印刷品。请记住，并不是所有读者会用计算机设备下载和打印讨论指南，所以仍需准备一定数量的印刷品。

宣传推广

为了吸引更多公众，营造全社区阅读的意识，图书馆需要计划和实施有效的宣传活动。

以下指南旨在帮助你启动成功的宣传。包括宣传活动和媒体材料样本的一般建议。

启动

要满足媒体和其他组织对截止日期的确认，需要提前几个月开始宣传推广全社区阅读活动。获取计划环节的帮助，参见"设置时间表"。

首先，当你开始全社区阅读活动时，要根据活动目标列出目标受众、读者规模和最好的沟通方法。作为全社区项目，需要通过多种宣传途径吸引尽可能多的社区成员，但是为了达到目标和图书馆的未来，还需努力吸引特定的个人或团体参与活动并获得支持。牢记目标并确定哪些组织和个人与之契合。

让委员会参与宣传推广是个好方法，制定宣传策略并不断培育新的想法，争取额外的支持并获得更大的热情。尝试举行小型研讨会或头脑风暴会。在会议中：

- 强调扩展新用户的可能性，增加对图书馆的支持。
- 交流活动目标——你希望获得的受众群体以及达成怎样的目标。

通过会议和计划，按照委员们的兴趣和才能分组执行你希望完成的任务，与图书馆馆长、馆员、董事会、朋友和其他图书馆支持团体的成员分享你的活动计划、听取他们的想法并邀请他们合作。

界定目标受众

一般宣传材料诸如传单、新闻发布和广告等都是获得不同年龄和背景的普通读者的重要途径。社区内还有许多特定的团体无疑也对全社区阅读项目很感兴趣，其中一些你可能已经因争取合作和资金支持而与其取得了联系。可以通过通讯、会议、电子邮件、发传单等方式将信息传递至这些以及其他团体的组织成员，从而帮助推广。你可能需要考虑一份清单，包括本社区的公民、宗教、学术背景和其他组织，相关细节参见"活动项目伙伴"。

设法支持图书馆发展

全社区阅读不仅是一个团结社区的重要计划，如果处理得当还有可能使图书馆得到更多支持。像全社区阅读这样的重大活动在支持未来图书馆获得资助和公共规划工作方面可发挥重要作用。思考图书馆的未来战略规划，如果图书馆即将面临全民公投，在规划全社区阅读项目时就要考虑这个问题，甚至可能要在公投之前数月就安排活动，这样图书馆的服务和价值在选民心中会印象深刻。

可能要联系社区的关键个人或团体包括：

- 市长
- 市议会
- 参加选举的官员（即州和联邦的众议员/参议员）
- 区域企业主
- 当地神职人员
- 媒体领域

为全社区阅读活动联系个人可通过贵宾邀请方式进行，打电话是最好的、最有效的方法。如果这些人士参加活动，应通力合作，确保他们享受活动经历并更深入地了解图书馆。

选择通讯方式

一旦决定希望某人参与这个项目，需要着力于如何让他们了解项目活动。最常用的交流方法归为四类：

1. 公共关系/宣传：报纸和杂志文章、电视和广播节目、网站、网络宣传、公共服务公告（PSA）、给编辑寄信

2. 直销：直接发邮件、群发电子邮件、网络营销

3. 个人联系：口碑营销、公共演讲、电话、电子邮件、信件、VIP邀请函

4. 广告：平面广告、电视和广播、横幅、传单、书签、海报、按钮、展览

公共关系/宣传

联系媒体和利用网络来宣传活动是向大众传播信息的关键。以下是几种可用于联系本地媒体和用于网络的方法：

● 在活动前至少两到四周，将通讯稿（有时也称新闻稿）发送到当地的报纸、电台和电视台进行宣传。如果当地杂志或谈话节目有"活动预告"栏目，也可向他们发新闻稿。由于这些新闻媒体需要较长的交货期，应至少提前四到八周发送这些新闻稿。

● 如果可能，给特定的记者发新闻稿。如果你不定期与记者合作，致电当地媒体了解谁负责社区、艺术或文学活动报道，将稿件发送给他并请关注。如果没有这些信息，请将新闻稿发布到"新闻台"（"News Desk"）或者发到"编辑"（"Editor"）。大多数媒体更愿意通过传真接收新闻稿，但如果想发送

其他材料，如宣传册、书签等，也可以发邮件。如果材料中含有"活动日历"内容，请务必向本部分的联系人发送新闻稿。通常，媒体宣传会以即将到来的活动为主题，在社区日历栏目报道有关信息。

● 活动前一周，通过传真给关键联系人发送一个媒体提醒（也称为新闻提醒、媒体咨询或新闻快讯）。媒体提醒模版可在互动工具包找到。提醒信息包括日期、时间、可能有兴趣参加活动或者发布"活动预告"栏目信息的记者与摄影师的位置。如果可能的话，一两天后电话确认他们是否收到媒体提醒，查明他们有无任何问题，看看他们是否有兴趣参加更多活动或获得更多关于项目的信息。

● 如果发现媒体专业人士有兴趣参加活动或获取更多信息，你会用到更多的材料，这些都在新闻工具包（也称媒体资料包）里。新闻工具包包含一份新闻稿、媒体提醒、照片和作者传记和/或其他关键参与者，重要宣传材料传单、书签、徽章等等的副本。如果有机会与记者讨论活动，可提出一些报道主题并提供安排作者和/或合作伙伴的采访。（首先确保演讲者/作者和伙伴组织代表愿意接受采访。）

● 由于电视台和广播电台需要使用一定比例的时段用于非营利和公共公告，当地电台可能愿意在公共服务公告（PSA）中为全社区阅读活动发布公告。公告可宣传活动，但因为是捐赠时段，所以不宣传图书馆。如果想发布一个公告，尽可能早地与电台讨论文稿。一些电台只提供时段而由你们负责内容，也有电台会既提供时段又负责内容，或者请一个实况转播的记者念公告。

● 当今世界，使用网络推广宣传活动非常重要。如果图书馆网站上没有"活动预告"栏目，要求网络管理员创建。这是读者找到系列活动细节的最佳途径，包括日期、时间、地点、活动概述等。同时，将图书馆网站与合作伙伴和赞助商网站的链接提供相应信息。

● 如果在图书馆网站上发布活动的系列信息，请务必添加包含所有宣传材料的网址。可只使用简短地址（例如 www.ala.org 或 amazon.com），方便阅读。虽然一些宣传材料的网址仍带有长版本（例如 http：//www.ala.org），但这并非必需，因为大多数浏览器都自动在地址前配置为 http：//。但是，如果您的图书馆网址具有不同的超级链接标记（例如 https：//），则需要将其包含在网址中。

有关全社区阅读的信息应该可以通过图书馆的主页便捷访问，不必在宣传材料中打印长的网址。

● 可以通过合作伙伴和其他组织的网站了解阅读活动信息。您的城市、社区中心、当地媒体和商会可以在其网站上发布有关信息。此外，许多大城市有娱乐和活动指南网，例如 citysearch.com 或芝加哥的 metromix.com，提供多个城市的活动信息。查看所在地区是否存在这些网站，联系其工作人员发布阅读活动信息。一些网站可免费发布关于非营利组织活动的信息，有些甚至可在线提交表单，发布活动信息。

注意：国会图书馆图书中心网站的"文学事件"版块（www.loc.gov/cfbook）是研究其他社区大阅读活动的宝贵资源。网站由图书中心的工作人员每日更新，活动项目的列表按州排列，内容包括参与的城市和主办图书馆、活动名称和日期、活动图书和作者，以及联系信息（含网址，如果有的话）。活动信息通常是累积的，例如，记录了自 1998 年以来每一年由西雅图公共图书馆华盛顿收中心发起和主办的"一书，一城"活动。图书中心欢迎美国或加拿大新活动的信息。要注册您的社区阅读活动，发邮件给 cfbook@loc.gov 或发送传真至（202）707-0269。

直接营销

使用目标受众群体的社区组织和其他群体的列表，采用直接营销的方式联系这些组织以及其中的个人成员：

- 当与社区和其他组织联系时，使用个性化的信函或电话。可以发送活动传单或明信片的副本，但如果要求财务或其他支持，请务必包括个人信函并跟进电话。
- 除了与组织联系之外，还可将目标锁定在社区中的个人。如果你保留了赞助人的电子邮件地址列表，发送一封关于即将到来的活动的群发电子邮件，将是一个有效而低廉的宣传方式。如果没有电子邮件地址，可创建一张明信片，以便邮寄给图书馆赞助人、社区成员或其他人。有几家公司，如现代明信片（www.modernpostcard.com），生产大量廉价的明信片。此外，向社区小组领导发送有关该活动的电子邮件，以便发布到他们的电子讨论组或转发到他们的地址列表。

个人联系

一对一的个人联系方式是与关键人物和组织沟通的最有效手段之一。相比较其他沟通方法，它更利于相互理解且富有激情。温馨提示：

- 有针对性地向个人和组织发送信件和活动传单，并表示你会在一个星期内打电话安排会议进一步讨论。如果会议不可能，电话询问他们是否有关于活动的任何问题，以及他们是否能够参加或将信息传递给他们组织的成员。
- 与社区团体联系时，询问你或委员会的某位成员是否能在即将举行的团体会议或活动中进行5至10分钟的发言。在社区团体会议上做活动介绍是一种既经济又有效的方式，不仅能传递信息，还能探测出他们的反应。在会议上，概述整个活动计划，并提出令人信服的理由说明为什么该活动他们可能感兴趣。演讲之后应提供传单、书签、相关材料及演讲讲义，留下直到会议结束并回答问题。
- 如果无法在会议上发言，请团体领导分发传单或向其成员和工作人员提及活动。

广告

广告通常是最昂贵的促销方法，但也是推广活动最有效的工具之一。这里有几种广告方法：

● 促销传单和海报应简单，包括：社区大阅读主题；识别图形；日期、时间和活动地点；活动图书的书名和作者；赞助者和项目合作伙伴；如果合适，可含图书馆的网址。可将传单或海报张贴在图书馆、社区中心（例如市政厅、邮局和学校、地方高校）、餐馆、杂货店、干洗店、书店、健身俱乐部等地，可请合作伙伴和受托人在当地的杂货店、干洗店、发廊等张贴传单和海报。

● 活动手册应含大量信息：传单、海报中的所有内容，活动的说明和演讲者以及图书和作者的相关信息。一些图书馆将活动手册和讨论指南结合在一起，可能更经济，关键取决于财务分配方案。活动手册应通过图书馆的伙伴和受托人在人流密集处、社区中心、图书馆派发，甚至可直接邮寄。

● 当地报纸、广播电台或电视台的付费广告是一种有效但昂贵的宣传方法。在考虑付费广告之前，请求当地的报纸、电台和电视台发布公共服务的公告。一些报纸和广播电台可能愿意为非营利组织捐赠或提供折扣的播出时间或广告空间。如果你接受免费广告，即承认该媒体以节目形式成为赞助商。如果考虑付费广告，可期待由合作伙伴或其他组织承担费用。

● 开发简单、经济的书签、徽章或其他宣传品是推广活动的有效方式。这些宣传品可作为免费赠品发给参加全社区阅读活动的读者。学校、社区团体会议或其他地点均可发放宣传品。请合作伙伴和受托人将书签、徽章等转发他人。

综合运用

查看此列表后，请花点时间思考一下哪些方法最合适。综合考虑活动预算、时间和规划委员会资源，总结图书馆以往的文化活动的成功和失败经验，从中找寻促进活动的有效的沟通方式。为此，需要将以前使用的一些成功的方法与本指南和其他来源的一些新想法结合起来。

推广很容易过于投入，特别是对于社区大阅读这种旨在覆盖整个社区、争取最大受众的活动。但是，在活动开始之前花一些时间规划宣传策略，可使用最少的资金、时间、资源获得最广泛的受众。

活动周/月

当活动开始时，以下工作要同时进行：

- 派发宣传材料，订购活动图书复本
- 讨论小组召开会议
- 投放平面广告，播放广播宣传
- 确认作者行程
- 确认其他事项和发言人
- 网站实时更新

你可能每月或每两周和委员会委员、志愿者会面，现在则需要更频繁开会，每周甚至每天会面。由部分协调员成立总部或指挥中心，要求所有主要的志愿者或委员在活动周/月期间每天至少亲自或通过电话检查一次。指挥中心备有饮料和小吃，有利于保持士气。

全社区阅读活动团队

不论社区大小，没有哪个活动主管能够面面俱到，可以同时兼顾物流、布置、作者招待、媒体关系、评估以及售书等工作。必须由志愿者、同事、委员会成员、合作伙伴一起组织团队，在经过几个月的仔细规划后，团队应到位。在社区阅读活动进行几周后，会发现志愿者可能涵盖高中生、图书讨论的参与者、图书馆受托人。

委员会成员应当从一开始就了解他们将是亲力亲为的志愿者，在许多案例中，在社区阅读活动紧锣密鼓开展期间，他们担当志愿者协调员。委员会成员的贡献不仅仅是提供有意义的建议、研究和热情，还要现场工作。

当规划全社区阅读活动时，就确定可能适合委员会成员的特定工作，工作范围包括订购图书、下单、招募志愿者、联络作者、接待和联络新闻界、安装视听设备、设立标志等。

委员会/志愿者

不同的志愿者的工作安排需根据个人特点或工作职责。以下是社区阅读活动期间，可能需要完成的工作：

场地协调员

一个人或两个人一组，负责活动场地，包括电影放映、演讲、戏剧演出或作者阅读等活动，他们负责准备会场，摆设椅子、预定、交付、检查视听设备，张贴标志牌，准备茶点，准备评估表给志愿者派发，登记足够的志愿者。场地协调员始终要在活动现场，通常最先到达且最后离开。

志愿者协调员

一个人或两个人一组，负责联络登记的志愿者，提供培训（对于比较复杂的岗位，比如售书），安排志愿者轮班，向对应的场地协调员提供志愿者名字、联络信息，在具体活动前一天和场地协调员进行电话确认。许多志愿者协调员是活跃的招聘人员，他们也是因为这个能力而被选中的。

标识协调员

这个人擅于设计可读的、统一的、引人注目的活动标识，能使用CD所含的图像做成标识或者本身就是设计活动标识的平面设计师。标识协调员应考察每个活动场地，根据活动流程、标识位置、场地特点设计出一组标识，然后与活动项目主管协商，决定必要和有效的标志及预算。他负责为每个场地创建必要的标志，或与设计师合作创作、制作（或由复印店制作），把制作好的标识交付给场地协调员，必要的话与场地协调员一起确定标识位置等细节。

任何活动，好的标识有助于与读者沟通，特别是在志愿者不足的情况下。并非所有的图书馆都需要一个履行上述所有职责的标识协调员，标牌的印刷或设计通常会接受实物捐赠或由内部生产。如果你的图书馆是这样，就只需确保有一个人可以与设计师、生产商、文案人员密切合作，保证标识的一致性和准确性。

活动志愿者

为活动服务的志愿者的责任包括人员引导、收票、图书销售、音响操作、茶点服务以及信息表的填写。根据图书馆的资源，在活动启动之前几周，志愿者在社区派发传单、主持图书讨论是相当有效的工作。志愿者协调员应与其他委员会协调员一起创建一份职责清单，并找到志愿者填补这些职位。

介绍人

根据活动的丰富程度，可指派几名人员负责活动介绍。作为活动项目主管，可能更宁愿自己撰写所有的活动介绍。如果不是这种情况，介绍人应该能撰写、传达活动介绍，对答自如，可以提供总结陈词（注意事项）。至关重要的是在每次具体活动中都要感谢活动赞助者，介绍人收到的发言稿必须写明"感谢你们"。在与介绍人签署工作之前，必须确认他们在公众面前可以畅所欲言。

招待/茶点协调员

该人员负责活动中茶点的订购、看管。具体包括下单（或寻求实物捐赠）、运送（或协调运送），将盘子、设备等归还给供货商。他应当和场地协调员一起确定茶点的位置并进行布置。茶点没有到位时，场地协调员会联络招待/茶点协调员解决问题。如果在一个活动中设有招待间或休息室，招待/茶点协调员应该在场或者培训志愿者布置、管理休息室。

评估协调员

该人员负责分发、回收评估表，在有些活动中甚至设计评估表。他要确保在每个活动地点给预期读者提供足够的评估表和铅笔，并确认志愿者或场地协调员清楚分发和回收工作。他还要和活动主管一起审核评估，汇总结果，搜集趣闻，编制评估报告。

调度联系人员

他们是活动平稳运行的最重要的链接，配备有车辆，可运载设备、图书、标识以及演讲者。在重要活动时间段他们都应在场，以便处理各种突发事件。

媒体协调员

这个人通常是图书馆的媒体关系协调员，是公共关系和公共信息的管理者。如果活动项目主管和媒体主管是同一人，就需指定一名委员会委员负责现场媒体联络。到整个活动项目启动时，确保广告已投放、媒体已确定并对具体报道人有所了解。媒体协调员和活动主管一起安排作者、活动主管和董事会成员的会面。直到最后一分钟，还要和媒体联络并确认他们是否出席。他必须一直在活动现场，配备移动电话，手机号码向所有媒体公开。

媒体协调员要为每次活动的参加媒体建立列表，安排座位，帮助他们和采访对象互动。如果是一个作者活动，媒体协调员应事前与作者和他的宣传人员沟通，了解访谈要求并确保他在活动结束后至少有一小时时间。媒体协调员要了解作者和发言人的喜好，保证活动顺利实施。

图书协调员

全社区阅读活动的售书有多种形式。有些图书馆自己售书，有些与图书馆之友或图书销售的组织联合销售，也有与当地书店签订合同以协调现场销售和订购。如果你的图书馆已经拥有主办包含图书销售的大型作者活动的经验，那么图书订购和派发机制成熟。否则，需要提前决定谁主管销售。图书订购人员应是委员会成员并要积极参与到图书运送和销售环节。如果由于某种原因，图书订购人员不是委员会成员，必须指定一名委员会成员与书店或合作组织密切合作，承担责任。

因涉及现金交易，图书协调员应当负责现金箱的发放和图书销售。如果他们不能自己出售所有图书，应该与志愿者协调员合作，专门指定和培训志愿者负责每个场地的销售，确保他们具备图书订购、退货的基本知识。直到将最后一本未售出的图书退还给出版商并退款，且做好销售统计和报告后，图书协调员的工作才完成。

作者联络人

如果将接待作者作为全社区阅读活动的一部分，那么应由一至两人负责。

不建议超过两人承担这个角色，因为作者到达一个陌生地方且每日繁忙容易混乱迷失。毫无疑问有许多志愿者属意这个职位，甚至于作为活动项目主管的你都可能喜欢。如果你确信已经成功地将活动的每一项工作委托给了负责任的人，并且能够在不分心或中断的情况下招待作者，那么可承担这份工作。否则，在选择作者联络人时应注重以下资格条件：

- 他们可靠果断，严格执行时间表。
- 他们善于沟通，无论是和作者还是和你。
- 他们具备外交官技巧，当作者不能准时或者粉丝拖延时间的时候，能够礼貌、委婉地干预。
- 他们并非追星粉丝，这不是为作者的粉丝准备的岗位。当然作者联络员必须阅读过作品，但这项工作并不适合渴望与作者接近的人。这是一份为能确保作者离开时感觉受到热情接待并且享受到尊严和个人空间也得到尊重的人准备的岗位。
- 他们配有一辆干净的工作用车。

有些作者可能有陪同者或助理，但还是希望你指派人员带他们参观社区、回答问题等。然而，当作者希望单独旅行时，就不要打扰。

> 提示：许多大社区拥有专业的作者陪护，他们经常和出版社合作，陪同作者去书店及公共地方。如果你们委员会有这样的人，你可能会让他做这个工作，至少会请他给作者联络员提供意见。

务必与作者联络员检查行程和时间表，确保他们清楚每个时间的重要程度。当然，作者联络员应当有你的、作者宣传人员以及其他重要人员的电话。

活动备忘录

活动备忘录有助于项目实施。作为活动主管，你要有每个活动的清单，分场活动备忘录对每个场地协调员而言都是重要信息。

活动备忘录

场地协调员：阿莉莎·卡尔森

项目名称："一书，一社区"与欧内斯特·盖恩斯之夜

场地：森特镇公共图书馆

地址：森特镇主街东1号

日期：6月1日

时间：下午6：00　　　　　　　　入场时间：下午5：30

会场布置：课桌式桌位

    总共30行，中间通道，两边各15行

    相关表格放在房间后面右边入口处

舞台布置：舞台中心是讲台

    讲台旁边放一小桌子

    两把椅子放在讲台左侧

    桌上放水壶和两个杯子

    讲台上放置全社区阅读活动标识

    桌架上摆放作者图书封面放大的海报

音响要求：讲台上一个麦克风

    观众席和舞台灯光

发言人：图书馆馆长 简·多恩 电话：555-555-5555（c）

   作者欧内斯特·盖恩斯（由贝亚·雷丁陪同）电话：555-555-5555（c）

项目形式：阅读和讨论

日程：图书馆馆长介绍作者5分钟

   作者发言45分钟

   图书馆馆长主持读者问答15–20分钟

   图书馆馆长感谢作者和指挥读者到场外进行图书签售——45分钟

发言人信息：发言人在开场前20分钟到达，被引导到礼堂西入口大厅的会议室

售书：图书馆之友协助"书与书"公司售书

　　售书和签字桌摆在会场外面，活动结束后，将作者请到签字桌

引导标识：在活动开始前45分钟，布置会场的以下标识：

　　标识3-"全社区阅读活动下午8点在礼堂"-布置在图书馆入口和停车场入口

　　标识2-"全社区阅读活动下午8点在礼堂"

　　标识1-"全社区阅读活动下午8点在礼堂"在自动扶梯处标向下箭头

志愿者：

　　引导员：伊丽莎白·约翰逊 电话：555-555-5555（c）

　　引导员：乔治·莫拉斯 电话：555-555-5555（c）

　　信息表：詹妮弗·莱文 电话：555-555-5555（c）

　　新闻表：马克·布朗 电话：555-555-5555（c）

　　志愿者要在活动开始前45分钟到达并在场地协调员处登记。每名志愿者需留到场地关门，伊丽莎白除外，她和母亲在活动结束后一起骑车回家。

媒体联络：安布尔·韦斯 电话：555-555-5555（c）

　　他会在会场入口处布置记者席

其他：简青兰将在下午5：00送来蔬菜盘子

　　在会议结束前将茶点储存在会场冰箱，在活动结束前50分钟摆放到茶点桌供读者在签售期间享用。

标识

　　好的活动标识应易于理解、摆放得当，帮助参加者方便、快捷地找到会议室、卫生间、售书点等。如果基本信息能够被清楚地指示，志愿者就能集中精力解答公众更具体、复杂的问题并完成手头的其他任务。所有方向性的、后勤方面的标识都应该通过"穿过房间时我能够看到它吗？"的测试。如果有多个入场口，需要复制标识。

赞助商

除了公告之外，每个活动都应该张贴出所有活动赞助商的醒目海报，在某些情况下，还应显示它们的标志且越大越好。

项目变动

除了口头公告，在所有活动中，在最适当的标志或书写板上发布最新的时间、地点、发言人以及其他活动的变动情况等，有效传递给准备参加的读者。

取消

芝加哥的活动主管提出作为预案应设计"已取消"的标识。建议每个场地协调员准备一个"已取消"的标识，以防万一。

以下是在活动中经常使用的其他标识：

- 售书处
- 图书价格
- 接受付款方式
- 请准备好你的￥￥
- （作者姓名）同意每人最多签署2本书
- （作者姓名）将在下午8：00前签名
- 线形箭头
- 下午6点开门
- 开始前10分钟发布预订座位
- 媒体签到处
- 预订票

- 预订售后部
- 完成的评估表放在此处
- 信息处
- 请安静，活动正在进行
- 其他社区的大阅读项目
- 卫生间；残疾人卫生间
- 加入"图书馆之友"
- 志愿者在其他社区的阅读活动
- 请加入图书馆的电子邮件列表以获取有关其他公共计划的更新
- 当地企业愿意赞助下一年的阅读活动吗？
  请留下商务名片以便联系您

活动记录

毫无疑问，会有大量报纸、电视报道全社区阅读活动。但是，图书馆仍然要建立自己的视听记录，保留成功的活动和激动人心的时刻。特别是令人兴奋的照片，不仅让参与者留住回忆，还有助于完成报告和请求赞助。

照片

无论图书馆是否有预算聘请专业摄影师，或者已指定委员会成员为"官方摄影师"，你都需要与摄影师见面明确每个活动必需的照片和关键时刻。

和委员会一起提出要存档的片段或图片，包括：

- 作者及图书馆读者
- 座无虚席的活动中的发言人
- 讨论图书的小组
- 市长和发言人/作者/活动委员会成员

- 政要、发言人、作者与赞助商
- 一个享受活动的幸福大家庭
- 一排读者在查阅图书
- 一位坐着阅读图书的读者
- 在图书馆前的横幅下的活动委员会委员/政要/发言人等
- 欢迎的人群
- 在图书馆欣赏展览或陈列的读者
- 相关活动项目的参加者
- 在相关活动中表演的舞者或音乐团体

音频或视频记录

如果有专业设备或相关预算，关键活动的音频视频记录可丰富图书馆馆藏。当地电台或电视台可能有兴趣对节目联播，并将记录资料作为图书馆馆藏或重播的广播节目。记录演讲应事先获得发言者的允准。如果电视台或电台参与，应提前协调，这是传递给偏远地区读者的有效方式。

许多图书馆很好地利用网站去展示照片、音频和视频文件。

总结报告

除记录图书馆和社区的档案外，在整个活动中你应随身携带纸张随时记下任何想法和工作状况。在每一项活动结束后，要求场地协调员在报告表上记录出席人数、读者信息和逸闻趣事。

整个活动项目结束后，整理你的笔记和场馆协调员的报告，并记录下活动遇到的成功和挑战，征求委员会、志愿者和工作人员的反馈意见。当头脑中活动信息仍清晰时，撰写总结报告，为下一次的成功奠定基础。将报告分发给所有相关人员并保留为内部文档。

评估

当你全身心投入到活动当中，要确定活动的影响、效果、范围将是巨大的挑战。

以下评估表分别由芝加哥公立图书馆和格林斯博罗公立图书馆的社区大阅读活动提供，可通过图书馆网站在线完成。

这两种形式代表不同的评估方法。芝加哥公共图书馆的评估表问题较少，旨在鼓励分享轶事信息。格林斯博罗公共图书馆的评估表要求详细的统计信息并以问题为导向。

考虑这两种方法，然后选择最适合的，也可将两种方法结合起来。决定哪种形式最有助于你和委员会评估活动的影响，并为未来的活动提供支持。

2003 年春季"一书，一芝加哥"评估表

您怎么知道"一书，一芝加哥"活动？

您以前参与过"一书，一芝加哥"活动吗？

如果没参与过，为什么这次您决定参与？

您是如何参与的？

　　——读书

　　——参与图书讨论

　　——参加一项特色活动

　　——其他

图书讨论组#：

参与评估

1. 《垂死的教训》一书您阅读了多少？
   　　1 全部　　　2 部分　　　3 完全没有

请标明下面您同意或反对的程度

	反对	有点反对	有点赞同	完全赞同
	1	2	3	4

2. 我喜欢阅读这本书

	1	2	3	4

3. 我在读书中学到了新东西

	1	2	3	4

4. 我感觉这本书提高了我理解问题的能力，诸如种族歧视、识别力、压抑等

	1	2	3	4

请标明下列陈述中你的真实行为

	完全没有	有点	某种程度	完全

5. 我已经和朋友和家人讨论过这本书

	1	2	3	4

6. 我已经和不熟悉的人讨论过这本书

	1	2	3	4

7. 我已经和不同种族的人讨论过这本书

	1	2	3	4

请标明您参与本书讨论组的意见

	反对	有点反对	有点赞同	完全赞同
	1	2	3	4

8. 这次讨论很有意义

	1	2	3	4

9. （a）您认为，讨论中提出的最重要的问题是什么？

   （b）对于这个问题，通过讨论你的理解提高多少？

   根本没有　　一点点　　有些　　很多
   　　1　　　　　2　　　　3　　　　4

10. 您对"一书，一城"活动阅读其他书籍或者继续讨论感兴趣的程度

    完全无趣　　有点无趣　　感兴趣　　完全感兴趣
    　　1　　　　　2　　　　　3　　　　　4

    关于我们城市的阅读，您有推荐的书籍吗？

11. 您的性别？　　女　　男

12. 您的年龄？　　18-24　　25-35　　36-50　　50+

13. 您认同的种族背景？

    美国黑人　　亚洲人　　拉丁美洲人　　印第安人　　高加索人　　其他多种族

14. 建议：

总结/汇总活动清单

◆ 将档案材料（音视频带、新闻公告）发到各部门、媒体

◆ 召开活动组织者会议

◆ 给赞助者、主办方、参与者发送感谢信

◆ 结束后的活动宣传

◆ 评估分析，流通统计

◆ 最终报告：结果、经验教训、今后的建议

附录 2

按：我国的全民阅读活动，发展的瓶颈之一是从国家到行业都没有设立对口的基金支持全民阅读，而一旦设立了对口基金，首当其冲的问题就是每次投放多少经费？如何编制和审批项目预算？我们相信，支持全民阅读的基金将来一定会设立，为未雨绸缪，借鉴发达国家的经验，中国图书馆学会阅读推广委员会旗下的阅读与心理健康专业委员会组织同道全文翻译了最新版的《美国国家艺术基金会（NEA）"大阅读"项目预算指南》，为图书馆行业组织和国家全民阅读的领导部门提供参考。

——阅读与心理健康专业委员会主任　王波

美国国家艺术基金会（NEA）"大阅读"项目预算指南

雷菊霞　王红　译[1]

吴蜀红　审校

制定一个项目预算，请务必包括你申请的"大阅读"项目有关的所有费用和收入。任何问题均可直接与美国中西部艺术基金会（Arts Midwest）的

---

[1] 雷菊霞，北京师范大学图书馆。王红，山西财经大学图书馆。吴蜀红，五邑大学图书馆。

NEA 大阅读团队联系，电话 612.238.8010 或邮件 neabigread@artsmidwest.org

基础知识

- 申请额度从 5 000 美元到 20 000 美元。
- 所有数字精确到 10 美元。
- 预算应该反映所有与"大阅读"项目有关的成本，确保所有款项符合项目申请中罗列的项目。将预算和项目申请进行比较，从中寻找与申请矛盾的预算款项或者与申请无关的预算款项。
- 预算只包括项目实施期间发生的费用，且已包含在项目申请中。最早开始日期是 2017 年 9 月 1 日。
- 总收入必须等于或大于总花费（即，项目不能超支）。
- 若资助金额少于花费总额度，在拨款之前，申请者将被要求修改预算。

1∶1 的资金分担/配套

- NEA "大阅读"项目的资助款有 1∶1 的资金分担/配套要求。例如，如果从 NEA "大阅读"申请 5 000 美元的资金，你必须用不少于 5 000 美元的其他收入来分担/配套资金。
- 分担/配套资金可以包含其他资金或捐款、申请机构的捐助（薪水、劳务、福利、行政开销）、实物捐赠以及预期收入。
- 联邦基金不得用于资金配套，无论是直接来自类似美国博物馆和图书馆服务协会（IMLS）的联邦基金，或是通过本州艺术机构、州教育部门或其他来源的联邦基金子资金。
- 第三方实物捐赠是指申请机构之外的个人或组织捐赠给阅读项目的赠品和服务。实物捐赠可以包括合作方的带薪员工时间、志愿者工时、办公空间、项目管理或项目开展所使用的设备以及捐赠物品（如为宣传、促销或评估）。申请机构应该按照市场公平价确定其价值。

o 许多申请机构错误地将现金捐款定为实物捐赠项目。例如，申请者经常将自己为项目的捐赠作为实物而纳入实物捐赠（如各种支持、租金、员工工资）。一般来说，这些物品可认为是申请机构的贡献，不符合资格作为实物捐赠，因为是由申请机构而不是申请机构之外的其他组织"提供"的。

● 列在申请机构捐赠部分的符合资金分担/配套的项目，以及实物捐赠部分，必须列在支出部分的合适栏目。

收益

在预算表的收入部分，详细说明项目所有的收入来源。

补助金和捐款

填写"大阅读"拨款申请和希望从所有来源收到的任何其他赠款或现金捐款。在本节中，符合条件的分担/配套资金来源是个人的现金捐赠、社区补助金或来自合作机构的现金。联邦基金（直接或间接）不得用于1∶1资金配套。指明每一个款项是处于待定还是确认状态。

示例：

经费来源	详情	金额
NEA 大阅读	拨款（待定）	5000 美元
当地商业/基金会/艺术委员会	社区补助金（待定）	6000 美元
个人捐赠	现金捐款（待定）	250 美元
合作机构	现金（确认）	750 美元

申请机构的贡献

包括申请机构将用于阅读活动的任何资金。在本节中，符合条件的分担/配套资金来源是员工薪金、劳务、申请机构的福利、管理费用和设施空间。为了成为分担/配套资金，这些项目也必须作为支出款项列入预算中。

示例：

经费来源	详情	金额
申请机构	工资（员工实施、执行"大阅读"计划所需时间）	7000 美元
申请机构	20%的附加福利（额外津贴）	3500 美元
申请机构	管理费用（电话、电力、网络）	1000 美元

第三方（实物）捐赠

列出合作机构要提供的项目和服务。在本节中，符合条件的分担/配套资金来源是合作机构的薪酬、捐赠的空间、捐赠物资、现金等值的志愿服务等。为了成为分担/配套资金，这些项目也必须作为支出款项列入预算中。实物捐赠需按照可核查的公平市场价折算成等值美元。所有注明为"实物"的项目，必须保留适当的文件。

举例：

经费来源	详情	金额
合作机构	场地费	4000 美元
当地教师	20 人、每小时 18 美元、47 小时	16920 美元
广告商	海报、横幅、网络广告	6250 美元
地方报纸	捐赠的广告空间	8500 美元
合作伙伴馆员时间	6 人、100 小时、4 周	12000 美元
志愿者	活动人员配备（市场公平价）	1000 美元

预期收益

包括所有"大阅读"活动项目的预估收益。在本节中,符合条件的分担/配套资金的例子是门票销售和活动入场费。

示例:

经费来源	详情	金额
剧院合作者	门票收入	5000 美元
社区合作者	报名费	500 美元

支出

在预算表(第 2 页)的费用部分,说明你打算如何使用资金和额外的收入。注意:支出总额不能超过总收入。

项目支出

项目支出可能包括购书、顾问和发言人的费用、艺术家的费用、演讲者的旅费和每日津贴,合同服务和访问设施(如手语翻译,大号字排印的小册子)、行政管理费、空间或设备的租金及营销费等。不能包括禁止的费用,诸如:筹款、接待活动(比如招待会、点心/特许商品、食物等)、礼物/奖品,或者已生效款项协议发票开具之前所产生的费用。注意:不允许使用联邦基金子资金。允许为到访的合作机构提供食物,但仅可作为旅费的一部分。

示例：

支出（花费）项目	详情	金额
演讲费	主题演讲费	5000 美元
访问设备	印刷，翻译，录音	905 美元
"大阅读"书名（英语）	每本书 10 美元（出版商/书店批量报价）	5000 美元
"大阅读"书名（西班牙语）	每本 12 美元（网上书店报价）	1200 美元
宣传品	海报，横幅，网络广告	6250 美元
合作机构场租	多项活动空间	4000 美元
印刷品和广播广告	来自媒体合作伙伴	8500 美元
设备租金	灯光和音响	1000 美元
活动用品	胸卡、纸张、艺术品等	1412 美元
管理费用	电话、电力、网络	1000 美元
志愿者	活动人员配备（市场公平价）	1000 美元

薪金与劳务

概述本机构和合作机构的人员费用。薪金与劳务计入 1：1 分担/配套资金。包括员工付出的个人时间。可以按照年收入比例计算工资，或者按小时计酬。要考虑为完成项目从规划到最终报告阶段所需要的实际总时间。在费用基础上支付给合同人员和艺术家/演讲者/表演者的资金，必须包含在预算表的"项目费用"部分。

示例：

人员头衔和/或类型	预计项目总时间	金额
执行理事	50 小时/4 周	4500 美元
项目专员	100 小时/4 周	2500 美元
合作馆员	6 人，100 小时/4 周	12000 美元
额外津贴	一定比例的医疗，牙科和其他福利？	3500 美元
当地教师	20 人；100 小时/4 周	16920 美元

提示：总收入必须等于或大于总费用。

禁止

不包括筹款、接待活动（如招待会、点心、食物等）、特许商品（如食品、T恤转售）、给活动参与者的礼物、奖学金、奖品、应急费、杂费或在已生效款项协议发票开具之前所产生的费用。不允许使用联邦基金子资金。允许为访问合作机构提供食物，但仅可作为旅费的一部分。

后记：从"独狼"到"狮群"

我一直认为，人文社会科学适合"独狼"式研究，历史上但凡创新、精致、风格独特的经典，多是基于一人之力，耗费数载甚至数十载光阴，方才小心翼翼地杀青的，承载着厚重的匠人精神。而那些在现代科研体制下，靠国家出资、团队应标、限时出活而催生的快餐式成果，则多是忽闪着土豪气质的样子货，或许中看却不中用，最多发挥一点时效性很强的造势和资料作用，便迅速烟消云散了。君不见，每年都有多少科研成果结项，但真正敢理直气壮地出版的，又有几何？多数情况是，作者也自知那点东西稀汤寡水，羞于见人。

出于这样的"偏见"，我一贯既不在别人的与己无关或关系不大的成果上署名，也不愿组团搞研究，对相关科研项目的申报持敬而远之的态度。可是到了2010年，当我看到国家社科基金项目课题指南上出现了一个题目——"图书馆的阅读推广活动调查研究"，我的思想动摇了。我发现，这是国内首批与"全民阅读"有关的国家社科基金资助项目之一，而"全民阅读"正在有所苗头地向国家战略转变，一个敏锐的学者应该及时预见到这个潮流，并迅速地入流。这就是陈寅恪先生所说的，预流者入流。于是，我果断地打破以往的"偏见"，提交了项目申请书。幸运的是，虽然是第一次申报项目，但几个月后竟意外地拿到了项目批准书，难免欣喜了一阵子。然而欣喜之后，压力和焦虑也随之而来，此时也正是我撰写博士论文的攻坚阶段，没有三头六臂来独自深入这个项目，于是我只好更加彻底地突破旧观念，紧密地依靠组建的学术团队开展研究。就这样，迫于无奈，我从一个"独狼"式的学者，摇身一变，成了一个"狮群"的首领。

我的学术团队的构成，主要有三队人马，一队是在武汉大学读本科时的同班同学，一队是从北京大学信息管理系博士毕业的师弟师妹，还有一队是在图书馆2.0时期认识的网友、会友，这些朋友有女有男，也可以称为红颜、蓝颜。为了强调学术友谊的纯洁性、高尚性，在有些会议场合，我统称他们为学颜，导致在图书馆行业，不少人知道"学颜"一词的是我的发明。

为了保证项目研究的质量，我主要采取了四项措施：一是以"大哥"的身份对学颜们施加压力，尤其是对师弟们，常常不留情面地指出方法、逻辑和语法上的错误，对满意的成果就推荐发表，对不满意的成果就请其"自谋生路"，个别成果虽然打着项目的名义在期刊上发表了，但最终还是没有取得进入结项报告的"户籍"，被"残忍"地抛弃了。二是精心修改学颜们比较优秀的阶段性成果，逼迫他们挑战核心期刊，到项目结项时，已在核心期刊发表了

17篇论文。三是亲自撰写最关键的导论和建议部分。导论部分起到逻辑引导、方法引导、框架引导、任务引导的作用，规范了项目的方向和目标；建议部分则总括全局，结合各个分项研究，高屋建瓴地对图书馆阅读推广活动提出了建议，拔高、升华了整个项目研究的意义和价值，便于项目成果更好地发挥社会效益。如此一来，就使项目成了内有实证调查的"精肉"，外有理论"面包"包裹的"三明治"成果，营养更加丰富。四是尽量拖长项目研究的时间，精心打磨项目成果，项目从2010年8月获批立项，到2015年12月提交结项报告，再到2016年9月顺利结项，继而于2017年下半年正式出版，整整花了7年时间。5年提交结项报告，也是国家社科基金会所能容忍的红线，可谓用足了政策限定的时间。

值得欣慰的是，项目报告经历了严苛的专家匿名评审，最终以"优秀"结项，证书号为：20161472，这在图书馆学界是不多见的。当拿到结项通知书的时候，我为自己5年心血的付出，为自己圆满完成平生第一个国家社科基金项目，而感到无比欣慰，对团队成员的努力由衷感谢。当然，经过这个项目的历练，团队中的成员也取得了很大收获，有的评上了正高职称，有的拿到了国家社科基金项目，组建了科研团队，成为新的"学术狮群"的头领。

海洋出版社一贯支持我的研究，成为我的"御用出版社"，当编辑老师听说我主持的项目以"优秀"结项后，热情要求将其出版。从出版发行角度，他们建议将原项目名称"图书馆的阅读推广活动调查研究"改为"中外图书馆阅读推广活动研究"，作为新书的书名。鉴于我署名的在该社已经出版的书已有一定市场，他们建议署名就用"王波 等著",便于读者快速识别。出于理解,我欣然接受了编辑老师们的建议,但是为了突出团队各个成员的贡献,我要求一定要在扉页列出全体成员的名单,并在每一节的页下脚注注明作者,以最大程度地明确学颜们的版权。

如今,全民阅读已如我当初的预感,成为举国上下日益重视的国家战略,阅读推广也已成为图书馆学中的显学,本书中的部分成果已成为这个领域引用量可观的佳作,对全书的质量我也有相当的自信,相信一定会受到读者的认可和欢迎。我组建的团队已繁衍为阅读推广领域的多个"狮群",不少成员正带领着研究生,意气风发地驰骋在图书馆学的草原、阅读推广的草甸,有勇有谋、所向披靡地捕猎着更多的科研成果。

当新书面世的时候,我最想说的是:干杯吧,学颜!咆哮吧,狮群!同时向海洋出版社致以深深的谢意!

王波

2017 年 8 月 28 日于北京大学